환경문제와 국제법

西井 正弘·臼杵 知史 편저

박덕영·오미영 옮김

세창출판사

본서는 2010년 정부재원(교육과학기술부 인문사회과학역량 강화사업비)으로 한국연구재단의 지원을 받아 연구되었습니다.
[NRF 2010-330-B00247/기후변화에 대한 각국의 입법 및 정책의 국제통상법적 쟁점 연구]

환경문제와 국제법

역자 서문

세계 곳곳에서 이상기후가 나타나고 지구온난화가 진행되고 있는 오늘날, 국제사회의 환경에 대한 관심은 그 어느 때보다도 고조되고 있다. 이에 따라 환경문제를 국제법의 시각에서 다룬 여러 좋은 서적이 세계 각국에서 출간되고 있지만, 이 책은 일본에서 가장 널리 읽혀지고 있는 국제환경법에 관한 단행본으로 환경에 관한 각종 국제법적 주제를 매우 잘 정리하고 있다.

본서는 일본의 저명한 환경법 학자들이 참여하여 해당 전문분야를 저술하였으며, 제1부 국제환경보호에 관한 주요조약의 소개, 제2부 국제환경보호에 관한 주요 기본적 쟁점들의 검토, 제3부 환경과 경제와 관련된 문제들, 제4부 우주환경보호 등, 환경문제에 관한 국제법상의 주요 쟁점들을 망라하여 기술하고 있다. 환경문제에 대한 관심이 점증하고 있는 우리나라 현실에 있어서도, 연구자들이나 학생들에게 많은 도움이 될 것으로 생각되어 본서를 번역하게 되었다.

본서는 '국제환경분쟁연구'라는 제목으로 연세대학교 대학원에 개설된 수업을 통하여 수강생들에 의해 초벌번역이 되었고, 학생들의 초벌번역을 수업시간에 한 문장씩 읽어가면서 꼼꼼하게 검토하는 방식으로 수업을 진행하여 번역 오류를 최대한 줄이려고 노력하였다. 또한 수강생들뿐만 아니라 국제환경법에 관심 있는 연구자들이 번역문을 거듭 읽고 수정하여 가독성을 최대한 높이고자 하였다. 본서가 번역되기까지는 무엇보다도 학생들이 열의를 가지고 수업에 참여해 준 덕분이라는 점을 강조하고 싶다.

본서는 여러 사람의 노고가 없었다면 출간이 되지 못하였을 것이다. 초벌번역과 수정작업은 동국대 오미영 교수와 필자의 지도 아래, 유형정, 김건희, 김경우, 주영글, 석지윤, 심규현, 이재강, 류승훈, 배소연, 전민영, 정영석 등 연세대학교 대학원생들이 참여하였고, 유형정 양과

김경우 군이 우수한 일본어 실력으로 교정작업을 해 주었다. 이들 모두에게 깊은 감사의 뜻을 표한다. 그리고 선뜻 출판에 응해주신 세창출판사의 이방원 사장님과 임길남 상무님께 진심으로 감사의 말씀을 드린다. 아무쪼록 본서가 우리 학생들이 환경문제에 대한 국제법을 이해하는 데 일조할 수 있기를 기대하는 마음이다.

2013년 6월

박 덕 영 씀

서 문

1972년 스톡홀름 UN인간환경회의가 개최된 지 40년이 되었다. 사람들이 환경문제에 관심을 기울이게 되면서 환경에 관한 많은 서적이 출판되었고, 방송매체에서도 환경관련 이슈를 매일같이 다루고 있다. 또한 인터넷상에서도 환경문제를 주요테마로 한 많은 사이트가 있다. 무엇보다 가장 큰 변화는 비단 환경문제뿐만 아니라 다양한 정보 및 문서가 수시로 게재되어 용이하게 얻을 수 있다는 점이다. 이에 따라 환경문제에 관하여서도 허위와 진실이 혼재한 정보가 범람하는 현상이 나타나고 있다.

환경문제는 한 국가에 그치지 않고 국경을 넘어 다수의 국가나 전 지구적 규모로 영향을 미친 사례도 다소 있다. 환경문제를 다룬 기존의 학문분야는 다방면에 걸쳐 있어서 환경학이라는 복합적인 학문분야로 성장하게 되었다.

이러한 상황하에서 전 지구적 규모의 환경문제를 국제법 및 국제사법의 시각에서 개관한 것이 본서 「テキスト国際環境法」이다. 국제환경법은 국제법의 일부이지만, 기타 국제법 분야와는 다른 성격을 가진 것을 부정할 수 없다. 즉, 과학적 불확실성을 이유로 한 '예방원칙'의 주장이나 특정한 환경문제에 관한 기본조약과 의정서의 추가형식, 정기적으로 개최되는 당사국회의에서 의정서의 개정 및 체약국 의무의 단기적 달성을 위한 '조정' 등을 지적할 수 있다. 또한 국제관습법으로 확립된 법규범을 제외하면, 국제환경법을 구성하는 법형식은 환경조약이라고 불리는 다자조약, 지역조약 및 양자조약이 그 중심이 된다.

지구환경문제에 관한 논의에서 정책과 법이 명확하게 분리되지 않는 경우가 있다. 그러나 본서 제1부 국제환경보호의 주요조약의 집필자들은 공통적으로 실제로 형성된 조약 및 의정서의 내용과 그 후의 발전을 최대한 객관적으로 분석하려는 자세로 관련 문제에 접근하고 있다.

제2부 국제환경보호의 기본문제, 제3부 환경과 경제, 그리고 제4부 환경과 우주 · 남극의 집필자들도 각각 같은 태도로 집필하였다.

본서의 출판에 대해서는 집필자의 다수가 함께 집필한 水上千之, 西井正弘, 臼杵知史 편 「国際環境法」(有信堂, 신판 제1쇄 2001년 5월 10일, 제2쇄 2003년 4월 4일, 제3쇄 2006년 11월 7일)과의 관계에 대하여 설명할 필요가 있다. 水上千之 교수(메이지학원대학 법학부교수, 히로시마대학 명예교수)께서 「国際環境法」의 편찬을 제안받아 출판하게 된 것은 10년 전이었다. 그 후, 이 책은 많은 독자들 덕분에 판형을 유지하였으며, 최신 자료를 보완하고 내용을 충실히 하면서 2003년과 2006년에 증쇄를 거듭해왔다. 水上 교수의 갑작스런 비보를 접하게 된 것은 2007년 12월이었다.

「国際環境法」의 향후를 어떻게 할지에 대하여 우리는 출판사인 有信堂과 상의한 후, 새로운 집필자들(竹内真理, 児矢野マリ, 青木節子 교수)을 영입하고 일부분을 변경하여, 이를 계승할 단행본을 출판하기로 하였다. 책의 제목은 「テキスト国際環境法」으로 바꾸고, 종래 활자를 세로쓰기에서 가로쓰기로 변경하여 읽기 쉽게 하는 것과 함께, 각주를 추가함으로써 독자가 그 검증을 편리하게 할 수 있도록 하였다. 책의 제목에서 알 수 있듯이, 대학이나 대학원에서 국제환경법의 교재로 이용될 수 있도록 하는 것을 목적으로 하였다.

본서의 각 장에서 기술된 내용에 대해서는 집필자에게 책임이 있지만, 본서 전체에 대한 책임은 편집자에게 있다. 또한 본서의 내용이 학계의 선행연구에 기초하고 있다는 점은 말할 필요도 없다. 본서의 출판이 지연된 것에 관련하여, 일찍이 원고를 제출해주신 집필자들뿐만 아니라 출판을 기다리고 있던 독자 여러분들과 有信堂 관계자 여러분들에게 많은 폐를 끼친 것을 진심으로 사과드린다.

지구환경문제는 다양한 형태로 나타나고 있고, 이에 대처하는 법제도도 진화를 거듭하고 있다. 기존 환경조약의 당사국총회도 매년 세계 각지에서 개최되고 있으며 학계와 실무에서도 새로운 아이디어와 제안

을 내놓고 있다. 편자는 「テキスト国際環境法」이 이러한 새로운 상황의 진전에 대응할 수 있는 기본적인 정보와 견해를 제공하고 있다는 것을 자부한다. 또한 본서가 많은 독자들을 확보하여 장차 장시간에 걸쳐 이용되는 것을 기대하고 있다. 그러므로 읽어주시는 분들의 거리낌 없는 의견과 가르침을 받아들여 본서의 내용을 더욱 충실히 할 수 있도록 앞으로도 그 노력을 계속해 나가고 싶다.

2011년 2월

編者 西井 正弘 · 臼杵 知史

차 례

서장 | 국제환경법의 형성과 발전 _ 臼杵 知史

제1부 국제환경보호의 주요조약

제1장 | 해양환경관련조약 _ 竹内 真理

제5장 | UN기후변화협약 및 교토의정서 _ 西井 正弘

제2부 국제환경보호의 기본문제

제7장 | 사후구제제도

제1절 환경손해에 관한 국가책임 _ 加藤 信行

제3부 환경과 경제

제10장 | 다국적 기업에 대한 국가의 관리 _ 加藤 信行

제11장 | 환경보호와 WTO _中川 淳司

제4부 환경과 우주 · 남극

제12장 | 우주 환경보호 _青木 節子

제13장 | 환경보호에 관한 남극조약의정서 _ 臼杵 知史

서장

국제환경법의 형성과 발전

국제환경법은 환경보호와 보전을 목적으로 하는 국제법규의 총체이다. 국제환경법규칙은 국가 간에 형성되며, 조약 또는 관습법의 규칙으로서 적용되고 집행된다. 이는 국제환경법규칙이 지금까지의 전통적인 국제법규칙과 마찬가지로 국가 간의 권리 및 의무를 규율하는 국제법의 한 분야를 형성하는 것을 의미한다.[1)]

국제환경법이 규율하는 '환경'은 어떠한 것일까? 환경(environment)이라는 개념에 대해서는 '누구나 이해하지만 아무도 정의할 수 없다'고 한다. 또한 그 대상을 오로지 자연환경에 한정할 것인지, 그렇지 않으면 인간의 보건 및 문화유산의 요소를 포함하는 것으로 이해할 것인지에 대해서는 학술상 다양한 견해가 있다.[2)] 그렇다 하더라도 지금까지의 조약 등의 국제문서를 살펴보면, 환경은 일반적으로 인간과 동식물이 공존하는 자연공간 및 천연자원을 의미하는 것으로 생각할 수 있다.

조약과 선언 이외에 환경을 직접적으로 정의하는 국제문서는 그 수가 그리 많지 않다. 개개의 환경조약은 그 규율에 필요한 범위에서 특정

1) P. W. Birnie, A. E. Boyle and C. Redgwell, *International Law and the Environment*, 3rd ed., 2009, pp.2-3.

2) M. A. Fitzmaurice, *International Protection of the Environment*, Recueil des Cours, 2001, vol.293, pp.24-26.

자연환경 및 천연자원을 언급하고(남극해양생물자원보존에 관한 협약, UN 해양법협약 등), 인간의 활동이 미치는 악영향(손해 또는 위험, '환경리스크')에 관하여 정의하고 있음에 불과하다. 한편, 조약과는 다르지만, 환경을 직접 또는 간접적으로 정의하는 일반적인 국제문서가 있다. 1972년 인간환경선언*에 따르면, 인간환경은 인간의 생존을 지탱하고, 인간이 지성적·정신적·도덕적·사회적으로 성장할 기회를 부여하는 것이다. 따라서 인간환경이 자연환경과 함께 인간의 복지와 기본적 인권을 향유함에 있어 중요하고(선언 1, 원칙 1), 대기, 물, 대지, 동식물(서식환경을 포함)을 포함한 자연환경 및 천연자원의 적절한 보호 및 관리에 관하여 언급하고 있다(선언 1, 원칙 2, 4). 또한 위험활동으로부터 발생하는 월경환경손해의 보상에 관하여 채택된 UN의 문서(원칙안)에서도 환경에는 물·대기·토양과 같은 자연환경, 천연자원, 경관을 포함할 수 있다고 한다.[3)]

이하에서는 국제환경법의 형성과 발전을 세 시기로 나누어 설명한다.[4)] 제1기는 1940년대까지의 시기이며, 환경보호에 관한 국제법의 전통적인 원칙이 정리되었던 시기이다. 제2기는 1950년대부터 1970년대까지의 시기로 국제사회가 새로운 환경손해에 직면함에 따라 관련 국제법이 발전하던 시기이다. 1980년대부터 현재까지가 제3기로, 경제활동의 비약적 발전과 세계인구의 급증에 의해 지구환경의 보호가 문제되는 시기이다. 후술하는 바와 같이, 1980년대 이후의 국제사회는 남북문제

---

* 1972년 인간환경선언은 1972년 6월 스톡홀름에서 개최된 UN인간환경회의에서 채택된 선언으로, 그 내용은 Part I의 7개의 선언과 Part II의 26개의 원칙으로 구성되어 있다.

3) 2006년 UN총회결의 A/RES/61/36의 부속문서(Allocation of loss in the case of transboundary harm arising out of hazardous activities)의 원칙 2를 참조. 이 정의는 1993년 환경에 대한 위험한 활동으로부터 발생하는 손해에 관한 민사책임조약(Lugano조약, 미발효) 제2조 10항의 정의를 모델로 하고 있다. 〈http://convertions.coe.int/Treaty/EN/Treaties/Html/150.htm〉.

4) 국제환경법의 역사적 발전에 관해서는 그 시기구분에서 학설상 약간의 차이가 있다. M. A. Fitzmaurice, *supra* note 2. pp.27-47.

의 해결과 밀접하고 불가분한 관계에 있는 지구환경의 보호라는 새로운 문제에 직면하고 있다. 환경은 우리 인간이 사는 장소이고, 개발은 그 안에서 우리의 생활을 나아지게 하기 위한 노력이며, 환경과 개발은 밀접하고 불가분한 관계에 있다(환경과 개발에 관한 세계위원회, "Our Common Future," 1987년).[5] 환경보호와 경제발전의 양립은 어떻게 실현될 수 있는가? 1980년대의 과제는 오늘날에 이르기까지 월경환경손해의 수준을 넘어 지역적 그리고 전 지구적 규모의 환경보호와 관련된 복잡하고 다양한 문제들(생활행동패턴의 변혁과 빈곤확대방지 등)로서 표면화되어 왔다.

1. 형성기(1940년대 이전)

(1) 환경에 관한 조약의 출현

이미 19세기에 국제환경에 관한 몇 개의 다자조약 또는 양자조약이 존재하였다. 그 조약들은 라인강 이외에 유럽의 국제수로의 물이용 · 항해 및 어업권에 관한 것이었다.[6] 오염 또는 생태계에 관한 문제는 대부분 다루어지지 않았고, 건강 및 재산을 침해하는 국경을 넘는 물오염을 금지하는 조약은 20세기 초반에 출현하였다[1909년 미국-영국(캐나다) 국경수역조약 제9조]. 또한 1940년대에 걸쳐 상업적 가치가 있는 종을 포함하여 야생동식물의 보호와 천연자원의 보존에 관한 몇 개의 조약도 체결되었다. 예컨대, 농업에 유용한 조류종의 보호에 관한 협약(1902년),

5) 환경과 개발에 관한 세계위원회(WCED)가 발행한 1987년 최종보고서 "Our Common Future"에서 '지속가능한 발전(개발)'의 개념이 제시되었다. 이는 지구환경문제에 관한 논의에 있어 기본적 개념으로, 그 후 국제문서, 각국의 국내법(1993년에 제정된 일본의 환경기본법 제3조) 등에 도입되고 있다. 이 보고서의 일본어 번역본은 「地球の未来を守るために」(福武書店, 1987年) 참조. 이 개념에 관해서는 P. W. Birnie, A. E Boyle and C. Redgwell, *supra* note 1, pp.53-58 참조.

6) 예를 들면, 라인강 유해유독물질운송에 관한 협정(1900년)이 있다. 〈http://www.ccr-zkr.org/1900 Rules of the transport of corrosive and toxic substances〉.

미국-영국 바다표범 보호 및 보전에 관한 협약(1911년), 미국-영국(캐나다) 철새보호에 관한 협약(1916년), 국제포경조약(1931년), 자연상태의 동식물의 보존에 관한 런던협약(1933년), 서반구의 자연보호와 야생동물보존에 관한 협약(1940년), 북서대서양어업협약(1949년) 등이 있다.

(2) 월경오염을 규율하는 '영역사용의 관리책임' 원칙

1950년대까지 산업활동에 기인하는 월경오염이 국제법에서 쟁점이 되었다. '영역사용의 관리책임' 원칙에 따르면, 국제법에서 국가는 조약에 의하여 특별한 제한이 없는 한 그 영역을 어떠한 목적을 위해 이용할지는 자유로이 결정할 수 있지만, 한편으로 그 자유로 인하여 타국의 권리를 침해해서는 안 된다. 국가가 스스로 그 영역을 이용하는 경우 또는 그 영역 내 사인에게(외국인을 포함) 사용을 허락하는 경우에도 국제법의 제약을 받는다. 이 원칙은 1941년 *Trail Smelter* 사건의 중재판정에서 처음으로 명확하게 인정되었다.[7] 또한 이 판정에서는 중대한 손해의 발생이 염려되는 경제활동을 계속하기 위한 조건으로 장래의 오염을 방지하기 위한 감시제도를 마련할 것을 관련국가에게 요구하였다. 월경환경손해에 관한 국제재판 판례가 많지 않은 가운데 이 *Trail Smelter* 사건의 판정은 초기의 중요한 선례이다(본서 제2부 제12장 참조).

국제사법재판소의 1949년 *Corfu Channel* 사건 판결도 *Trail Smelter* 사건과 함께 자주 인용된다.[8] 이 판결에 따르면, 국가는 타국의 권리를 침해할 목적으로 자국영역(영해)이 이용되는 것을 알면서 이를 허락해서는 안 되는 의무를 부담한다. 또한 프랑스정부의 수력발전계획제안(1917년)에 따른 국제하천의 수로변경을 두고 발생한 *Lake Lanoux* 사건

---

7) 臼杵知史, "領域使用の管理責任ートレイル熔鉱所事件," 山本草二・古川照美・松井芳郎 編, 「国際法判例百選」 (別冊ジュリスト no.156) (有斐閣, 2001年), 66-67면.

8) 田中則夫, "軍艦の無害通航ーコルフ海峡事件(本案)," 전게서, 「国際法判例百選」, 82-83면.

(1957년)이 있다.[9] 이 중재판정은 국제하천의 연안국은 타 연안국의 이익을 존중하여야 하므로 상류국은 성실하게 하류국의 이익을 합리적으로 고려할 의무를 부담한다고 하였다. 한편 하류국도 자국의 영토보전의 권리만을 가지고는 상류국의 하천의 이용을 제한할 수 없다고 하였다. 즉, 어느 쪽의 연안국도 타국이 동일한 하천으로부터 이익을 얻을 가능성을 일방적으로 부정하지 않을 국제의무를 부담한다(본서 제2부 제12장 참조).

이들 환경분쟁은 상린관계의 원칙에 기초하여 관계국의 주권대립을 조정하는 방식으로 해결되었다. 즉, 국가는 자원이용의 영역주권을 가지고 있지만 자국영역 내의 활동이 타국의 권리를 침해하지 않도록 주의를 하여야 할 일반적 의무를 부담하며, 중대한 월경환경침해는 금지된다. *Trail Smelter* 사건은 환경손해가 가져오는 유해한 활동이 '명백하고 설득력이 있는 증거'에 의해 확인되어, 원인활동과 손해 사이에 인과관계가 비교적 용이하게 확정되었던 사건이다. 또한 분쟁당사국은 국경을 사이에 두고 지리적으로 근접한 위치에 있어 가해국과 피해국을 결정하는 것도 어렵지 않았다. 이에 따라 국제재판에 의한 해결이 가능하였다고 할 수 있다. 국제법은 기본적으로 국가영역 내에서 경제활동의 자유를 인정하지만, 이에 수반되는 중대한 월경환경손해에 관한 가해국의 국가책임에 대해서는 사후에 국제법에 따라 추궁될 수 있다.

2. 발전기(1950~1970년대)

1950년대부터 1960년대에 걸쳐 해양오염방지 및 희소한 해양자원의 관리에 관한 조약이 체결되었다. 1954년 유류에 의한 해수오염 방지를 위한 협약, 1958년 공해(公海)의 어업 및 생물자원의 보존에 관한 협약, 1958년 공해에 관한 협약 등이 있다. 또한 우주와 대기의 활동이 지

---

9) 石橋可奈美, "環境保護のための事前の通報・協定義務ーラヌー湖事件," 전게서, 「国際法判例百選」, 152-153면.

구생태계의 위험을 초래하는 것에 대해서도 서서히 인식하게 되었다. 예를 들면, 1963년 대기권 내 · 우주공간 및 수중에서 핵실험을 금지하는 조약(부분적 핵실험금지조약), 1967년 우주조약(제9조)에도 환경보호에 관한 규정이 있다. 한편, 이 시기에 주목해야 할 것은 조약과 soft law 등 새로운 환경손해에 관한 국제법[10]이 발전하고, 아울러 국제사회에 공통의 목표가 설정되었다는 점이다.

(1) 새로운 환경손해에 관한 국제법의 발전

1) 사후배상책임의 확충

1950년부터 1970년대에 걸쳐 평화적 목적의 원자력 활동과 우주활동과 같이 고도로 위험한 활동이 초래하는 환경손해 및 산성비와 같은 장거리 월경오염이라는 새로운 유형의 환경손해가 출현하게 되었다. 고도로 위험한 활동은 그것이 초래하는 손해의 성질과 범위 및 규모에 비추어 보면, 전통적인 국제법에 의해서는 효과적으로 규제될 수 없는 경우가 적지 않다. 원인활동을 하는 영역국 측의 '상당한 주의'가 결여되어 있다는 것을 입증하는 것이 어렵기 때문이다. 또한 영역 밖에서 사인의 위험한 활동에 대하여 사인의 본국이 속인적 관리책임을 부담하는 기준(책임귀속 요건)이 명백하지 않기 때문에, 그 본국의 국가책임을 추궁하는 것이 용이하지 않았다.

따라서 유조선, 항공기, 원자력발전소, 우주물체라는 잠재적인 위험도가 높은 활동에 관하여는 엄격한 배상책임(strict liability)을 마련한 조약이 체결되었다. 이러한 활동은 인간의 사회활동에 유용하기 때문에 일반적으로는 금지되지 않았다. 그러나 그 사고가 수반하는 막대한 손해를 국제사회에 공평하게 배분할 수 있다는 관점으로부터 항공기사고 및 유류오염의 손해에 관한 사업자의 민사책임, 심지어 원자력사고에 관한 관련국의 보충책임, 그리고 우주활동에 관한 발사국의 직접적인

---

10) 국제환경의 발전과 soft law에 관하여 P. W. Birnie, A. E. Boyle and C. Redgwell, *supra* note 1, pp.34-37.

국가책임을 인정하는 조약이 성립되었다.[11] 월경적인 환경위험활동의 일반에 관한 사업자의 무과실배상책임을 인정한 다자간 조약으로서 1993년 Lugano조약(미발효)이 있다.[12]

2) 사후배상과 사전방지의 분화

다음으로 장거리 월경오염과 핵실험오염과 같이 오염원을 개별적으로 특정할 수 없거나, 혹은 단기간에는 직접적인 손해가 나타나지 않는 누적적인 오염이 있다. 종래 국가책임의 원칙은 이에 관하여 유효한 법규제가 될 수 없었다.[13]

이러한 오염이 '대세적 의무(obligation *erga omnes*)' 위반이라는 주장도 있었다. 예컨대, 1974년 국제사법재판소의 *Nuclear Tests* 사건에서 원고인 호주는 공해자유의 존중을 방해하는 프랑스의 핵실험이 호주 및 '다른 국가들'에 대한 의무위반이라고 주장하였지만, 재판소는 이에 관하여 판단하지 않았다.[14] 그 후, 1979년 ECE 장거리월경대기오염협약(제2조) 및 1982년 UN해양법협약(제192조)에서 대기오염방지와 해양환경의 보호는 국가들의 일반적인 의무가 되었다. 그러나 국제재판의 현황에서 국가는 스스로의 법익이 직접적으로 침해받지 않은 한, 국제사회의 일반법익의 침해를 이유로 타국의 국가책임을 추궁할 수 없다. 오염과 환경손해의 직접적인 피해국가가 아닌 한, 타국가에게 공익보호를 이유로 소송을 제기하는 당사자적격은 인정되지 않는다.[15] 이에 따라

---

11) 山本草二, 「国際法における危険責任注意」(東京大学出版会, 1982年), 183-272면.

12) 전게주(3) 참조. 이 주제에 관한 최근의 UN국제법위원회의 작업성과에 관하여는 臼杵知史, "'危険活動から生じる越境損害に関する損失配分'の原則案," 「同志社法学」, 60巻 6号 (2009年), 1-40면.

13) A. Ch. Kiss and D. Shelton, *International Environment Law*, 1991, p.352.

14) 黒沢満, "核実験の違法性ー核実験事件," 전게주(7), 「国際法判例百選」, 224-225면. 원고의 청구 등에 관한 자세한 사항은 松田幹夫, "核実験事件," 波多野里望 · 尾崎重義 編著, 「国際司法裁判所 判決と意見, 第二巻」(国際書院, 1996年), 109-119면.

이 같은 돌발적 또는 누적적인 환경손해에 관하여, 전통적인 사후구제에 반드시 결부된다고 할 수 없는 사전절차적인 손해방지의 의무를 마련하는 것이 강조되었다. 영토주권원리에 근거한 사후국가책임의 추궁이라는 장래적 접근만으로는 이러한 새로운 환경손해(환경리스크)를 방지 · 구제할 수 없기 때문이다.

이와 같은 과제에 대처하기 위하여 몇몇 국제기구는 일반적인 법원칙(soft law)을 채택하였다. 이 원칙은 다자간 조약과 양자간 조약에 도입되거나 혹은 관습법규로 발전하는 기반을 이루었다.

OECD는 1970년 회원국의 환경정책의 작성 및 경제적 · 사회적인 발전과 환경정책의 조화를 담당하는 환경위원회를 설립하고, 환경지침원칙, 환경정책선언, 월경환경오염원칙 등의 권고나 결정을 채택함에 따라, 환경보호에 관한 몇 개의 개별 법원칙을 명확히 하였다.[16] 사후배상에 관한 원칙으로서 내국민대우원칙, 국내법의 적용에서 비차별원칙, 오염자부담원칙(polluter pays principle)뿐만 아니라 사전통보 · 협의의무, 환경영향평가의무, 긴급사태경고의무 등에 관하여 규정하고 있다. OECD는 1986년 라인강오염 바젤사고(Sandoz사 화학공장사고)[17]를 계기로 1988년에 월경사고정보교환결정을 채택하였다.

UNEP는 관리이사회의 정기회의에서 특정 환경문제를 선택하여 검토하였다. 그러나 그 성과는 UN경제사회이사회를 통과하여 UN총회에 보고되는 데 불과하였다. 이러한 의미에서 UNEP 활동의 다수는 직접적으로 국제환경법의 발전에 결부되지는 않지만, 1978년 공유천연자원행동원칙은 법률전문가에 의해 기초되어 관리이사회의 결정사항이 되었

15) P. W. Birnie, A. E. Boyle and C. Redgwell, *supra* note 1, pp.131-132. 杉原高嶺 외, 「現代国際法講義 (第4版)」(有斐閣, 2007年), 328-329면.

16) OECD의 권고, 결정에 관한 상세한 내용은 地球環境法研究会 編, 「地球環境条約集(第4版)」(中央法規出版, 2003年), 第1章 ; P. W. Birnie, A. E. Boyle and C. Redgwell, *Ibid.*, pp.83-84.

17) 이 사건에 관하여는 広部和也 · 臼杵知史 編著, 「解説国際環境条約集」(三省堂, 2003年), 386면.

다. 이 행동원칙에서도 환경분쟁의 해결, 피해자 개인의 구제 이외에 자원개발의 주권적 권리와 책임, 환경영향평가의무, 사전통보와 협의의무, 긴급통보의무에 관한 규정이 마련되었다.[18] 그 후 이 원칙은 상기의 OECD의 원칙들과 함께 1980년대의 국제법 단체의 관련활동에 많은 영향을 주었으며, 관련 국제법의 발전에 공헌하였다(1982년 ILA 월경오염에 관한 몬트리올 규칙, 1987년 WCED 법원칙선언 등). 물론 이러한 국제기구의 결의 및 원칙선언 등의 법형식(soft law)은 국가들을 직접적으로 구속하는 국제법의 연원이 되는 것은 아니다.

(2) 지구환경보호와 국가관리책임의 강화

국제사회는 UN인간환경회의(1972년, 스톡홀름)에서 처음으로 지구환경문제에 대하여 적극적인 자세를 취하였다. 이 회의에서 채택되었던 인간환경선언에 따르면, 인류는 지구의 수호자(custodian)이며, 인간은 건전한 환경에서 일정한 생활수준을 향유할 기본적 권리를 가지는 것과 동시에 환경을 보호·개선할 엄숙한 책임을 진다(선언 6, 원칙 1). 또한 인간환경의 보호·개선은 모든 국가의 의무이다(선언 2). 이와 같이 인류와 지구, 그리고 인간과 그 환경 사이에 건전한 관계가 강화됨으로써, 국가들은 이러한 지구환경을 보호·개선하여야 하는 임무를 맡게 되었다. 아울러 자원의 보전에 관하여는 현재 세대의 자원개발의 권리를 인정함과 동시에 미래 세대의 이익을 고려하여야 한다(원칙 5). 개도국의 개발에 관한 원칙들과 함께 각국의 개발 내지 발전의 정도에 따른 국제환경법의 적용도 요구하게 되었다.[19] 이하에서는 UN인간환경회의 이후의 국제협력의 진전과 국가의 관리책임을 강화하려고 하는 경향에 관하여 서술한다.

1) 국가간 협력의 진전

1970년대에는 공통의 환경문제를 연구하기 위한 양자간 협력을 약

18) 地球環境法研究会, 전게주(16), 第1章.

19) P. W. Birnie, A. E. Boyle and C. Redgwell, *supra* note 1, pp.48-50.

속하는 조약이 체결되었다. 예컨대, 환경문제의 연구, 협의 및 정보교환을 장려하는 1972년 미국-소련 환경협력협정, 1975년 일본-미국 환경협력협정 등이 있다. 이러한 경향은 1990년대의 일본-소련 환경협력협정, 한국-일본 환경협력협정, 일본-중국 환경협력협정, 일본-독일 환경협력협정 등의 체결에서 계승되었다.[20] 또한 지역적 조약으로 1974년 북유럽 환경보호조약이 있다.[21] 이는 지리적 · 문화적 · 역사적인 일체성을 배경으로 하여 월경오염의 피해자인 개인에 대하여 그 국내에서 비차별적이고 평등한 사법적 또는 행정적인 구제를 체결국이 상호적으로 인정하는 것이다. 아울러 해양환경의 보호와 자연보전에 관한 다자간 조약이 체결되었다.

이와 같이 다양한 국제조약에 기초하여 환경손해의 효과적인 규제가 진전되었다. (인간환경선언 원칙 24) 1972년 열린 UN인간환경회의는 '현대' 국제환경법의 출발점이며, 이 시기부터 환경보호조약은 급격하게 증가하여(1972년 폐기물 및 그 밖의 물질의 투기에 의한 해양오염방지에 관한 협약, 1972년 세계문화 및 자연유산 보호협약, 1973년 멸종위기에 처한 야생동식물종의 국제거래에 관한 협약 및 UNEP가 주도한 지역해에 관한 조약 등), 1992년을 시점으로 환경조약은 900개가 넘었다고 한다.[22]

2) 국가관리책임의 강화

인간환경선언 원칙 21은 '환경'에 대한 국가의 권리와 책임에 관하여 규정하고 있다. 각국은 UN헌장과 국제법의 원칙에 따라 자국의 천연자원을 개발할 권리가 있지만, 동시에 자국의 관할권 내 또는 관리하의 활동이 타국의 환경 또는 국가 관할권 밖에 있는 지역의 환경을 해하지 않도록 확보해야 할 책임을 진다. 이는 부분적으로 종래 영역사용의

---

20) 地球環境法研究会, 전게주(16), 제1장.

21) 広部 · 臼杵 編著 전게주(17), 18-19면.

22) M. A. Fitzmaurice, *supra* note 2, p.98. 그 중 지역적 환경조약은 256개가 된다고 한다. J. F. C. Dimento, *The Global Environment and International Law*, 2003, p.25.

관리책임원칙을 확인하는 것이지만, 다음 3가지 점에서 국가관리책임을 종래보다도 강화시키는 내용을 담고 있다. 이를 테면 보호법익의 확대, 보호지역의 확대 및 속인적 관리책임이 있다.[23)]

첫째, 전통적인 국제관습법이 규율하는 환경손해는 *Trail Smelter* 사건과 같이 인간활동으로 인하여 타국의 천연자원 또는 재산에 유해한 영향을 미치고 손상을 가져오는 중대한 손해이다. 그런데 인간환경선언의 대상인 '환경'손해는 타국 또는 국제공역에서 발생하는 넓은 범위의 유해한 영향이다. 즉, 국가의 천연자원 및 타국 · 타국민의 재산, 신체와 같은 전통적인 보호이익뿐만 아니라 타국의 일반적 또는 추상적인 이익의 침해 및 국제공역에 미치는 지구환경손해도 규율의 대상인 것이다.

둘째, 금지된 환경손해로부터 보호되는 지역은 타국의 환경뿐만 아니라 국제공역의 환경도 포함된다. 이러한 국제공역으로는, 공해와 그 상공, 심해저, 우주공간 그리고 엄밀하게는 문제가 있지만 남극지역을 생각할 수 있다.

셋째, 국가는 그 영역 내의 활동뿐만 아니라 영역 외의 가해활동이 끼치는 환경손해도 방지할 책임이 있다. 이는 국가가 그 관리하에 있는 선박, 항공기, 우주물체 등이 타국 또는 국제공역에 끼치는 환경손해를 방지할 일반적 주의의무를 부담한다는 취지이다.

이러한 구조를 가진 원칙 21은 국제환경보호의 요청에 대응하기 위하여 국가의 관리책임을 강화하는 방향을 제시한 것이라 할 수 있다. 그 내용은 이미 '영역사용'에 따른 국가책임에 머무르지 않는 것이다. 이러한 관리책임의 강화는 국제법의 기능을 전통적인 사후구제의 차원으로부터 유리시킨 결과이다.[24)] 그 확대는 국가책임원칙이 적용되는 실제적 손해의 범위를 넘어 손해의 발생이 개연적으로 예견되는 위험(환경리스크)도 그 대상으로 하기 때문이다.[25)] 환경리스크[26)]를 포함한 환경손

---

23) P. W. Birnie, A. E. Boyle and C. Redgwell, *supra* note 1, pp.143-145.

24) *Ibid.*, pp.152-154.

25) 예를 들면, 인간환경선언 원칙 7(해양오염방지)을 발전적으로 계승한 UN해양법

해의 다양화에 대응하기 위하여, 최근의 국제조약은 전통적 국제법의 구조 내에서 사후배상을 전제로 하여 국가의 손해방지의무를 객관화함과 동시에, 환경리스크를 방지 또는 완화하기 위한 국제협력의무를 규정하고 있다.[27] 전자는 그 위반이 국가책임을 발생시키는 환경손해방지의무이다. 물론 국제관습법상 국가가 기울어야 할 주의의무의 구체적인 내용이 반드시 명확하지는 않다.[28] 따라서 원칙 22는 당시의 국제법이 환경손해에 관한 국제배상책임과 그 구제수단을 충분히 갖추어지지 않았다고 하면서 그 발전을 위한 국제협력을 국가들에게 요구한다. 후자는 환경리스크를 방지 또는 완화해야 할 의무이지만, 그 위반은 사후구제를 주목적으로 하는 전통적인 국가책임의 발생과는 반드시 결부된다고 할 수 없는 의무이다.

3. 지구환경보호의 새 시대(1980년대 이후)

이 시기에 들어서면서 전 지구적 규모의 환경파괴가 인식되었다. 1982년 UNEP의 나이로비선언에서는 오존층의 파괴, 이산화탄소 농도의 상승, 산성비, 해양 및 담수의 오염, 유해폐기물의 사용과 처분에 따른 오염, 동식물종의 멸종 등 지구환경에 대한 위협이 광범위하게 현실

협약이 규율하는 해양환경오염은 오염의 유해한 결과뿐만 아니라 그 리스크도 대상으로 한다(제1조 4항).

26) UN국제법위원회(ILC)에 따르면, 환경리스크에는 사람, 재산 또는 환경에 대하여 중대한 손해를 초래할 개연성이 높은 경우와 그 개연성은 낮지만 발생하는 손해가 중대한 수준 이하의 대규모 재해에 필적하는 손해를 초래하는 경우가 포함된다. 즉, 환경리스크는 손해발생의 개연성 및 손해 그 자체의 규모라는 2가지 요인에 따라 파악되는 개념이다. ILC, Draft Articles of Transboundary Harm from Hazardous Activities with Commentaries, 2001, pp.385-387. 臼杵知史, 「『危険活動から生じる越境損害に関する損失配分』の条文案」, 「同志社法学」, 60巻 5号(2008年), 503면 [제2조(a)의 정의].

27) 杉原高嶺 외, 전게주(15), 388-393면.

28) *Ibid.*, 383, 388-389면.

의 문제로서 인식되었다. 이 선언에 의해 낭비적인 소비나 빈곤의 극복, 한층 더 충실한 국제협력, 개도국에 대한 기술적 · 재정적인 지원 등 향후 국제사회의 행동방침이 제시되었다. 지구환경보호에 관한 다자조약의 특징을 검토하고, 지구환경보호에 관한 새로운 과제에 대하여 전망한다.

(1) 지구환경리스크 방지의무 – 그 성질과 국제입법형식

1980년대에 들어서 국가영토 밖의 장소에 있는 지구환경(해양, 대기, 오존층, 남극지역 등)의 보호를 목적으로 하여, 이와 관련된 다자간 조약을 체결함으로써 지구환경에 미칠 악영향을 미연에 방지하여야 할 의무를 명확히 하였다. 지구환경은 인류전체의 공유자산(global commons)이므로 조약에 근거한 방지의무는 이미 타국에 대한 의무가 아니라 국제사회 전체에 대한 보편적인 의무의 성격을 갖게 되었다(1991년 남극조약 환경보호의정서 전문, 1992년 기후변화협약 전문 및 제3조 1항 등).

이러한 조약은 국가에 대하여 상당한 주의를 가지고 행동하여야 할 일반적인 의무를 부과하고 있다. 특정 지구환경을 보호하기 위하여 국가는 적절한 방지조치를 취할 것이 요구된다. 예컨대, 이미 살펴본 1979년 ECE 장거리 월경대기오염협약(제2조), 1982년 UN해양법협약(제194조 2항) 이외에 1985년 오존층보호를 위한 비엔나협약(제2조), 1991년 ECE 월경환경영향평가에 대한 협약(제2조) 등이 있다. 이 경우에 적절한 조치는 국가가 필요 또는 적절하다고 생각하는 입법 또는 행정상 국내조치이며, 손해방지의 절대적인 의무는 아니다.

이러한 '상당한 주의'에 근거한 방지의무는 그 입법과정에 주목하면 다음과 같이 정리할 수 있다. (i) 해양오염방지의무와 같이 국제기구가 작성하고 또 일반적으로 수락된 국제규칙 · 기준으로서 구체화된 경우가 있다(UN해양법협약 등). (ii) 일반적인 상당한 주의의무를 규정하는 기본협약(framework convention)을 작성한 후에, 과학적 지식의 진전을 기대하면서, 그 일반의무를 구체적으로 특정하는 의정서를 새로이 채택하고 그 이행을 확보하는 경우가 있다(오존층보호를 위한 비엔나협약과 몬트리올의정서, ECE 장거리월경대기오염협약, 기후변화협약). 이 '기본협약' 방식은 지구환경문제의 특수성을 고려한 새로운 국제입법형식으로 주목된다.[29)]

(2) 지구환경리스크 방지의무의 진전

환경손해방지의 전통적인 의무와는 달리, 지구환경보호를 위한 조약은 환경리스크의 방지 또는 완화를 목적으로 한 몇몇 절차적 의무를 두고 있다. 종래, 환경리스크의 방지 또는 완화의 원칙은 국제하천법 분야에서 발전해 왔다. 이는 월경환경손해를 대상으로 타국의 권리를 침해할 우려가 있는 하천이용계획의 실시를 다른 손해관계국에게 사전통보하여 교섭 내지 협의를 거친 후에 그 계획실시를 인정하는 것이다. 지구환경리스크의 방지에 관하여도 이러한 국제협력이 필요하게 됨에 따라(인간환경선언 원칙 24 등) 오늘날에는 환경영향평가, 사전통보 · 협의의무, 예방원칙 등을 규정하는 다수의 조약이 체결되고 있다.[30)]

예컨대, 조약기구에 의한 환경영향평가를 도입하여 환경에 악영향을 미칠 것이 염려되는 경우에 계획된 활동을 수정 또는 정지할 것을 요구하는 경우가 있다(1991년 남극조약 환경보호의정서 부속서 I). 또한 1991년 ECE 월경환경영향평가에 관한 협약과 같이, 잠재적인 피해국에 대한 다양한 위험활동의 통보, 협의에 의한 영향평가에의 의견진술 및 계획 중인 활동을 실시할 최종결정에서 당해 의견을 고찰할 의무를 부과하는 경우도 있다(제3~6조). 아울러 환경리스크에 대응하는 국제협력은 고도로 위험한 활동과 긴급사태에서 통보, 협의, 비상사태계획의 작성 및 지원할 의무로서도 구체화되고 있다. 1986년 원자력사고 조기통보에 관한 협약 제2조와 제6조, 1982년 UN해양법협약 제199조와 제206조, 1989년 유해폐기물의 국가간 이동과 처리규제에 관한 바젤협약 제4

29) *Ibid.*, 388-390면.

30) *Ibid.*, 390-394면. 예방원칙에 관해서는 본서 제2부 제8장 제3절 참조.

조 1항(a)와 (c) 등이 여기에 해당한다. 또한 1986년 원자력사고 또는 방사능 긴급사태시 지원에 관한 협약은 지원요청의 권리만을 규정한다(제2조 1~3항). 이러한 조약은 국제하천법의 절차적 의무의 내용을 훨씬 넘어 상세히 의무를 두는 점이 주목된다. 이러한 의무를 성실히 이행한다면 잠재적인 가해국은 스스로의 판단으로 계획 중인 활동을 실시할 최종적인 권리를 갖는 것이지, 그렇다고 하여 그 의무에 의해 당해 활동을 정지시키는 거부권을 잠재적 피해국에게 주는 것은 아니다.[31)]

(3) 다자조약 참여촉진과 의무이행확보의 방법

지구환경보호에 관한 조약은 그 조약에 다수 국가가 참가하지 않는다면 규제의 효과가 손상된다. 이른바 '무임승차'를 방지하기 위하여 조약의 당사국에만 인정되는 특별이익을 마련하거나 또는 비당사국에 대하여 불이익을 규정하는 것을 통하여 조약에의 참가를 촉진하는 방법이 채택되고 있다. 전자(positive incentives)의 예로서 개도국의 환경보호의무를 일정기간 유예하여 경감하는 경우가 있다(예를 들어 1987년 오존층보호를 위한 몬트리올의정서 제5조 1항, 1992년 기후변화협약도 동일). 나아가, 환경보호에 관한 자금지원과 기술지원의 제공, 환경에 안전한 대체기술의 지원을 요구하는 조약이 있다(1982년 UN해양법협약 제202~203조, 1987년 오존층파괴물질에 관한 몬트리올의정서 제5조 2항과 3항 등). 후자(negative incentives)의 예로서 비당사국과의 무역을 금지 또는 제한하는 경우가 있다(동 의정서 제4조, 바젤협약 제4조 5항 등).[32)]

오늘날에는 기본협약의 국제규제조치에 관하여 그 의무이행을 확보하기 위한 방법이 검토되고 있다. 그 방법으로 조약의무를 이행하는 국내규제조치에 관한 연차보고, 국제적인 감시, 의무적인 분쟁해결제도

---

31) 이 점을 인정하는 *Lake Lanoux* 사건에 관하여 広部・臼杵 編著 전게주(17), 385면. 그 외에 남극환경보호에 관한 의정서의 부속서 I 제1조, 제2조 2항, 제3조 5항, ECE 월경환경영향평가조약 제4조와 동 부속서 III의 제12조 등을 참조.

32) J. F. C. Dimento, *supra* note 22, pp.178-182.

가 있다. 아울러 조약기구에 의해 의무위반의 유무를 검증하고, 그에 대한 제재조치 및 의무이행을 촉진하기 위한 자금 · 기술이 제공되고 있다.[33] 1987년 오존층파괴물질에 관한 몬트리올의정서 제8조에 근거한 비준수절차(1992년 결정, 1998년 개정), 1997년 교토의정서의 준수절차(2001년 결정) 등이 있다.[34]

이상에서 살펴본 바와 같이, 지구환경손해는 일반적으로 환경리스크로서의 특성이 있으며, 가해국과 가해자의 특정 및 인과관계를 확정하는 것은 매우 어렵다. 그러한 환경리스크의 법적 규제는 회복 불가능한 피해가 발생하여 미래세대에게 막대한 악영향을 초래할 가능성을 방지 · 경감하는 것을 주목적으로 한다. 그러므로 사후구제의 틀을 넘어 환경리스크의 방지 · 경감을 주목적으로 하는 국제협력이 필요하다. 전통적인 방지의무가 규정된 경우라도 그 대상에 지구환경리스크가 있는 한, 그 후의 과학적 증거에 근거한 규제조치가 도입될 때까지는 실제로 상기의 환경영향평가나 사전통보 · 협의 등의 절차적 의무에 따른 국제협력이 중시된다.[35]

4. 결 론 – 1992년 리우선언 이후

1980년대 후반부터 선진국 정상회의의 경제선언은 지구환경문제를 중시하면서, 지구생태계 균형의 보존 및 유지는 국제협력에 의해서 해결되어야 할 긴급한 과제라고 하였다. 그 해결은 현재세대뿐만 아니라 미래세대에게도 이익이 되므로, 이를 위하여 개도국의 경제성장을 지속하게 하는 재정적 · 기술적인 지원이 필요하게 되었다(1989년 이후

33) 杉原高嶺 외, 전게주(15), 396-399면. R. Wolfrum, *Means of Ensuring Compliance with and Enforcement of International Environmental Law*, Recueil des Cours, 1998, vol.272, pp.25-35, 56-62, 110-135; J. F. C Dimento, *supra* note 22, pp.50-55.

34) 환경조약에서 비준수절차에 관한 상세한 내용은 본서 제2부 제2절 참조.

35) 杉原高嶺 외, 전게주(15), 395-396면.

의 토론토, 아르아르세, 휴스턴, 런던의 정상회의 경제선언, 1997년 덴버 정상회의 8개국 선언). 개도국의 각료선언에서도 지구환경의 보호와 그 개도국의 개발의 권리는 양립되어야 한다고 하면서, 그 보호수단은 개도국의 경제성장과 개발을 지원하는 것이어야 한다고 하였다(1991년 북경선언, 1992년 쿠알라룸푸르 선언).

이러한 가운데 지구정상회의가 개최되었다. 1992년 '환경과 개발에 관한 UN회의(UNCED)'는 리우선언과 그 행동계획(아젠다 21)을 채택하여 21세기로 향하는 지구환경을 건전하게 유지하기 위한 국가와 개인의 행동원칙을 제시하였다. 즉, 환경과 개발에 관한 국가의 주권적 권리와 책임, 개발에 대한 권리의 행사와 세대 간 형평, 환경과 개발의 결합에 의한 지속가능한 개발의 달성, 빈곤퇴치를 위한 국가협력, 개도국의 특수한 상황과 요구의 우선, 배상과 구제, 효과적인 국내 환경입법의 제정, 환경손해의 방지, 오염자부담원칙, 환경영향평가의 국내실시 등 일반원칙을 규정하였다.

이러한 원칙의 다수는 1972년 인간환경선언의 원칙들을 확인하고 있으며, 리우선언은 '지속가능한 개발'이라는 공동목표를 명확히 하고, '환경과 개발'을 양립시키는 국제적 행동에서는 '개도국의 개발의 권리'와 '선진국의 특별한 책임'이 고려되어야 한다고 하였다.[36] '지속가능한 개발'이란, 미래세대의 욕구를 충족시킬 능력을 저해하지 않으면서 현재세대가 스스로의 욕구를 충족시키는 것이다[37](1987년 WCED 법원칙선언, 1990년 ECE 지속가능한 개발에 관한 베르겐선언 참조). 이러한 개발은 국제사회의 정의에 적합한 것이며, 환경보호의 비용과 편익을 형평하게 배분함으로써 달성될 수 있다. 특히 베르겐선언은 지속가능한 경제란

---

36) 리우선언 원칙 3과 원칙 7. 동 선언에 관하여는 P. W. Birnie, A. E. Boyle and C. Redgwell, *supra* note 1, pp.50-52; M. A. Fitzmaurice, *supra* note 2, pp.40-44 참조.

37) 지속가능한 개발의 개념에 관해서는 P. W. Birnie, A. E. Boyle and C. Redgwell, *supra* note 1, pp.53-58; M. A. Fitzmaurice, *supra* note 2, pp.47-64 참조.

무엇인가에 대하여, 그리고 지속가능한 에너지 사용 및 산업활동의 올바른 상태에 대하여 제안하고 있다. 예를 들면 개도국을 중심으로 인구를 억제하는 것, 천연자원의 소비를 억제하는 것, 대량생산 · 소비에 근거한 경제제도 및 생활양식을 변화시키는 것 등이 있다.

주지하는 바와 같이, 환경보전을 중시하는 선진국과 개발의 권리를 우선하는 개도국 사이에는 뿌리 깊은 의견대립이 있다(개발의 권리 · 필요성에 관한 리우선언 원칙 3과 원칙 6 및 선진국의 책임에 관한 동 원칙 7). 1992년에 UNCED는 리우선언을 구체화하는 몇몇 조약과 선언을 채택하고 서명하기 위하여 개최된 것에 지나지 않았다. 그 예로서 생물다양성협약, 기후변화협약, 삼림원칙성명이 있다. 1997년 UN환경개발특별총회는 1992년 행동계획의 이행상황을 검증하여 향후의 우선과제를 제시한 '아젠다 21의 추가이행계획(Programme for Further Implementation of Agenda 21)'을 채택하였다. 그러나 경제성장과 환경보호의 양립이라는 이념을 구체적으로 실현하는 데 어려움이 있다는 점이 재확인되었다. 그 후 2002년에 아젠다 21의 이행상황을 검증하고, 지속적이지 않은 선진국의 생산과 소비의 패턴 및 개도국의 빈곤확대 등에 의한 지구환경의 계속적인 악화를 방지하기 위하여 한층 더 강화된 국제협력을 목표로 하는 요하네스버그 정상회의(지속가능한 개발에 관한 세계정상회의)가 개최되었다.[38] 이 회의에서는 '지속가능한 개발에 관한 요하네스버그 선언'과 아젠다 21의 이행을 촉진하는 '이행계획'이 채택되었고, 빈곤, 기아, 위생, 에너지, 식량안전보장 등 '환경과 개발'에 관한 다양한 문제가 거론되었다.

이와 같이 1980년대부터 국제사회는 남북문제의 해소를 목표로 한 지구환경보호의 새로운 시대를 맞이하였다. 지속가능한 개발의 실현을 목표로 각국이 연대하여 해결해야 할 많은 과제가 남아 있다.

---

38) 포스트 리우선언의 상황에 관하여는 M. A. Fitzmaurice, *supra* note 2, pp.44-47 참조. 2002년 정상회의에 관해서는 P. W. Birnie, A. E. Boyle and C. Redgwell, *supra* note 1, pp.52-53 참조.

| 참고문헌 |

磯崎博司,「国際環境法」, 信山社, 2000年.

渡辺茂己,「国際環境法入門」, ミネルヴァ書房, 2001年.

西井正弘,「地球環境条約一生成・発展と国内実施」, 有斐閣, 2005年.

交告尚史・臼杵知史・前田陽一・黒川哲志,「環境法入門・補正版」, 有斐閣, 2007年.

제 1 부

국제환경보호의 주요조약

제1장

해양환경관련조약1)

1. 서 론

해양환경의 보호는 1960년대 이전까지는 그리 주목받지 못하였으며 해양오염에 대한 대처도 선박으로부터의 고의 또는 중대한 과실에 의한 유류배출 규제에 제한되어 있었다. 그러나 1967년 라이베리아(Liberia) 선적 Torrey Canyon호가 영-프 해협에 좌초되어 유출된 유류에 의해 영국과 프랑스 양국의 연안이 막대한 피해를 입은 사건을 계기로 해양환경의 보호에 대한 포괄적인 대처의 필요성이 인식되었다. 그 후 정부간해사협의기구(IMCO. 1982년 국제해사기구 'IMO'로 개칭)를 중심으

1) 본장의 표제는 해양환경관련조약으로 해양환경이란 일반적으로 해양공간뿐만 아니라 생물자원 및 해양생물, 나아가 해양생태계를 포함하는 광범위한 개념으로 여겨진다. 따라서 본장에서는 광범위한 조약들이 상정될 것이다. 특히, 소위 해양환경의 보호에 관한 조약이 지금까지 규율대상으로 삼은 것은 보호대상인 해양환경 그 자체보다는 오히려 해양환경에 부담을 주는 효과를 초래하는 인위적 활동으로서의 '오염'이었다. 실제로 UN해양법협약은 제12부에 '해양환경의 보호 및 보전'이라는 광범위한 표제를 두었지만 실제로 규율대상으로 하고 있는 것은 '오염'이다. 이에 대해 해양환경의 일부인 생물자원은 제5부 배타적 경제수역제도나 제7부 공해제도에서 취급될 뿐이다. 이를 근거로 본장에서도 주로 해양오염에 관한 조약을 다루고자 한다. 다만 이와 같은 개별 대처에는 한계가 있고, 예를 들어 아젠다 21(Agenda 21)의 제17장은 해양환경을 일체로 취급하고 보다 통합적인 예방적 접근의 필요성을 호소하고 있다.

로 개별 문제마다 다양한 국제협약 및 행동지침이 채택되고 작성되는 한편, 1982년에 일반조약으로서는 최초로 해양환경보호 문제를 포괄적으로 취급하는 UN해양법협약(United Nations Convention on the Law of the Sea)이 채택되었다.

UN해양법협약 제12부의 규정들은 해양환경보호를 둘러싼 종래의 기본원칙들에 질적인 변화를 가져오는 몇 가지 특징이 있다.

첫째, 지금까지의 조약이 선박, 해저개발, 해양투기, 육지, 대기 등의 특정한 오염원을 대상으로 한 개별적인 대응에 머무르고 있었던 것에 반해, UN해양법협약은 포괄적인 접근법을 채택하였다. 즉, 조약의 기초로 일반원칙, 사전예방, 사후구제, 분쟁해결제도까지 갖추면서, 해양오염원을 망라하여 협약체계하에 두고 있는 것이다. 특히 일반원칙으로서 해양환경을 보호·보전하는 일반적인 의무가 규정된 것은 공해자유의 원칙 아래 오염의 자유가 인정된다는 것을 전제로 국가의 권리로 이해되고 있었던 종래 해양환경보호체계를 의무의 체계로 전환하였다는 의미에서 중요한 의의를 가진다고 할 수 있다.[2)]

둘째, UN해양법협약은 각 체약국에 법령제도 및 집행의무를 부과하는 동시에 그 구체적 내용은 국제규칙에 준거한다는 국제기준주의를 채택하고 있다. 아울러 협약은 체약국이 준거해야 할 오염방지의 구체적인 국제기준에 관해 직접 규정하지 않고 기존 또는 장래에 채택될 다른 국제조약이나 국제기구의 결의 등을 '참조'하는 방식(포괄적 접근방식, umbrella approach)을 채택하고 있다. 이러한 제도적 구조에 의해 협약은 국내규칙에 대해 국제규칙의 우위를 확보하는 것과 동시에, 기존 또는 장래 작성될 국제규칙을 포괄하여 통일적으로 적용하는 것을 가능하게 하고 있다

셋째, UN해양법협약은 위와 같이 적용되고 집행되어야 할 규칙의

2) 물론 이것은 일반적 의미에 지나지 않기 때문에 구체적 의미의 내용, 의무위반의 인정방법, 책임추급 주체 등의 문제는 조약의 다른 규정 또는 법규칙의 사후 발전에 위임되고 있다.

구체적인 내용에 관해서는 다른 국제조약에 위임하는 한편 기국(旗國), 연안국, 기항국 등의 관할권의 배분에 관해서는 오염원마다 직접 규정하고 있어 관련된 관할권 행사를 통하여 위의 국제기준이 적용되고 집행된다. 특히 선박에 기인하는 오염에 관하여 협약은 전통적인 기국주의와 기항국 및 연안국의 관할권 확대를 요구하는 주장 사이의 대립을 모두 수용하는 형태로 관할권 배분을 규정하고 있어 중요한 의의를 가진다. 게다가 협약에서 새로이 배타적 경제수역(EEZ) 제도를 창설한 것이나 군도수역 · 국제해역 · 심해저와 같은 특수한 해역이 설정된 것을 보면 이러한 다원적인 해양구조가 관할권 배분의 문제에 반영되고 있음을 지적할 수 있다.

이상과 같이 UN해양법협약의 의의에 비추어보면, 해양환경보호조약에 관해 개관하기 위해서는 각각의 오염원별로 발달되어 온 개별조약의 내용을 살펴보는 것과 함께 UN해양법협약이 그러한 개별조약에 규정된 국제기준을 적용하고 집행하기 위하여 어떠한 구조를 마련하고 있는가를 검토하여야 할 것이다. 이에 대하여 UN해양법협약은 포괄적 접근방식에서는 '국제적으로 합의된 규칙 및 기준'과 같은 일반적인 표현의 국제기준을 참조하지만, 그 표현방법은 오염원마다 다르고 관할권 배분의 구조도 오염원마다 다르다. 이는 오염원에 따라 선박, 해양투기 등과 같이 비교적 일찍부터 일반적인 조약규칙이 발달해 온 것과 육지, 해저개발, 대기 등과 같이 조약규칙으로 발전하지 못하였거나 지역조약 또는 비구속적 문서에 의해 다루어지고 있는 것에 머무르는 것과의 사이에 차이점이 있다는 것을 반영하고 있다. 따라서 이하에서는 우선 각 오염원마다 개별조약의 규칙을 개관하고, 이어서 UN해양법협약하의 관할권 배분의 본연의 모습 및 참조되는 국제기준의 범위 등 국제규칙이 적용되고 집행되는 구조를 검토한다. 조약규칙의 발달정도를 고려하여 선박으로 인한 오염과 해양투기로 인한 오염을 제2절과 제3절에서 각각 다루고, 제4절에서는 그 밖의 다른 오염원(육지, 해저개발, 대기)에 의한 오염에 대하여 일괄하여 다루도록 한다.

2. 선박으로 인한 오염

(1) 선박의 통상적 운항으로 인한 오염 – 개별조약의 내용

1) 1954년 유류에 의한 해양오염방지를 위한 국제협약(유류오염방지협약, International Convention for the Prevention of Pollution of the Sea by Oil)

선박의 통상적 운항에 따르는 오염은 가장 일찍부터 조약화가 진행된 분야로 1954년에는 「유류에 의한 해양오염방지를 위한 국제협약」(유류오염방지협약)이 체결되었다. 협약은 주로 유류의 배출기준을 설정함으로써 선박의 운항에 따라 발생하는 유류 및 유성혼합물(油性混合物)의 배출에 대처하는 것을 목적으로 한다. 조약의 적용대상은 총 톤수 500톤 이상의 군함을 제외한 선박으로, 이러한 선박은 육지로부터 50해리까지의 구역에서는 유류 및 그 혼합물의 배출이 금지된다(제3조). 단, 유조선 이외의 선박에 관해서는 조약의 발효로부터 3년이 경과할 때까지 그 기준이 완화된다. 또한 적용대상선박은 유기록부(油記錄簿)를 구비하여야 한다(제9조). 위반사항에 대해서는 기국의 국내법에 따라 처벌된다(제6조).

협약은 그 후 수 차례 개정을 거쳐 규제를 확대하고 강화하였다. 우선 1962년 개정에서는 유조선에 관한 적용대상을 총 톤수 150톤 이상으로 확대하는 것과 함께 기국의 처벌의무를 강화하였다. 1969년 개정에서는 'Load-On-Top(LOT) 방식'[3]에 입각한 새로운 '순간배출율'에 기초한 규제를 채택하여(적용대상선박 전부에 관해 1마일 근처 60리터 이하) 그 적용범위를 공해를 포함한 해역 전체로 확대하고 있다. 나아가 유조선에 관해서는 LOT 방식에 따른 지나친 배출을 막기 위해 순간배출율에

---

3) LOT 방식이란 석유탱크를 세정하는 물을 특별한 탱크에 주입하고 적재항으로 돌아가는 밸러스트(空船) 항해시에 유류와 물이 분리되어 있어 물만을 배출한다는 것이다. 남은 유류 위에 새로운 유류를 적재하는 것이기 때문에 이와 같이 불리게 되었다.

더하여 최대배출한도를 설정하고 있다. 1회의 밸러스트(ballast) 항해에서 배출되는 유류의 총량은 적재용적 전체의 1만 5000분의 1 이하로 한다. 또한 최대배출한도의 준수에 관해 기항국에 사찰권한이 안정되지만 소추권한은 기국만이 갖는 것으로 여겨졌다. 1971년 개정에서는 사고시의 유출량을 억제하기 위해 유조선 크기를 제한하였다.

그럼에도 이러한 유류오염방지협약제도는 1970년대에 급속히 증가한 환경보호 요청에 충분히 대응할 수 없었다. 이 제도는 규제의 대상을 유류에 한정하고 있었고, 기국주의에 전적으로 의지하고 있었으며, 또한 그 실효성이 의문시되었다.[4] 또 다수의 석유회사가 채택하고 있는 LOT 방식에 관해서도 유류와 물이 충분히 분리되지 않는다는 기술상의 문제, 단거리항해에의 부적합성, 그리고 선원의 태만으로 인한 비준수 등의 문제들이 지적되고 있다.[5]

2) 1973년 선박으로부터의 오염방지를 위한 국제협약 및 1978년 의정서(MARPOL 협약 73/78)

(가) 기본사항

1973년에 정부간해사협의기구(IMCO: Inter-Governmental Maritime Consultative Organization, 현재 IMO)의 이름으로 개최된 '해양오염에 관한 국제회의'에서는 유류오염방지협약 및 그 개정을 단일의 텍스트로 정리하는 한편, 규제를 강화하는 동시에 규제대상을 유류 이외에도 확대하는 것을 목적으로 하는 「1973년 선박으로부터의 오염방지를 위한 국제협약」(MARPOL협약)이 채택되었다. 이 협약은 본문, 5개의 부속서[I: 유류배출, II: 적재 유해액체물질, III: 포장 상태로 운송되는 유해물질, IV: 오수(汚水), V: 폐기물] 및 2개의 이행의정서로 되어 있다. 또 1973년 협약에 수정 및 추가를 하기 위하여 1987년에는 MARPOL의정서가 채택되었

---

4) P. Birnie, A. Boyle, and C. Redgwell, *International Law & the Environment*, 3rd ed., 2009, p.403.

5) A. Khee-Jin Tan, *Vessel-Source Marine Pollution*, 2006, p.128.

다.[6] MARPOL의정서는 1973년 협약과 단일문서로 하여 일괄하여 읽는다(의정서 제1조 2항)는 조항과 체약국은 이 의정서에 의하여 수정 및 추가된 1973년 협약을 이행한다(의정서 제1조 1항)는 조항을 두고 있다. 따라서 의정서는 형식적으로는 1973년 협약과 별개의 문서이지만, 실질적으로는 1973년 협약에서 수정되지 않은 부분을 포함하여 이해하여야 한다.

나아가 1997년 당사국총회에서는 부속서 VI(대기오염)를 추가하는 의정서가 채택되었다. MARPOL의정서 당사국만이 1997년 의정서의 체약국이 될 수 있고, 의정서에 의해 수정된 조약과 1997년 의정서는 하나의 문서로 읽히고 해석된다.

MARPOL협약 73/78의 부속서는 오늘날까지 개정을 반복하고 있어 선박으로 인한 오염규제에 관한 복잡하고 상세한 규칙을 정하고 있다. 아울러 이러한 문서의 해석지침들이 IMO에 의해 결의의 형태로 채택되고 있다. 현재는 이러한 구속적 또는 비구속적인 문서 모두가 선박으로 인한 오염규제에 관한 규범을 형성하고 있다.

(나) 규제의 내용

첫째, 조약의 적용대상은 군함 그 밖의 기타 비상업선박을 제외한 체약국을 기국으로 하는 선박 및 체약국을 기국으로 하지 않는 선박 중 체약국의 권한 아래 운항되고 있는 선박이다(1973년 협약 제3조 1항). 둘째, 부속서마다 규제내용에 관한 상세한 규정을 두고 있지만 지면사정

6) MARPOL의정서의 채택 목적의 하나는 1973년 협약의 조기발효에 있다. 협약 부속서 중에서 부속서 I 및 부속서 II는 협약과 함께 비준하도록 되어 있었지만(부속서 III부터 V에 관해서는 선택적 제외가 가능), 부속서 II의 실시에 따른 기술적인 어려움 때문에 비준을 유보하는 국가가 많았기 때문에 1973년 협약의 발효가 지연되었다. 그래서 동 의정서에는 의정서의 발효로부터 3년 혹은 체약국이 결정하는 3년보다 긴 기간동안 체약국이 부속서 II에 구속되지 않을 것을 인정하였다. 그 후 MARPOL의정서는 1983년 10월 2일에 부속서 I과 함께 발효되었다. 또한 부속서 II는 1987년 4월 6일에, 부속서 III은 1992년 7월 1일에, 부속서 V는 1988년 12월 31일에, 부속서 IV는 2009년 9월 27일에, 97년 의정서에 추가된 부속서 IV는 2005년 5월 19일에 각각 발효되었다.

으로 여기에서는 특히, 부속서 I의 선박으로 인한 오염에 대한 규제와 관련하여 주요과제가 되어온 유류의 배출에 관해 검토한다.

부속서 I이 규정하는 규제의 가장 큰 특징은 종래 배출기준의 설정에 더하여 선박의 구조설비기준을 설정한 것에 있다. 한편, 부속서 I은 배출기준에 관해 유류오염방지협약 1969년의 개정을 대략 답습하는 형태로 배출금지구역과 순간배출율 및 유조선에 관한 최대배출율을 정하고 있다.[7] 다른 한편으로 구조설비기준에 관해서는 새로운 분리밸러스트방식 및 원유세정장치가 도입되어 있다. 먼저, 분리밸러스트방식이란 화물탱크 및 연료탱크와는 완전히 분리된 밸러스트수(水) 전용탱크를 선내에 설치하는 것으로, 화물탱크에 밸러스트수를 쌓는 종래의 방식에 비해 오염을 대폭 감소시킬 수 있다. 다음으로 원유세정장치(COW)란 원유를 고압분사장치로 탱크 안에 분사한 뒤 물로 씻어내는 방식으로 탱크세정작업에서 생기는 유성혼합물을 감소시킬 수 있는 장치이다. 이러한 구조설비기준의 설정은 운항 중에 배출되는 밸러스트수 중 유류오염물질을 미리 감소시켜 오염을 규제하려는 것이며, 다음과 같이 선박의 종류에 따라 서로 다른 설비의무가 규정되어 있다.

유조선의 경우 적재중량 2만톤 이상의 새 선박은 분리밸러스트 및 COW 양쪽 모두를 갖추어야 한다. 이 때 분리밸러스트는 의무적으로 방호적 배치를 하여야 한다. 또한 적재중량 4만톤 이상의 기존 선박은 1978년 의정서 발효일로부터 분리밸러스트를 갖추거나 COW 혹은 클린밸러스트로 운항하여야 한다. 단, 클린밸러스트로의 운항은 잠정적이다. 한편, 정제유운항선에 관해서는 적재중량 3만톤 이상의 새 선박은 분리밸러스트 탱크를 갖추어야 하고, 적재중량 4만톤 이상의 기존 선박은 1978년 의정서 발효일로부터 분리밸러스트를 갖추거나 클린밸러스트로 운항하여야 한다.

이상과 같은 구조설비기준의 설정은 일정한 성과를 올렸다고 할 수

7) 또한 새 선박인 유조선에 관해서는 최대배출률을 적재용적 전체의 3만분의 1 이하로 하여 1969년의 개정보다 그 기준을 강화하였다.

있다. 실제로 해상운송으로 인해 해양으로 배출된 유류의 양이 1973년에는 213만톤이었으나, 1989년에는 57만톤까지 감소된 것으로 보고되어 있다. 그러나 1989년 이후 유조선 사고가 잇따르자 사고시 유류 유출을 막기 위해 구조설비기준을 강화해야 할 필요성이 대두되었고, 이에 대응하여 유조선의 선체구조를 이중으로 하는 방향으로 부속서의 개정이 거듭되었다.

우선 1989년 Exxon Valdez호 사고 후 이루어진 1992년 개정에서는 적재중량 5,000톤 이상의 유조선이 분리밸러스트의 방호적 배치규칙의 적용을 받는 경우에는 이중선각구조(double hull)에 적합한 것으로 하고, 적재중량 600톤 이상 5,000톤 미만의 유조선은 선체를 이중바닥(二重底, double bottom)으로 하는 것으로 개정되었다. 1999년 Erika호 사고에 따른 2001년 개정에서는 선박을 3개의 카테고리로 구분한 다음 각각에 단일선각구조(single hull)의 단계적 폐지를 위한 기간을 설정하였고, 나아가 2002년 Prestige호 사고 후 2003년 개정에서는 그 기한을 앞당겨 적용할 것을 규정하였다.

(다) 단 속

단속에 관해서는 MARPOL협약 73/78의 협약 본문에 규정되어 있다. 원칙적으로 기국주의에 의거하면서 필요에 따라 연안국의 단속에 의해 보충하는 방식이다. 즉, 우선 협약은 위반의 처벌에 관해 주요한 책임을 선박의 기국(해저천연자원의 탐사개발플랫폼에 관해서는 연안국)에게 부과하고 있다. 이러한 국가를 '주무관청(administration)'이라 하고(1973년 협약 제2조 5항), 주무관청은 조약의 모든 위반의 경우 위반장소에 상관없이 법령에 따라 금지하는 한편 처벌해야 하는 의무를 부담한다. 또 위반통보를 받은 장소에는 자국의 법령에 따라 가능한 신속하게 사법절차가 이루어지도록 한다(협약 제4조 1항). 다음으로 협약은 각 체약국에 대하여 자국 관할권 범위 내의 조약의 모든 위반에 관해 법령에 따라 금지하거나 처벌하는 의무를 부과한다. 해당 체약국은 위반에 관해 자국의 법령에 따라 사법절차가 이루어지도록 하거나, 자국이 소유하는 해당 위반에 관한 정보 및 증거를 주무관청에 제출하는 등 어느 한 조치를 취하여야 한다(협약 제4조 2항).[8] 이상과 같이 협약은 위반장소에 상관없이 기국에 단속의무를 부과하는 한편, 연안국의 관할권 내에서 일어난 위반에 관해서는 연안국을 대신해서 기국도 중복적이고 보충적인 단속의무를 부담하는 방식을 채택하고 있다.

이미 살펴본 바와 같이 1970년대 초 해양오염의 단속에 대해 기국주의에 전적으로 의지하는 것에 대한 문제점이 지적되고 있어 본 협약의 준비단계에서도 자국 관할권의 범위 밖의 위반에도 기항국이 소추하는 것을 가능하게 하는 방안이 제기되었다.[9] 그러나 이 제안은 투표결과 부결되어 본 협약에서 기항국은 주로 선박이 유효한 증서를 선내에 갖추고 있는 것을 확인하고, 그렇지 않은 경우 환경손해의 위험 없이 항해가 가능할 때까지 당해 선박의 출항정지조치를 취한다는 범위 내의 행정적인 권능만을 갖게 되었다(협약 제5조 2항). 한편, 이와 같은 관할권의 배분에 관한 문제는 당시 개최가 예정되어 있었던 제3차 UN해양법회의의 심의에 맡겨졌다.

(2) 선박의 통상적 운항으로 인한 오염 – UN해양법협약에서의 적용·집행의 구조

1) 관할권의 배분

(가) 기 국

UN해양법협약 제211조는 기국에 대해 법령제정의 의무로서 자국 선박으로부터의 오염 방지·경감·규제를 위하여 '권한 있는 국제기구 또는 일반외교회의를 통해 정해진 일반적으로 승인되고 있는 국제적 규

8) 또한 협약은 '관할권(jurisdiction)'의 범위를 명시하지 않고 이 용어의 해석을 '이 협약을 적용 또는 해석할 때에 효력을 가지는 국제법'에 위임하고 있지만(제9조 3항), 협약체결시점에 '관할권'에는 영해가 포함된다고 해석되고 있기 때문에 체약국은 최소한 영해 내에서 단속을 해야 할 의무가 있다.

9) 富岡仁, 「海洋汚染の防止に関する旗国主義の動揺」, 『法政論集』, 66号 (1976年), 113-123면.

칙 및 기준(이하 국제기구 등이 정하는 일반적으로 승인되고 있는 국제규칙)'과 적어도 동등한 효과를 가지는 법령을 제정할 의무를 부과하고 있다(동조 제2항).

집행의무에 관해 제217조가 자국 선박이 '권한 있는 국제기구 또는 일반외교회의를 통해 정해진 적용가능한 국제적인 규칙 및 기준(이하 국제기구 등이 정한 적용가능한 국제규칙)'에 따를 것과 이 협약에 따라 제정된 자국의 법령을 준수하는 것을 확보하기 위한 조치를 하고 위반장소에 관계없이 이러한 규칙, 기준, 법령을 효과적으로 집행하기 위하여 필요한 조치를 취해야 하는 것을 규정하고 있다(동조 제1항). 위반의 단속에 관하여 기국이 주요한 책임을 부담한다는 점에서는 MARPOL협약 73/78과 비슷하지만, UN해양법협약은 자국 선박에의 항해금지조치, 증서의 비치 확보 및 정기검사, 위반선박에 대한 조사나 절차의 개시 등(동조 제2~8항) 보다 상세한 의무를 규정하고 있다.

(나) 연안국

오염의 방지·감소·규제를 위한 법령제정은 연안국에 대해서는 의무가 아니라 권리로 되어 있다. 제211조는 영해에 관한 주권의 행사로서 무해통항을 방해하지 않는 한도에서 법령을 제정할 권리(동조 제4항), EEZ에 관해 '국제기구 등이 정한 일반적으로 승인되고 있는 국제규칙(기국의 법령제정의무에 대응)'에 적합하고 이를 이행하기 위한 법령을 제정할 권리(동조 제5항)를 각각 규정하고 있다. 단, 영해에서의 법령에 관해서는 무해통항에 관련된 규정의 적용을 받기 때문에 선박의 구조나 승무원의 인원배치 등에 관련된 법령은 적용할 수 없다.

집행에 관해서도 연안국에게는 의무가 아니라 권리로 되어 있지만, 항해의 자유를 확보할 것을 요구하는 해운국의 주장을 반영하여 이 권리의 행사에 여러 가지 제약을 두었다. 이는 위반장소가 아니라 선박이 항(港) 내에 정박 중인가, 항해 중인가에 따라 집행권한을 구별하고 있다는 점에서 단적으로 드러나며, 다음에서 살펴보는 바와 같이 항해 중인 선박의 항해이익을 최대한 확보할 수 있도록 규정되어 있다.

첫째, 선박이 자국항 내에 정박 중인 경우 국가는 자국 법령 또는 '국제기구 등이 정한 적용가능한 국제규칙(기국의 집행의무에 대응)'을 위반하면 자국의 영해 또는 EEZ에서 발생한 위반에 대해 절차를 개시할 수 있다(제220조 1항). 둘째, 선박이 자국의 영해를 통항하는 경우 국가는 선박이 당해 영해의 통항 중에 자국 법령 또는 '국제기구 등이 정한 적용가능한 국제규칙'을 위반하였다고 생각되는 경우에는 무해통항을 방해하지 않는 한도에서 선박에 물리적인 검사를 실시하고, 나아가 증거에 의해 정당화되는 경우 절차를 개시할 수 있다(동조 제2항). 셋째, 선박이 자국의 영해 또는 EEZ를 통항하는 경우, 국가는 선박이 EEZ의 통항 중에 있으면 '국제기구 등이 정한 적용가능한 국제규칙' 또는 그 실시를 위한 자국 법령의 위반에 대해서는 주로 정보의 제공을 요청할 수 있는 것에 그친다(동조 제3항). 이 위반에 따라 현저한 해양환경의 오염을 가져오거나 가져올 우려가 있는 실질적인 '배출'이 발생하였다는 믿을 만한 명백한 사유가 있는 경우에도 선박이 정보의 제공을 거부하는 것과 같은 사정이 있으면 물리적 검사를 실시하는 것이 불가능하다. 실제로 선박의 억류를 포함한 절차를 개시하는 것이 가능한 것은 선박이 규정을 위반하고, 그 위반으로 인해 자국의 이익에 현저한 손해가 초래될 우려가 있는 '배출'이 발생하고, 그 명백한 객관적인 증거가 있는 경우에 한정되는 것이다(동조 제6항). 환언하면, EEZ에서 집행권한의 행사는 절차의 개시에 해당하므로 어떠한 형태로든 자국의 이익에 대한 손해가 필요하며, 단순한 국제기준의 위반이나 해양환경에 대한 오염을 가져오는 배출만으로는 절차를 개시할 수 없다는 것이다. 이러한 점에서 연안국의 역할은 매우 한정적이다.

나아가 이러한 세 경우에 집행조치는 모두 제7절의 보호조치에 따라야 하는 것이며, 선박의 조사에 관한 제한(제226조)이나 기국의 관할권행사 우선(제228조) 조항이 적용된다.

(다) 기항국

기항국에 관해서는 독자적인 법령제정권에 관한 규정은 없지만, 국가가 내수(內水)에 관한 오염방지를 위한 법령을 제정하고 기항을 위한 특별요건을 정하는 권한을 가지는 것이 종래부터 주권행사로 당연한 것이었다. 제211조 3항에서는 관련된 특별한 요건을 정하는 경우의 공표의무에 관해서만 규정하고 있다.

이에 대해 기항국의 집행제도는 UN해양법협약에 처음으로 도입된 제도이며, 선박으로 인한 오염의 규제에 관한 새로운 발전으로 자리매김하게 되었다.

기항국의 집행권한은 공해상에서의 배출 위반과 다른 국가 관할수역에서의 배출 위반 모두에 걸치지만, 양자에 관한 절차 개시의 근거에는 차이가 있다. 제218조 1항은 선박이 자국 항(港)내에 정박 중인 국가가 '국제기구 등이 정한 일반적으로 승인되고 있는 국제규칙(기국의 법령제정의무에 대항)'에 반하는 배출에 관해 자국의 EEZ 밖에서 발생한 행위에 대한 조사를 실시하는 한편, 증거에 의해 정당화되는 경우에는 절차를 개시할 권한을 부여하고 있다. 동조 제2항은 타국의 관할수역에서의 배출 위반에 관해 당해 타국, 기국 또는 영향을 받은 국가의 요청이 있거나 또는 당해 배출이 자국의 관할수역에 오염을 가져올 우려가 있는 경우 절차를 개시할 권한을 부여하고 있다. 즉, 다른 국가의 관할수역에서의 배출에 관해서는 당해 타국의 요청이나 기항국 자신의 법익침해가 절차개시의 근거가 되는 것에 반해, 공해 상에서의 배출에 관해서는 기국의 요청이나 기항국 자신의 법익침해 등은 독립한 형태로 배출 위반만을 이유로 절차를 개시하는 것이 가능한 것이다. 이는 자국과 직접 관련을 갖지 않는 행위에 대해 권한을 행사할 수 있다는 의미에서 제218조가 일종의 '보편적 관할권'[10]을 규정하고 있다고 평가되는 근거이다.

그러나 이와 같은 기항국의 집행권한의 승인이 기국 권한의 부정을 의미하는 것은 아니다. 제228조의 규정에 따라 기국은 타국의 절차 개시로부터 6개월 내에 절차를 개시하면 당해 타국의 절차를 정지하는 것

10) Birnie, Boyle, and Redgewell, *supra* note 4, p.422.

이 가능하며, 이러한 의미에서 기국의 관할권이 우선한다. 따라서 기항국의 관할권은 기국이 집행의무의 이행에 적극적이지 않은 경우에 이를 보완하는 성격이다.[11]

또한 MARPOL협약 73/78과 마찬가지로 기항국은 선박의 감항성에 관련된 국제규칙을 위반한 선박이 항해하지 못하도록 하기 위한 행정상의 조치를 취하는 것이 가능하다(제219조).

2) 참조되는 국제기준의 범위

이상과 같이 선박으로 인한 오염에 관한 관할권의 배분규칙은 상세하고 복잡하지만 관련된 관할권 행사를 통해 적용・집행되는 국제규칙은 어떠한 것인가. 이에 관해 이미 살펴본 것처럼 법령제정과 관련해 참조되는 국제기준이 '권한 있는 국제기구 또는 일반외교회의를 통해 정해진 일반적으로 승인되고 있는 국제적인 규칙 및 기준'이라 표현되는 한편, 집행에 관해서는 '권한 있는 국제기구 또는 일반외교회의를 통해 정해진 적용가능한 국제적인 규칙 및 기준'이라는 표현이 사용되며 '일반적으로 승인되고 있는' 국제기준과 '적용가능한' 국제기준이 각각 어느 범위의 국제규칙을 의미하고 어떠한 관계에 있는가가 문제된다. 이는 선박으로 인한 오염에 관하여 특히 중요한 의미를 가진다. 왜냐하면 이러한 국제기준은 기국 의무의 하한을 나타내는 동시에 연안국과 기항국 권한의 상한을 나타내기 때문이며, 실제로 양자의 이해관계를 반영한 해석이 첨예하게 대립하고 있다.

이에 관해 우선 '권한 있는 국제기구'는 단수형으로 쓰였다는 것에서 IMO를 의미한다는 것이 통설이고, 또 '일반외교회의'라는 문언은 지역적이 아닌 세계적으로 열리는 회의를 의미하는 것이라고 설명되고 있다.[12]

---

11) *Ibid.*, pp.422-423.

12) M. H. Nordquist *et al* (eds.), *United Nations Convention on the Law of the Sea 1982: Commentary*, vol.IV [hereinafter, *UNCLOS Commentary*, vol.IV], 1990, pp.201-202.

한편 법령제정에 관해 '일반적으로 승인되고 있는' 국제기준의 범위에 대해서는 학설상 다툼이 있다. 첫째는 법령제정국에게 구속력을 가지는 조약상의 기준 또는 국제관습법상의 기준으로 엄격하게 해석한 견해, 둘째는 법령제정국에 대한 구속력 유무에 관계없이 발효되어 있는 IMO 조약들을 포함한다고 하는 중간적인 견해, 셋째는 보다 광범위한 기준을 적용하는 것이 인정된다고 하는 진보적인 견해가 있다.[13] 논의가 반드시 수렴되어 있다고 할 수는 없지만, 최소한 MARPOL 협약 73/78 본문 및 부속서 I · II는 '일반적으로 승인되고 있는' 국제기준이라는 점에 대해서는 일단 논자의 견해가 일치한다고 할 수 있다.[14]

나아가 집행에 관해 '적용가능한' 국제기준에 대해서도 다툼이 있다. 제1설은 '적용가능한'을 '일반적으로 승인되고 있는' 보다 엄격하게 해석하여 관습법이나 조약규정에 한정하려는 견해이다.[15] 이 견해를 취하면 무엇보다, '일반적으로 승인되고 있는' 국제기준에 따라 법령을 제정할 수 있지만, 그것이 당해국에서 구속력을 가지는 규정이 아니면 집행할 수 없다는 불합리한 결과를 가져오게 될 수도 있다.[16] 제2설은 '적용가능한'을 개별의 사안마다 발생하는 집행국과 기국과의 관계에서 적용될 수 있다고 하는 의미에서 상대적인 것이라고 파악한 다음 사안마다 국제기준을 동일하게 적용하자는 견해이다.[17] 이 견해에 따르면 관습법이나 조약규정은 물론 선박으로 인한 오염의 경우에, 특히 UN해

---

13) 이는 ILA의 2000년 회의에서 특별보고자 역할을 맡은 프랑스의 분류에 근거한다. See, *Final Report of the Committee on Coastal Jurisdiction over Marine Pollution* (Rapporteur, E. Franckx), (available at : http://www.ila-hq.org/en/committees/index.cfm/cid/12.), Conclusion no.2, Explanatory Note.

14) R. R. Churchill and A. V. Lowe, *The Law of the Sea*, 3rd ed., 1999, p.346.

15) C. C. Kasoulides, *Port State Control and Jurisdiction: Evolution of the Port State Control*, 1993, pp.38, 43-46.

16) 薬師寺公夫, "海洋汚染防止に関する条約制度の展開と国連海洋法条約—船舶からの汚染を中心に," 国際法学会 編「日本と国際法の100年 第3巻：海」(2001年), 232면.

17) Final Report, *supra* note 13, Conclusion no.4, Explanatory Note.

양법협약에 가입하는 것으로 체약국은 '일반적으로 승인되고 있는' 국제기준에 대한 권리의무관계를 수락한 것이 된다(UN해양법협약의 간접적 구속효과). 한층 더 나아가 정식 비준 · 가입에 의하지 않고도 국제규칙에 합치하는 국내법의 제정을 통해 관련된 권리의무관계가 수락된다는 견해도 있다. 여기에서도 논의가 수렴되고 있다고는 할 수 없지만, 적어도 '일반적으로 승인되고 있는' 국제기준이 기국에 의무를 부과하는 한편 연안국이나 기항국에 권한을 부여하는 것이라면, 그 기준은 개별 집행사안에서 발생하는 권리의무관계에서도 '적용가능한' 규칙으로 간주되는 것이 된다. 따라서 결국 '적용가능한' 국제기준의 동향에 대해서는 '일반적으로 승인되고 있는' 국제기준에 대한 이해가 중요한 열쇠가 될 것이다.

(3) 선박사고로 인한 오염

1) 유류사고시 공해상에서의 개입권에 관한 협약(공법조약)

앞서 살펴본 바와 같이, 선박 구조설비기준의 강화로 어느 정도는 사고에 따른 오염을 미리 감소하기 위한 대처를 하고 있다고 할 수 있다. 그렇다면 사고에 따라 실제로 발생하는 오염에는 어떻게 대처하는지가 문제된다. 이에 관해 1967년 *Torrey Canyon*호 사건은 종래의 기국주의에 근거하는 제도로는 사고로 인하여 발생하는 오염에 충분히 대응할 수 없다는 점을 분명히 보여 주었다. 동시에 *Torrey Canyon*호 사건에서 영국의 강력한 대응에 대하여 연안국이 취할 수 있는 조치의 범위를 명확히해야 할 필요성도 인식되었다. 이를 기회로 새로운 제도가 모색된 결과, 1969년 브뤼셀에서 개최된 회의에서 「유류사고시 공해상에서의 개입권에 관한 조약」(공법조약)이 채택되어 유류사고의 경우 연안국이 조치를 취할 권리, 즉 개입권이 규정되었다.[18] 또 협약 1973년 의

18) 또한 동 회의에서 「유류오염손해에 대한 민사책임에 관한 국제조약」(민사조약)이 채택되어 있지만, 손해에 관한 민사책임제도에 관해서는 제7장 제2절의 검토대상이므로 여기서는 다루지 않는다.

정서는 그 대상을 다른 오염물질로도 확대하였다. UN해양법협약은 공해조약과는 달리 개입권제도에 관한 상세한 규정을 두고 있지는 않았지만, 연안국이 영해를 넘어 조치를 취할 수 있는 조약상 및 관습법상의 권리를 인정하는 규정을 두고 있다(제221조).

이상과 같이, 사고시의 개입권은 현재 조약상으로도, 관습법상으로도 연안국의 권리로 인정되고 있다고 해도 좋을 것이다. 문제는 연안국이 취할 수 있는 조치의 범위에 있다. 이 점에 관해 공법조약은 그 범위를 한정적으로 규정하고 있다.

첫째, 조치를 취할 수 있는 대상에 관해 선박사고에 따른 오염에 한정하고 있고, 선박의 통상 운항으로부터 발생하는 오염은 그 중대성 여하에 관계없이 제외된다.

둘째, 조치를 취할 수 있는 상황에 관해 협약 제1조 1항은 연안국의 권리로 유류사고로부터 발생하는 오염 또는 그러한 우려를 가져올 것으로 여겨지는 연안국의 이익에 대해 '중대하고 급박한 위험'을 방지 · 경감 · 제거하기 위하여 연안국이 필요한 조치를 취하는 것을 인정한다. 이 규정은 오염의 중대성과 급박성 모두를 요구하는 점에서 조치를 취할 수 있는 경우와 시점 모두에 관하여 연안국의 권리를 강하게 제약하는 방향으로 작용한다. 그러나 *Amoco Cadiz*호 사고 이후 이와 같은 문언은 제한적이라고 비난받았고, 해양법협약의 기초과정에서 중대성이나 급박성에 대한 언급이 삭제되었다.[19] 그 결과, UN해양법협약 제221조는 '현저히 유해한 결과'를 초래하는 것이 '합리적으로 예측되는' 해난(海難)으로부터 발생하는 오염에 대처하기 위해 연안국이 조치를 취하는 것을 인정하는 규정의 형태를 채택하고 있으며, 공법조약에 비해 연안국이 조치를 취할 수 있는 경우를 보다 확대하고 또한 조기대처를 인정하는 취지로 해석되고 있다.

셋째, 협약 제5조 1항은 연안국이 취하는 조치가 실제로 받았거나

---

19) *UNCLOS Commentary*, vol.IV, p.313.

또는 받을 우려가 있는 손해에 비례할 것을 요구하며(해양법협약 제221조도 같은 취지), 연안국의 조치는 이 비례성의 원칙에 따라 제약을 받는다. 비례성 검토는 조치를 취하지 않는 경우 발생하는 손해의 정도나 가능성, 조치의 유효성, 조치에 의해 발생하는 손해의 정도를 고려하는 것으로(제5조 3항) 비례성을 넘어선 조치로부터 발생한 손해에 대해서는 보상의무가 발생한다(제6조).

2) 1990년 **유류오염의 대비 · 대응 및 협력에 관한 국제협약**(유류사고대책협력조약)

위와 같은 개입권제도에 더해 최근에는 사고시 보다 용이하게 대처하기 위한 사전준비나 국제협력에 관한 제도가 구축되고 있다. 「1990년 유류오염의 대비 · 대응 및 협력에 관한 국제협약」(유류사고대책협력조약)은 사전준비나 대응의무를 부과하며 자국의 선박에 유류오염긴급계획을 비치할 것(제3조)과 유류에 의한 오염을 연안국에 통보하도록 선박의 관리자 등에게 요구할 것(제4조)을 의무지우고 있다. 한편, 국제협력조치로 체약국은 오염이 중대한 경우에는 피영향국의 요구에 응해 자국의 능력범위 내에서 협력하는 것에 동의하는 것으로 규정되어 있다(제7조). 또한 「2000년 위험 및 유해한 물질에 의한 오염에 관한 준비 · 대응 및 협력에 관한 의정서」에 따라 협약의 적용대상이 위험 · 유해물질에도 확대되었다.

3. 해양투기(投棄)로 인한 오염

(1) 1972년 런던협약 및 1996년 의정서

해양투기란 육상에서 발생한 폐기물 이외의 다른 물질을 선박 또는 항공기에서 바다에 버리는 것으로 해양오염원인 전체의 10% 정도를 차지한다고 여겨진다. 해양투기는 원래 해양의 자정작용을 믿고 이루어졌지만, 해양오염에 대한 관심의 고조와 함께 규제가 강화되어 왔다.

해양투기에 관한 최초의 협약은 1972년의 「폐기물 및 그 밖의 물질의 투기에 의한 해양오염방지에 관한 협약」(런던협약)이다. 본 협약은 해양의 자정능력을 전제로 그 능력을 넘어서는 투기의 규제를 목적으로 하기 때문에, 독성 · 유해성에 따라 폐기물을 3개의 카테고리로 분류하여 각각의 카테고리마다 금지나 허가 제도를 설정하는 '금지리스트방식'을 채택하고 있다. 첫 번째 카테고리(유기할로겐화합물, 수은, 카드뮴, 플라스틱, 방사성물질 등)는 해양투기가 전면적으로 금지되는 물질이다(black list). 두 번째 카테고리(비소, 납, 동, 아연 등을 상당량 포함하는 폐기물 등)는 투기에 대해 사전에 특별허가를 필요로 하는 물질이다(green list). 세 번째 카테고리는 첫 번째, 두 번째 어느 것에도 포함되지 않는 폐기물이지만, 이들에 대해서도 사전에 일반허락을 얻어둘 필요가 있다(white list).

한편 런던협약 규제의 강화를 목적으로 채택된 1996년 의정서는 1990년대 이후의 예방적 접근법의 발전에 영향을 받아 해양의 자정능력을 전제로 하지 않고, 원칙적으로 투기 그 자체를 일반적으로 금지하는 '역(逆)리스트방식'을 채택하고 있다. 이는 투기의 일반적 금지를 원칙으로 하고, 예외적으로 허가에 의해 투기가 가능한 것[준설(浚渫)토사, 하수오니(汚泥), 어(漁)폐기물, 선박 등 7종류]을 열거하고 있다. 나아가 분쟁해결조항도 추가되었다.

런던협약 및 그 의정서는 단속에 관해 명기하지 않고 있어 단속에 관해서는 관습법에 따르는 것으로 해석된다.[20]

(2) UN해양법협약의 적용 · 집행의 구조

1) 관할권의 배분

선박으로 인한 오염과 비교하면, 해양투기로 인한 오염에 관한 UN해양법협약의 관할권 분배규칙은 비교적 단순하다. 즉 법령제정에 관하여 체약국은 해양투기로 인한 오염의 방지 · 경감 · 규제를 위해 '최소한

20) Churchill and Lowe, *supra* note 14, p.364.

세계적인 규칙 및 기준과 같은 효과적인' 법령을 제정할 의무를 부담한다(제210조 1항, 6항). 또한 집행과 관련해서 연안국은 영해, EEZ, 대륙붕에의 투기에 관하여, 그리고 기국은 자국 선박 및 항공기, 적재국은 자국의 영토 또는 계류시설에서의 적재행위에 관하여 각각 자국의 법령 및 '권한 있는 국제기구 또는 외교회의를 통해 정해진 적용가능한 국제적인 규칙 및 기준'을 집행하여야 할 의무를 부담한다(제216조 1항). 이상과 같이 모두가 의무 중심으로 구성되어 있고 국제기준은 의무의 하한을 나타내는 것이기 때문에, 국가가 국제기준 이상으로 엄격한 기준을 설정하고 집행하는 것은 금지되지 않는다.

타국의 영해, EEZ 및 대륙붕에의 투기에 대해서는 연안국이 투기를 허가, 규제 및 관리하는 권리를 갖는다(제210조 3항).

2) 참조되는 국제기준의 범위

위에서 살펴본 바와 같이 참조되어야 할 국제기준의 표현은 법령의 제정과 집행에서 차이가 있다. 그러나 국가는 제210조에 따라 제정한 자국 법령을 집행하는 의무를 지고 있기 때문에 '최소한 세계적인 규칙 및 기준과 같은 효과적인' 법령을 집행해야 한다. 따라서 국가는 국제기준 이상으로 엄격한 기준을 설정하고 집행하는 것이 금지되어 있지 않기 때문에 '세계적인 규칙 및 기준'과 '권한 있는 국제기구 또는 외교회의를 통해 정해진 적용가능한 국제적인 규칙 및 기준'과의 상위(相違)나 그 관계는 선박으로 인한 오염의 경우와 다르므로 문제가 되지는 않을 것이다.

또한 '세계적인 규칙 및 기준'에 무엇이 해당하는가에 대해서는 논의의 여지가 있지만, 최소한 해양투기에 관한 런던협약이 해당하는 것에는 견해가 거의 일치하고 있는 것으로 보인다.

4. 다른 오염원(육지, 해저개발, 대기)에 의한 오염

선박, 해양투기를 제외한 그 밖의 발생원에 의한 오염에 관해서는 지금까지 일반적 조약은 발달해 오지 않았고 지역조약이나 비구속적 문서에 의해 대처되고 있는 실정이다.

육상오염원으로부터의 오염에 관해서는 해양오염의 대부분을 차지하고 있음에도 불구하고 각국의 영토주권으로 인한 저항으로 일반조약의 체결이 방해받고 있어 지역조약을 중심으로 규율되어 오고 있을 뿐이다. 여기에는 「육상오염원으로부터의 해양오염방지를 위한 협약」(1974년), 「발트해 환경보호조약」(1992년), 「오염으로부터 흑해 보호를 위한 협약의 육상오염원으로부터의 오염방지 의정서」(1992년) 등이 있다.

UN해양법협약은 일반조약으로는 최초로 육지에서 기인하는 오염의 방지 · 경감 · 규제의 의무에 관해 규정하였지만, 의무의 내용에 관해서는 '국제적으로 합의된 규칙 및 기준 및 권고되는 방식 및 수단'에 맡기는 한편, 그와 같은 규칙은 '지역적 특수성 및 개발도상국의 경제적 및 경제개발의 필요성을 고려'하여 정하는 것으로 하였다.

해저개발로 인한 오염에 관해서도 운행상의 오염, 사고에 의한 오염 모두에 관하여 일반조약은 발달되어 있지 않고 국제기구가 작성한 행동지침 등에 규정되고 있을 뿐이다. 운행상 오염에 관해서는 1981년 UNEP가 작성한 「국가관할 내의 해상(海床)탐광 및 굴착에 관련된 환경에 관한 결론」(Conclusions)이 UNEP 이사회 및 UN총회에 의해 가이드라인으로서 지지되고 있다. 사고에 의한 오염에 관해서는 IMO의 「이동식 해저자원굴착유닛의 구조 및 설비에 관한 지침」(Code)이 있다(1989년 이후 개정).

대기오염은 조약화가 가장 늦은 분야라고 할 수 있다. 무엇보다 선박도 대기오염 규제의 대상으로 염두에 두고 있는 것을 고려할 때,[21)]

---

21) 예를 들어 대기에서 발생한 오염에 관해 규정한 UN해양법협약 제212조는 법령제정의 대상으로 체약국의 주권에 기초해 있는 공간 위에 더해 체약국을 기국으로 하는 선박 혹은 체약국에 등록된 선박 혹은 항공기를 들고 있다(집행에 관한 제222조도 같은 취지).

MARPOL협약 부속서 IV가 선박으로 인한 대기오염에 관해 취급하고 있는 점이나 IMO가 선박의 운항이 온실가스에 미치는 영향에 대하여 검토하여 대응하기 시작한 점이 주목된다.[22)]

5. 결 론

지금까지 개관한 바와 같이 해양환경관련 조약 분야에 관해서는 환경문제에 대한 인식의 고조와 함께 오염원마다 여러 가지 국제규칙이 작성되어 왔다. UN해양법협약은 이러한 기존 또는 이후에 작성될 국제규칙을 포함하여 통일적으로 적용하는 것을 가능하게 하였다. 현재는 이러한 제도 및 국제규칙의 총체가 해양환경에 관한 국제규범을 형성하고 있다고 할 수 있다.

이러한 국제규범 발전의 특징으로서 먼저 규제의 '엄격화'를 들 수 있다. 즉 규제대상이 되는 물질의 범위가 유류에서 그 밖의 다른 물질에까지 확대되고, 규제의 적용대상이 되는 선박의 범위나 배출금지구역이 확대되고, 배출기준・방법이 엄격화되었으며, 설비・구조에 대한 규제가 엄격화된 것이다. 이는 선박의 대형화나 통항량의 증가, 운반물질의 다양화 또는 사고의 증가에 따라 그에 대응하기 위해 채택되어 온 조치이다.

대응의 '종합화'도 주요한 특징 중의 하나이다. 즉 사전대응과 사후대처 양 방향의 조치나 국제협력의 구조를 통하여 종합적으로 오염에 대응하는 경향을 보인다. 이는 사후구제에서 사전대응으로 발전하고 하는 환경분야 전반에 걸친 일반원칙의 발전이 해양법 분야에서도 채택되고 있다는 것을 보여준다.

최근에는 이러한 경향과 함께 더 나아가, 예를 들어 지역마다 작성

---

22) 이러한 대응에 관해서는 IMO의 웹사이트(http://www.imo.org/)에 소개되어 있다. 2000년에 이어 2009년에는 제2회 '선박으로부터의 온실가스 배출에 관한 보고서'가 공표되었다.

되어 오고 있는 기항국의 통제에 관한 양해각서(Memorandum of Understanding on Port State Control: MOU) 등의 합의에 의해 IMO 조약들을 보다 실효적으로 실시하는 시도도 진행되고 있다. 이는 행정단계의 합의에서 UN해양법협약 제218조의 기항국에 의한 집행권한 행사와는 구별되는 것이다. 이러한 '실질화' 경향에 어떻게 대처할 것인가는 해양환경에 관한 국제규범의 검토에 있어서 향후의 과제라고 할 수 있다.

| 참고문헌 |

加藤信行, "トリー・キャニオン号事件と海洋汚染防止制度の発展," 要林忠男・杉原高嶺 編,「海洋法の主要事例とその影響」, (2007年), 287-315면.

富岡仁, "海洋汚染の防止に関する旗国主義の動揺 — IMCO一九七三年会議の議論を中心として,"「法政論集」, 66号(1976年), 94-148면.

富岡仁, "海洋還境保護の歴史," 要林忠男・杉原高嶺 編,「海洋法の歴史的展開」, (2004年), 248-270면.

水上千之, "公海(領海以速海域)の汚染事故と沿岸国の介入権,"「金沢法学」 23巻 1・2号(1981年), 71-121면.

水上千之, "船舶起因海洋汚染の国際的規制(一),"「金沢法学」 26巻 1号(1983年), 69-109면.

薬師寺公夫, "海洋汚染防止に関する条約制度の展開と国連海洋法条約—船舶からの汚染を中心に," 国際法学会 編,「日本と国際法の100年 第3巻: 海」, (2001年), 215-241면.

D. Bodansky, "Protecting the Marine Environment from Vessel-Source Pollution: UNCLOS III and Beyond," *Ecology Law Quarterly*, vol.18, 1991, pp.719-777.

C. C. Kasoulides, *Port State Control and Jurisdiction: Evolution of the Port State Control*, 1993.

R. M. M'Gonigle and M. W. Zacher, *Pollution, Politics, and International Law*, 1979.

A. Khee-jin Tan, *Vessel-Source Marine Pollution*, 2006.

제2장

오존층보호협약 및 의정서

1. 서 론

지상 12~50km에 집중하여 존재하는 오존층은 인체에 유해한 자외선을 흡수하는 귀중한 대기층이다. 1974년에 롤란드 교수와 몰리나 박사는 지상에서 배출된 프레온(CFCs)이 상공에서의 화학 반응에 의해 오존을 파괴하고, 피부암이나 백내장 등의 건강장애, 해양생태계의 파괴나 기후변화를 초래한다는 학설을 발표하였다.[1)]

이 학설은 국제적으로 주목을 받았으며, 몇몇 선진국은 프레온가스의 배출을 규제하게 되었다. 미국은 에어로졸(aerosol)을 포함한 주요 프레온가스의 사용을 금지하였다(1978년). 캐나다, 스웨덴, 노르웨이도 에어로졸(aerosol) 분사제인 프레온가스의 제조 및 사용을 금지하는 국내입법을 제정하였다(1978~1981년). EC각료이사회는 프레온가스의 생산능력을 동결하고, 프레온가스를 분사제로 사용하는 것을 1981년 말까지 1976년 수준의 30%까지 삭감한다고 결정하였고(1981년), 그 후에도 그러한 결정을 확인하였다(1982년).

이 문제에 관한 국제적인 조사와 연구 및 프레온가스 배출을 국제적으로 억제하자는 미국의 제안에 응하여, UNEP는 1977년에 '오존층에

1) L. Guruswamy, *International Environmental Law*, 2nd ed., 2003, pp.226-227.

관한 세계행동계획'을 채택하고 정부대표와 산업계대표로 구성된 '오존층조정위원회'(CCOL, Coordinating Committee on the Ozone Layer)을 설치하였다. 1980년에 UNEP는 프레온가스의 생산능력을 동결하였고, 그 사용을 삭감할 것을 권고하였다(제8회 관리이사회). 또한 1981년에 오존층보호를 위한 조약교섭을 개시하는 것에 합의하였고, 이를 위한 법률·기술전문가로 구성된 특별실무작업반을 설치하였다(제9회 관리이사회). 이 실무작업반은 북유럽3국(핀란드, 노르웨이, 스웨덴)의 제안에 따라, 특히 스웨덴의 주도하에, 프레온가스의 규제에 관한 기본조약안 및 의정서안(또는 부속서안)을 검토하기로 하고, 정부의견을 고려하면서 조약안을 가능한 한 신속하게 작성하고, 의정서안에 대해서도 그 작업을 계속할 수 있도록 관리이사회에 권고하였다(1982~84년).

협약 협상과정에서 몇몇 국가그룹의 이익을 조정하여야만 하였다. 프레온가스는 1938년에 발견된 이래, 생산가격이 싸고 무독·불연성으로 화학적으로 안정적이었기 때문에, 인체에 안전하고 경제효과도 큰 물질로, 분사제, 냉각제, 용제로 제조 및 냉각시설에 사용되어 왔다. 따라서 이러한 물질을 생산하지 않고, 그 사용을 국제적으로 제한하는 것에 대한 적지 않은 저항이 있었다. 프레온가스의 국내생산과 소비를 이미 일방적으로 제한한 미국은 국제무역상의 불이익을 생각하여, 타국에게도 동일한 삭감을 요구하는 국제적인 규제를 지지하였다. 프레온가스를 가장 많이 생산하는 EC국가들은 삭감 실시에 많은 비용이 든다는 것을 이유로 국제규제에 반대하였다. EC국가들 중 일부는 프레온가스에 의한 유해한 영향이 입증되지 않았다는 점과 손해발생의 위험성이 비현실적이라는 점을 주장하였다. 인도, 중국 및 브라질로 대표되는 개도국들은 그들의 산업발전을 저해하는 오존층파괴물질의 이용제한에 소극적이었다.

1983년 당시의 이해관계 대립은 다음과 같은 것이었다. 캐나다, 북유럽3국, 미국 및 스위스는 기본조약과 의정서의 동시채택과 아울러 스프레이 캔에 프레온가스 사용의 전면금지를 지지하였지만, EC국가들은 프레온가스의 생산 또는 사용의 금지에 반대하였고, 나중에 일본과 구소련이 이를 지지하였다. 1984년에서 1985년에 걸쳐 EC국가들은 그 입장을 변경하고 프레온가스의 생산능력을 동결하는 의정서안을 제출하였으나 실효적인 기능이 없다는 이유로 북유럽국가들에 의해 비판을 받았다. 한편, 생산능력의 상한과 에어로졸을 포함한 프레온가스의 삭감을 요구하는 북유럽국가들을 중심으로 한 제안은 EC국가들에 의해 받아들여지지 않았다.

그러나 1985년 외교회의 개최까지, 기본조약의 내용 및 의정서에 포함된 구성요소(규제내용 제외)에 대하여, 특별실무작업반에서 합의가 이미 성립되어 있었다. 이 시점에서 오존층의 파괴는 월경대기오염과 다르고, 그 기원 혹은 배출의 양상을 묻지 않고 전 지구적 규모에서 모든 국가에 악영향을 주는 것이라는 점이 인식되었다. 그 규제조약에는 가능한 한 다수의 국가가 참여하고, 비체약국의 경우에 프레온가스의 생산을 억지할 필요가 있다고 생각되었다. 또한 1980년대에 들어와서 남극상공에 오존구멍이 발견됨에 따라 이 문제에 대한 국제적인 관심이 더욱 고조되었다. 이에 따라 기본조약 최종안의 확정과 채택, 서명 및 의정서의 작성을 검토하기 위한 1985년 3월 외교회의가 소집되었고, 개도국 16개국을 포함하여 43개국이 참여하였다.[2)]

2. 오존층보호를 위한 비엔나협약

1985년 오존층보호를 위한 비엔나협약(1988년 9월 22일 발효)은 전문에 국가들의 국제환경보호책임(1972년 인간환경선언 원칙 21)을 언급하고, 다음과 같은 일반적인 의무를 규정하고 있다.

---

2) 오존층보호협약 및 의정서의 협상과정에 대하여는 R. E. Benedick, *Ozone Diplomacy, New Directions in Safeguarding the Planet,* enlarged ed., 1998; リアャード・E・ベネディック (小田切力 翻訳),「環境外交の功防 -オゾン層 保護条約の誕生と展開」(工業調査会, 1997年) 참조.

(1) 오존층의 변화로부터 건강·환경을 보호할 의무

협약의 당사국은 오존층을 변화시키는 자국의 인간활동을 규제하기 위하여 이용가능한 수단이나 능력에 따라, 자국이 적절하다고 생각하는 입법·행정조치를 취할 일반적인 의무를 부담한다(제2조 1항). 당사국은 오존층의 변화를 가져오는 인간활동에서 생겨나는 악영향으로부터 인간의 건강과 그 환경을 보호하기 위한 '적당한 조치'를 취할 것을 규정하였지만, 적당한 조치의 구체적 내용은 명확하지 않았다. 이는 규제를 위한 더 타당한 연구를 요구하는 입장과 확고한 규제행동을 요구하는 입장 간의 타협에 의해 성립되었기 때문이다. 또한 협약은 그러한 적절한 조치의 대상이 된 물질을 특정하지 않았다. 협약은 다음에 제시하는 연구와 관측의 대상으로서 오존층을 잠재적으로 변화시킨다고 '생각되는' 물질을 부속서(Ⅰ의 4)에 열거함에 지나지 않는다.

(2) 악영향의 연구·관측 및 정보교환에 협력해야 할 의무

당사국은 상기의 적절한 보호조치를 취하기 위하여 악영향을 이해하는 평가를 하기 위한 체계적인 연구·관측 및 정보교환을 통해서 협력하여야 한다(제2조 2항, 제3·4조).

(3) 정보제공의무와 당사국총회에 있어서의 협약의 이행

당사국은 협약의 이행을 위해 취해진 조치에 관한 정보를 당사국총회에 송부하여야 한다(제5조). 1985년 협약이 설치한 기관은 당사국총회와 사무국이지만, 당사국총회는 당사국으로부터 이행관련 정보를 받고, 그 이행상황을 심사·검토하고, 필요한 조치를 권고한다(제5조·제6조 4항). 당사국총회는 이행에 관하여 필요한 계획과 정책을 작성할 수도 있고, 새로운 의정서와 부속서의 채택 및 협약의 개정에 책임을 진다(제6조 4항). 이와 관련하여 당사국은 이후의 의정서에 의해 각국 공통의 규제조치를 실시하는 것에 협력할 의무를 진다[제2조 2항 (c)호].

이러한 당사국의 협력의무와 정보제공의무는 적절한 모니터링과

연구, 대체기술과 물질을 모든 국가(개도국을 포함)에서 이용하게 하는 것을 목적으로 한다. 그러나 대체기술의 취득에 관한 규정(제4조)은 개도국이 만족할 만한 것은 아니었다. 기술이전은 기본적으로는 각 국가의 재량사항이므로, 당사국은 그 국내법에 따라 기술이나 지식의 발전과 이전에 협력할 의무를 부담하는 것에 지나지 않는다. 이에 따라 프레온가스의 대체물을 스스로 개발해서 이용할 수 없는지에 대한 문제가 제기되었고 이용할 수 있어도 법외적인 비용을 부담해야 하는 개도국은 이 규정에 비판적이었으므로 이 문제는 그 후 교섭의 중요한 쟁점이 되었다[후술 3(2) 참조].

이상과 같이, 협약은 오존층 보호에 관한 일반적인 규제의 구조를 마련하는 것에 지나지 않았다.[3] 또한 당사국은 구체적인 규제조치에 대해서도 합의할 수 없었다. 본 협약은 지역적인 해양오염방지협약의 체결과는 별도로, UNEP가 주도한 최초의 지구환경보호협약이다. 협약의 주요한 특색은 첫째, 지구환경의 보호를 명시적으로 요구하고, 규제해야 하는 악영향을 상세하게 정의한다(제1조 2항). 그 악영향은 자연환경 또는 생물상의 변화(기후의 변화를 포함)이고, 사람의 건강, 자연의 생태계 및 관리되는 생태계의 구성, 회복력 및 생산력 또는 인류에 유용한 물질에 대해서 명백하게 유해한 영향을 주는 것이다. 이 정의는 오존층의 파괴가 기후변화를 초래하는 영향을 인정하는 동시에, 인간에 있어서의 직접적인 유용성보다는 자연환경 자체의 보호를 인정하는 것으로서 중요성을 갖는다(생태계 접근법의 채택). 협약의 규제대상은 이미 도래한 자원보전 혹은 월경오염이 아니다. 둘째, 이 협약은 직접적으로 해를 끼쳤다는 확실한 증거가 없이도 방지행동이 필요하다는 것을 인정하는 초기의 협약으로서 주목받는다(예방적 접근법의 채택, 전문참조).[4] 셋

---

3) 기본조약방식에 대해서는 杉原高嶺 외, 「現代国際法講義 (第4版)」(有斐閣, 2007年), 390면 참조.

4) L. Guruswamy, *supra* note 1, pp.235-237; J. F. C, DiMento, *The Global Environmental and International Law*, 2003, pp.100-101.

째, 협약은 오존층의 상태를 정기적으로 검토하는 영속적인 포럼을 설치하고, 새로운 과학적 식견에 기초하여 신속한 의정서의 체결을 예정하고 있다(제8조).

3. 오존층파괴물질에 관한 몬트리올의정서

의정서를 체결하기 위한 교섭은 1986년 12월에 개시되었다. 캐나다, 북유럽3국, 미국, 구소련은 이 시점에서 이미 비엔나협약을 비준하였던 반면, EC국가들과 일본은 비준하지 않고 있었다. 의정서의 교섭과정에서 각국 간의 이해대립은 1985년 당시와 매우 비슷하였다. EC국가들(특히 프랑스, 이탈리아, 영국)은 어느 정도의 생산능력 제한은 필요하지만, 중대한 오존층 파괴를 보여주는 과학적 증거가 불충분하고, 현실적으로 생산을 삭감하는 것은 시기상조라고 하였다. 일본과 구소련도 이 입장을 지지하였다. 한편 캐나다, 북유럽3국, 뉴질랜드, 스위스, 미국은 새로운 강력한 규제조치가 필요하다고 하였다. 과거 및 현재의 프레온가스의 축적에 의해 회복불가능한 중대한 손해의 발생에 대하여 구체적인 규제조치를 요구하였다.

호주, 오스트리아 및 많은 개도국(특히 아르헨티나, 브라질, 이집트, 케냐, 베네수엘라)은 당초 이들 중 어떠한 입장에도 찬성하지 않았지만, 교섭과정에서 규제조치를 지지하게 되었다. 최종적으로는 UNEP의 지원, 특히 UNEP 사무국장(M. Tolba)의 개인적인 지도력, 10년 이상에 걸친 과학적 분석의 성과 및 프레온가스의 배출을 동결 혹은 삭감하려는 각국의 노력에 의해 1987년 의정서가 채택되었다. 특히 미국은 의정서의 체결에 소극적인 영국, 프랑스 및 일본을 설득하는 데 주도적인 역할을 완수하였다고 한다.

1987년 오존층파괴물질에 관한 몬트리올의정서(1989년 발효)는 비엔나협약[제6조 4항(h), 제8조]에 기초하여 당사국총회의 권한에 의해, 동 협약에 구체적이고 실질적인 규제조치를 취하는 것이다(기본협약방식).

1990년 이후, 의정서는 부분적으로 개정되었지만, 이는 규제물질을 특정하고(부속서에 열거), 그 생산량, 소비량 등을 산정하는 방식, 그 물질들의 단계적 삭감의 일정을 정한 것이다. 이하에서는 의정서의 규제내용과 그 특색에 대하여 개관한다.

(1) 엄격한 삭감목표의 설정

의정서는 오존층파괴물질의 소비와 생산을 삭감(경우에 따라서는 제거)하기 위한 엄격한 목표를 설정한다(제2조의 규제조치). 규제물질로서 프레온가스와 주로 소화제(消火劑)로 사용되는 할론가스를 특정하고, 그 생산량 및 소비량을 각각 특정한 시기에, 또는 그 이전의 특정한 연도를 기준으로 동결 혹은 삭감하는 것으로 규정한다. 소비와 생산 쌍방을 규제하는 것은 단계삭감종료까지의 기간 내에 생겨나는 가격 인플레이션과 생산과잉을 억제하기 위해 필요하게 되었다. 다만, 국내수요를 충족시키기 위한 파괴물질의 생산증가는 개도국에 대하여만 예외적으로 인정되고(제5조), 또한 당사국 간의 생산합리화를 촉진하기 위한 예외조치도 허락된다.

이러한 삭감목표는 특히 미국이 강력하게 지지하였다. 미국은 엄격한 규제에서 벗어나지 않으면서, 미래세대의 안전이나 복지를 생각하여야만 한다고 하였다. UNEP도 같은 입장에서 오존층파괴의 비율을 예견하는 과학자 간에 컨센서스가 있고, 건강과 환경을 보호하는 규제조치가 필요하다고 하였다. 그 후, 1987년에 채택된 기준이 실효적이지 않았다는 과학적 증거에 따라, 1990년에는 규제물질을 추가하는 수정이 채택되고, 완전제거의 스케줄로 개정되었다(1990년 런던개정 등).[5] 이러한 개정을 가능하게 한 것은 신기술과 대체물질의 개발이었다.

---

5) 몬트리올의정서의 규제조치는 1990년 런던 개정・조정, 1992년 코펜하겐 개정・조정, 1995년 비엔나 조정, 1997년 몬트리올 개정・조정, 1999년 북경 개정・조정에서 채택된 5회의 '조정조치(adjustments)'에 의해 강화되었다.

(2) 개도국에 대한 특별한 배려

모든 국가를 대등하게 대우하는 것이 불공평하다고 인식되었다. 특히 개도국들은 오존층의 파괴에 기여하는 비율이 낮다는 이유로, 의정서는 개도국에게 필요한 특별규정을 마련하였다(제5조). 그렇지만 개도국이 후에 프레온가스의 생산을 증가시킬 것이므로 그것이 선진국의 규제노력을 훼손시킬 가능성을 고려하여 개도국을 의정서에 참여시키는 것은 중요하였다. 1987년 의정서에는 (i) 일정기준(규제물질의 소비량이 1인당 0.3킬로그램 미만)을 충족시키는 개도국은 그 기초적인 국내수요를 위해, 생산과 소비의 규제를 10년간 지연시킬 수 있다고 규정하고 있다(제5조). 다만, (ii) 개도국이 대체적인 물질과 기술을 신속하게 이용할 수 있도록 자금공여와 기술이전 제도를 도입하였다. 당초 당사국은 개도국이 환경에 안전한 대체물질 · 기술에 접근하는 것을 촉진하고, 그 사용을 지지하도록 요구된 것에 지나지 않았다(1990년 개정 전의 제9조 1항). 인도와 중국은 이러한 개도국을 향한 규제완화에 만족하지 않고, 의정서의 비준을 보류하였다.

이에 따라 개도국을 의정서에 참여시키기 위해 더욱 적극적인 재정적 지원이 필수적이라고 생각되어, 다자간기금제도가 설립되었다(1990년 런던개정). 그 자금공여는 규제조치의 실시에 따른 증가비용을 보전하기 위해, UN분담방식에 기초한 원칙으로서 선진국(제5조의 적용을 받지 않는 당사국)이 갹출하는 기금으로 조성되었다. 증가비용의 종류는 당사국총회가 결정하고, 양자간 협력도 일정한 요건을 충족시키는 것을 조건으로, 다자간기금에 갹출하는 방식으로 출자되었다. 다자간기금은 기금의 일반정책에 책임을 갖는 당사국의 관리하에 두어, 구체적으로는 세계은행, UNEP, UNDP와 협력하는 집행위원회(선진국과 개도국의 대표로 구성)에 의해 운용된다. 이 집행위원회는 1990년 9월에 활동을 개시하였다. 세계은행의 GEF(Global Environment Facility, 지구환경기금)은 제5조의 적용을 받지 않는 당사국의 일부(시장경제이행국)에 대하여 그 규제의 준수를 촉구하는 기능을 한다.

기술이전에 대해서는 각 당사국은 제5조의 적용을 받는 개도국에 대하여, 공평하고 가장 유리한 조건하에 대체물질과 기술을 신속하게 이전하기 위하여, 모든 실행가능한 조치를 취하는 것으로 한다(제10조 A). 이 규정에 의해 선진국은 즉각적인 기술이전을 강제받지 않는다. 그러나 재정협력과 함께 기술이전에 관한 규정이 실효적으로 작용하지 않은 경우 개도국은 그 문제를 당사국총회에 부탁하고, 총회에서 적절한 행동이 취해진다(제5조 6항). 개도국은 그들이 오존층파괴물질을 예정대로 제거하는 데 필요한 수단을 얻기 위해 선진국에 압력을 가하는 권한을 갖는다고 할 수 있다. 자금과 기술의 원조는 의정서의 준수와 이행을 실효적으로 확보하기 위한 조치이다.

(3) 비당사국과의 무역규제

의정서는 당사국과 비당사국 간 규제물질의 무역을 금지한다(제4조). 이 무역규제는 규제물질을 포함하는 제품 혹은 규제물질을 사용하여 생산된 제품에도 적용된다. 이 경우 금지뿐만 아니라 제한도 포함한다. 당사국은 또한 규제물질의 생산과 이용에 도움이 되는 기술의 수출을 억제하여야 한다. 1987년 의정서 교섭 당시, 이 무역규제의 규정(제4조)이 GATT와 충돌되는지 여부의 문제가 제기되었다. 의정서의 무역금지조치는 자의적이거나 부당하지 않고, 또한 비당사국 그 자체를 차별하는 것이 아니며, 의정서의 규제조치에 따르지 않는 비당사국에만 적용된다는 이유로 GATT에 위반되는 것은 아니라고 보았다. 다만, 비당사국에 대한 무역규제가 인간, 동식물의 생명, 건강의 보호에 관한 GATT규정[제20조 (b)]과 양립하는지 여부에 대해서는 GATT/WTO의 명확한 선례는 없고, 의정서의 비당사국의 법적 판단에 의해서는 양국간 분쟁이 발생할 가능성이 있다. 이미 1973년 멸종위기에 처한 야생 동·식물 국제거래에 관한 협약(CITES) 제10조와 바젤협약 제4조 5항은 비당사국에 대한 무역규제를 인정하고 있다.

(4) 협약의 이행확보

의정서의 감시 및 준수(supervision and compliance)의 제도는 다른 환경조약과 비교할 때, 의정서의 유연한 발전 및 집행을 할 수 있도록 하기에 주목된다. 우선 준수를 감시하는 제도에 대해서는 당사국총회는 의정서의 이행을 심사하는 권한을 가진다. 당사국은 특정 기준년도의 규제물질의 자국생산량과 수출입량에 관한 통계자료 및 규제물질에 관한 규정이 자국에서 유효하게 된 연도 및 그 후의 각 연도의 규제물질의 연간생산량 통계자료를 사무국에 제출하여야 한다(제7조). 사무국은 이 정보 및 당사국이 제출한 이행활동의 개요에 관한 정보에 관한 보고서를 취합하고, 당사국에 배포한다. 당사국총회는 보고서를 검토하여 적절한 조치를 취할 수 있다[제11조 4항, 제12조(c)]. 이러한 감시방법을 '국가보고제도'라고 하며, 다른 환경조약에서도 볼 수 있다. 이는 당사국의 준수 · 이행을 정확하게 감시하기 위한 제도이지만, 당사국들이 이 보고의무를 완전하게 준수하지는 않고 있다.[6)]

다음으로 의정서(제8조)에 기초하여 의정서 특유의 '비준수절차(non-compliance procedure)'가 1990년에 정식으로 도입되었다.[7)] 이는 의정서 위반의 인정과 위반국의 취급에 관한 것이다. 어느 당사국, 사무국 그리고 위반국 스스로도 이행위원회에 위반에 대한 이의신청을 할 수 있다. 이행위원회는 '의정서 규정의 존중에 기초한 우호적인 해결'을 확보하기 위하여 제기된 위반을 검토하고, 당사국총회에 보고한다(권고 포함). 당사국총회는 '완전한 준수를 위한 조치'를 결정하고 요구할 수 있다. 당초에는 비준수 사태의 리스트가 작성되었지만, 1992년(제4회 당사국총회)에서는 합의가 되지 않았고, 당사국총회가 비준수에 대하여 취할 수 있는 조치만이 지시되었다. 그러한 조치로는 적절한 원조, 경고 및

6) 국가보고제도에 대해서는 杉原高嶺 외, 전게주(3), 396면 참조.

7) 臼杵知史, "地球環境保護条約における紛争手続の発展―オゾン層議定書の '不遵守手続'の機能を中心に", 杉原高嶺 編, 「紛争解決の国際法」(三省堂, 1997年), 167- 192면.

의정서에 기초한 특정 권리와 특권의 정지가 있다. 이러한 준수촉진형의 조치와 제재조치라는 성질이 다른 두 개의 조치가 병기되었다. 또한 당사국총회는 선진국이 재정 혹은 기술을 제공하지 않아, 개도국이 의정서를 이행할 수 없는 경우에도 적절한 행동을 결정할 수 있다(제5조, 역시 1998년에는 비준수절차 일부 개정).

비준수절차는 1985년 오존층보호를 위한 비엔나협약에 의한 분쟁해결규정(제11조)에 근거하여 당사자 간의 분쟁해결을 배제하는 것은 아니다. 당사자는 외교교섭을 개시하게 되고, 최종적으로는 당사국의 합의에 기초하여 중재 또는 사법적 해결, 혹은 의무적 조정에 의하여 분쟁을 해결한다. 의정서는 비준수절차를 추가함으로써, 전통적 분쟁해결보다는 오히려 조약기관 내부에 있어서 집단적 다자간 교섭을 통하여 준수 내지 이행을 확보하는 방법을 중시하였다.

4. 결 론

의정서는 최근의 환경조약들과 유사하게, 규제조치를 재점검하는 권한을 당사국 및 당사국총회에 부여하고 있다[제6조, 제2조 9항, 제11조 4항(b)(g)]. 이에 기초하여 당사국총회는 의정서의 일부를 개정하고 삭감시기의 단축과 규제물질의 추가를 결정해 왔다.[8)]

---

8) 1990년 제2회 의정서당사국총회의 런던 개정(1992년 발효)에서, 특정 프레온과 할론의 각국 소비량에 대하여, 1986년을 기준으로 1992년부터 단계적으로 삭감하고 2000년에 전면 사용금지하는 것으로 하였다(제2조 9항의 조정조치). 신규 추가물질인 사염화탄소는 1989년을 기준으로 1995년부터 단계적으로 삭감을 하고 2005년에는 전면 사용금지하는 등, 삭감 시기의 단축과 규제물질의 추가를 결정하였다(1985년 협약 제9조의 의정서 개정). 1992년 제4회 당사국총회의 코펜하겐 개정(1994년 발효)에서, 상기의 전면사용금지 예정을 앞당기는 것을 조정조치로서 결정하고(1996년까지 프레온, 사염화염소, 메틸클로로포름 전면사용금지, 1994년까지 할론 전면사용금지), 메틸브로마이드 등 세 개의 새로운 규제물질을 의정서 개정에서 추가하였다. 그 후, 1997년 몬트리올 개정과 1999년 북경 개정이 발효되었다. 2007년 제19회 당사국총회의 몬트리올 조정은 개도국 및 선진국

오존층파괴물질에 관한 몬트리올의정서의 당사국 수는 꾸준히 증가하였고, 오늘날에야 지구적 수준에서 의정서를 운용할 수 있도록 정비되었다.9) 단계적 규제에 의한 의정서의 강화에는 과학적 불확실성의 극복, 개도국의 오존층 보호의식의 향상, 산업계의 노력에 의한 대체물질의 발견이 크게 기여하였다.10) 그러나 오존층의 파괴는 더욱더 진행중이고, 몇몇 대체물질이 오존층을 파괴할 가능성도 지적되고 있다. 따라서 향후에도 국제협력에 기초하여 과학적 불확실성의 극복과 보다 탄력적인 규제조치의 채택 및 실시가 필요하다.

모두에 대해 HCFC의 생산・소비의 규제를 강화하였다. 자세한 내용은 환경성보도발표자료, http://www.jicop.org/japanese/image/PDF/MOP-19.pdf 참조.

9) UNEP의 오존사무국에 의하면 2009년 9월 현재, 1985년 협약 비준국 194개국, 1987년 의정서 비준국 194개국, 런던 개정 비준국 191개국, 코펜하겐 개정 비준국 188개국, 몬트리올 개정 비준국 174개국, 북경 개정 비준국 155개국이다. http://ozone.unep/org/Ratification_status/

10) 이 단계적 규제에 대해서, 당사국총회는 3분의 2 다수결로 1985년 오존층보호협약을 개정할 수 있지만, 반대당사국을 구속하지 않고, 각 당사국은 그 비준에 의하여 비로소 구속된다(제9조 3~5항), 한편, 이 전통적인 합의규칙과 다른 1987년 의정서 제2조 9의 '조정' 제안은 3분의 2 다수결에 의해(개도국과 선진국 각각의 과반수를 포함) 모든 당사국을 구속한다. 이와 같이 의정서의 당사국총회는 당초의 규제조치를 신속하게 재점검하고 강화하여 왔다. L. Guruswamy, *supra* note 1, pp.238-239.

제3장

원자력사고에 관한 조기통보협약 및 지원협약

1. 서 론

(1) 원자력사고의 월경적 영향

원자력에너지를 최초로 이용한 것은 원자폭탄의 개발과 사용이었다. 히로시마와 나가사키의 참극을 보고 인류는 원자력에너지가 초래하는 위험한 파괴력을 배웠다. 이 경험으로부터 원자력에너지의 이용을 법적으로 규제하려는 노력이 일본 및 국제사회에서 이루어지게 되었다. 일본에서는 원자력시설의 건설과 운용, 방사성물질의 이용, 취급, 수송 및 처분에 관한 허가 · 감독 절차, 그리고 방사선방호에 관한 규칙 또는 원자력손해의 민사책임에 관한 규칙이 마련되었다. 국제적으로는 원자력에너지의 보급과 촉진을 목적으로 하는 국제원자력기구(IAEA, 1957년 설립)를 중심으로 방사선 방호, 수송, 원자력사고에 의한 손해의 민사책임, 핵물질의 물리적 보호 및 핵무기의 확산방지 등에 관한 많은 조약이 체결되었다. 이러한 조약들은 법적 구속력이 없는 기술적인 규범, 기준 그리고 권고와 함께 오늘날 국제 원자력에너지에 관한 다자간조약체제를 형성하고 있다.

개발 초기에는 원자력에너지의 이용이 가져오는 이익이 중대한 손해발생의 위험성보다 우선시되어 세계 '평화, 보건 및 번영'에 공헌할 것으로 생각되었다(IAEA 헌장 제2조). 원자력에너지는 국가의 경제적 · 사회적 발전에 불가결하며, UN총회의 결의에서도 그 이용 및 기술의 접근은 모든 국가의 권리라고 확인되고 있다.[1] 핵무기의 비확산에 관한 조약(1968년)에 의하면 '평화적 목적을 위한 원자력 연구, 생산 및 이용'은 박탈할 수 없는 모든 체약국의 권리이다(제4조). 현재 국제사회에서는 30개국이 430개 이상의 원자력시설을 가동하고 있다.[2]

한편, 미국의 Three Mile Island 원자력발전소 사고(1979년) 및 체르노빌 원자력발전소 사고(1986년)를 계기로 원자력이 인간의 건강, 환경에 초래하는 중대한 위험이 국제적인 관심사항이 되었다.[3] 전자의 사고에서는 방사성물질의 방출이 미국에 한정되어 인간환경에 대한 영향도 비교적 적었다. 후자의 사고가 제시하는 바와 같이 현대의 원자력기술은 그것을 에너지원으로 사용하고 있는지 여부를 불문하고, 모든 국가에 피할 수 없는 환경손해를 야기할 수도 있다.

---

1) UNGA Res.32/50(1977), UNGA Res.36/78(1981) 등.

2) P. Birnie, A. Boyle and C. Redgwell, *International Law and the Environment*, 3rd ed., 2009, p.489; IAEA, Nuclear Power Global Status (by Alan Mc Donald), "As of March 2008, there are 439 nuclear power plants around the world, while 35 more are under construction. The USA has the most with 104, France is next with 59, then Japan with 55 and Russia has 31 and seven more under construction." http://www.iaea.org/Publications/Magazines/Bulletin/Bull492/49204734548.html.

3) 체르노빌 사고에 대한 국제환경법상의 문제를 취급하는 주요연구는 다음과 같다. 繁田泰宏, "原子力事故による越境汚染と領域主権—チェルノブイリ原発事故を素材として(1)(2・完)," 法学論叢(京都大学) 131巻 2号, 1992년 97-122면, 133巻 2号, 1993년, 63-89면. P. Sands, *Chernobyl: Law and Communication*, 1988; G. Handl, "Transboundary Nuclear Accidents: The Post-Chernobyl Multilateral Legislative Agenda," *Ecology Law Quarterly*, vol.15, 1988, pp.203-248; A. E. Boyle, "Nuclear Energy and International Law: An Environmental Perspective," *British Yearbook of International Law*, vol.60, 1989, pp.259-260, 295-296; P. Sands, *Principles of International Environmental Law*, 2nd ed., 2003, pp.844-845, 887-889.

(2) 긴급시 국제협력 시스템의 필요성

체르노빌 사고에 의해 명백해진 원자력에 관한 국제법적 문제는 (i) 사고방지 조치, (ii) 사고 후 손해를 최소화하는 조치 및 (iii) 사고 후 보상 조치의 3가지이다. 여기서 다루는 2개의 협약은 두 번째 조치를 강화하기 위한 것이다. 세 번째의 손해배상책임 문제에 대해서는 여기서는 생략한다.

사고방지 조치에 대해서는 원자력시설의 국내 허가기준이 문제가 된다. 위험활동을 허가할 것인가 여부는 일반적으로 국가주권에 맡겨진 사항이며 원자력허가시스템을 취급하는 국제조약의 체결은 극히 어렵다고 여겨져 왔다. 그래서 원자로 건설·운영을 허가하는 국내법규를 국제법에서 직접 규율하지 않고 법적 구속력이 없는 기술적인 규칙이나 기준을 적용하는 방식이 이용되었다[원자력안전기준(NUSS) 계획].[4] 그 후 1994년 「원자력안전에 관한 협약」이 채택되어 원자력시설의 안전을 규율하기 위한 국내법상 시스템에 관한 일반적 의무, 안전 확보를 위하여 적절한 조치를 취할 의무, 조약의무이행에 대한 보고서제출의무, 조약준수상황을 확인하기 위한 검토모임 개최 등에 대하여 규정하고 있다(제5~20조).[5] 게다가 1997년에는 「사용 후 핵연료 및 방사성 폐기물 관리의 안전에 관한 공동협약」이 채택되어, 체약국은 그 물질들의 안전 확보와 관리시설내의 방사선방호를 위한 '적절한 조치'를 취할 일반적 의무를 지며, 그 경우 '국제적으로 인정된 기준'에 따라 타당한 조치를 취할 것이 요구된다[제4조(iv), 제11조(iv), 제24조].[6]

사고 후 손해를 최소화하는 조치로서 중요한 것은 예상할 수 없는 방사선으로부터 방호조치를 국제적으로 실시하는 것과 원자력사고에 의한 손해범위를 경감·억제하는 것이다. 전자에 대해서는 체르노빌 사고 후 IAEA, ILO, NEA/OECD, EURATOM 등 국제기구가 협력하여 문제

4) P. Birnie, A. Boyle and C. Redgwell, *supra* note 2, pp.494-495.

5) *Ibid.*, pp.500-503.

6) *Ibid.*, pp.503-505.

를 검토하고 있다. 후자에 대해서는 사고발생지점에서 사전 통보 내지는 경고(및 정보제공)의무가 국제법상 일반적으로 확립되어 있는지 여부가 문제된다. 즉, 타국에 악영향을 미치는 사고의 발생국은 그 손해를 최소화할 수 있는 기회를 타국에 부여하기 위하여 사고에 관한 신속한 통보 내지 경고가 요구되는지에 관한 것이다. 체르노빌 사고에 의해 유럽 대부분 지역의 방사능 레벨이 급격히 상승하였다. 소련은 사고로 인한 방사능으로 영향을 받을 우려가 있는 다른 여러 국가에게 충분하고 시의적절한 정보를 제공하지 않았다고 비난받았다. 사고 발생 후 다른 여러 국가들은 자력으로 방사능오염을 확인하여야 하였고, 소련으로부터 최초의 상세한 정보를 받은 것은 IAEA였다.[7)]

통보의무는 서유럽의 국가관행 및 조약에서 확인되며, 그것이 원자력사고에 관해서도 일반적으로 적용가능한 관습법이라는 학설이 유력하다.[8)] 대다수의 조약은 상대국에 대한 시의적절한 정보제공, 위험을 경고하기 위한 방사능 감시시스템의 설치, 경우에 따라서는 긴급사태에 대처하는 국제협력을 요구한다. 또한 체르노빌 사고 직후 많은 국가들은 긴급사태에 관한 정보제공의무는 국제법의 규칙이라고 주장하였다.[9)] 사고 직후 1986년 5월 도쿄에서 열린 정상회담의 공동성명에서도 "… 각국은 특히 잠재적인 월경효과를 수반하는 원자력긴급사태와 사고에 관한 상세하고 완전한 정보를 신속히 제공할 책임을 진다"라고 하여 7개국은 그와 같은 책임을 수락하였고 "체르노빌 사고에서 이를 태만히 한 소련정부에 대하여 7개국 및 다른 국가가 요구한 것과 같은 정보를

---

7) R. Lefeber, *Transboundary Environmental Interference and the Origin of State Liability*, 1996, p.244.

8) P. Birnie, A. Boyle and C. Redgwell, *supra* note 2, p.511. 다만, 원자력사고 발생 전 통보 내지 정보제공은 관습법상의 의무가 아니다. 오히려 기타의 시설로서 원자력으로 운항되는 선박에 대하여 입항국의 동의가 필요하며, 원자력을 이용하는 우주물체의 이용 및 우주에서의 핵폭발에 대하여는 사전 안전평가와 관계 국제기구에 사전통보가 요구된다. *Ibid.*, p.512.

9) A. E. Boyle, *supra* note 3, p.283.

즉시 제공하도록 요구하였다."[10]

보다 주목되는 점은 후술하는 조기통보협약의 교섭과정에서 관습법에 근거한 통보 · 정보제공 의무가 존재한다는 견해가 표명된 것이다. 그러나 이 문제에 관한 당시 소련의 입장은 불명확하였다. 소련은 체르노빌 사고로부터 타국의 방사선 안전에 중대한 영향이 미치지 않았고, 타국에서 발생한 손해는 체르노빌 사고에 의한 것이 아니라 국가들의 불필요한 방지조치에 의해 발생하였다고 주장하였다.[11] 이러한 주장이 옳다고 한다면 소련은 피해국에 사고를 통보할 의무를 지지 않게 된다.

사고 후 수개월이 경과한 뒤 소련은 모든 국가에 의한 국제안전관리행동계획('원자력에너지의 안전한 개발을 위한 국제체제 확립계획')을 제안하였으며, 그 일부로서 가까운 미래에 원자력사고의 조기통보시스템이 필요하다고 제안하였다(1986년 9월).[12] IAEA는 체르노빌 사고 이전에 원자력에너지 전문가로 구성된 국제그룹을 소집하여(1983년) 원자력안전에 관한 미래 조약모델을 기초하고 있었다. 이는 국제적으로 증가하는 원자력사고에 대처하기 위한 1984년의 「원자력사고와 방사선 긴급사태시 상호지원 약정에 관한 지침」 및 1985년의 「방사성 물질의 월경방출시 보고 가능한 사건, 종합계획 및 정보교환에 관한 지침」이다. IAEA는 정보교환 및 지원에 관한 이러한 지침을 기초로 하여 다음에 살펴볼 두 개의 협약을 작성하는 전문가회의를 개최하였다.[13]

2. 원자력사고 조기통보 협약

체르노빌 사고가 발생한 후 단기간에 「원자력사고의 조기통보에

---

10) *International Legal Materials*, vol.25, 1986, p.1005.

11) N. Pelzer, "The Impact of the Chernobyl Accident on International Nuclear Energy Law," 25 *Archiv des Völkerrechts*, 1987, p.303.

12) IAEA Doc. GD(SPL./1)/8.

13) M. S. Horn, "Nuclear Energy Safety," *Harvard International Law Journal,* vol.28, 1987, pp.558-559.

관한 협약」(이하, 조기통보협약)이 체결되어 많은 국가들이 서명하였다. 이 조약은 1986년 9월 26일 채택 · 서명 · 개방되었으며, 동년 10월 27일 발효하였다.

(1) 협약의 목적 및 적용범위

이 협약에 의하면 방사성물질을 방출하는지 또는 그러한 우려가 있는지 그리고 타국에 '방사선안전에 관한 영향'을 미칠 가능성이 있는 사고('원자력사고'의 정의)에 대하여 체약국은 타국이 모든 가능한 예방조치를 취할 수 있도록, 그 발생 및 방사선의 영향을 최소화하는 수단에 관한 정보를 제공하여야 한다(제2조). 협약은 체약국의 시설 · 활동뿐만 아니라, 그 관할 또는 관리하에 있는 자연인과 법인의 시설 · 활동과 관련하여 발생한 사고에도 적용되며, 당해 시설과 활동을 구체적으로 특정하고 있다. 관련 사항으로 모든 원자로, 핵연료 사이클 시설, 방사성 폐기물 취급시설, 핵연료 또는 방사성 폐기물의 운송과 저장 등이 있다(제1조 1 · 2항). 협약은 오로지 '국제적인 월경 방출'이 발생하였거나 그러한 우려가 있는 경우에 적용되기 때문에 그 영향이 국가영역 내에 머무르는 사고, 그리고 그 영향이 공해에만 미치는 사고에 대하여는 적용되지 않는다.

(2) 통보 · 정보제공 및 협의

통보국은 피해국에 대하여 직접, 또는 IAEA를 통하여 요구되는 정보를 전달하는 것이 가능하다(제2조). 이 경우 정보의 상대국은 체약국에 한정되지 않는다. 사고원인과 그 예견 가능한 전개, 방출된 방사성물질의 일반적인 특성, 현재 및 미래의 기상조건과 보호조치 등과 같이 통보되어야 하는 정보의 내용을 상세히 규정한다(제5조). 이러한 정보는 적절한 간격을 두고 관련정보에 의해 보충되며(제5조 2항), 통보국은 그 이상의 관련정보 요청에도 신속히 대응하여 요청이 있으면 피해국과 협의하여야 한다(제6조).

(3) IAEA의 임무

체약국은 IAEA 및 다른 체약국에 대하여 권한 있는 주무당국에 통보 및 정보제공 그리고 수령에 대하여 책임 있는 연락당국을 통지하여야 한다(제7조). IAEA는 체약국, 회원국, 기타 국가 및 관계 국제기구에 수령한 정보를 즉시 전달하고 요청에 따라 그 체약국 등에 수령한 정보를 신속히 제공하여야 한다(제4조). 그리고 체약국에 대한 지원으로서 IAEA는 원자력활동을 수행하고 있지 않는 체약국의 요청에 따라 적당한 방사선 감시체제의 실현가능성과 확립에 관한 조사를 실시하여야 한다(제8조).

(4) 문제점

조기통보협약에는 몇 가지 결함이 있다. 첫째, 협약이 적용되는 원자력사고의 범위가 항상 명확하지는 않다. 문언상 통보국은 잠재적 피해자에 대하여 '모든 원자로'(소재의 여하 불문)와 관련된 사고에 대하여 정보를 제공하여야 한다[제1조 2항(a)]고 되어 있지만, 협약이 핵잠수함과 같은 군사시설에서의 원자력사고에는 적용되지 않는다는 것이 일반적인 이해이다. 핵무기를 보유한 5대국(중국, 프랑스, 구소련, 영국, 미국)의 해석에 의하면, 협약의 통보의무는 오로지 비군사적인 원자력사고에 적용된다. 따라서 핵5대국은 제1조에 규정된 사고 이외의 원자력사고에 관한 임의통보를 규정하고 있는 제3조에 따라, 본 협약에서 다뤄지지 않는 모든 원자력사고에 대하여 본 협약을 '자발적으로' 적용한다고 선언했다. 영국은 그 선언에서 '군사적인' 원자력사고에 관한 정보제공을 명시적으로 약속하였다.

소련은 상기 1986년 9월의 국제체제 확립계획에서, 장래에 체결될 조기통보협약에 대하여 "모든 원자력사고, 특히 핵무기 및 핵실험과 관련된 사고에 관한 통보규정을 엄격히 준수할 의사가 있다"고 하면서 본 협약이 서명을 위하여 개방된 직후(1986년 10월), 방사선의 영향이 있는 자국 핵잠수함 사고에 대하여 IAEA에 통보하였다.[14)]

둘째, 협약이 적용되기 위해서는 방사성물질의 방출이 '방사선안전에 관한 영향'(제1조)을 초래할 필요가 있으나, 그 판단기준이 불명확하다. 그러한 영향에 관한 객관적 정의는 의도적으로 회피되어 사고발생국의 재량에 맡겨졌다. 따라서 통보해야 할 국가의 자의적인 판단이 우려되므로 모든 방사선물질의 방출이 IAEA에 통보되는 것이 바람직하다. 그리고 그것이 불가능한 경우에는 통보의무가 발생한 방출수준을 특정하여야 한다. 이 협약의 실효성은 방사선을 모니터하고 평가하는 사고발생국의 능력에 좌우되나, 본 협약은 체약국에 대하여 그와 같은 능력을 가질 것을 일반적으로 요구하지 않는다. 그러한 능력이 결여된 경우 체약국이 신속하게 통보할 수 있을지는 의문이다. 특정 체약국은 IAEA에 방사선 감시체제에 관한 조사를 요청할 수 있다(제8조).

셋째, 강제적 분쟁해결규정을 유보할 수 있는지 여부의 문제이다. 협약의 해석 및 적용에 관한 분쟁에 대하여 체약당사국은 교섭 및 기타 평화적 수단으로 분쟁을 해결하기 위한 협의를 하여야 하며, 그 협의 요청에서 1년 이내에 해결되지 않는 분쟁은 그 결정을 위하여 중재나 국제사법재판소에 맡겨진다. 그러나 체약국은 그러한 분쟁해결절차의 어느 하나 또는 모두에 구속되지 아니함을 선언할 수 있다(제11조). 미국, 구소련, 프랑스를 포함한 많은 국가들은 이러한 선언을 하고 있다. 이와 같은 선택예외는 협약의무 위반의 경우 국가책임규정이 없는 것과 더불어 협약의 실효성을 저해한다.

본 협약은 긴급사태시 정보제공의 권리 · 의무를 상세히 규정한 최초의 다자조약이다. 몇몇의 양자조약은 조기통보협약 규정을 도입하고 있다. 구소련과 영국을 포함한 많은 국가들은 비준을 기다리지 않고 본 협약을 준수할 것을 선언하였다. 이 협약은 이상과 같은 결함을 내포하고 있으나, 월경적 영향을 초래하는 '원자력사고'에 관한 통보의무가 관습법규라는 학설도 적지 않다.[15]

---

14) *Ibid.*, p.565; *International Legal Materials,* vol.25, 1986, pp.1369-70.

15) A. E. Boyle, "Nuclear Energy and International Law: An Environmental

3. 원자력 긴급사태시 지원협약

체르노빌 사고 직후 조기통보협약과 함께 「원자력사고 또는 방사선 긴급사태시 지원에 관한 협약」(이하, 지원협약)이 채택되었다. 이 협약은 1986년 9월 26일 채택 · 서명 · 개방되었고, 1987년 2월 26일 발효하였다.

(1) 협약의 목적 및 지원 요청 · 제공에 관한 절차

이 협약은 원자력사고 또는 방사선 긴급사태가 발생한 경우, 그 영향으로부터 '생명, 재산 및 환경'을 보호하기 위하여 신속한 지원을 촉진할 것을 목적으로 한다(제1조 1항). 협약은 사고가 요청국의 영토 및 관할 내에서 발생한 것인지 여부와 상관없이 적용되며 요청국에 대한 지원 범위와 형태를 특정하여 정보를 제공할 것을 요구한다(제1조 1항, 제2조 1항). 정보를 요청받은 국가는 자국이 요청받은 지원을 제공할 입장에 있는지 여부 그리고 제공할 수 있는 지원의 범위와 조건을 결정하여 요청국에 통보하여야 한다(제2조 3항). 이러한 경우 요청국과 지원국은 협력을 통하여 지원 범위와 형태를 결정할 수 있다(제2조 2항). 지원국은 IAEA에 대하여도 이용가능한 전문가, 장비와 자재, 그리고 지원의 조건을 통보하여야 한다(제2조 3, 4항).

(2) 지출된 비용의 청구

지원을 제공하는 경우에 지원국이 그 비용의 청구를 요구할지 여부는 자유이다(제7조 1항). 이를 요구하는 경우 지원국은 긴급사태의 중대성, 사태의 발생장소 및 개도국과 원자력시설을 보유하지 않는 국가의 입장을 고려하여야 한다. 비용이 청구된 경우, 요청국은 신속한 지원의 무를 진다(제7조 2항). 그리고 지원국은 특히 개도국의 요구조건을 생각

Perspective," vol.60, 1989, p.282; P. Birnie, A. Boyle and C. Redgwell, *supra* note 2, p.515.

하여 청구를 언제라도 포기하거나 연기할 수 있다(제7조 3항).

비용의 청구에 관하여 협약은 긴급사태를 규제해야 할 사고발생국의 의무에 대하여 아무런 규정을 두고 있지 않으나, 사고로 타국에 위법한 손해가 발생한 경우 가해국은 국제관습법에 근거하여 국가책임을 진다. 한편 지원협약 제7조에 의하면 사고발생국이 그 피해국에 지원을 제공한 경우, 사고발생국은 그 지원비용을 청구할 권리를 가진다고 해석할 수 있으나 국가책임의 발생과 별도로 이것이 타당한 규정이라고 할 수 있는지가 문제된다.16)

(3) 요청국의 규율권과 지원국(요원)의 특권 · 면제

요청국은 자국영역 내에서 실행된 지원에 대하여 배타적인 규율권이 있다(제3조). 즉, 요청국의 영역 내에서 지원의 지도와 관리는 요청국의 임무가 된다[제3조(a)]. 한편, 요청국은 그 영역에서 지원국의 요원에 대하여 필요한 이동의 자유를 보장하고(제8조 5항), 지원국의 요원에게 임무수행에 필요한 일정한 특권과 면제를 부여하며, 그 능력의 범위에서 지원국이 제공하는 요원과 장비, 장비의 소유권을 보호하여야 한다[제3조(b)(c)].

지원요원은 외교대표에 통상 부여되는 것과 같이 형사소추, 민사배상책임 및 과세로부터 면제된다[제8조 1 · 2항, 제10조 2항(b)(c)]. 요청국은 지원국이 반입한 모든 재산을 가능한 한 원상태로 반환할 수 있도록 하여야 한다(제8조 4항). 요청국 국민의 손해 및 사망, 그리고 재산손해에 대하여 요청국은 지원국에 대하여 법적 소송을 제기하는 것이 허락되지 않으며, 반대로 요청국은 지원국 요원에 대한 동종의 청구에 대하여 보상하여야 한다[제10조 2항 (c)(a)(d)]. 지원국에 대한 제3자의 청구에 대해서는 요청국만이 책임을 진다[동항 (b)(c)]. 체약국(요청국)은 협약이 발효되기 전에도 특권 · 면제 그리고 청구와 보상에 관한 규정에 구속되

16) 1986년 8월 IAEA 정부 전문가 최종 본회의에서 이를 의문시한 룩셈부르크 대표의 견해가 있다.

지 않는다는 취지를 선언할 수 있다(제8조 9항, 제10조 5항).[17)]

(4) IAEA의 임무

IAEA는 협약에 따라 체약국 및 가입국의 지원요청에 응하여야 한다(제2조 6항). 조기통보협약과 같이 체약국은 IAEA 및 다른 체약국에 대하여 권한 있는 주무당국과 지원요청, 그 수령 및 지원신청 수리 등을 담당하는 연락당국을 통지하여야 한다(제4조). IAEA는 주무당국에 지원요청을 전달하며, 체약국과 국제기구에 관련 정보를 수집하여 제공하는 것 외에 긴급계획 및 국내법령의 준비 등에 대하여 체약국 및 가입국을 지원한다(제2 · 5조).

(5) 문제점 – 지원협약의 절차적 성격

지원협약은 원자력사고 및 긴급사태시 타국의 대응을 촉진하지만, 대응 그 자체를 직접 요구하는 것은 아니다. 즉, 지원협약은 지원을 요구할 의무나 지원을 제공할 의무를 규정하지 않는다. 원자력사고에 대처하기 위한 지원요청국에 대응하여 어느 체약국(지원국)이 그 재량으로 지원을 제공하는 경우에만 이 협약이 적용된다.

그러나 체약국은 자국영토 내에 있는 시설이 손해발생원이고 다른 체약국이 피해를 받은 경우라도 당해 타국에 지원을 제공해야 할 의무를 지지 않는다. 그리고 타국은 사고발생국의 동의 없이 사고발생국에 지원을 제공하는 것은 허용되지 않는다.[18)] 극비리에 진행되는 원자력활동에 수반한 사고에 대하여 국가가 타국의 지원을 거부할 경우가 있을 수 있다. 지원을 요청할 의무 및 그것을 제공할 의무는 존재하지 않기 때문에, 타국이 입은 유해한 환경영향을 확대시킬 염려가 있다. 이

17) 프랑스, 아일랜드, 노르웨이, 터키는 전자의 선언국이며 중국, 프랑스, 아일랜드, 네덜란드는 후자의 선언국이다. 미국은 상호주의에 근거하여 이 규정의 정지를 요구할 권리를 유보하였다. M. S. Horn, *supra* note 13, pp.562-563.

18) P. Birnie, A. Boyle and C. Redgwell, *supra* note 2, p.515.

점이 지원협약의 최대 결함이며, 그러한 의미에서 지원협약은 체약국의 주권을 최대한 존중한 것으로 볼 수 있다.

4. 결 론

원자력사고에 관한 2개의 협약을 통하여 주목할 것은 IAEA 기능의 확대 강화와 양자간 조약의 체결 촉진이다. 한편 상기 2개의 협약에 공통된 과제로서 정보의 취급(기밀유지)에 관한 문제가 있다.

(1) IAEA 기능의 확대 강화

두 개의 협약을 통해 주목할 점은 IAEA의 조정적 역할과 적극적인 지원체제 확립이다. IAEA는 피해국에 정보를 전달하는 중계점이며(조기통보협약 제2 · 4조 및 지원협약 제1 · 2조), 데이터 수집기지로서 기능한다(조기통보협약 제7조 및 지원협약 제4조). 그리고 IAEA는 완벽한 원자력계획 없이 현재 수행중인 원자력계획을 가진 비체약국에 접해 있는 체약국에 대하여, 요청이 있는 경우에는 방사선을 감시하기 위한 지원과 방사성물질에 의한 손해를 최소화하는 데 필요한 전문적 지식을 제공하여 이용가능한 지원으로 대응하여야 한다(조기통보협약 제8조, 지원협약 제2조 6항). 이러한 임무를 더욱 촉진시키기 위해 IAEA는 두 협약에 근거하여 24시간 이내에 통보 및 지원 요청에 대응할 수 있는 '긴급대응시스템'(Emergency Response System)을 마련하였다.[19)]

1987년 10월에 지원협약이 처음으로 적용되었다. IAEA는 브라질의 Goiania라는 마을에서 발생한 방사능 긴급사태를 처리하려는 브라질로부터 지원요청을 받았다. 이 사건은 방사선요법 시설 부근에 의학치료를 위해 사용된 다량의 세슘137이 폐기된 사건이다. IAEA에 방사선피폭 결과 4명이 사망했다는 통보가 있었고, 그 후 200명 이상이 방사

---

19) IAEA: Incident and Emergency Centre.
〈http://www-ns.iaea.org/tech-areas/emergency/ incident-emergency-centre〉

능에 오염된 것이 판명되었다. 지원협약 및 그 기술적 협력계획의 범위 내에서 IAEA는 3명의 전문가를 파견하였으며 방사능 측정기구를 보냈다. IAEA의 측정기구 제공에는 프랑스, 서독, 헝가리, 이스라엘, 네덜란드 그리고 영국 등의 지원이 있었다. 1987년 11월 브라질은 사태의 수습을 IAEA에 통보하였다.[20] 두 협약 체결을 계기로 향후 적극적인 IAEA 활동이 기대된다.

(2) 양자간 조약의 체결 촉진

몇몇 나라는 상기 두 협약의 규정을 양자간 조약에 도입하였다. 두 협약은 손해의 방지 및 최소화를 목적으로 체약국간의 협력을 한층 촉진하는 양자간 또는 다자간 협정 체결을 인정한다(조기통보협약 제9조, 지원협약 제12조). 최초의 예는 핀란드-구소련의 원자력사고 조기통보 및 원자력시설에 관한 정보교환 협정이다.[21] 여기서 교환된 정보는 국경(핀란드만의 영해를 포함)에서 300킬로미터 범위 내의 장소에 설치된 원자력시설로 조기통보협약(제1조 및 제3조)에서 정한 정보를 다룬다(제2조 2항). 이 협정의 실시를 책임지는 정부기관이 지정되어 제공 정보의 태양이 특정되었다. 양국은 또한 사고발생(영역)국이 방사선 안전기준에 비추어 상대국에 중대한 결과를 초래할 수 있는 방사성물질의 월경적 방출이 있다고 판단한 경우에는 조기통보협약 제1조에서 특정되지 않은 원자력사고에 대해서도 가능한 한 빨리 당해사고를 통보할 것에 합의하였다(제5조). 아울러 체약국 영역 내의 시설과 활동에서 생긴 사고가 아니더라도 방사선 안전기준에 비추어 상대국에게 중대한 결과를 초래할 수 있는 예외적으로 높은 수준의 방사능이 측정된 때에는 상호 통보할 것을 약속하였다(제6조). 두 협약에 기초한 한층 엄격한 조약으로 주목된다.[22]

---

20) IAEA comprehensive report, "The Radiological Accident in Goiania," published in 1988. 〈http://www-ns.iaea.org/meetings/rw-summaries/goiania- 1997.htm〉

21) *Nuclear Law Bulletin* no.39, June 1987, pp.54-57.

(3) 관련 정보의 기밀성

두 협약의 공통점은 체약국은 타국에 대하여 통보 및 협조과정에서 입수한 정보의 기밀성을 확보하도록 요구할 수 있다. 즉, 통보국으로부터 피해국에 제공되는 정보는 통보국의 지정으로 기밀로서 그 이용이 제한된다(조기통보협약 제5조 3항). 그리고 지원에 관한 정보에 대해서는 합의로 기밀성이 결정되어 그 이용은 절박한 긴급사태의 영향을 최소화하기 위한 조치에 한정되며, 또한 정보공개시 지원국과 요청국간 조정노력이 요구된다(지원협약 제6조 1 · 2항). 이와 같이 정보에 관한 일반적 접근은 인정되고 있지 않다. 기존의 몇몇 조약과 국제문서와 마찬가지로 정보를 제공하거나 수리하는 체약국은 정보를 일반대중이 이용가능하도록 하여야 할 것이다. 예를 들어, 1985년 IAEA 지침에 의하면 일반대중에 대한 정보보급은 관계 국가기관의 중요한 책임이다.[23] 게다가 북유럽환경보호조약(1974년)에서는 대중에게 통보할 필요성이 인정되어 공적 또는 사적 이익을 위하여 필요한 경우에는 국내 신문이나 기타 적절한 방법으로 일정 정보를 공표하여야 한다(제7조).

체르노빌 사고라는 인위적인 참극을 겪고 국제사회는 원자력사고에 관한 국제협력의 구조를 정비, 강화할 필요성을 인정하게 되었다. 두 개의 협약은 원자력사고에서 통보와 지원에 관한 절차적 구조로서 유용하다. 새로운 절차의 주된 수익자는 방사성물질 방출을 발견할 능력과 장비가 결여된 체약국 및 그 영역 내의 사고에서 일방적으로 대처할 수 없는 원자력계획을 가진 국가들이다.[24] 한편 사고를 발견하여 그 악영향을 완화하는 기술을 가진 체약국에 대해서도 자국만의 데이터 수집 노력으로 얻을 수 있는 것 이상의 정보를 신속히 입수할 수 있다는 이점

---

22) 스웨덴-핀란드, 핀란드-덴마크, 핀란드-노르웨이, 벨기에-네덜란드 간에도 유사한 조약이 있다. P. Birnie, A. Boyle and C. Redgwell, *supra* note 2, p.514 (n)164.

23) U.N.Doc.IAEA/INFCIRC/321(1985) p.6 (para. 4.5. Public Information).

24) M. S. Horn, *supra* note 13, pp.564-565.

이 있다.

확실히 조기통보협약에 대하여는 그 적용범위가 불명확하며 지원협약에서는 지원요청 및 제공의 적극적 의무가 규정되어 있지 않는 등의 결함이 있다. 그러나 두 협약은 원자력 이용에 수반되는 잠재적 위험이 점점 증가하는 상황에서, 위험과 손해발생을 최소화하기 위한 국제입법 작용의 성과로 평가될 것이다. 특히 방사성물질 외에 기타 유해물질의 대기 방출에 대해서는 그 악영향을 완화하기 위한 조약이 이미 존재한다(1979년 ECE 장거리 월경 대기오염방지조약 및 관련 의정서, 1985년 오존층보호를 위한 비엔나협약 및 1987년 몬트리올 의정서). 원자력사고에 관한 두 협약은 이들 조약에서 다루어지지 않는 원자력손해 방지와 완화를 목적으로 하는 조약으로서 중요한 의미를 갖는다.

제4장

바 젤 협 약

1. 서 론

(1) 폐기물의 국가간 이동 현상

국제적으로 단일하게 승인되는 '폐기물'(유해폐기물)의 정의가 없고, 폐기물의 발생과 국가간 이동의 실태를 정확하게 보여주는 데이터가 없는 나라도 많기 때문에, 그 실태를 파악하는 것은 쉽지 않다. 그러나 바젤협약 사무국이 체약국으로부터 받은 보고에 기초해 추산해 보면, 2000년에 3.18억 톤, 2001년에 3.38억 톤의 유해폐기물이 발생하였다.[1] 다만, 이 수치는 2004년 체약국의 약 3분의 1(45개국)로부터 받은 보고에 근거한 것이다.

OECD의 통계에 따르면, OECD 각국에서 유해폐기물이 1997년에 약 1.15억 톤 발생하였다.[2] 폐기물 이동량은 급속히 증가하고 있고, 바젤협약 사무국에서 체약국의 보고로부터 확인된 것만 해도 1993년부터 2001년 사이에 폐기물의 국가간 이동량은 200만 톤에서 850만 톤으로

---

1) Total waste generation in selected OECD countries in mid-1990s, in *UNEP/GRID-Arendal Maps and Graphics Library* (2004). 〈http://maps.grida.no/go/graphic/total-waste-generation-in-selected-oecd-countries-in-mid-1990s〉 참조(2010년 2월 28일).

2) OECD, *OECD Environmental Outlook,* OECD, Paris (2001).

증가하고 있다.[3)]

당초에는 유럽과 북미대륙을 중심으로 선진국 간에 유해폐기물이 거래되었으나, 1980년대 후반에는 선진공업국에서 개발도상국으로의 폐기물 이동이 급증하였다. 선진국에서 개발도상국으로의 이러한 폐기물 이동이 증가한 원인으로는 (i) 유해폐기물 발생량의 증대와 발생국인 선진공업국에서의 폐기물 처리능력의 한계, (ii) 규제강화 등으로 선진국에 의한 처리비용의 상승과 개발도상국에 의한 처리비용의 상대적 하락, (iii) 외화획득을 목적으로 한 개발도상국의 폐기물 수입 등을 들 수 있다.

(2) 협약체결의 경위와 배경

1980년대 전반부터 유해폐기물 이동에 관심을 보이던 UN환경계획(United Nations Environment Program, UNEP)은 1982년 집행이사회에서 「유해폐기물의 환경적으로 건전한 운송, 관리, 처리에 관한 지침 또는 원칙」을 발전시키기 위해 전문가 작업반을 설치하였다. 1987년 6월, 이 작업반이 작성한 「유해폐기물의 환경적으로 건전한 관리를 위한 카이로지침 및 원칙」을 승낙하였을 때, 스위스와 헝가리의 공동제안을 토대로 UNEP 집행이사회는 유해폐기물의 국가간 이동의 규제에 관한 협약을 작성할 임무를 맡은 작업반의 설치와 협약을 채택하는 국제회의를 1989년 상반기에 개최할 것을 결정하였다.[4)] 작업반은 1987년 10월부터 심의를 개시하였고, 2년 남짓 교섭을 하여 1989년 3월 22일 협약을 만장일치로 채택하였다.[5)]

---

3) Trends in transboundary movement of waste among Parties to the Basel Convention, in *UNEP/GRID-Arendal Maps and Graphics Library* (2004). 〈http://maps.grida.no/go/graphic/trends-in-transboundary-movement-of-waste-among-parties-to-the-basel-convention〉 참조(2010년 2월 28일).

4) Decision 14/30 of the Governing Council of UNEP, of 17 June 1987.

5) 바젤협약의 공식번역본은 〈http://www.env.go.jp/recycle/yugai/law/conv_j.pdf〉 참조(2010년 2월 28일).

바젤협약의 교섭과 채택은 1980년대 중반에 유해폐기물의 위법한 국가간 이동이 국제적으로 문제되었던 사건을 배경으로 한다. *Khian Sea*호 사건[6]과 *Koko* 사건[7]이 미디어에 크게 알려지면서 선진공업국으로부터 개발도상국에의 유해폐기물의 위법한 투기가 세간의 주목을 받았다. 그 결과 각국 정부, 국제기구, 환경NGO 등이 유해폐기물의 국가간 이동의 문제에 큰 관심을 가지게 되었고 협약의 교섭에도 많은 영향을 미쳤다. 교섭에서는 한결같이 선진국으로부터 개발도상국에의 유해폐기물의 국가간 이동이라는 측면에 주목해, 당시 아프리카통일기구(OAU)의 가입국을 시작으로 개발도상국은 세계 전체의 국가간 이동 금지를 주장하였다. 환경NGO도 개발도상국의 주장을 지지하였다. 그에 반해, 선진국의 대부분은 폐기물의 거래, 특히 경제적 가치가 있는 재활용 가능한 물질의 선진국 간의 거래에는 그다지 큰 제한을 두지 않을 것을 주장하였다. 양측의 의견대립은 교섭의 진전에 영향을 미쳐 협약이 채택되지 못하였고, 아프리카 각국과 선진국은 쌍방 모두 협약이 불충분하다며 협약에 대한 서명을 연기하였다.

당시 협약의 비준은 좀처럼 진행되지 않았고 협약 발효에 필요한 20개국이 비준하는 데 3년이나 걸렸지만, 발효 후 급속히 체약국이 늘어 2010년 2월 20일 현재 아프리카연합(AU), OECD 국가의 대다수를 포함한 171개국과 EU가 비준하고 있다.

---

6) 리베리아 선적의 Khian Sea호가 미국 펜실베니아주 필라델피아에서 발생한 폐기물을 보낼 곳이었던 뉴저지 주에서 반입을 거부당하였다. 그 후 처리할 장소를 찾았으나 대서양 연안의 대부분 국가에서 입항하는 것이 거부되어 아이티에 4000톤의 폐기물을 불법으로 투기한 사건이다. Khian Sea호는 그 후 배 이름을 바꾸고 새롭게 세네갈, 모로코 등에 버리는 것을 시도하였지만 실패하였고, 최종적으로 대서양, 인도양에 1만 톤 이상의 폐기물을 투기한 것으로 추정되고 있다(1986~1988년).

7) PCB 또는 다이옥신 등을 함유한 유해한 산업폐기물이 1988년 이탈리아에서 건축재료로 수출되어 나이지리아의 코코에 투기된 사건이다.

2. 협약의 개요

(1) 적용범위

1) 협약의 적용대상이 되는 폐기물

협약의 적용대상이 되는 것은 국가 간에 이동되는 다음 2개 분류의 폐기물이다(제1조). 제1분류 폐기물은 '유해폐기물'로, (i) 부속서 I에 열거된 어느 하나의 분류에 속하고, 부속서 III에 열거된 어느 하나의 특성을 가지고 있는 폐기물[제1조 1항 (a)]과, (ii) 폐기물의 수출국, 수입국 또는 경유국이 되는 체약국의 국내법에 의해 유해하다고 분류되는 폐기물[제1조 1항 (b)]이다. 그리고 협약의 적용대상이 되는 제2분류 폐기물은 부속서 II에 열거되어 있는 폐기물, 즉 가정폐기물 및 가정폐기물의 소각으로부터 생기는 찌꺼기이다. 이러한 종류의 폐기물은 협약상 '그 밖의 폐기물'이 된다(제1조 2항).

'유해폐기물'의 (i)에 속한 폐기물이 부속서 VIII에 열거된 폐기물인 경우 그 폐기물이 부속서 III에 열거된 특성을 완전히 가지지 않더라도 유해하지 않은 것을 증명하지 않는 한 유해한 특성을 가진 것으로 취급된다. 한편, 부속서 IX에 열거된 폐기물은 부속서 III의 특성을 표시하지 않는 한 (i)의 폐기물에는 해당하지 않는다. 부속서 I에는 ① 발생과정에 의해 유해한 폐기물(의료폐기물 등)과 ② 함유성분에 의해 유해한 폐기물(6가 크롬, 비소 등)이 기재되어 있다. (ii)의 폐기물에 대해서는 체약국은 협약의 당사국이 된 때로부터 6개월 이내에, 자국의 법령에 의해 '유해'한 것으로 취급되는 폐기물을 사무국에 통보하여야 한다(제3조 1항). 사무국은 이 통보에 의해 수령한 정보를 즉시 모든 체약국에게 통보하여야 한다(제3조 3항).

협약은 (i) 다른 국제적인 규제체제의 대상이 되는 방사성폐기물과 (ii) 다른 국제적 문서에 의해 관리되는 '선박의 통상적인 운항으로 인한 폐기물'을 그 적용대상으로부터 제외하고 있다(제1조 3항, 4항). 방사성폐기물의 국가간 이동에 대해서는 1990년 국제원자력기구(IAEA)

방사성폐기물에 관한 행동지침(Action Plan) 및 1997년 사용후 핵연료 및 방사성폐기물 관리의 안전에 관한 공동협약(2001년 6월 18일 발효. 한국은 2002년 9월 16일에 가입)이 그 원칙을 정하고 있다.

2) '폐기물'의 정의

협약의 적용상 '폐기물'이란, "국내법 규정에 의하여 처리되거나 처리가 의도되거나 처리가 요구되는 물질 또는 물건"이다(제2조 1항). 협약은 폐기물인지 아닌지 결정하는 기준이 되는 '처리'의 개념을 '부속서 IV에 열거된 모든 활동'으로 정의한다(제2조 4항). 부속서 IV는 매립, 육상 및 해상에서의 소각이라는 폐기물의 최종처리작업뿐만 아니라, 자원회수(resource recovery), 재활용(recycling), 재생이용(reclamation), 직접적인 재사용(direct reuse), 대체이용(alternative uses)에 결부된 작업 역시 '처리'에 포함시키고 있다. 무엇이 협약상의 '폐기물'에 해당하는지의 문제는 후술하는 OECD 국가로부터 비OECD 국가로의 폐기물 수출금지에 의해 다시 중요한 문제가 되고 있다.

3) 협약의 지리적 적용범위

협약은 위에서 언급한 폐기물 중 '국가 간에 이동되는 것'을 그 적용대상으로 한다. '국가간 이동'이란 그 이동이 적어도 2개 이상의 국가가 관계되는 경우에 한 국가의 관할권하에 있는 지역으로부터 다른 국가의 관할권하에 있는 지역으로 이동 또는 경유하거나, 어느 국가의 관할에도 속하지 않는 지역으로 이동 또는 경유하는 모든 이동을 말한다.

그리고 영해를 통과하는 운송에 대해서 경유국의 사전통보를 바탕으로 한 동의와 무해통항권 관계 등의 문제는 교섭으로 합의가 되지 않고서는 이 협약의 어떠한 조항도 영해, 배타적 경제수역 및 대륙붕에 대한 국가의 주권적 권리와 관할권, 국제법상 선박 및 항공기에 의해 행사되는 항행의 권리와 자유에 영향을 주지 않는다고 명시하고 있다(제4조 12항).

(2) 유해폐기물에 관한 체약국의 일반적 의무(제4조)

제4조는 협약의 일반적 틀을 나타내며 국가행동의 지침을 제공하고 있다. 단, 이러한 의무들은 절대적인 것이 아니며, 체약국은 협약의 목적달성을 위하여 취한 조치의 성격과 범위를 국가의 재량에 위임할 수 있다.

1) 국내에 있어서 폐기물 관리상의 의무

(가) 폐기물의 발생억제(발생의 최소화)

체약국은 유해폐기물의 발생을 최소한으로 하도록 적절한 조치를 취해야 한다[제4조 2항 (a)]. 단, 이 의무는 절대적 의무가 아니므로 체약국은 사회적 · 기술적 및 경제적 측면을 고려할 수 있다.

(나) 국내처리원칙(국가간 이동의 최소화)

체약국은 가능한 한 국내에 있는 적당한 처리시설을 이용할 수 있게 하고, 유해폐기물 및 다른 폐기물의 국가간 이동이 최소화되도록 하여야 한다[제4조 2항 (b), (d)]. 체약국은 ① 수출국이 당해 폐기물을 환경적으로 건전하고 효율적인 방법으로 처리하기 위한 기술적 역량과 필요한 시설 · 용량 또는 적당한 처리장을 가지고 있지 않은 경우, ② 수입국의 재활용 또는 회수산업의 원료로서 필요한 경우, ③ 문제의 국가간 이동이 당사국들이 결정할 다른 기준에 합치하는 경우, 이 중 어느 하나에 해당하는 경우에 한하여 이러한 폐기물의 국가간 이동을 허가하도록 한다.

2) 유해폐기물의 환경적으로 건전한 관리 의무

체약국은 처리의 장소를 불문하고 수출된 유해폐기물을 환경적으로 건전한 방법으로 관리할 의무가 있다(제4조 8항). 그리고 유해폐기물이 환경적으로 건전한 방법으로 관리되도록 할 발생국의 의무를 부과하고, 수출국 또는 경유국에 이전하는 것을 금지하고 있다(제4조 10항). 발생국은 수입국에서 '환경적으로 건전한 관리'가 되지 않는다고 믿을 만한 충분한 이유가 있는 경우, 유해폐기물의 수출을 허가해서는 안 된다. 수입국 역시 자국에서 '환경적으로 건전한 관리'가 되지 않는다고 믿을 만한 충분한 이유가 있는 경우 유해폐기물의 수입을 허가하여서는 안 된다[제4조 2항 (e), (g)].

'환경적으로 건전한 관리'라는 개념은 '유해폐기물 또는 그 밖의 폐기물로 인하여 발생할 수 있는 악영향으로부터 인간의 건강과 환경을 보호하는 방법으로 이러한 폐기물이 관리되도록 하기 위하여 모든 실행 가능한 조치를 취하는 것'으로, 극히 일반적으로만 정의되어 있다(제2조 8항). 그러나 유해폐기물의 취급자에 대한 허가제도의 설치[제4조 7항 (a)], 폐기물운송에서의 이동에 관한 문서첨부의 의무화[제4조 7항 (c), 제6조 9항], 관련 국제규칙, 기준 및 관행에 따른 포장, 표시 및 운송조건의 설정[제4조 7항 (b)] 등 이 개념의 내용에 대해 시사하는 협약규정이 있다. 협약 채택 후 이 개념을 보다 구체화하기 위해 제4조 8항에 따라 협약의 보조기관인 실무작업반이 기술상 지침을 책정하고 있다. 지금까지 작업반은 (i) '지침책정의 경우 지침으로서 이용되는 지침문서' 등의 지침문서, (ii) 우선과제로 한 폐기물(PCB, PCT, PBB를 함유한 폐기물, 가정폐기물 등)에 관한 지침과 (iii) 처리작업(처리장에서 매립과 소각 등)에 관한 지침을 작성하고 있다.[8)]

3) 유해폐기물에 의한 오염방지와 오염에 의한 결과 최소화

체약국은 국내에서 유해폐기물 또는 그 밖의 폐기물의 관리에 관여하는 자가 이러한 관리로부터 발생하는 유해폐기물 및 그 밖의 폐기물에 의한 오염을 방지하게 하기 위하여, 그리고 그 오염으로 인한 결과를 최소화하게 하기 위하여 필요한 조치를 취하여야 한다[제4조 2항 (c)].

(3) 국가간 이동의 제한과 규제

1) 일정한 경우 국가간 이동의 금지

(가) 폐기물의 수입금지국으로의 이동금지

유해폐기물의 수입을 금지하는 것은 국가의 주권적 권리이다(전

---

8) 작업반이 작성한 기술지침 등에 관해서는 〈http://www.basel.int/meetings/sbc/workdoc/techdocs.html〉 참조(2010년 2월 28일).

문). 이 권리를 행사하는 체약국은 사무국을 통해 그 취지를 다른 체약국에 통보한다[제4조 1항 (a), 제13조 2항 (c)]. 체약국은 유해폐기물의 수입을 금지하는 체약국에 도달하는 폐기물의 운송을 인정하여서는 안 된다[제4조 1항 (b)].

(나) 비체약국과의 거래금지

협약은 체약국과 비체약국 간의 유해폐기물 거래를 금지하고 있다(제4조 5항). 단, 유해폐기물이 비체약국을 통과하는 것은 금지하고 있지 않다(제7조). 비체약국과의 거래금지는 체약국이 관계되는 모든 거래에서의 협약의 적용을 확보하고, 비체약국이 협약에 가입하면 인센티브를 주는 것을 목적으로 하고 있다. 또한 체약국은 비체약국을 포함한 타국과 폐기물의 국가간 이동에 관한 양자간 또는 다자간 협정을 체결할 권리가 인정되고 있어, 협정에서의 '환경적으로 건전한 관리'라고 하는 조건에 합치하는 한, 회부되는 이러한 협정하에서 비체약국과의 거래가 인정된다(제11조). 체약국은 자국이 가입하는 이러한 협정에 대해 사무국에 통보하여야 한다.

(다) 남극에의 폐기물 수출의 절대적 금지

협약은 폐기물이 협약의 적용대상이 되는지에 관계없이 남위 60도 이남 지역에 유해폐기물의 수출을 금지하고 있다(제4조 6항).

(라) OECD 국가로부터 비OECD 국가에의 유해폐기물 거래금지

개발도상국과 중국에 대한 인센티브로, 1994년 3월 25일 제2회 당사국총회에서는 OECD 국가에서 비OECD 국가로 유해폐기물을 수출하는 것을 전적으로 금지하는 결정 II/12가 66개 체약국의 컨센서스 방식으로 채택되었다. 이 결정은 최종처리를 위한 폐기물의 수출을 즉시 금지하고, 재활용을 위한 폐기물의 수출을 1997년 12월 31일부터 금지하고 있다.

폐기물 수출금지에 소극적인 선진국들이 이 결정의 법적 구속력에 대해 의문을 제기하였기 때문에 1995년 9월 22일 제3회 당사국 총회에서는 결정 II/12가 확인한 원칙을 규정하는 제4조 A를 마련하는 협약의

개정이 82개 체약국의 컨센서스로 채택되었다(결정 III/1).

이 결정은 부속서 VII에 기재된 협약국(OECD 회원국, EU, 리히텐슈타인)이 그 이외의 국가로 유해폐기물의 수출을 금지하는 것을 규정하고 있다. 결국 최종처리를 위한 수출은 즉시 금지되었고, 재활용을 위한 폐기물은 1997년 12월 31일부터 금지되었다. OECD 국가들로부터 재활용을 위한 유해폐기물의 수입을 계속 인정하는 비OECD 국가들은 사무국에 통보하여야 한다. 본 개정은 '개정을 수락한 체약국의 최소한 3/4'의 비준·수락·가입에 의해 해당 개정을 받아들인 체약국 사이에 효력이 생긴다(제17조 5항). 2010년 2월 20일 현재 67개국과 EU가 비준하고 있다. 또한 이 '개정을 받아들인 체약국의 해석과 그것에 대한 대응책을 둘러싸고 체약국' 간에 의견이 나뉘고 있다. 따라서 2008년 제9회 당사국총회에서 당사국총회 의장의 성명을 당사국총회가 승인하는 형태로 이 개정의 목적을 실현하기 위한 수단을 검토하는 절차로서 스위스, 인도네시아에 의한 '국가주도 이니셔티브(Country-led Initiative, CLI)'가 시작되었고,[9] 검토가 진행되고 있다.[10]

2) 수출입시의 절차적 의무(사전통보에 기초한 합의, PIC절차)

수출입이 금지되는 일정한 경우를 제외하고는, 협약은 유해폐기물의 국가간 이동을 전면적으로 금지하고 있지는 않다. 국가간 이동은 협약이 정한 일반적 의무를 준수하고 사전통보에 기초한 동의(Prior Informed Consent, PIC) 절차를 이용하여 규제한다[제4조 1항 (c), 제6조, 제7조].

수출국은 폐기물의 수출시에 수입국과 경유국에 대하여 직접 통보하거나 생산자 또는 수출자에게 통보하도록 한다. 이러한 통보에는 수

---

9) 결정 IX/25 및 결정 IX/26 참조. "Report of the Conference of the Parties to the Basel Convention on the Control of Transboundary Movements of Hazardous Wastes and their Disposal on its Ninth Meeting," UNEP/CHW.9/39, p.48 이하.

10) 검토상황에 대해서는 〈http://www.basel.int/convention/cli/index.html〉 참조(2010년 2월 28일).

출의 이유, 폐기물의 수출자, 생산자, 처분자, 수출국, 경유국, 수입국, 운항경로, 수출자와 처리자 사이의 계약에 관한 정보 등 부속서 V §A에 기재된 정보를 포함해야 한다(제6조 1항, 부속서 V §A).

수입국과 경유국은 통보된 폐기물의 국가간 이동에 관하여 조건부 또는 무조건부로 이동에 동의하거나, 이동에 대한 허가를 거부하거나, 또는 추가정보를 요구하는 것을 통보자에 대하여 서면으로 답변한다. 다만, 경유국은 서면에 의한 사전동의라는 조건을 자국에 관해 적용하지 않을 수 있다. 수입국에 의한 회답에는 기한이 없지만, 경유국의 회답은 60일 이내에 하여야 하고, 기한 내에 답변이 없는 경우에는 묵시적 동의가 있었던 것으로 간주된다(제6조 2항, 4항).

수출국은 '통보자가 수입국의 서면에 의한 동의를 얻은 것'과 '폐기물이 환경적으로 건전한 관리가 이루어지고 있는 것을 명시하는 수출자와 처리자간의 계약의 존재를 수입국으로부터 확인받은 것'을 서면에 의해 확인하는 경우에만 수출의 개시를 허가할 수 있다(제6조 3항).

체약국은 폐기물의 국가간 이동에 책임이 있는 자가 폐기물을 인도 또는 수령할 때에 이동서류에 서명하고 폐기물의 처리 종료 후 처리자가 수출자 및 수출국에 폐기물의 수량과 처리의 완료를 통보할 의무를 부담한다. 이러한 통보를 수출국이 수령하지 않는 경우에는 수출국 또는 수출자가 수입국에 통보한다(제6조 9항). 비체약국인 경유국에 관해서 또는 특정한 국가에 의해서만 유해폐기물로 간주되어 협약의 적용대상이 되는 폐기물의 국가간 이동에 관해서는 협약의 절차에 필요한 변경을 한 후 적용한다(제7조, 제6조 5항).

(4) 환경적으로 건전한 국가간 이동을 확보할 의무

1) 불법거래

협약의 규정 및 국제법의 일반원칙을 위반하여 유해폐기물을 고의적으로 처리하기 위한 이동은 '불법거래'가 된다(제2조 21항, 제9조 1항). 체약국은 불법거래를 범죄로 간주하고, 그 관할하 또는 관리하에 있는 사인에 의한 불법거래의 방지와 처벌을 위한 국내법을 제정하고, 그 이행을 강제하여야 한다(제4조 3항, 4항, 제9조 5항).

(i) 수출자 또는 생산자의 행위의 결과로서 불법거래가 되는 경우는 수출국이, (ii) 수입자 또는 처리자의 행위에 대한 결과로서 불법거래가 되는 경우는 수입국이, 그 폐기물이 환경적으로 건전한 방법으로 처리되도록 하여야 한다. 또한 (iii) 위의 누구에게도 책임을 귀속시킬 수 없는 경우는 관련국이 협력하여 필요한 경우 수출국에게 재수입하도록 하고 그 폐기물이 환경적으로 건전한 방법으로 처리되도록 하여야 한다(제9조 2~4항). 사무국은 불법거래의 사실을 확인하기 위하여 체약국의 요청에 응하여 협조하고, 불법거래에 관하여 입수한 정보를 관계 체약국에 즉시 송부하여야 한다[제16조 1항 (i)].

2) **협약을 준수한 거래지만 계약에 따라 거래를 완료할 수 없는 경우의 재수입 의무**

협약을 준수하여 국가간 이동이 개시되었지만 수출자와 처리자 사이의 계약조건에 따라 이동이 완료될 수 없는 경우 수출국은 그 폐기물을 재수입하여야 한다(제8조). 또한 관계국은 제8조, 제9조에 기초하여 폐기물을 수출국으로 반환하는 것에 반대하거나 그 반환을 방해 또는 방지해서는 안 된다(제8조, 제9조 2항).

(5) 책임과 보상

체약국은 유해폐기물의 국가간 이동 및 처리로부터 생기는 손해에 대한 책임 및 보상에 관한 규칙과 절차를 정하는 의정서 채택을 위하여 협력하여야 한다(제12조). 이 규정에 기초하여 1999년 12월 책임에 관한 의정서가 채택되었다.

(6) 국제협력과 정보교환

협약은 비교적 광범위하고 상세한 협력의무를 정하고 있다. 유해폐기물의 발생과 국가간 이동을 최소화한다는 목적에 따라 기술적인 기준, 관행의 조화, 폐기물 관리가 사람의 건강 및 환경에 미치는 영향의 모니터링 기술이전 등 환경적으로 건전한 폐기물 관리에 관한 분야에서의 체약국간의 협력을 요구하고 있다[제4조 2항 (h), 제10조 1항 · 2항]. 제4조가 정하는 일반적 의무를 개발도상국이 이행하는 것을 돕기 위하여 체약국이 협력할 것도 요구하고 있다(제10조 3항).

협약은 또한 광범위한 문제에 관한 체약국간의 정보교환을 규정하고 있다(제13조). 체약국은 국가간 이동 중의 사고에 영향을 받을 가능성이 있는 국가에 즉시 보고하여야 한다(제1항). 또한 체약국은 지정기관의 변경, 유해폐기물에 관한 국내 정의의 변경 등 폐기물의 국가간 이동의 규제제도에 관한 특정한 정보를 송달한다(제2항). 아울러, 체약국은 자국이 관련된 폐기물의 국가간 이동의 특징, 국가간 이동 중에 발생한 사고, 협약 이행을 위하여 취한 조치 등의 정보에 관하여 매년 당사국총회에 보고서를 제출한다(제3항).

(7) 협약기관

협약기관으로서 당사국총회(제15조)와 사무국(제16조)이 설치되고, 이행에 관한 실무작업반, 기술작업반, 법률작업반이 당사국총회의 보조기관으로 설치되었다. 각 체약국은 정보교환에 책임을 가지고 있는 주무관청과 PIC절차 운영에 책임을 가지고 있는 권한 있는 기관을 지정하여야 한다(제5조).

(8) 준수의 감시와 분쟁해결

다른 체약국이 협약에 위반하였는지, 위반하고 있는지에 대한 믿을 만한 이유가 있는 체약국은 사무국에 그 사실을 통보할 수 있고, 직접 또는 사무국을 통하여 신청의 대상이 된 체약국에 그 취지를 통보한다. 사무국은 모든 관련 정보를 체약국에 송부한다(제19조). 또한 2002년 제6회 당사국총회에서는 결정 VI/12에 의하여 준수위원회가 주축이 되어 운영의 이행과 준수의 촉진을 위한 메커니즘이 마련되었다.[11]

협약의 해석, 적용 또는 준수에 관하여 체약국간에 분쟁이 생기는 경우, 분쟁은 교섭과 그 밖의 평화적 수단으로 해결이 도모될 수 있어야 한다. 그것이 불가능한 경우는 합의에 의해 중재(절차에 관해서는 부속서 IV가 정하고 있다) 또는 국제사법재판소에 그 분쟁을 부탁한다.

3. 바젤협약 책임의정서

바젤협약은 유해폐기물의 국가간 이동이 일정한 절차에 따라 이루어질 것을 정하고 있지만, 국가간 이동이나 처리를 하는 동안 사고 등에 의하여 유해폐기물로 인한 손해가 생길 우려가 있다. 실제로 손해가 발생한 경우 신속한 구제를 확보할 필요가 있다는 인식으로부터 협약 제12조에 기초하여 교섭이 진행되었고, 1999년 12월 10일 제5회 당사국총회에서 「유해폐기물의 국경을 넘는 이동 및 그 처리로부터 생기는 손해에 대한 책임 및 보상에 관한 바젤의정서」(이하 '의정서')가 채택되었다.[12] 의정서는 해양오염분야를 제외하면 민사상 책임에 관하여 채택된 최초의 세계적 규모의 환경협약이다. 의정서는 20개국이 비준하면 발효된다(제29조). 2010년 2월 20일 시점으로 10개국(개발도상국만)이 비준하였다. 또한, 의정서의 기관으로서 의정서의 당사국총회가 개최되며(제24조), 의정서의 사무국 기능은 바젤협약의 사무국이 한다(제25조).

(1) 의정서의 목적

의정서의 목적은 유해폐기물의 국가간 이동과 그 처리로부터 생기

11) 결정 VI/12. Report of the Conference of the Parties to the Basel Convention on the Control of Transboundary Movements of Hazardous Wastes and their Disposal on its Sixth Meeting, UNEP/CHW.6/40, p.45 이하; 柴田明穂, "バーゼル条約遵守 メカニズムの設立一交渉経緯と条文解説," 「岡山大学法学会雑誌」(2003년).

12) 〈http://www.basel.int/meetings/cop/cop5/docs/prot-e.pdf〉 참조 (2010년 2월 28일).

는 손해에 관하여 포괄적인 책임제도와 충분하고 신속한 보상제도를 정하는 것이다(제1조). 이에 따라 폐기물의 수출자(경우에 따라서는 수입자)와 처리자가 잘못된 관리를 하는 것을 억제하고, 제3자 및 환경에 대한 손해의 구제를 촉진한다.

(2) 의정서의 적용범위(제3조)

1) 의정서의 대상이 되는 손해의 범위

의정서가 대상으로 하는 손해는 (i) 생명의 상실 또는 신체 침해, (ii) 재산의 상실 또는 손해, (iii) 환경손해의 결과로 생긴 환경이용에 의해 직접 얻을 수 있는 수입의 상실, (iv) 환경손해의 원상회복 조치 비용, (v) 사전방지조치 비용이다[제2조 2항 (c)].

2) 적용의 시간적 범위

의정서는 협약이 적용대상으로 하는 폐기물이 수출국의 관리하에서 수송단계에서 선적하는 시점에서부터 처리완료의 통보 또는 처리완료까지 국가간 이동 중에 생기는 사태로 발생하는 손해에 적용된다. 다만 체약국은 자국이 수출국이 되는 폐기물의 국가간 이동에 관하여 기탁자에게 통보하여 자국의 관할하에서 발생하는 사태를 의정서의 적용에서 제외시킬 수 있다(제3조 1항, 2항). 협약 제8조 또는 제9조 2항 (a)에 의해 폐기물을 재수입하는 경우에는 폐기물이 당초 수출국에 도착할 때까지 의정서가 적용된다(제3조 4항). 의정서 발효 전에 개시된 국가간 이동으로부터 생기는 손해에 관해서는 의정서는 적용되지 않는다[제3조 6항 (a)].

3) 적용의 공간적 범위

의정서는 이와 같은 국가간 이동 중의 사태로 생기고, 배타적 경제수역을 포함한 모든 체약국의 관할하에 있는 지역에서 생기는 손해에 대해서만 적용된다[제3조 3항 (a)]. 다만, 국가관할권을 넘는 지역에서는 의정서의 적용대상이 되는 손해는 전술한 인신손해, 재산손해, 사전방지조치의 비용만이 적용대상이 된다[제3조 3항 (c)]. 수입국은 체약국이지만, 수출국이 비체약국인 경우 의정서는 처리자가 폐기물을 점유하고 있던 시점으로부터 후에 생기는 사태로 인하여 발생하는 손해에만 적용된다. 반대로 수출국은 체약국이지만, 수입국이 비체약국인 경우에는 의정서는 처리자가 폐기물을 점유하고 있는 시점 이전에 생긴 사태로 인하여 발생하는 손해에 대해서만 적용된다[제3조 3항 (b)]. 의정서의 비체약국이지만 부속서 A에 열거된 도서국 등이 협약 제11조에 규정되어 있는 협정을 체결하여 국가간 이동의 경유국이 되는 경우, 당해 국가의 관할하에 있는 지역에서 생긴 손해에도 의정서는 적용된다[제3조 3항 (d)]. 협약 제1조 1항 (b)에 해당하는 폐기물로부터 생기는 손해에 관해서는 그 폐기물을 유해폐기물로 통보한 국가의 관할하에 있는 지역에서 손해가 생기는 경우에만 의정서의 적용대상이 된다[제3조 6항 (b)].

4) 적용제외

의정서는 협약 제11조하의 협정에 기초한 폐기물의 국가이동과 처리에 관해서 이와 같은 계약의 체약국의 관리하에 있는 지역에서의 손해발생, 의정서의 목적을 충분히 달성하는 이상의 보호를 피해자에게 부여하는 책임·보상제도의 존재 등의 조건을 만족시키는 경우 의정서의 적용을 제외하고 있다[제3조 7항 (a)].

(3) 엄격한 책임의 채택과 책임의 귀속(제4조)

폐기물이 처리자의 점유가 될 때까지 생기는 손해에 관해서는 협약 제6조에 따라 통보를 한 자가 책임을 진다. 수출국이 통보자인 경우 또는 통보가 이루어지지 않은 경우에는 수출자가 책임을 진다. 폐기물이 처리자의 점유가 된 후에 생기는 손해는 처리자가 책임을 진다(제1항). 수입국만이 유해폐기물로서 통보한 폐기물은 수입국이 통보자이지만, 통보가 행하여지지 않은 경우에는 처리자의 점유가 될 때까지 수입국이 책임을 진다(제2항). 협약 제8조에 따라 재수입한 경우에는 통보자가, 협약 제9조 2항 (a) 또는 4항에 의하여 재수입한 경우는 재수입자가, 폐기물이 그 처리지를 떠날 때부터 수출자 또는 대체처리자의 점유가 될 때까지 생기는 손해에 관해서 책임을 진다(제3항, 4항).

무력충돌, 예외적 자연현상, 공적 기관의 강제적 조치, 제3자의 고의행위 등의 결과로 발생하였다고 증명되는 손해에 관해서는 책임이 귀속되지 않는다(제5항). 복수의 책임자가 있는 경우, 청구자는 책임자 중 어느 한 사람이거나 전원으로부터 손해의 완전한 보상을 요구할 권리가 있고(제6항), 유책자는 다른 책임자에 대하여 소송을 할 권리를 가진다(제8조). 또한 제4조를 침해하지 않는 범위에서 협약 이행규정의 미준수 또는 고의 · 과실로 손해를 발생시키거나 또는 발생에 기여한 자는 당해 손해에 대하여 책임을 진다(제5조).

(4) 책임의 범위와 재정적 보증

당사국은 국내법에 의해 의정서의 엄격책임제도하에 책임의 한도액을 정해야 한다(부속서 B 제1조). 그 한도액은 국제통화기금의 특별인출권을 단위로 부속서 B가 정하는 금액 이상의 금액이어야 한다(부속서 B 제2조). 과실책임에 관해서는 한도액이 없다(제12조). 피해자가 그 과실에 의해 손해의 발생에 기여한 경우, 과실만큼 상계된다(제9조).

제4조에 의해 엄격책임을 지는 자는 책임을 지는 기간 중 부속서 B에서 정한 금액 이상의 보험, 보증금 등의 재정적 보증을 한다(제14조 1항). 책임의 보증에 관한 서류가 협약 제6조에 의해 서면통보되거나 통보에 첨부되거나 또는 처리자의 책임보증이 이루어지고 있다는 증명이 수출국의 권한 있는 기관에 제출된다(제14조 3항). 의정서에 기초한 보증이 손해비용을 담보하지 않는 경우, 현행의 메커니즘을 이용하여 충분하고 신속한 보상의 확보를 위한 추가적 · 보완적 조치를 취할 수 있다(제15조 1항). 당사국총회는 메커니즘의 개선이나 긴급기금이라는 새로운 메커니즘을 설치할 필요성과 가능성을 검토한다(제15조 2항). 또한 부속서 B에서 정한 책임한도액의 최저액은 제6회 당사국총회에서 개정될 것이다(제23조 1항). 또한 의정서의 규정은 국가책임제도에 의해 체약국의 권리의무에 영향을 미치지 않는다(제16조).

(5) 보상청구의 조건과 판결의 승인 · 집행

의정서에 의한 보상청구는 사태 발생시로부터 10년 이내에, 청구자가 손해에 관하여 안 날로부터 5년 이내에 행하여진다(제13조). 보상청구는 손해발생지, 손해의 원인이 되는 사태발생지, 피고인의 거주지 또는 본거지 중에서 한 개의 체약국의 국내재판소에서 행할 수 있다. 체약국은 자국의 국내재판소가 보상청구를 취급하기 위하여 필요한 권한을 갖도록 확보한다(제17조). 청구에 관한 실체문제 및 절차문제에 관해서는 의정서에서 명시적으로 정하지 않은 경우 법정지국의 법이 규율한다(제19조).

의정서에 따라 관할권을 가지는 재판소의 강제집행 가능한 확정판결에 관해서는 체약국은 상호승인하고 승인판결에 관해서는 강제집행할 수 있다(제21조). 다만 판결의 승인, 집행에 관한 다른 협정이 있는 경우 그 합의의 당사국 사이에서는 제21조는 적용되지 않는다.

4. 바젤협약의 의의와 문제점

바젤협약은 유해폐기물의 국가간 이동을 세계적 규모로 규제하는 최초의 협약이다. 또한 OAU(현재의 AU)의 가입국에 의해 1991년에 체결된 바마코협약을 비롯하여 다수의 지역협약체결의 계기가 된 협약이다. 협약은 폐기물의 발생억제, 국내처리원칙, 환경적으로 건전한 폐기물관리 등, 국가간 이동에 머무르지 않고 폐기물관리의 올바른 방법 전체를 시야에 넣은 포괄적인 접근방법을 취하고 있다. 동시에 국가간 이동에 의해 생길 우려가 있는 손해를 미연에 방지하는 접근방법을 채택하고 있다. 한편, 폐기물의 수입을 인정할지 여부를 결정하는 국가의 주권적 권리를 명시적으로 승인하고 유해폐기물의 수입허가를 PIC절차 아래 각국의 의사에 위임함으로써, 국가간 이동의 규제절차에 대하여는 체약국의 주권에 기초한 접근방법을 취하고 있다.

1999년 12월 제5회 당사국총회에서 채택된 각료선언은 유해폐기물의 국가간 이동에 관한 규제의 이행이나 환경적으로 건전한 관리기준의 작성 등, 협약의 틀에서 지난 10년간의 발전을 평가하면서 향후 10년간의 최우선과제로서 협약상의 의무의 완전이행과 유해폐기물의 발생의 최소화를 확인하였다. 그리고 2002년 제6회 당사국총회에서는 이 각료선언을 이행하기 위하여 2002년부터 2010년을 대상으로 한 바젤협약의 이행을 위한 전략계획이 채택되었다.[13] 우선 협약상 의무의 완전이행에 관해서는 유해폐기물의 국가간 이동을 규제하는 구조의 근간인 PIC 절차의 유효성을 어떻게 확보할 것인가가 문제되었다. 사실 유해폐기물의 불법거래를 단속하는 것이 개발도상국은 물론 선진국에서조차 곤란한 경우가 적지 않다. PCB를 포함한 폐기물 18톤이 호주로부터 프랑스에, 프랑스와 통과국의 사전동의 없이 수송된 *Maria Laura*호 사건(1992년)이나 일본에서 필리핀으로 의료폐기물이 허가없이 수출되어 일본정부가 수출자를 대신하여 거래를 행한 의료폐기물 불법수출사건(1999~2000년)이 그 일례이다.

협약개정이나 책임의정서의 채택은 폐기물의 국가간 이동으로의 제재가 한층 강화된다는 것을 의미하고, 이는 폐기물의 불법거래를 증대시킬 우려가 있다. 그러므로 PIC절차에 의해 불법적인 국가간 이동을 감시하고 폐기물의 환경적으로 건전한 관리를 확보하기 위한 국내제도의 구축과 강화가 점점 더 그 중요성을 더해가고 있다. 게다가 불법거래를 감시하고 폐기물에 대한 환경적으로 건전한 관리를 확보하는 능력, 재원이 결여된 체약국에 대하여 자금이나 기술 등을 국제적으로 지원하는 구조의 강화도 한층 요구되고 있다. 또한 유해폐기물 발생의 최소화에 관해서는 이미 국내폐기물정책의 목표가 되고 있지만, 향후 바젤협약의무(제4조) 이행의 관점으로부터도, 각국의 폐기물 발생억제와 환경적으로 건전한 관리가 요청된다. 제9회 당사국총회의 결정(결정 IX/3)을 바탕으로 2010~2020년의 새로운 전략체계의 검토가 개시되고 있다.

---

13) Strategic Plan for the Implementation of the Basel Convention (to 2010), 〈http://www.basel.int/meetings/cop/cop6/StPlan.pdf〉 참조(2010년 2월 28일).

| 참고문헌 |

臼杵知史, 「有害廃棄物の越境移動とその処分の規制に関する条約 (1989年 バーゼル条約) について」, 『国際法外交雑誌』 91巻 3号(1992年).

北村喜宣, 「国際環境条約の国内的措置― バ ーゼル条約とバ ーゼル法」, 『横浜国際経済法学』 2巻 2号(1994年).

阪井博, 「バーゼル条約損害賠償責任議定書の成立経緯と概要」, 『ジュリスト』 1174号(2000年).

臼杵知史, 「医療廃棄物輸出事件」, 石野耕也ほか 編, 『国際環境事件案内』, (信山社, 2001年).

上河原献二, 「有害廃棄物の越境移動に関するバーゼル条約」, 西井正弘 編, 『地球環境条約』, (有斐閣, 2005年).

B. Kwiatkowska and A. H. A. Soon (eds.), *Transboundary Movements and Disposal of Hazardous Wastes in International Law*, 1993.

K. Kummer, *International Management of Hazardous Wastes — The Basel Convention and Related Legal Rules*, 1995.

K. Kummer, "The Basel Convention: Ten Years On," *Review of European Community & International Environmental Law*, vol.7, no.3, 1998.

제5장

UN기후변화협약 및 교토의정서

1. 서 론

1997년 12월 1일부터 11일까지 교토에서 개최된 「기후변화에 관한 UN기본협약」(이하 '기후변화협약' 또는 '협약', UNFCCC)의 제3차 당사국총회(이하, '당사국총회' 또는 COP)는 선진국이 2008년부터 12년까지 온실가스(GHG)를 1990년 대비(일부 가스에 대해서는 1995년 대비) 적어도 5% 삭감할 것을 의무화하는 「기후변화에 관한 UN기본협약의 교토의정서」(이하 '교토의정서' 또는 '의정서')를 채택하였다. 이후 협약과 의정서는 발효되었고, 당사국총회와 의정서의 당사국총회가 매년 개최되면서 기후변화 대응제도가 발전하고 있다.

지구온난화(global warming)의 가능성이 처음 지적된 것은 19세기였지만 국제사회의 현실적인 관심사항이 된 것은 1980년대 중반부터이다. 그 계기가 된 것은 1985년 10월에 오스트리아의 빌라흐(Villach)에서 개최된 과학자들의 회의인 '기후변화와 이에 따른 영향에 대한 이산화탄소 및 기타 온실가스의 역할에 대한 과학적 평가에 관한 국제회의'(빌라흐회의)였다.[1] 세계기상기구(WMO)와 UN환경계획(UNEP)의 후원으로 개최된 이 회의에서는 이산화탄소(CO_2)를 비롯한 온실가스로 인한 기후

1) 米本昌平, "地球温暖化問題の科学と政治," 岩波講座「地球環境学 第3巻 大気環境の変化」(岩波書店, 1999년), 283면.

변화(climate change), 즉 지구온난화가 발생된다는 사실에 대한 합의가 성립되어 '인간활동에 의한 기후변화' 문제가 정치적인 문제로 떠오르게 되었다.

그 후, UNEP의 톨바(Tolba) 사무국장은 WMO와 국제학술연합회의(International Council for Science: ICSU)에서 기후변화에 관한 국제협약을 마련할 것을 제시하였고, 미국의 슐츠 국무장관에게도 미국이 행동을 취해줄 것을 촉구하는 서신을 발송하였다. 그러나 미국에서는 과학자가 주도하는 방식에 대한 비판이 제기되었고, 그 결과 정부주도로 기후변화에 대한 과학적 평가를 하는 정부간 메커니즘을 창설하자는 제안이 나왔다. 이를 받아들여 '기후변화에 관한 정부간 패널(Intergovernmental Panel on Climate Change: IPCC)'이 설립되었다.

2. 협약의 성립과정

1988년 12월에 UN환경계획 및 세계기상기구의 공동주최로 UN총회에서 '기후변화에 관한 정부간 패널'이 설치되었고, 온난화에 관한 과학적 지식, 온난화의 환경적 · 사회적 · 경제적 영향을 평가하여 대책 등을 검토하게 되었다. IPCC는 국가가 지명한 과학자와 행정관료로 구성된 정부간 조직이다. 이후 제1실무작업반은 '과학적 지식과 예측'을, 제2실무작업반은 '기후변화의 환경 · 사회경제적 영향'을, 제3실무작업반은 '기후변화대응'을 검토하여 1990년에 제1차 평가보고서를 작성하였다.[2] 또한 1988년 6월에 캐나다의 토론토에서 개최된 선진국정상회담(G7 summit)의 개막 직후에 개최된 토론토회의('The Changing Atmosphere: Implication for Global Security')의 선언[3]은 2005년까지 CO_2 배출을 20%

2) IPCC는 학술지에 게재된 논문만을 검토하고 최신 정보를 편찬 · 집약하여 1995년 제2차, 2001년 제3차, 2007년 제4차 평가보고서를 정리하였다. 米本昌平, 전게주(1) 287면.

3) 토론토회의는 캐나다 정부가 주최한 국제회의로, 과학자, 정부 관계자 등이 참여

삭감할 것을 제안하면서 명확한 삭감목표수치(Toronto target)를 제시하였다.

1988년 12월에는 UN총회에서 기후변화가 인류의 공통관심사임을 인식하고 전 세계적인 규모의 체제설립을 촉구하는 결의(45/53)가 채택되었다. 또한 1989년에도 기후변화문제에 대한 신속한 대처의 필요성을 강조하는 결의(44/207)가 채택되었으며, 1989년의 UN총회에서는 'UN환경개발회의'(UNCED, 지구정상회담)를 1992년 6월에 개최할 것을 결정하였다.

(1) 1989년의 정부간 국제회의

1989년 3월에는 네덜란드, 프랑스, 덴마크의 3개국 정상을 중심으로 '헤이그 환경정상회의'가 개최되어 지구온난화대책 이행을 위한 국제기구(international authority)를 정비하여야 할 필요성이 선언되었다.[4] 또한 같은 해 11월에는 네덜란드의 노르트베이크에서 '대기오염과 기후변화에 관한 환경각료회의'가 개최되어 '많은 선진공업국'이 '늦어도 2000년까지는' CO_2 배출을 안정화시킨다는 선언을 하였다(제16항). 그러나 CO_2의 배출을 어느 수준에서 동결할 것인가에 대한 결정은 1990년에 예정되어 있던 IPCC의 보고서와 '제2차 세계기후회의(SWCC)'에 맡겨졌다. 이 회의에서 온실가스의 배출삭감에 적극적인 국가와 소극적인 국가가 나뉘어졌다. 미국, 소련, 중국, 일본, 영국 등 5개국은 마지막까지 삭감목표의 설정을 반대하였고, 결국 '삭감'이 아니라 '동결'하는 것으로 합의가 성립되었다.[5]

하였다. '참가자 성명'은 Harahl Hohmann (ed.), *Basic Documents of International Environmental Law*, vol.I, 1992, pp.540~545 및 Robin Churchill *et al.* (eds.), *International Law and Global Climate Change*, Graham & Trotman / Martinus Nijhoff, 1991, pp.367-372 참조.

4) 1989년 3월 11일 국제기구를 설치하고자 하였던 헤이그선언의 계획은 같은 해 5월 25일의 UNEP 관리이사회 결정 15/36으로 무산되었고, 협약 성립을 위한 교섭이 시작되었다(제9, 10항). Churchill. *ibid.*, p.257.

(2) 1990년의 국제사회의 동향

1990년 7월에 미국의 휴스턴에서 개최된 G7 휴스턴 정상회담 경제선언에서는 '기후변화와 같은 환경에 대한 도전에는 보다 긴밀하고 효과적인 국제협력과 구체적인 행동'이 요구된다고 하였다.[6] 또한 같은 해 8월, 스웨덴의 Sundsvall에서 개최된 IPCC 제4차 전체회의에서 제1차 평가보고서가 공표되었다. 그러나 각국 간의 정치적 대립으로 보고서의 내용은 모호하게 변질되었고, 교섭에 적극적인 서구선진국들과 소극적인 미국, 소련, 산유국 간의 대립구도가 가시화되었다. IPCC 제1실무작업반 회의보고서상의 과학적 예측은 온실가스의 배출이 계속되면 21세기 말에는 평균기온이 약 3도 상승하고 해수면이 평균 65cm, 최고 1m 상승한다는 결론을 내리는 것에 그쳤다.

1990년 10월의 제2회 세계기후회의에서는 CO_2 삭감목표를 설정하는 것이 쟁점이 되었다. 일본은 회의 직전에 '지구온난화방지행동계획'을 책정하고, 2000년에 국민 1인당 CO_2 배출을 대체로 안정화시키기로 하였다.[7] 회의 전반에는 '과학기술세션'이, 후반에는 환경부장관회의가 개최되었다. 이 회의에서 남태평양 8개국, 서인도제국 9개국, 인도양 2개국의 총 19개국에 의하여 군소도서국연합(AOSIS)이 결성되었다. 회의 최종일의 '각료선언'에서는 '기후에 대한 인위적인 간섭을 막는 수준에서 온실가스의 대기 중 농도를 안정화'시킬 것을 그 목표로 하였다(제10항). 이는 후에 UN기후변화협약 제2조의 목적조항으로 채택되었다. 1990년 UN총회에서 기후변화기본협약에 관한 정부간 교섭위원회(Inter-governmental Negotiating Committee: INC/FCCC)를 설치하는 결의(45/212)가 채택되어 협약교섭을 개시할 수 있게 되었다.

---

5) The Noordwijk Declaration on Atmospheric Pollution and Climate Change, Nov. 5~7, 1989. ガレス・ポーター, ジャネット・ウェルシュ・ブラウン編,『入門地球環境政治』(有斐閣, 1998년) 116면; Churchill, *ibid.*, pp.334-340.

6) 휴스턴정상회담 경제선언 제62항. 일본 외무성 〈http://www.mofa.go.jp/%5Cmofaj/gaiko/summit/houston90/j16_a.html〉

7) ポーター, ブラウン, 전게주(5), 116면.

(3) 정부간 교섭위원회(INC)에서의 협약교섭

협약교섭은 1991년 2월에 미국 버지니아주 Chantilly에서 열린 INC 제1차 회의가 개최된 이후 1992년 5월 9일에 뉴욕에서 개최된 제5차 회의의 재개회의에서 동 협약이 컨센서스로 채택되기까지 1년 3개월 여에 불과한 단기간에 이루어졌다. 제1차 회의에서는 협약에 포함시키는 약속(commitment)을 논의하는 제1실무작업반 회의와 메커니즘을 논의하기 위한 제2실무작업반 회의를 설치할 것을 결정하였을 뿐이었다. 이 교섭에서는 기본협약의 교섭에 그칠 것인가 아니면 의정서까지 교섭할 것인가에 대해서조차 각국의 대립 때문에 결정하지 못하였으며, 의장도 정하지 못하였다.[8)]

1991년 6월 제네바에서 개최된 INC 제2차 회의에서는 온난화에 의한 경제적 타격에 대해서 IPCC에 연구를 맡길 것인지 여부와 이 위원회의 위상을 두고 선진국과 개발도상국(이하 '개도국')이 대립하였다. 제1실무작업반 회의에서는 공동의장이었던 아카오 노부토시(赤尾信敏) 및 De Alba Alcaraz의 제안으로 각국이 제출한 협약에 포함되어야 할 '원칙' 중에서 '공통의 그러나 차별화된 책임(common but differentiated responsibilities)', '개도국의 특수상황 고려', '사전예방원칙', '지속가능한 개발을 촉진하는 권리와 책무' 및 '일방적 무역조치의 회피'라는 5가지 원칙이 도출되었다.[9)]

1991년 12월 제네바에서 열린 INC 제4차 회의에서는 CO_2 배출 안정화 또는 삭감에 대한 대립이 있었다. 이 회의에서는 안정화에 최선의 노력을 다하겠다는 미국과 대략 2000년까지 1990년 수준으로 안정화하겠다는 일본 및 EC 회원국들 그리고 1인당 배출량을 안정화하여 삭감하

---

8) INC 제1차 회의의 대립과 타협의 실태에 대해서는 赤尾信敏,「地球は訴える—体験的 環境外交論」(財団法人世界の動き社, 1993년), 97-100면.

9) 협약의 원칙에 대한 수많은 문제제기와 제안이 이루어졌고, 적잖은 시간을 들여 이들을 검토하였으나 최종적으로 협약에 포함된 것은 5가지였다. 赤尾信敏, 전게주(8), 100-103면.

도록 선언을 할 것을 주장하는 인구대국 인도나 중국 등으로 각국의 주장이 나뉘고 있었다. 2000년까지의 CO_2 배출 안정화라는 점에 대해서도 노력목표에 불과한 것인지 아니면 선진국들 공통의 약속인지에 대해서 미국과 EC 사이에서 견해가 나뉘고 있었다. 일본은 이를 노력목표로 삼음과 동시에 각국의 계획에 대한 '서약과 심사(pledge and review)' 제도를 두어야 한다고 주장하였으나 개도국 등의 반대로 좌절되었다.

이상과 같이 합의내용에 모호함을 남긴 채, 1992년 5월 9일 「기후변화에 관한 UN기본협약」(United Nations Framework Convention on the Climate Change: UNFCCC)은 INC 제5차 회의의 재개회의에서 채택되었고, 리우에서 개최된 '환경과 개발에 관한 UN회의'에서 서명을 위하여 개방되었다.[10)]

3. UN기후변화협약 개요

1994년 3월 21일에 발효된 1992년 「기후변화기본협약」은 선진국 및 시장경제이행국(부속서 I 당사국)에 온실가스의 배출억제를 위한 정책을 채택하고 조치를 취하여 그 정보를 COP에 제공할 것을 의무화한 것에 지나지 않는다.

(1) 협약의 목적 및 원칙

협약은 "기후체계가 위험한 인위적 간섭을 받지 않는 수준으로 대기 중 온실가스 농도의 안정화를 달성하는 것을 궁극적인 목적"으로 하며, 그러한 "수준은 생태계가 자연적으로 기후변화에 적응하고, 식량생산이 위협받지 않으며 경제개발이 지속가능한 방식으로 진행되도록 할 수

10) 최종 협상회의의 마지막 며칠 동안 의장을 중심으로 주요 25개국 정도가 논의를 거듭하여 정리하였다. 전체회의에서 이에 대해 불만이 있는 대표들의 발언은 받아들이되 수정은 허용하지 않는 방법으로 협약을 채택하였다. *赤尾信敏*, 전게주 (8), 136-137면.

있기에 충분한 기간 내에 달성되어야 한다"라고 규정하고 있다(제2조).

당사국은 협약의 목적을 달성하고 협약을 이행하기 위한 조치를 취함에 있어, 특히 다음의 원칙을 지침으로 한다(제3조 각주): 당사국은 '형평의 원칙', '공통의 그러나 차별화된 책임'에 따라 '인류의 현재 및 미래세대를 위해서' 기후체계를 보호하고(동조 1항), '기후변화의 원인을 예측하여 방지 또는 최소화하기 위한 예방조치를 취할' 것(동조 3항), 기후변화대응조치가 '국제무역에 대한 자의적이거나 부당한 차별의 수단 내지는 위장된 제한'이 되지 않을 것(동조 5항) 등을 원칙으로 하여, 개도국(특히 기후변화의 악영향을 받기 쉬운 국가)의 필요와 사정을 고려하여(동조 2항) 선진국이 솔선하여 기후변화 및 그 악영향에 대처해야 한다(동조 1항)고 규정하고 있다.

(2) 협약당사국의 약속

1) 모든 당사국에 공통된 약속

모든 당사국은 다음의 의무를 부담한다(제4조 1항).

(a) 오존층 보호를 위한 몬트리올의정서에 의하여 규제되는 가스를 제외한 온실가스의 발생원에 의한 인위적 방출과 흡수원에 의한 제거상황에 대하여 자국의 목록을 작성하고 정기적으로 갱신하며 이를 공표함과 동시에 당사국총회에 제공할 것

(b) 자국의 계획(일정한 경우에는 지역의 계획)을 작성 · 이행 · 공표하며 정기적으로 갱신할 것

(c) 에너지, 운송, 공업, 농업 등 모든 관련분야에서 온실가스의 인위적 배출을 억제하고 배출된 가스를 소멸시키거나 배출을 방지할 수 있는 기술과 방법 등의 개발에 협력할 것

(d) 온실가스의 흡수원 및 저장고의 지속가능한 관리를 촉진함과 동시에 흡수원과 저장고의 보전 및 강화를 촉진하고 협력할 것

(e) 기후변화의 영향에 대한 적응준비에 협력할 것

(f) 자국의 정책 및 조치를 취함에 있어 가능한 한 기후변화를 배려

할 것

(g) 기후변화에 관한 원인과 영향 등에 대해서 이해의 촉진과 과학적 불확실성을 감소시키거나 제거하기 위한 연구 등을 촉진하고 협력할 것

(h) 기후체계와 기후변화, 대응전략의 영향에 관한 정보를 교환하고 촉진할 것

(i) 기후변화에 관한 교육 등을 촉진하고 협력하며 민간단체를 포함하는 광범위한 참가를 장려할 것

(j) 이행에 관한 정보를 당사국총회에 송부할 것(제12조)

2) 부속서 I 당사국이 추가적으로 부담하는 약속

부속서 I 상의 선진당사국과 기타의 당사국(부속서 I 당사국)은 다음의 의무를 부담한다(제4조 2항).

(a) 온실가스의 인위적인 배출을 억제하고 흡수원과 저장고를 보호·강화하여 기후변화를 완화하기 위한 자국의 정책과 조치를 취한다. '이산화탄소 기타 온실가스(몬트리올의정서에 의해서 규제되는 것을 제외함)의 인위적인 배출량을 1990년대 말까지 종전수준으로 되돌리는 것'이 온실가스를 배출해 온 종래의 방식을 변화시켜 오는 것으로 '인식'된다[동항 (a)]. 이를 기준으로 하면 제4조 2항 (a)의 규정은 2000년까지 CO_2의 배출을 1990년 수준으로 안정화시킬 것을 국가의 노력목표로 명확히 약속하였다고까지는 볼 수 없다.[11]

(b) 다음과 같은 정책과 조치 및 이를 통한 결과에 관한 상세한 정보를 협약이 자국에 발효된 날로부터 6개월 이내에 당사국총회에 제공하며 이후로도 정기적으로 제공한다[동항 (b)].

3) 부속서 II 상의 당사국이 추가적으로 부담하는 약속

'부속서 II 상의 선진당사국'(부속서 I 상의 당사국에서 시장경제이행

---

11) 赤尾信敏, 전게주(8), 109-117면.

국을 제외한 국가)은 다음과 같은 추가적인 의무를 진다(제4조 3 · 4 · 5항).

이들 선진당사국은 개도국이 제12조 1항의 규정에 따른 의무(이행에 관한 정보의 송부) 이행에 필요한 '모든 합의된 증가비용'과 협약 제11조(재원공여 제도)에서 개도국과 국제조직 간의 합의된 바를 이행하기 위하여 필요한 '모든 합의된 증가비용'을 부담하기 위하여, '새로운 추가적인 재원(new and additional financial resources)'을 제공한다(제4조 3항). 또한 선진당사국은 기후변화의 악영향을 특히 받기 쉬운 개도국이 이에 적응하기 위한 비용을 부담하고 지원한다(동조 4항). 이와 함께 선진당사국은 다른 당사국(특히 개도국)에게 협약이행을 위해서 환경적으로 건전한 기술과 기술정보를 이전하고 취득의 기회를 제공하며 '재원을 공여하기 위하여 실현가능한 모든 조치'를 취한다(동조 5항).

(3) 당사국총회

협약의 최고기관으로서 당사국총회는 이 협약 및 당사국총회가 채택하는 법적 문서의 이행상황을 정기적으로 검토하고 그 권한의 범위 내에서 이 협약의 효과적인 이행을 촉진하기 위해서 필요한 결정을 한다(제7조 1 · 2항).

당사국총회의 권한은 협약에 기초한 당사국의 의무 및 제도적 조치의 정기적인 검토[동조 2항 (a)], 협약이행상황에 관한 정기적 보고서의 검토[동항 (f)]와 보조기관에서 제출되는 보고서를 검토[동항 (j)]하는 등의 이행상황의 감독, 모든 정보에 기초하여 협약목적의 달성을 위한 진척상황의 평가[동항 (e)], 이행에 필요한 사항에 대한 권고[동항 (g)], 당사국총회와 보조기관의 절차규칙이나 재정(財政)규칙의 채택[동항 (k) · 3항]과 '중재에 관한 부속서'와 '조정에 관한 부속서'의 채택(제14조 2 · 7항) 등을 포함하여 기타 협약의 목적달성에 필요한 임무 및 협약에 기초하여 당사국총회에 부여된 모든 임무[제7조 2항 (m)]에 미친다.

제1차 당사국총회는 협약 발효 후 1년 내에 임시사무국(제21조)이 소집한다(제7조 4항). 특별회의는 당사국총회가 필요하다고 인정하는 때 또는 어떤 당사국이 서면에 의한 요청이 있으면 사무국이 당사국에 통보한 후 6개월 이내에 당사국의 3분의 1 이상이 그러한 요청을 지지하는 때에 개최된다(동조 5항).

(4) 보조기관

1) 과학적 및 기술적인 조언에 관한 보조기관

보조기관으로서 '과학적 및 기술적인 조언에 관한 보조기관(Subsidiary Body for Scientific and Technological Advice: SBSTA)'이 설치되고, 당사국총회 및 다른 보조기관에 대하여 과학적 및 기술적인 사항에 관한 정보 및 조언을 제공한다(제9조 1항). 구체적으로는 흡수원이나 계측 등에 관한 정보나 조언을 제공한다. SBSTA는 모든 당사국이 참가할 수 있도록 개방되어야 한다. 당해 기관은 관련된 전문분야에 관한 지식을 충분히 갖고 있는 정부의 대표로 구성된다.

2) 이행에 관한 보조기관

'이행에 관한 보조기관(Subsidiary Body for Implementation: SBI)'이 설치되고 당사국총회를 보좌하면서 동 협약의 효과적인 이행에 대해서 평가하고 검토하도록 하였다(제10조 1항). 구체적으로는 사무국 예산이나 재원구조 등의 문제에 대해서 당사국총회를 보좌하는 하부기관이다. SBI는 모든 당사국이 참가할 수 있도록 개방되어야 한다. 당해 기관은 기후변화에 관한 사항의 전문가인 정부의 대표로 구성된다.

(5) 통보와 심사제도

1) 당사국의 정보송부의무

당사국은 협약 제4조 1항에 의하여 당사국의 약속을 이행하기 위한 조치를 사무국을 통해서 당사국총회에 제출한다(제12조 1항).

부속서 I 당사국 이외의 국가는 자국에 협약이 발효한 날 또는 협약 제4조 3항에 의한 재원이 이용가능해진 날로부터 3년 이내에, 후발개도국은 그 재량에 따라 최초의 정보를 제공하고 이후로는 당사국총회가 결정하는 때마다 제출한다(제12조 5항).

2) 부속서 I 당사국의 추가적인 의무

부속서 I 당사국은 전항의 정보송부의무에 더하여 제4조 2항 (a) 및 (b)에서 취한 정책과 조치의 상세와 그 효과의 구체적인 추정치를 추가하여야 한다(제12조 2항). 이들 정보를 당사국총회에 송부하는 것은 의무적이며, 이는 온실가스의 인위적인 배출량을 2000년까지 1990년 수준으로 감축한다는 목적의 달성을 촉진하기 위한 것이다[제4조 2항 (b)]. 부속서 I 당사국은 최초의 정보를 자국에 협약이 발효된 날로부터 6개월 이내에 제출하여야 한다(제12조 5항).

(6) 이행에 관한 문제의 해결과 분쟁해결

1) 이행에 관한 문제의 해결

협약은 제1회 당사국총회에서 '협약의 이행에 관한 문제의 해결을 위한 다자간 협의절차'를 정할 것을 검토한다고 규정하고 있다(제13조). 이는 오존층 보호를 위한 비엔나협약과 몬트리올의정서에 의한 '비준수절차'를 상정한 절차이다.

2) 분쟁해결

이 협약의 해석과 적용에 관한 분쟁은 교섭 또는 당사국 간에 합의된 기타 평화적인 수단으로 해결되도록 노력한다(제14조 1항). 다른 지구환경협약(예를 들어 오존층 보호를 위한 비엔나협약 제11조 3항)과 마찬가지로 제1항에 규정된 방법으로 분쟁이 해결되지 않는 경우에는 국제사법재판소 또는 당사국총회에서 채택된 '중재에 관한 부속서'에서 정하는 중재 중 어느 하나 또는 모두에 대하여 수락선언을 한 국가는 분쟁 양 당사국에 공통되는 해결방법에 일방적으로 부탁할 수 있다(동조 2항). 제2항이 적용되지 않아 일방당사국에서 타방당사국에 분쟁의 존재의 통고를 한 후 12개월 이내에 해결되지 않는 경우에는 일방적으로 조정을 요청할 수 있다(동조 5항). 당사국총회에서와 마찬가지로 조정위원회는 채택된 '조정에 관한 부속서'에 규정된 절차에 따라 권고적인 조정을 한다(동조 6 · 7항).

4. 협약당사국총회와 의정서교섭

협약은 제23조의 발효조건에 따라 1994년 3월 21일에 발효되었다(일본에서도 같은 날 발효되었다). 그러나 이 협약은 기본협약(Framework Convention)으로, 온실가스의 배출삭감목표와 삭감을 위한 조치에 대해서는 의정서(Protocol)의 채택을 필요로 하였다.

(1) 제1차 당사국총회(COP 1)

협약 발효 후, 1995년 3월 28일부터 4월 7일까지, 독일의 베를린에서 열린 당사국총회(COP 1)에서 2000년 이후의 국제적 이행을 개시할 것을 내용으로 하는 결의가 채택되었다(Berlin Mandate).

부속서 I 당사국은 정책이나 조치를 다른 당사국과 공동으로 이행할 수 있다[공동이행, 협약 제4조 2항 (a)]. COP 1의 성과로서 시범단계의 '공동이행'을 실질적으로 개시할 것을 합의하였다. '공동이행'의 기준에 관해서는 COP 1에서 규정할 예정이었지만[협약 제4조 2항 (d)], 선진국과 개도국 간의 견해가 상이하여 결국 타협적으로 '공동으로 이행하는 활동(공동이행활동, Activities Implemented Jointly: AIJ)'이라는 개념이 도입되었다. 공동이행활동에 대해서 선진국은 협약상의 공동이행으로 볼 수 있고 개도국은 협약 제4조 2항 (a) · (b)의 '이행'과는 무관한 '공동활동'으로 볼 수 있다. 시범기간 중에는 공동이행에 의한 온실가스의 삭감분에 대한 크레디트는 발생하지 않는 것으로 하였다.[12)]

Berlin Mandate란 기후변화의 악화를 방지하기 위해서 COP가 취한 조치를 다음의 지침에 따라 개시할 것을 합의한 것이다. 첫째, 협약 제3조 1항의 원칙에 따른다. 즉 당사국은 '형평의 원칙'에 따라 '공통의

12) Decision 5/CP.I. FCCC/CP/1995/7/Add.1, June 6, 1995.

그러나 차별화된 책임' 및 각국의 능력에 따라 '인류의 현재 및 미래세대를 위하여' 기후체계를 보호하여야 하며, 선진국은 솔선하여 기후변화 및 그 악영향에 대처하여야 한다. 둘째, 협약 제4조 8, 9, 10항에서 언급된 개도국 등의 필요와 염려 및 특별한 사정 등을 고려하여야 한다. 셋째, 모든 나라가 '지속가능한 개발'의 권리 및 책임이 있음을 인식하며 지속적 경제성장 및 빈곤퇴치를 위한 개도국의 요구를 확인한다. 넷째, 과거 및 현재의 온실가스 배출량의 최대부분을 차지하는 것은 선진국이며, 개도국의 1인당 배출량은 비교적 적다는 것을 확인한다. 다섯째, 모든 나라가 광범위하게 협력한다. 여섯째, 모든 온실가스의 배출과 제거 및 관련된 모든 부문을 포함하여야 한다. 일곱째, 모든 국가가 이 과정에 참가하여야 할 필요성이 있다. 요약하자면 선진국들(부속서 I 당사국)에만 온실가스의 삭감책임을 지우고, 개도국(부속서 I 이외의 당사국)에는 온실가스 삭감의 의무를 부담시키지 않는다는 합의가 'Berlin Mandate'이었다.[13)]

(2) 제2차 당사국총회(COP 2) 및 Berlin Mandate 특별그룹

제2차 당사국총회(COP 2)는 1996년 7월에 제네바에서 개최되었다. 이후, 의정서 교섭의 진행방향을 둘러싸고 선진국과 개도국의 대립이 있었다. 산유국은 온난화방지에 따른 석유소비의 삭감이 산유국 경제에 타격을 줄 것을 염려하여 실효성 있는 의정서 또는 법적 문서의 채택에 반대하였다. 중국은 당시 미국과 EU에 이은 제3의 온실가스배출국(세계 총배출량의 13.6%, 1995년)이어서 이전보다 많은 책임을 부담하게 될 것을 우려하여 소극적인 태도를 취하였다. 이에 반하여 선진국은 COP 3에서 의정서 또는 법적 문서를 채택하는 것에 적극적인 태도를 보였다. 최종적으로 COP 2에서는 1995년 12월의 'IPCC 제2차 평가보고서'를 권위 있는 과학적 평가라고 인정하는 한편 '법적 구속력 있는' 수치목표를

---

13) Decision 1/CP.I. FCCC/CP/1995/7/Add.1, June 6, 1995.

정하려 하였던 '제네바 각료선언'에 유의한다는(take note) 것과 1997년 12월 교토에서 COP 3를 개최하기로 결정하였다.

의정서의 내용에 대해서 교섭하기 위한 'Berlin Mandate 특별그룹(AGBM)'이 설치되었고, 총 8회에 걸쳐 회의를 개최하였다. 제1차 회의(AGBM 1, 1995년 8월)에서는 진행방식에 대한 합의가 이루어졌고, 제2차 회의(AGBM 2, 1995년 10~11월)에서는 교섭의 논점이 명확하게 되었다. 개도국 내에서도 군소도서국연합의 국가들이 2005년의 CO_2의 20% 삭감을 주장하고, G77국가들이나 중국 및 산유국은 의사결정을 지연시키려는 시도를 하는 등 주장의 차이가 명백해졌다. 제3회 회의(AGBM 3, 1996년 3월)에서는 배출억제삭감에 관한 수치목표의 '차별화'와 형평성을 둘러싼 논의가 쟁점이 되었다.

COP 2와 병행하여 개최되었던 제4차 회의(AGBM 4)에서는 의정서에 관한 기본적인 아이디어가 도출되었지만, 교섭의 전제가 되는 구체적인 제안은 아직 도출되지 않고 있었다. 제5차 회의(AGBM 5, 1996년 12월)에서는 일본을 비롯한 13개국의 제안이 검토되었다. 일본의 제안은 'p&q 제안'이라는 것으로, 부속서 I 당사국은 2000+x년부터 [5]년간의 CO_2의 1인당 배출량의 평균을 p탄소환산톤으로 할 것인지 혹은 2000+x년부터 [5]년간의 CO_2 총배출량의 평균을 1990년 대비로 q%삭감할 것인지 선택하는 것을 인정하는 것이었다(괄호 안은 미확정).[14] 이 회의에서는 에스트라다(Estrada) 준비회의 의장에게 교섭용 텍스트의 토대가 되는 문서작성이 맡겨졌다.

제6차 회의(AGBM 6, 1997년 3월)에서 사전에 제출된 미국안과 호주안 및 EU의 제안이 검토되었다. 미국안은 배출·억제삭감에 대한 강제적인 의무를 지는 나라(미국제안부속서 A국, 협약부속서 I 당사국)와 자발적으로 의무를 부담하는 나라(미국제안부속서 B국)의 두 부류로 나누고, 동시에 배출기준기간을 두어 배출량의 이월(banking)이나 차입(borrowing)

14) 沖村理史, "気候変動レジームの形成," 信夫隆司 編著, 「地球環境レジームの形成と発展」(国際書院, 2000年), 179-180면.

을 인정한다. 또한 배출권 거래와 공동이행을 규정하고 개도국을 포함한 모든 국가가 온실가스에 관한 수치목표를 가지고 일정기한까지 구속력 있는 약속을 한다는 '에볼루션'(evolution) 방식을 포함하고 있었다. EU제안은 후에 의정서에도 채택된 'EU버블'을 기초로 하여 2010년까지 1990년 대비 15% 삭감을 목표로 하였다. 호주는 화석연료수출국의 입장에서 차별화된 제안을 하였다. 이와 같이 제6차 회의에서는 큰 의견차이로 인하여 교섭용 텍스트를 마련하는 것에 그쳤다.

1997년 5월 미국 마이애미에서 'G8 환경장관회의'가 개최되어 배출억제 및 배출삭감을 규정하는 '법적 구속력 있는 배출목표수치'를 채택해야 할 필요성과 각국에 유연성을 허용하는 합의가 성립되었다. 동년 6월 20일부터 22일까지 미국 덴버에서 열린 주요선진국정상회의(Denver Summit)에서 전술한 환경장관회의의 합의에 더하여 '2010년까지 온실가스를 삭감하는 결과를 가져올 수 있는 의미 있고 현실적이며 형평성 있는 목표'에 합의한다는 것을 표명하였다. 이어서 6월 23일부터 27일까지 뉴욕에서 'UN환경개발특별총회'가 개최되어, 최종적으로 채택된 문서에서는 기후변화에 대해서 온실가스의 '상당한 삭감'을 가져올 의미 있고 현실적이며 형평성 있는 목표의 필요성에 대해서 "보편적이지는 않지만 폭넓은 합의가 이미 있다"는 문언으로 타협이 성립되었다.

1997년 7월부터 8월에 개최된 제7차 회의(AGBM 7)에서는 의장교섭 텍스트에 기초하여 논의가 진행되었지만 실질적인 교섭은 연기되었다.[15] 제8차 회의(AGBM 8, 1997년 10월)에서 각국이 제안한 수치목표, 개도국 문제 등이 논의되었지만 합의에는 이르지 못하였다. 이와 같이 적극적인 회의를 열고 의견조율을 도모한 각국이었지만 수치목표에 관한 미국 · 일본 · 유럽의 견해의 차이와 호주, 군소도서국가연합, 산유

---

15) AGBM 7에서는 일본이 AGBM 5에서 제안한 선택식 수치 목표를 미국 · EU국가들과 사전교섭의 형태로 타진하였기 때문에 일본의 NGO 등 회의 참가자의 반발을 불러왔고, 결국 이 논의는 없어지게 되었다. 竹内敬二, 「地球温暖化の政治学」(朝日選書, 1998년), 151-154면.

국, 개도국(G77+중국) 등과의 이해관계의 대립은 해소되지 않았다.

교토회의 개최국이었던 일본은 1997년 7월에 정책조정을 하여 환경성과 통산성이 CO_2 삭감에 관한 별개의 시범적 계산을 한 결과, 삭감에 대하여 적극적인 태도와 소극적인 태도를 보였다. 외무성을 포함한 3개 부처의 회의가 빈번하게 열렸고, 최종적으로는 다음과 같은 일본의 제안에 합의하였다. 즉, 10월 6일에 공표된 일본안은 기준삭감률을 5%로 하고, 각국 목표에 차등을 두어 보다 발전한 개도국에게는 자발적인 참가에 따른 삭감의무를 요구하는 내용이었다. 그러나 일본의 차등화된 실질적인 삭감률은 2.5%였고, 또한 온난화의 불확실성으로 인하여 허용분으로 2% 정도가 인정되면, 실질적으로는 0.5%의 삭감이 달성되지 않을 경우에만 위반이 된다는 내용이었고, 이는 통산성의 주장이 대폭적으로 반영된 것이었다.[16)]

(3) 제3차 당사국총회(COP 3)의 교섭

제3차 당사국총회는 1997년 12월 1일부터 10일까지 국립교토국제회관에서 개최되었다. 실제로는 각국 간의 합의 형성이 곤란하였기 때문에 12월 11일까지 회의가 연장되었다. 본 회의 아래 전체위원회가 설치되었고, 의정서의 내용에 대해서 실질적인 협의가 이루어졌다. 교섭은 난항을 겪었지만 차등화에 대해서는 첫날 미국이 수용의 뜻을 표명하였고 EU도 최종적으로 이를 받아들여 합의가 성립되었다. EU버블에 대해서는 EU가 일본·미국의 주장을 받아들여, EU와 구성국의 책임관계를 명확하게 하는 조정이 성립되었다. 온실가스의 흡수원(sink)에 대해서는 순액법의 채택에는 합의하였지만, 에스트라다 의장의 '제한적 순액법'(1990년 이후의 새로운 조림, 재조림, 삼림벌채만을 계상하는 방식)에 대해서는 그 확대를 요구하는 호주·미국과 확대에 반대하는 일본과의 사이에서 조정이 이루어지지 않았으나, 최종단계에서 미국·일본·EU

---

16) 竹内敬二, 同上, 155-173면.

의 타협안이 채택되었다. 향후 개도국의 장래적인 참여에 대해서는 뉴질랜드가 결의안을 제출하였지만 G77 및 중국이 반발하여 마지막까지 쟁점으로 남았다.

교토의정서가 우여곡절 끝에 채택된 것은 의장국이었던 일본정부 관계자의 노력과 에스트라다 전체위원회 의장의 뛰어난 수완에 따른 것이지만, 동시에 장기간에 걸친 교섭을 마무리짓고자 하는 각국 대표의 의사와 각국의 타협에 의하여 상세한 제도적 합의는 연기되었고, 2000년 이후의 온실가스 배출삭감률을 수치화 · 차등화함과 동시에 유연성 조치를 허용하는 방식을 규정하였기 때문이기도 하다.

5. 교토의정서의 개요

교토의정서는 가까스로 각국의 타협을 얻어 성립된 것이다. 협약의 해석에 있어 합의된 조문의 배후에 존재하는 각국의 의도와 타협과 거래 등에 주의하여 파악하는 것이 중요하다. 또한 의정서는 기후변화협약의 발효를 위해서는 당사국 중 55개국이 비준(또는 가입 등)하여야 하는데, 비준한 부속서 I 당사국은 1990년 CO_2의 배출량이 부속서 I 당사국 전체의 총배출량의 55%를 넘을 것을 발효조건으로 하였다(제25조). 결과적으로 1990년 시점에서 각국의 CO_2 배출량 비율은 미국 36.1%, 러시아 17.4%, 일본 8.5%, 캐나다 3.3%, EU 24.2%이므로 어느 한 국가도 단독으로는 의정서의 발효를 저지할 수 없게 되었다.

(1) 배출억제수치목표

1) 삭감목표

부속서 I 당사국 전체의 대상가스의 인위적인 총배출량을 목표기간 중에 기준년도 수준에 비추어 적어도 5% 삭감하여야 한다(제3조 1항). 삭감량은 부속서 B에 규정된 '배출억제 및 삭감'의 수량화된 약속에 의한다. EU 8%, 미국 7%, 일본 6%의 삭감 등인데, 이하에서 살펴보는 바와 같이, EU의 경우, EU 전체의 삭감률이 설정되었고, 'EU버블'방식이 인정되었다. 따라서 27개 회원국이 평균 8%를 감축하되, EU 내부적으로는 각 개별국이 차등적으로 삭감의무를 지게 되었다.

2) 배출억제대상 온실가스

배출억제대상 온실가스는 부속서A에 열거된 온실가스인 이산화탄소(CO_2), 메탄(CH_4), 아산화질소(N_2O), 수소불화탄소(HFCs), 과불화탄소(PFCs), 육불화황(SF_6)의 6개 가스로 결정되었다. 온실가스의 삭감목표는 개별가스마다 설정되는 것이 아니라 지구온난화지수(GWP)를 사용하여 CO_2로 환산한 총배출량으로 결정하는 종합적 접근방식(basket approach)이 채택되었다.

3) 삭감목표산정의 기준년도 · 목표기간

온실가스 삭감목표산정의 기준년도는 1990년으로 결정되었지만(제3조 1항), 6개의 대상가스 중에서 후자의 3개 가스에 대해서 부속서 I 당사국은 1995년을 기준으로 할 수 있다(동조 8항). 제1기의 목표기간은 2008년부터 2012년까지의 5년간이며, 이 기간 중의 평균을 목표치로 한다(동조 7항).

4) 흡수원(sink)

온실가스를 계산함에 있어 흡수원(sink)은 1990년 이후의 조림, 재조림 및 삼림감소에 한정하여 흡수량을 산정하는 것으로 하였다(제3조 3항).

5) 이 월(banking)

이월이란 목표기간 중의 할당량에 비하여 배출량이 적은 경우에는 그 차이에 대해서 차기 이후의 목표기간 동안의 해당 당사국의 할당량에 다시 이를 더하는 것을 인정하는 것을 말하며 의정서에서 인정되었다(제3조 3항). 그러나 다음 약속기간으로부터의 차입(borrowing)에 대해서는 인정되지 않았다.

(2) EU버블

의정서 제4조에서는 의정서의 비준서(수락서, 승낙서 또는 가입서)를 기탁할 때에 제3조에 규정된 배출량의 억제 · 삭감 약속을 공동으로 이행할 것을 합의하고 사무국에 통보한 부속서 I 당사국은 부속서A의 온실가스의 이산화탄소로 환산한 인위적 배출량의 총계가 각 당사국의 할당량의 총계를 넘지 않는 경우에는 약속을 이행한 것으로 간주한다(제4조 1 · 2항). 이와 같이 인위적인 배출량의 억제삭감의 약속을 공동으로 달성하는 방식을 'EU버블'이라고 속칭한다. 유럽연합(EU)과 같이 경제통합을 위한 기관의 구성국은 전체로서 배출량이 기준년도의 8% 삭감을 달성하면 되는 것이고, EU의 구성국은 그 합의에 기초하여 일부 국가의 배출량을 증가시키고, 다른 국가가 보다 큰 삭감비율을 부담할 수 있도록 EU 내부에서의 차등화가 인정되었다.

(3) 공동이행

의정서 제6조에서는 부속서 I 당사국의 2개국 이상이 공동으로 프로젝트(사업)를 이행하고 그 결과 새로이 발생한 온실가스의 추가적인 배출삭감량을 각각의 국가의 수치목표달성을 위해서 배분할 수 있도록 하는 제도를 규정하고 있는데, 이를 '공동이행'(joint implementation: JI)이라 한다. 이 프로젝트에는 법인을 참가시킬 수도 있다(제6조 3항). 부속서 I 당사국은 (a) 관련당사국의 승인, (b) 발생원에서의 배출삭감 또는 흡수원을 통한 제거를 강화하는 추가적인 것일 것, (c) 제5조의 추계를 위해서 국내제도의 이행의무나 제7조의 정보제출의무를 다할 것, (d) 제3조의 약속이행을 위한 국내적 행동에 보충적으로 활용할 것을 조건으로 하여 이 프로젝트에서 발생하는 '배출삭감단위'를 상대방 국가간에 이전 또는 취득할 수 있다(제6조 1항). 제1회 당사국총회에서 또는 그 후에 가능한 한 신속하게 '공동이행'을 위한 지침을 정할 것을 예정하였다(동조 2항).

(4) 배출권거래제

의정서 제17조에서 의정서의 부속서 B 당사국(선진국 및 시장경제이행국)은 제3조에 기초한 약속을 이행하기 위하여 배출권거래제(emission trading)를 이행할 수 있다(제17조 2문). 이 때 특히 '배출권거래(특히 그 검증, 보고 및 책임)에 관한 원칙, 방법, 규칙과 지침'은 당사국총회가 결정한다(동조 1문). 그 거래는 수량화된 배출억제삭감목표(부속서 B에 기재된 기준년도 또는 기간의 백분율로 표시된 약속)를 이행하기 위해서 국내적인 행동을 보충하는 것이어야 한다(동조 3문). 부속서 B 당사국은 기준년도 대비 8%를 삭감해야 하는 EU, 7%를 삭감해야 하는 미국, 6%를 삭감해야 하는 일본, 그리고 0%를 삭감해야 하는 러시아, 8%를 증가시킬 수 있는 호주, 10%를 증가할 수 있는 아이슬랜드까지 제3조에서 약속한 배출량의 억제삭감비율을 우선 '국내적 행동'으로 실현하도록 노력하고 그 부족분을 '배출량거래'로 보충하는 것이어야 한다(보충성의 원칙). 배출량거래에 의해서 실현되는 억제삭감비율에 상한(매매가능한 배출권의 양적 제한)을 둘 것인가에 대해서는 명확하게 규정되지 않았고 COP 4 이후로 연기되었다(캡의 문제).

(5) 개도국의 배출억제

Berlin Mandate에서는 의정서에서 온실가스의 법적 구속력을 가지는 배출삭감의무를 지는 국가는 선진국뿐이라고 하였다. 그러나 1997년 7월 미국 상원에서 개도국이 참여하지 않아 미국 경제에 대해 심각한 타격을 줄 우려가 있는 의정서 안에 대하여 서명하지 말 것을 요구하는 결의가 채택되어 교토회의에서 크게 문제가 되었다.[17]

교토회의에서 논의된 것은 첫 번째로 개도국의 배출억제도를 의무화할 것, 두 번째로 개도국에 자발적인 배출억제를 요구할 것(개도국의 자발적인 약속)이었지만, 이들은 규정되지 않았고, 세 번째로 선진국에 의한 공동이행의 상대방으로서 개도국이 포함되는지 여부가 쟁점이 되었다. 그러나 최종적으로 합의된 것은 '청정개발체제'(clean development

---

17) 沖村理史, 전게주(14), 181면.

mechanism: CDM)뿐이었다(제12조).

청정개발체제란 협약 부속서 I 당사국 이외의 당사국이 지속가능한 개발을 달성하고 협약의 궁극적인 목적에 공헌한 것을 지원하고, 부속서 I 당사국이 수량화된 배출억제나 삭감이라는 약속의 이행을 달성할 것을 지원하는 것이 그 목적이다(제12조 2항). 즉, 선진국과 개도국과의 프로젝트로 개도국의 지속가능한 개발에 투자하려는 목적으로 이행되어 온실가스 배출삭감량의 일부를 선진국의 수치목표달성에 활용할 수 있는 제도이다. 이후 구체적인 '방법 및 절차'는 당사국총회에서 정하는 것으로 하였다(동조 7항). 결정된 방법 및 절차에는 프로젝트에 기초한 개도국에서의 배출삭감량의 산정방법, 선진국과의 배분율 결정방법, 보고절차 등이 포함된다.

6. 협약 · 의정서의 의의

(1) 협약의 의의

기후변화기본협약은 오존층 보호를 위한 비엔나협약과 마찬가지로 기본협약이며, 당사국총회가 부속서를 채택하는 권한을 갖는다(제17조). 기본협약과 의정서라는 방식은 과학적 불확실성이 큰 지구환경문제에서 채택되었다. 협약발효 후에 개최되는 당사국총회나 의정서 발효 후에 개최되는 당사국총회에서 구체적인 규제조치를 정하고, 수정을 하거나 의정서의 개정 또는 조정이라는 방식으로 각국의 의무를 강화해 나간다는 점에 그 특징이 있다.

협약은 대기 중의 온실가스의 농도를 '기후체계에 대한 위험한 인위적 간섭'이 미치지 않는 '수준'으로 안정화시키는 것을 목표로 하고 있다. 모호한 안정화 수준은 그대로 둔 채, 제4조 2항에 의한 체약국의 합의를 요구하고 있어 필연적으로 일반적인 약속을 합의함에 그치고 있다. 그러나 부속서 I 당사국은 인위적 배출량을 1990년대 말까지 '종전 수준으로 되돌리는 것'이 온실가스의 장기적인 배출경향의 수정에 '기여

한다'고 '인식'한다[제4조 2항 (a)]고 할 뿐이어서, 이 규정에 의해서 부속서 I 당사국이 명확한 안정화의무를 지는 것은 아니다.

협약에 규정된 주요원칙으로는 선진국과 개도국 간의 형평에 그치는 것이 아니라 현재세대와 미래세대 간의 '형평'(세대 간 형평)에 기초하여 기후변화에 특히 취약한 국가에 충분한 배려를 할 것, 과학적 확실성이 결여된 것을 이유로 예방조치를 연기하지 않을 것, 각국의 사정에 따라 적절한 정책이나 조치를 취할 것, 협력적이고 개방적인 국제경제체제에 협력할 것이 있다. 다시 말해, 개도국을 지원하는 한편 국제무역에 대한 부당한 차별이나 자의적인 제한이 될 수 있는 조치를 취하지 않을 것 등이 있다.

(2) 의정서의 의의

교토의정서는 미국 등의 주장을 받아들여 온실가스를 여섯 종류로 분류함과 동시에 이산화탄소, 메탄, 아산화질소에 대해서는 기준년도를 1990년으로 하지만, 대체 프레온 등의 3개 가스(HFCs, PFCs, SF_6)에 대해서는 1995년을 기준년도로 사용할 수 있게 하였다. 또한 최대의 쟁점이었던 온실가스의 배출삭감목표를 부속서 I 당사국 전체에 대해서 적어도 5%로 함과 동시에 부속서 B에 기재된 수량에 따라 차등화할 것을 규정하였다(제3조 1항). EU버블을 인정하는 대신, EU가 8% 삭감이라는 최대의 삭감의무를 지고, 미국 7%, 일본 6% 등 차등화를 실현하였다. 미국이나 일본은 '공동이행'이나 '흡수원'으로서 삼림을 포함할 수 있으며, 나아가 배출권거래가 인정되고 '청정개발체제'가 허용되어 당초 주장하고 있었던 삭감량 이상의 숫자에 동의할 수 있게 되었다. 이들 특징은 '유연성조치'라고 불리며, 후에 '교토메커니즘'(Kyoto Mechanism)이라고 불리게 되었다. 이와 같이 의정서의 규정은 각국의 경제적 이익을 현저하게 해하지 않도록 조화를 도모하고 있다.

개도국의 자발적인 수치목표에 대한 합의는 최종단계에서 삭제되었고 미국의 주장대로 개도국에 대한 수치목표의 도입도 향후의 과제로 남겨졌다.

7. 합의 내용과 향후 과제

(1) 제4차 당사국총회에서 마라케쉬합의까지

1998년에 아르헨티나의 부에노스아이레스에서 제4차 당사국총회(COP 4)가 개최되어 교토의정서를 상세히 하기 위한 교섭이 이루어졌다. 비록 교토의정서에서 도입된 배출권거래, 공동이행(JI)과 청정개발체제(CDM)의 구체화, 개도국의 참가문제 및 기본협약의 과제에 대해서 검토하였지만 합의에는 이르지 못하였고, 이후의 행동 스케줄을 규정한 '부에노스아이레스 행동계획'(Buenos Aires Plan of Action)을 채택함에 그쳤다.[18)]

부에노스아이레스 행동계획에서는 i) 재원체제(financial mechanism), ii) 기술개발 및 기술이전, iii) 협약 제4조 8 · 9항의 이행, iv) 시행단계로서 이행되어온 '공동이행활동'(AIJ)의 정보제출과 리뷰절차의 준비, v) 교토메커니즘에 대한 작업일정과 검토항목목록의 결정이 검토되었다. 의정서 제1차 당사국총회를 위한 준비로서 보조기관인 SBI와 SBSTA의 합동실무작업반을 설치하고 의정서의 준수에 관한 요소의 특정 등을 2000년 COP 6에서 결정할 것을 목표로 하였다.

1999년 본에서 제5차 당사국총회(COP 5)가 개최되었고, '부에노스아이레스 행동계획'의 이행이 재확인되었다. 개도국이 배출억제에 자발적으로 참가하는 문제가 의논되었고, 또한 공동이행과 배출권거래에 의한 온실가스 배출의 억제 · 삭감은 '국내적인 행동을 보충'하는 것으로 결정되었는데, 그 허용정도에 대해서는 합의하지 못하였다. IPCC특별보고서에 의한 과학적 견해에 기초하여 흡수원의 취급은 COP 6에서 결론짓기로 하였다.

---

18) 田邊敏明, 「地球温暖化と環境外交—京都会議の攻防とその後の展開」(時事通信社, 1999년), 262-269면.

2000년 11월에 헤이그에서 개최된 제6차 당사국총회(COP 6)에서는 온실가스 삭감을 위한 구체적인 제도를 만드는 것에 실패하였다. COP 6에서는 Umbrella group(선진국 그룹: 일본 · 미국 · 캐나다 · 호주 · 뉴질랜드 · 러시아 · 우크라이나 · 노르웨이 · 아이슬랜드의 9개국)과 EU 및 개도국의 3개 교섭그룹이 참여하였고, 개도국 지원, 교토메커니즘(배출권거래 · 공동이행 · CDM), 흡수원 및 준수규정 등 4개의 쟁점을 둘러싸고 복잡한 대립관계와 그룹 내에서의 불일치도 표면화되었다.[19)]

2001년 3월에는 미국의 부시대통령이 교토의정서에서의 '이탈'을 표명하였다.[20)] 일본 등은 미국이 의정서를 위한 협의에 복귀하도록 설득하였지만, EU 및 개도국은 미국을 빼고서라도 의정서의 조기발효를 지향해야 한다고 주장하였다. 이러한 상황에서 같은 해 7월에 본에서 COP 6의 재개회의가 개최되어 본합의(Bonn Agreements)가 도출되었다.[21)]

교토메커니즘에 관한 합의는 첫째, 그 활용이 수치목표의 달성을 위한 국제조치에 대하여 보충적이라는 것, 둘째, 배출권거래에 의한 과잉매도 방지를 위하여 할당 배출량의 일정부분을 유보할 것, 셋째, 공동이행 · CDM으로서 원자력발전에서 얻어진 배출권을 삭감목표에 이용하는 것을 삼가하기로 하였다.

삼림관리에 의한 흡수원(sink)에 관해서는 각국마다 상한을 두기로 하였고, CDM 흡수원의 대상으로서의 신규조림과 재조림이 인정되었다. 개도국 측에서는 기후변화기본협약 이후의 약속대로 선진국이 재원협력 및 기술이전을 이행하여야 한다는 점에 대해서는 의견이 일치되고 있었다. 그러나 중국이나 인도와 같이 온실가스 대배출국은 자국의 배출삭감

19) COP 6의 의장이었던 네덜란드의 환경장관 Pronk에 의한 조정안(Pronk paper)을 기초로 조정이 계속되었지만, 흡수량을 둘러싸고 EU 내부에서 충돌이 발생하여 조정은 실패로 끝났다. 高村ゆかり · 亀山康子 編, 「京都議定書の国際制度」(信山社, 2002년), 54면.

20) 高村 · 亀山 編, 同上, 54-57면.

21) 西井正弘, "気候変動枠組条約京都議定書," 「法学教室」 252号 (2001년), 2-3면.

에는 반대하고 있었으며 사우디아라비아 등의 산유국은 발생할 수 있는 경제적 타격에 대한 보상을 구하였고, 군소도서국연합의 국가들은 신속하게 대책을 마련할 것을 요구하는데, 이는 후발개도국은 빈곤퇴치가 최대의 문제라고 주장하며 멕시코나 한국과 같은 OECD 가입국의 이해와 대립하였기 때문이다.

의무 삭감목표를 달성할 수 없는 경우 초과된 배출량의 1.3배를 차기 배출량에서 삭감하기로 하였고, 준수 여부의 판단을 위한 준수위원회는 집행부와 촉진부에 각 10명으로 하고, 컨센서스방식으로 결정하기로 합의하였다.

2001년 10월부터 11월에 모로코의 마라케쉬에서 개최된 제7차 당사국총회(COP 7)는 최대의 관심사였던 교토메커니즘에 관한 규칙이 합의되어 마라케쉬합의(Marrakesh Accords)가 채택되었다.[22]

(2) 2001년 마라케쉬합의와 그 후의 전개

1) 마라케쉬합의

2001년의 마라케쉬합의는 정치적인 합의의 결과로서 유연하고 이용가능한 것이긴 하였지만 합의가 이루어지지 않은 미해결과제도 많았다.

교토메커니즘에의 참가자격이 정지되는 구체적인 기준으로 제7조 1항의 연차보고서를 제출하지 않은 경우 또는 제출하였어도 불완전한 경우로 한다고 합의하였다.[23] 그러나 자격을 상실한 당사국도 준수위원회의 집행부가 문제가 미해결되었다고 결정하지 않는 한, 당해 국가의 요청으로 참가자격을 회복할 수 있도록 하였다. 의정서의 의무불이행에 대한 조치는 당사국총회의 결정에 따를 것인지, 아니면 의정서개정을 필요로 하는 것인지에 대해서 의정서 발효 후 처음으로 열리는 제1차 당사국총회에서 결정하기로 하였다.

흡수원에 대해서는 러시아가 그 한계치의 대폭상향을 주장하여 반

22) 高村・亀山 編, 전게주(19), 66-69면.
23) 高村・亀山 編, 同上, 182-183면.

아들여졌다. 개도국의 신규참가절차는 개도국의 반대로 연기되었다. 협약에 의해서 '특별기후변화기금(SCCF)'과 '최빈개도국기금(LDCF)' 그리고 교토의정서에 의한 '교토의정서적응기금'(KPAF)을 설치하는 것에 합의를 보았다.

2002년에는 남아프리카의 요하네스버그에서 '지속가능한 발전을 위한 세계정상회의(World Summit on Sustainable Development: WSSD)'이 개최되었지만, 기후변화협약과 교토의정서를 둘러싼 미해결문제에 대해서는 각국의 견해차가 커서 갈등이 해소되지 못하였다.

2) 교토의정서의 발효와 제1차 당사국총회

러시아의 비준과 함께 교토의정서는 2005년 2월 16일에 발효조건(제25조)을 만족하여 발효되었다. 같은 해 11월 28일부터 12월 9일까지 몬트리올에서 기후변화기본협약 제11차 당사국총회(COP 11)와 교토의정서 제1차 당사국총회(COP/CMP 1)[24]가 개최되었다. 동년 9월에 개최된 각료준비회의 및 의장국인 캐나다의 주도(initiative)와 각국의 협력으로 교토의정서의 운용규칙이 확립되었고, CDM의 개선 등이 합의되었으며, 협약절차하에 구성국 모두의 참가에 의한 '기후변화대응을 위한 장기적 협력을 위한 행동에 관한 대화(Montreal Action Plan)'가 성립되었고 그 개시 시점을 COP 11로 결정하였다.[25]

교토의정서의 운용규칙에 관해서는 교토의정서의 이행에 관한 마라케쉬합의를 포함하는 21개의 결정이 내려졌다. 그 중에는 삼림 등의

---

24) 교토의정서 당사국회의에 대하여, "협약의 최고기관인 당사국총회는 이 의정서의 당사국들의 회의로서의 역할을 수행한다."(의정서 제13조 1항)라고 되어 있으나, 협약의 체약국이지만 의정서의 비체약국인 경우에도 옵저버(observer)로 참관할 수 있다(동조 2항). "본 의정서의 당사국회의로서의 역할을 수행하는 당사국총회"(Conference of the Parties serving as the meeting of the Parties to this Protocol)의 약칭에 대해서는, 기존에는 COP/MOP라는 표현이 사용되었으나 기후변화협약사무국 홈페이지에서는 COP/CMP 또는 CMP라는 약칭이 사용되고 있다. 〈http://unfccc.int/〉

25) 2005년 COP 11 및 CMP 1(몬트리올)은 40개 이상의 결정을 채택하고 종료되었다. 〈http://unfccc.int/meetings/cop_ll/items/3394.php〉

흡수원에 관한 산정규칙, 교토메커니즘에 관한 규칙이나 교토의정서에 기초한 배출흡수량의 산정 · 검사에 관한 규칙 등이 포함된다. 교토의정서의 수치목표의 비준수에 관해서는 배출초과분의 1.3배를 차기 약속기간의 할당량에서 삭감하는 등의 비준수 조치, 배출량거래에 의한 이전의 금지 등의 절차나 준수위원회에 관한 결정(법적 구속력 없음)이 이루어졌다. 교토의정서 운용을 위한 기관으로서는 준수위원회(촉진부 · 집행부)와 공동이행에 관한 제6조 감독위원회가 설치되어 각 위원의 선출이 이루어졌다. CDM에 관해서는 구체적 개선책이 채택되어 그 이행이 가속화되었다.

미국 등 교토의정서 미비준국이나 삭감의무를 지지 않는 개도국을 포함한 모든 나라가 참가하여 향후 대화를 할 수 있는 장이 마련되었다. 또한 2013년 이후의 제2기 약속기간에 대해서 의정서 제3조 9항에 기초한 검토 개시와 의정서 제9조에 기초한 교토의정서의 수정작업의 개시에 대해서도 합의하였다. 또한 기후변화에 의한 악영향에 긴급히 대처할 필요성을 강조하는 군소도서국연합 등이 주장하는 '적응'책에 대해서는 2004년의 COP 10에서 채택된 '적응책과 대응조치에 관한 부에노스아이레스 작업계획'에 기초하여 적응에 관한 5개년 계획이 채택되어 논의가 지속되게 되었다.

3) 2009년 **코펜하겐합의와 그 의미**

2005년의 COP 11 이후 교토의정서 제1 약속기간 종료 후(2013년 이후)의 국제적인 골격에 대한 교섭이 이루어져 왔다. 협약(UNFCCC)의 주도로 설치된 협약작업반(AWG-LCA)과 교토의정서 하에 설치된 의정서 실무작업반(AWC-KP)이 2009년까지 작업결과를 보고하게 되어 있었다.[26] 전자는 미국을 포함하는 선진국이 합의한 CO_2를 2050년까지 적

26) 장기적인 협력 활동에 관한 특별실무작업반(AWG-LCA)은 2007년 파리행동계획에서 협약에 기초하여 설치되었다. ① 비전의 공유 ② 선진국과 개도국의 격차완화 ③ 적응 ④ 기술 ⑤ 재원 문제를 논의한다. 교토의정서의 부속서 I 당사국이 추가적으로 부담하는 약속에 관한 특별실무작업반(AWG-KP)은 부속서 I 당사국

어도 50% 삭감한다는 장기목표를 협약에 의한 교섭으로 합의할 것을 목표로 하고 있었다. 또한 후자는 의정서의 제2 약속기간(2013년 이후)의 삭감목표를 결정하도록 되어 있었다. 그러나 어느 쪽도 합의를 얻을 수 없어 COP 16을 향하여 작업을 지속하게 되었다. 2013년 이후의 체계가 어떻게 될 것인가, 미국 등의 교토의정서 미비준국은 그 틀에 편입될 수 있는가와 개도국의 온실가스 삭감의무는 어떻게 규정될 것인지에 대해서는 미해결의 과제로 남았다.

2009년 12월 18일에 코펜하겐에서 다수의 국가원수와 정부수반의 참가로 개최된 정상회의에서 '코펜하겐합의'(Copenhagen Accord)를 도출하였지만, 이는 당초부터 행동지침으로 채택된 것일 뿐이어서 그 구속력은 인정되지 않는다.[27] 또한 COP 15의 전체회의에서 당사국총회(COP 15)는 '코펜하겐합의'를 채택하는 것이 아니라는 점을 유의한다(take note)고 언급하는 것에 그쳤다.[28] 합의의 주요한 내용은 ① 세계의 기온상승이 2도 이내에 멈춰야 한다는 과학적 견해를 인식하고 장기적 협력행동을 강화할 것(제1항), ② 부속서 I 당사국은 2020년의 삭감목표를 붙임 1의 양식에 따라 또는 부속서 I 당사국이 아닌 국가는 삭감행동을 붙임 2의 양식에 따라 2010년 1월 31일까지 사무국에 제출할 것(제4 · 5항), ③ 부속서 I 당사국의 삭감행동과 비부속서 I 당사국이 지원을 받아 시행하는 삭감행동은 국제적인 측정 · 보고 · 검증(measurement, reporting, verification: MRV)의 대상이 되며, 비부속서 I 당사국의 자발적인 삭감행동은 국내 MRV를 거쳐 국제적인 협의 · 분석의 대상이 될 것

의 제1 약속기간(2008-2012년) 이후의 기간의 약속에 대하여 검토한다. 후자는 교토의정서 제3조 9항의 약속기간 만료 전 적어도 7년 전에 검토를 시작한다. 2005년에 설치된 두 실무그룹의 역할이 구분되고 있기는 하지만 대체적으로 논의가 필요한 문제에 대해 2개의 트랙을 통해 기후변화협상이 이루어지고 있는 것도 문제이다.

27) The Heads of State, … *Have agreed* on this Copenhagen Accord which is operational immediately. (실선부분은 필자가 강조한 것이다)

28) Decision1/CP.15.FCCC/CP/2009/11/Add.l. 〈http://unfccc.int/resource/docs/2009/cop15/eng/11a01.pdf#page=3〉

(제4 · 5항) 등이다. 이외에도 선진국이 개도국에 '신규적이고 추가적인 재원' 공여를 공동으로 한다는 것과 조달할 것을 약속하고, 협약의 재원 공여 이행기관으로서 '코펜하겐녹색기후기금(CGCF)'의 설립을 결정할 것(제8항) 등이 있다.

(3) 남겨진 과제

세계 각국에서의 에너지사용에 의한 CO_2 배출량은 2007년에는 289.6억 톤(이산화탄소 환산)이며, 중국(21.0%)은 미국(19.9%)을 제치고 세계최대의 배출국이 되었다.[29] 교토의정서의 제1약속기간(2008~2012)이 종료하는 시점인 현재 2013년 이후에 대해서 합의가 없다. 또한 삼림 등의 흡수원에 대한 개도국과 선진국의 이해가 완전히 일치하고 있는 것도 아니다. 또한 기후변화와 관련된 개도국 지원을 위한 기금은 그 운용기준이나 재원관리기관에 대해서 의견의 일치를 보지 못하고 있다. 국제항공이나 국제해운에서 배출되는 CO_2, 즉 국제벙커유의 CO_2 배출량에 대해서는 선진국과 개도국 간의 논의방법에 대해서 의견의 일치되지 않고 있다.[30]

국제사회가 2트랙 방식(two track system)으로 기후변화문제에 관여하고 있지만, 선진국에게도 개도국에게도 일정한 이익을 줄 수 있는 제도나 운용규칙에 대하여 2012년까지 합의가 달성될지는 주목해야 할 것이다. 과연 지구온난화를 방지하는 것에 대하여 의견의 일치를 도출해 낼 수 있을 것인가.

---

29) 2007년 CO_2 배출국가 중 3위는 EU 27개국 (14.7%), 4위는 러시아 (5.5%), 5위는 인도 (4.6%), 6위 일본 (4.3%) 순이었다. IEA (2009) "CO_2 Emissions from Fossil Fuel Combustion"

30) 相沢智之, "国際バンカー油(国際航空 · 国際海運)," 高村ゆかり · 亀山康子 編, 「地球温暖化交渉の行方」(信山社, 2005년), 93-101면 참조.

| 참고문헌 |

赤尾信敏,「地球は訴える—体験的環境外交論」, 財団法人 世界の動き社, 1993年.

Gareth Porter, *et al.*, *Global Environmental Politics*, 2nd ed., Westview Press, 1996. (「入門地球環境政治」, 有斐閣, 1998年).

竹内敬二,「地球温暖化の政治学」(朝日新聞社, 1998年).

「特集・地球温暖化防止京都会議と今後の環境政策」, ジュリスト1130号 (1998年).

田邊敏明, 「地球温暖化と環境外交—京都会議の攻防とその後の展開」 (時事通信社, 1999年).

M. Grubb, *et al.*, *The Kyoto Protocol: A Guide and Assessment*, Royal Institute of International Affairs / Earthscan, 1999. (京都議定書の評価と意味, 省エネルギーセンター, 2000年).

S. Oberthur and H. Ott, *The Kyoto Protocol*, Springer-Verlag, 1999. (S. Oberthur and H. Ott,「京都議定書」, Springer-Verlag, 2001年).

進藤雄介,「地球環境問題とは何か」(時事通信社, 2000年).

信夫隆司 編著,「地球環境レジームの形成と発展」(国際書院, 2000年).

西井正弘,「気候変動枠組条約京都議定書」, 法学教室 252号 (2001年).

高村ゆかり・亀山康子 編,「京都議定書の国際制度」(信山社, 2002年).

高村ゆかり・亀山康子 編,「地球温暖化交渉の行方」(信山社, 2005年).

西井正弘 編,「地球環境条約-生成・発展と国内実施」(有斐閟, 2005年).

UN気候変動枠組条約事務局 公式サイト, http://unfccc.int/.

Earth Negotiations Bulletin ウェブサイト, http://www.iisd.ca/enbvollenb-background.htm.

日本外務省の地球温暖化ページ, http://www.mofa.go.jp/mofaj/gaiko/chikyu/kankyo/kiko/index.html.

日本 環境省 地球環境局 ウェブサイト, http://www.env.go.jp/earth/index.html.

제6장

생물다양성협약

1. 서 론

지구의 생물자원은 인류의 경제적 · 사회적 발전에 더없이 중요한 자원이다. 그러므로 국제사회는 공동으로 종(種)과 생태계의 보존을 위해 행동하는 것이 필요하다는 인식을 넓혀가고 있다. 종과 생태계에 대한 위협은 일찍이 전례가 없을 정도로 커서 실제 인간활동에 의해 발생하는 멸종의 위협은 최근 수십 년간 놀랄 만한 속도로 진행되어, 생물다양성은 급격히 상실되고 있다. 약 3,000여 야생종 개체수에 관하여 살펴본 바에 따르면, 1970년부터 2000년의 기간 동안 평균 약 40%가 감소하는 경향을 볼 수 있었다. 상위종의 12~52%가 멸종의 우려가 있다고 보고 있다.[1)]

생물다양성협약이 체결되기 이전에도 특히 물새의 서식지로서 국제적으로 중요한 습지에 관한 조약(Ramsar협약, 1971년 2월 2일 체결, 1975년 12월 21일 발효)이나 멸종위기에 처한 동 · 식물 교역에 관한 국제협약(워싱턴조약 또는 CITES, 1973년 3월 3일 체결, 1975년 7월 1일 발효) 등 종이나 생태계의 보존을 목적으로 하는 조약은 존재하고 있었다. 그러나 이들 모두 특정 생태계나 종을 대상으로 하거나, 일정지역만을 대상으로

1) 상세한 내용은 Secretariat of the Convention on Biological Diversity, *Global Biodiversity Outlook 2* (2006) 참조.

하는 조약이었다. 또한 각각의 조약의 적용대상이나 의무의 내용, 이행에 대한 메커니즘도 제각각이었고, 이들 조약에 의해 취해지는 조치를 조정하는 메커니즘도 존재하고 있지 않았다. 따라서 전 지구적 차원에서 포괄적으로 종과 생태계를 보전하려고 하는 관점은 결여되어 있었다.

UN환경계획(UNEP) 관리이사회는 1987년 생물다양성을 보호하기 위해 국제적인 노력을 강화해야 할 필요성을 인정하였고, 1989년 5월에는 조약의 작성을 위한 기술 · 법률전문가특별작업반을 설치하였다. 그 후, 세계자연보전연맹(IUCN)이나 UN식량농업기구(FAO)에 의해 작성된 조문안 등을 기초로 UN환경계획사무국이 협약의 1차 조문안을 작성하였다. 1992년 2월, 기술 · 법률전문가특별작업반이 생물다양성협약 정부간 교섭위원회(Intergovernmental Negotiating Committee: INC)를 개최하여 정식교섭절차가 개시되었다. 교섭에서 두 개의 작업반이 설치되었고 각각의 조문에 대하여 심의하였다. 조문교섭은 난항을 겪었고, 나이로비 최종교섭의 최종일까지 협약의 채택이 의심되었지만, 1992년 6월 5일 UN환경개발회의에서 「생물의 다양성에 관한 협약」[2](이하, '생물다양성협약', 혹은 '협약'이라 함)이 채택되었다.[3] 협약은 1993년 12월 29일에 발효되었고, 2010년 2월 20일 현재, 192개국 및 EU가 당사국으로 참여하고 있다. 일본은 1993년 5월 28일에 협약에 비준하였다.

---

2) 생물다양성협약의 일본어 공식번역은 〈http://www.biodic.go.jp/biolaw/jo_hon.html〉 참조(2010년 2월 20일).

* 한국은 1992년 6월 13일 생물다양성 협약에 서명함으로써 154번째로 생물다양성 협약에 가입하였으며, 1995년 1월 1일에 발효되었다. 생물다양성협약에 관한 한국의 공식번역은 〈http://mofaweb.mofat.go.kr/multi_treaty.nsf/0/010EF71C28C98190492566030029025E?opendocument&skin=skin01〉 참조.

3) 교섭과정의 상세내용은 F. McConnell, *The Biodiversity Convention - A Negotiation History,* 1996 참조.

2. 생물다양성협약의 개요

(1) 목 적

협약의 목적은 (i) 생물다양성의 보전, (ii) 생물다양성 구성요소의 지속가능한 이용, (iii) 유전자원의 이용으로부터 발생되는 이익을 공정하고 공평하게 공유하는 것이다. 이 목적은 그 중에서도 유전자원에의 접근, 관련기술의 이전, 적당한 자금제공에 의해 달성된다(제1조).

(2) 협약의 적용범위

협약은 별다른 명문의 규정이 있는 경우를 제외하고, 타국의 권리를 해하지 않을 것을 조건으로 협약이 적용되는 지리적 범위를 다음과 같이 정한다. (i) 생물다양성의 구성요소의 경우, 자신의 국가 관할권 안의 지역과, (ii) 자국의 관할권 또는 통제권하에서 수행된 과정 및 활동의 경우, 그 효과가 미치는 장소에 관계없이 자국의 관할하에 있는 지역 및 어느 국가의 관할에도 속하지 않는 국제공역이 협약의 적용범위이다(제4조).

여기서 협약의 적용대상으로서 '생물다양성'(biological diversity)은 '모든 생물체 간의 변이성'으로 이는 '종내의 다양성, 종간의 다양성 및 생태계의 다양성을 포함'하는 것으로 포괄적으로 정의된다(제2조). 이 정의가 보여주는 '생물다양성'은 단순히 어떤 생태계에 있어 종이 다양하다는 것이 아니라 생태계의 다양성이나 유전자의 다양성을 포함하는 개념이다. 이 '생물다양성'이라고 하는 개념은, 인간에게 있어 어떠한 가치가 있고 없음을 보전대상설정에 있어서 그 기준으로 하는 것이 아니라, 장기적인 관점에서 가능한 한 다양한 변이성을 풍부하게 하는 유전형질을 보전하고 촉진하는 것이다.

(3) 원 칙

당사국은 자국의 자원을 자신의 환경정책에 따라 개발할 수 있는 주권적인 권리를 가지며, 또한 자국의 관할 또는 통제지역 안에서의 활동으로 다른 국가의 환경 또는 국제공역의 환경을 해하지 아니할 것을 확보할 책임을 진다(제3조). 이는 1972년 인간환경선언 원칙 21과 같은 규정이고, 1992년 리오선언 원칙 2와 거의 같은 규정이다. 여기에서는 국가의 천연자원에 대한 항구주권과 그에 수반하는 월경손해방지의무를 재확인하고 있다.

(4) 보전과 지속가능한 이용의 의무

1) 보전과 지속가능한 이용을 위한 국가전략 · 계획의 작성

우선, 당사국은 각국의 상황 및 능력에 따라 생물다양성의 보전과 지속가능한 이용을 위하여 국가전략 · 계획을 만들거나, 생물다양성의 보전과 지속가능한 이용을 관련 있는 부분 또는 공통부분에 대한 계획 및 정책에 통합한다(제6조). 여기서, '지속가능한 이용'(sustainable use)이라 함은 "장기적으로 생물다양성의 감소를 유발하지 아니하는 방식과 속도로 생물다양성의 구성요소를 사용함으로써 현재 세대와 미래세대의 필요와 열망을 충족시키기 위한 잠재력을 유지하는 것을 말한다"(제2조). 이 정의는 생태계 접근법에 근거한 정의로서, 이용대상이 되는 종이 장기적으로 존속가능한 것인가에 더하여, 그 종이 의존하거나 그 종이 관련된 그 밖의 종이나 생태계도 장기적으로 존속가능한 것인지를 고려하여 이용레벨이 결정되는 것을 의미한다.

2) 생물다양성 구성요소의 특정과 감시

당사국은 특히 제8조 내지 제10조의 이행을 위하여 생물다양성의 구성요소 중 보전이 중요한 구성요소를 특정 · 감시하며, 생물다양성의 보존과 지속가능한 이용에 중대한 악영향을 미칠 우려가 있는 작용과 활동의 종류를 특정하고, 그 영향을 감시한다(제7조).

3) 서식지 내 보존과 서식지 외 보전

(가) 서식지 내 보존

협약은 생태계와 자연서식지를 보전하고, 종을 자연적인 생태환경에 두어 유지하고 회복하는 서식지 내 보전(*in situ* conservation)에 특히 역점을 두고, 생물다양성의 구성요소를 자연서식지 외에 두어 보존하는 서식지 외 보전(*ex situ* conservation)은 주로 서식지 내 보존 조치를 보완하기 위한 것으로 자리매김하고 있다(제9조).

당사국은 서식지 내 보전을 위한 조치로서 보호지역제도의 확립[제8조 (a)], 생물자원의 규제 또는 관리[제8조 (c)], 생물다양성에 대한 심각한 부정적인 영향이 있을 것으로 확인되는 활동의 규제 또는 관리[제8조 (l)], 생태계 · 서식지 또는 종을 위협하는 외래종의 도입을 방지하고 그러한 외래종의 통제 또는 박멸[제8조 (h)], 환경에 부정적인 영향을 미칠 우려가 있는 유전자변형생물의 이용 및 방출 등에 따른 위험의 규제, 관리, 제어[제8조 (g)] 등을 가능한 한 적절한 경우에 행한다.

(나) 서식지 외 보전

당사국은 주로 제8조에서 정한 서식지 내 보전을 보완하기 위하여, 서식지 외 보전조치, 종의 회복이나 자연서식지를 재도입하는 조치를 취한다(제9조). 이 경우, 서식지 외 보존조치는 생물다양성 구성요소의 원산국에 대하여 행하여지는 것이 바람직하고, 또한 생태계와 서식지 내 종의 개체군이 위협받지 아니하도록 서식지외 보존 목적을 위하여 천연서식지로부터의 생물자원의 수집을 규제하고 관리한다.

(다) 생물다양성 구성요소의 지속가능한 이용

당사국은 생물다양성 구성요소의 지속가능한 이용을 위해 자국의 정책 결정시 생물자원의 보존과 지속가능한 이용에 대한 고려를 하여야 하고, 생물다양성에 미치는 악영향을 피하거나 최소화하기 위하여 생물자원의 이용규제조치 등을 취한다(제10조).

4) 영향평가 및 악영향의 최소화

(가) 환경영향평가

당사국은 생물다양성에 미칠 수 있는 중대한 악영향을 회피하고 최소화하기 위하여 이러한 영향을 발생시킬 수 있는 사업계획에 대하여 환경영향평가를 실시할 것을 요구할 수 있는 절차를 도입하고, 적절한 경우에는 절차에 주민의 참여를 허용한다[제14조 (a)]. 더욱이, 당사국은 생물다양성에 중대한 악영향을 발생시킬 수 있는 계획 또는 정책의 환경영향을 적절히 고려한다[제14조 (b)].

(나) 월경손해의 우려가 있는 경우의 조치

당사국은 자국의 관할 또는 자국의 관리하에 있는 활동이 다른 나라 또는 어느 국가의 관할에도 속하지 않는 공역의 생물다양성에 심각한 영향을 끼칠 수 있는 것에 대하여 상호주의 원칙에 기초한 통지, 정보교환, 협의를 촉진한다[제14조 (c)]. 긴박하고 중대한 위험 또는 피해가 있는 경우에는, 위험 또는 손해를 입을 수 있는 국가에게 즉시 통고하고, 이러한 위험 또는 손해를 방지하거나 최소화하기 위한 조치를 취한다[제14조 (d)].

(5) 유전자원에 대한 접근

국가는 자국의 천연자원에 대한 주권적인 권리를 가지고 있고, 유전자원에 대한 접근은 자원이 소재하는 국가의 국내법에 규율하는 바에 따른다(제15조 1항). 유전자원에 대한 접근은 그 자원을 제공하는 당사국이 별도로 정하지 않는 한, 그 당사국의 사전통고에 기초한 동의를 조건으로 한다(제15조 5항). 또한 유전자원에 대한 접근은 상호 합의된 조건에서 제15조의 규정에 따라 제공되어야 한다(제15조 4항).

한편, 당사국은 다른 당사국에게 유전자원에 대한 접근이 용이하도록 조건을 정비하고, 본 협약의 목적에 반하는 제한을 부과하지 아니하도록 노력한다(제15조 2항). 당사국은 다른 당사국이 제공한 유전자원에 기초한 과학적 연구에 대해 그 당사국의 충분한 참여가 가능한 경우 그 당사국의 영토 안에서 준비·이행되도록 노력한다(제15조 6항). 나아가 유전자원의 연구 및 개발의 성과, 그 유전자원의 상업적 이용으로 얻어지는 이익을 그 자원을 제공하는 국가와 공정하고 공평하게 공유하기 위하여, 당사국은 조치를 취할 것이 요구된다. 이런 공유는 상호합의된 조건에 따른다(제15조 7항). 또한, 당사국은 다른 당사국(특히 개발도상국)이 제공한 유전자원을 기본으로 한 생명공학으로부터 발생하는 결과 및 이익에 대하여 공정하고 우선적으로 접근할 수 있도록 실질적인 조치를 취한다. 이러한 접근은 상호합의하에 이루어져야 한다(제19조 2항). 이와 같은 이익공유의 조건은 유전자원을 제공한 국가가 일방적으로 결정하는 것은 아니다. 개별사례마다 당사자 간 자유로운 교섭으로 이루어진다.

2000년 제5차 당사국총회에서 이러한 규정의 이행을 촉진하기 위해 당사국총회의 보조기관으로서 접근과 이익 공유(Access and Benefit-Sharing: ABS)에 관한 작업반이 설치되었다. 이 작업반의 작업에 의해 2002년 제6차 당사국총회에서는 '유전자원의 접근 및 그 이용으로부터 발생하는 이익의 공평한 공유에 관한 본(Bonn) 가이드라인'이 채택되었다(결정 VI/24).[4] 작업반은 당사국의 요청을 받아들여 협약 제8조 (j)가 요청하는 토착민이나 현지사회의 전통적인 지식이나 관습을 존중하면서 유전자원의 접근 및 그 이용으로부터 발생하는 이익의 공평한 공유에 관한 국제제도를 만들기 위해 교섭을 진행하였다.[5]

(6) 기술에 대한 접근과 기술이전

모든 당사국은 협약 제16조에 따라 아래 2종류의 기술에 대해 다른 당사국에게 접근을 제공하고, 이러한 기술을 이전하거나 이전을 촉진한다. 이에 해당하는 기술은 (i) 유전자은행과 같이 유전자원의 보전과 관련하여 유전자원의 원산국이 조약이 정하는 보전의무에 따라 쉽게 이행할 수 있도록 하는 기술과 (ii) 환경에 중대한 악영향을 끼치지 않도록 유전자원을 이용하는 기술이다(제16조 1항). 아울러 개발도상국에 대한 기술접근 및 이전은 '공정하고 가장 유리한 조건'으로 제공되거나 촉진되어야 한다. 다만, 이러한 의무는 특허권과 같은 지적재산권에 영향을

4) 본(Bonn)가이드라인의 원문은 결정 VI/24의 부속서를 참조. UNEP/CBD/COP/6/20, 254면.

5) 이 교섭에 관한 정보는 〈http://www.cbd.int/abs/ir/ 〉 참조(2010년 2월 20일).

주지 않는다. 이러한 지적재산권에 의해 보호되는 기술에의 접근 및 기술의 이전에 대하여는 지적재산권의 충분하고 유효한 보호를 인정하고, 이와 같은 보호와 양립하는 것을 조건으로 한다(제16조 2항). 당사국의 상대방은 지적재산권이 본 협약의 목적을 지원하고 본 협약의 목적에 반하지 아니하도록 보장하기 위하여 국내입법 및 국제법에 따라 협력하여야 한다(제16조 5항). 나아가 당사국은 특허 및 지적재산권으로 보호된 기술을 포함하여 그 유전자원을 이용하는 기술에 관하여 유전자원 제공국의 접근을 촉진하기 위해 적절히 입법 및 기타 조치를 취한다(제16조 3항).

(7) 재정지원제도

개발도상국에 의한 조약상 의무의 효과적인 이행정도는 선진국에 의한 자금 및 기술이전에 관한 의무의 효과적인 이행에 의존한다(제20조 4항). 즉, 개발도상국은 선진국에 의한 신규의 추가적인 재정지원의무와 기술이전의무의 이행정도에 따라, 생물다양성을 보전하는 의무를 이행한다. 당사국은 이 능력에 따라 본 협약의 목적 달성을 위한 각국의 활동에 대하여 재정적인 지원을 하고 장려한다(제20조 1항). 특히 선진국은 개발도상국이 본 협약상 의무를 이행하기 위한 조치를 취하는 데에 필요한 합의된 부가비용을 부담하기 위해, 신규의 추가적인 재원을 제공한다(제20조 2항). 자금제공 대상과 부가비용은 당사국총회가 정하는 정책, 전략, 사업우선순위, 적합성 기준 및 추가비용 산정내역에 따라, 개발도상국과 개발도상국에게 자금제공을 위해서 제1차 당사국총회가 설립한 기관 사이에 합의가 이루어져야 한다.

더욱이 본 협약의 목적에 따라 당사국인 개발도상국에 대한 증여 또는 특혜적인 자금지원을 제공하기 위한 재정체계가 설치된다. 이 체계는 당사국총회의 관리와 지도에 따라 기능하며, 당사국총회에 대하여 책임을 진다. 체계는 민주적이고 투명한 관리 체계 안에서 운영된다(제21조 1항). 제1차 당사국총회에서는 협약 제39조에 따라 잠정적으로 이 체계의 운영을 담당할 지구환경기금(GEF)이 체계의 운영을 담당하는 기구로서 지속적으로 기능을 하는 것으로 결정하였다. 제3차 당사국총회에서는 당사국총회와 GEF이사회 사이에 양해각서가 체결되었다. 각서는 당사국총회로부터의 지도와 GEF이사회와의 관계, 보고, 모니터링, 평가, 재정지원조건의 결정, 사무국간의 협력에 관해서 정하고 있다.

(8) 협약의 이행메커니즘

협약의 이행을 위해, 당사국총회(제23조), 사무국(제24조), 과학기술자문보조기구(제25조)가 설치되었다. 이에 따라, 제1회 당사국총회에서는 과학기술자문보조기구(SBSTTA)가 설치되었다.

(9) 분쟁해결과 준수확보

본 협약의 해석 또는 적용에 관하여 당사국간에 분쟁이 발생하는 경우, 당사국은 교섭을 통하여 해결책을 모색하고, 교섭을 통해 합의에 도달하지 못하는 경우에는 제3자의 주선이나 중재를 공동으로 요청할 수 있다(제27조 1 · 2항). 아울러, 분쟁당사자는 부속서 II의 제1부에서 정한 절차에 따른 중재나 국제사법재판소에 회부할 수 있다(제27조 3항). 이 경우에는 분쟁당사자의 동의를 명백히 얻을 것을 조건으로 한다. 이에 대한 절차에 동의하지 아니하는 경우, 분쟁은 부속서 II의 제2부에 따라 조정에 회부된다(제27조 4항). 이 분쟁절차는 어느 쪽이든 일방분쟁당사국의 회부에 의해 개시되지만, 법적 구속력이 있는 결정을 가져오는 것은 아니고 관계당사국이 성실히 고려하여 해결책을 모색하는 수준에 머무를 뿐이다.

당사국은 본 협약을 이행하기 위한 조치와 본 협약의 목적을 달성하는 데 있어서 그 대책의 효율성에 관한 보고서를 당사국총회에 제출한다(제26조). 당사국이 협약의무를 준수하지 않을 우려가 있는 경우, 의무의 준수를 확보하기 위하여 이용되는 준수절차에 대해서는 조약에 명시적인 규정이 없으며 절차는 아직 체택되지 않은 것으로 본다.

(10) 다른 조약과의 관계

협약은 현행 자연보호협약을 그 기초로 총괄하고 규율하는 우산조약(엄브렐러조약)은 아니다. 본 협약의 규정은 현행 국제협약에서 유래하는 협약 당사국의 권리 및 의무에 영향을 미쳐서는 안 된다(제22조 1항). 그러나 '권리 및 의무의 행사가 생물다양성에 심각한 피해 또는 위협을 초래하는 경우'에는 예외가 되며, 생물다양성협약의 규정이 우선한다. 다만, 해양환경에 관해서는 당사국은 해양법에 기초한 각국의 권리 및 의무와 합치하도록 협약을 이행하여야 한다(제22조 2항).

세계적 규모의 생물다양성을 보전하는 제도가 충분히 기능하기 위해서는 생물다양성의 보전을 목적으로 하는 협약 상호간에 어떠한 제도적 조정을 하는 것이 필요하다. 당사국총회는 사무국을 통하여 생물다양성을 대상으로 하는 다른 협약의 집행기관과 적절한 협력방식을 확립하기 위해 접촉한다[제23조 4항 (h)]. 사무국은 다른 관련 국제기구와 협조하고 이런 임무의 효과적인 수행에 필요한 행정약정 또는 계약을 체결한다[제24조 1항 (d)].

3. 카르타헤나의정서의 개요

생물다양성협약 제2차 당사국총회는 1995년 11월 17일 생물다양성의 보전과 지속가능한 이용에 악영향을 미칠 가능성이 있는 유전자변형생물체의 국가간 이동의 규제를 중심으로 바이오안전성에 관한 의정서를 작성하는 것을 결정하고(II/5), 이 결정에 따라 1996년에 의정서의 교섭이 개시되었다. 여러 가지 견해가 서로 대립하여 1999년 2월 의정서의 최종안이 합의에 도달하지 못하였고, 교섭이 중단되기도 하였지만, 2000년 1월 29일 130개국 이상이 참여하여 생명공학기술이 생산하는 유전자변형생물체의 국가간 이동으로 인해 발생하는 위험으로부터 환경을 보호하는 것을 목적으로 하는 「바이오안전성에 관한 생물다양성 협약 카르타헤나의정서」**(이하, 카르타헤나의정서는 '의정서'로 한다)가 채택되었다[6](2003년 9월 11일 발효). 일본은 2003년 11월 21일 가입하였고, 의정서의 정확하고 원활한 이행을 위하여 「유전자변형생물 등의 사용 등을 규제하기 위한 생물다양성 확보에 관한 법률」(카르타헤나법)이 제정 · 시행되었다. 2010년 2월 20일 현재 의정서에는 156개국과 EU가 당사국으로 참여하고 있다. 이 의정서의 문맥에서, '바이오안전성'(biosafety)은 '유전자변형생물의 안전성'이라는 의미를 가지는 개념으로서 이용되고 있다.

(1) 의정서의 목적

의정서의 목적은 인간의 건강에 대한 위험을 고려하고, 유전자변형생물체의 국가간 이동의 규제를 중심으로 생물다양성의 보전과 지속가능한 이용에 악영향을 미칠 가능성이 있는 유전자변형생물의 안전한 이동, 취급 및 사용에 있어 리우선언 원칙 15에서 정한 예방적 접근법에 따라 적절한 수준의 보호를 확보하는 것이다(제1조).

(2) 적용범위

의정서는 생물다양성의 보전 및 지속가능한 이용에 악영향을 미칠 가능성이 있는 모든 유전자변형생물체의 국가간 이동, 경유, 취급 및 사용에 적용된다(제4조). 여기서 '유전자변형생물체'란, 현대생명공학기술을 이용하여 얻어진 새로운 유전물질의 조합을 포함하고 있는 생물을

** 우리나라는 2000년 9월 6일에 의정서에 서명하였고, 2007년 10월 3일에 비준서가 기탁되었으며, 2008년 1월 1일에 발효되었다. 이 의정서의 시행을 위해 「유전자변형 생물체의 국가간 이동에 대한 법률」이 제정되었다. 카르타헤나의정서의 한국어 공식번역본은 〈http://mofaweb.mofat.go.kr/multi_treaty.nsf/0/E36FB721E91CF92C49257387002FE894?opendocument&skin=skin01〉 참조.

6) 카르타헤나의정서의 일본어 공식번역본은 〈http://www.mofa.go.jp/Mofaj/gaiko/treaty/pdfs/treaty156_6a.pdf〉 참조(2010년 2월 20일).

말한다[제3조 (g)]. 그러나 여타 관련 있는 국제협약 및 기구가 대상으로 하는 인체의약품용 유전자변형생물체의 국가간 이동에는 의정서가 적용되지 아니한다(제5조).

(3) 당사국의 일반적인 의무

당사국은 의정서상의 의무를 이행하기 위해 필요한 적절한 조치들을 취해야 한다. 또한 유전자변형생물체의 개발, 취급, 운송, 사용, 이전 및 방출이 생물다양성에 대한 위해를 방지하거나 감소시키는 것을 확보한다. 의정서의 조항은 영해에 대한 국가의 주권과 배타적 경제수역 및 대륙붕에 대해 국가가 보유하고 있는 주권적 권리와 관할권에 영향을 미치지 아니하며, 선박과 항공기가 갖는 항행의 권리와 자유에 영향을 미치지 아니한다. 그리고 이 의정서의 어떠한 조항도 이 의정서의 목적과 국제법상 여타 의무에 부합하는 한, 이 의정서에서 요구되고 있는 것 이상의 보호조치를 취할 권리를 제한하지 않는다(제2조).

당사국은 유전자변형생물체의 안전한 이동, 취급 및 사용에 대하여 공공인식, 교육 및 참여를 촉진하고, 정책결정과정에서 공공과 합의하여야 하고, 그 결정의 결과를 공개할 의무를 부담한다(제23조).

(4) 국가간 이동의 규제

1) 사전통보합의 절차

수입국인 당사국의 환경에 도입시키기 위해 의도적으로 이루어진 유전자변형생물체의 최초 국가간 이동에서는, 이에 선행하여 사전통보합의(Advanced Informed Agreement: AIA) 절차가 적용된다(제7조 1항). 그러나 유전자변형생물체의 통과 및 수입국인 당사국의 기준에 따라 적용되는 유전자변형생물체의 국가간 이동에는 이 절차가 적용되지 않는다(제6조). 의정서 당사국총회의 결정으로부터 생물다양성의 보전 및 지속가능한 이용에 악영향을 미칠 우려가 없다고 확인된 유전자변형생물체의 의도적인 국가간 이동에는 AIA절차는 적용되지 아니한다(제7조 4항).

AIA절차에서 수출국은 제7조 1항의 범위에 속하는 유전자변형생물체의 의도적인 국가간 이동에 앞서 수출자 스스로 서면으로 수입국의 국가책임기관에 통보하여야 한다. 이 통보에는 최소한 부속서 I에 명시된 정보가 포함되어야 한다(제8조 1항). 통보를 수령한 수입국은 접수 후 90일 이내에 통보자에게 서면으로 통보접수사실을 알려야 한다(제9조 1항). 수입국은 접수 후 90일의 기간 내에 통보자에게 서면으로 의도적인 국가간 이동이 다음 중 어느 사항을 택하여 절차를 진행할 것인지의 여부를 알려야 한다: (a) 반드시 서면동의를 받은 후에 의도적으로 국가간 이동하는 경우, (b) 의도적인 국가간 이동을 추후 서면동의 없이 90일 이상 경과한 이후에 진행하는 경우. (a)의 경우, 통보에 대한 접수확인을 받은 후 270일 이내에 서면으로 통보자와 생명공학안전성정보센터(Biosafety Clearing House)에 대하여 (i) 조건부 또는 무조건부 수입승인 결정인지 여부, (ii) 수입금지, (iii) 추가관련정보의 요구, (iv) 이 항에 명시된 기간은 정해진 기간만큼 연장됨을 통보자에게 통보한다(제10조 2·3항). 무조건부로 수입이 승인되는 경우를 제외하고 결정에는 이유가 기재되어야만 한다. 통고수령에 대한 확인을 받은 후 정해진 기간 안에 통보에 대한 결정사항을 통보자에게 알리지 않았다고 하더라도 의도적인 국가간 이동의 동의가 추정되는 것은 아니다.

수입국은 상기 결정시 위해성평가를 반드시 하여야 한다(제10조 1항, 제15조). 수입국은 수출자가 위해성평가를 할 것을 요구할 수 있다. 또한, 그 비용은 수입당사국이 요구할 경우에 통보자가 부담하여야 한다. 위해성평가는 일반원칙, 방법론, 검토할 사항을 정하고 있는 부속서 III에 따라 승인된 위해성평가 방법을 고려하여 과학적으로 적정하게 이루어져야만 한다. 위해성평가는 최소한 제8조에 따라 통보자로부터 제공된 정보와 이용가능한 과학적 증거에 기초하여야 한다. 당사국은 충분한 과학적 정보 및 지식의 부족으로 인해 과학적 확실성을 제시하지 못할 경우, 수입국이 그러한 잠재적 악영향을 회피하거나 최소화하기 위하여 유전자변형생물체의 수입에 대해 적절한 결정을 내리는 것을 막을 수 없다(제10조 6항). 제10조 7항에 따라, 의정서의 제1차 당사국총회에서도 수입국의 의사결정을 촉진하는 적절한 절차와 메커니즘이 채택되었다(BS-I/2).[7]

식용 및 사료용으로 직접이용 또는 가공용으로 사용되는 유전자변형생물에 대해서는 AIA절차와는 다른 절차가 적용된다(제7조 3항). AIA의 절차와 다른 점은 당사국이 의정서의 목적과 합치되는 국내규제의 범위하에 수입에 관한 결정을 내릴 수 있고, 유전자변형생물체를 시장에서 판매하는 것을 포함한 국내사용에 관한 최종결정을 결정으로부터 15일 이내에 생명공학안전성정보센터를 통해서 다른 당사국들에게 통보하는 것으로 한다(제11조).

수입에 대한 결정은 새로운 과학적인 정보를 근거로 재검토되고 변경된다. 이 경우 당사국은 결정에 이유를 병기하여 30일 이내에 문제된 유전자변형생물체의 국가간 이동에 관한 통보자뿐만 아니라 생명공학안전성센터에 결정사유를 통보하여야 한다(제12조 1항). 또한, 수출당사국 또는 통보자는 (i) 결정의 기초가 된 위해성 평가의 결과에 영향을 줄 만한 상황변화가 발생한 경우, (ii) 연관된 추가적인 과학적 또는 기술적 관련정보가 이용가능하게 된 경우에는 수입국에게 결정된 사항을 재검토하도록 요구할 수 있다(제12조 2항). 이 경우 수입국은 90일 이내에 요청에 대해 서면으로 응답하고, 결정의 이유를 병기한다(제12조 3항).

당사국들은 위해성평가 조항에서 명시한 위해성을 규제, 관리, 억제할 적절한 메커니즘, 조치 및 전략을 확립하고 유지한다(제16조 1항). 위해성관리에 따라 결정된 조치는 수입국인 당사국의 영역 내에서 생물다양성의 보전과 지속가능한 이용에 미칠 악영향을 사전에 방지하기 위해 필요한 범위 내에서 시행되어야만 한다(제16조 2항).

당사국은 의정서의 대상이 되는 유전자변형생물체가 안전한 조건에서 취급, 포장 및 운송이 이루어지도록 요구할 수 있는 필요조치를 취

---

7) 결정BS-I/2부속서. UNEP/CBD/BS/COP-MOP/1/15, 33면.

해야 한다(제18조 1항). 또한, 유전자변형생물체에 대해서 요구되는 서류에 필요한 일정한 정보를 명시해야 할 조치를 취하여야 한다(제18조 2항).

2) 비의도적 국가간 이동 및 비상조치

당사국은 자국의 관할구역 내에서 생물다양성의 보전 및 지속가능한 이용에 중대한 악영향을 미칠 가능성이 있는 유전자변형생물체의 비의도적인 국가간 이동을 초래하거나 그러할 우려가 있는 방출이 발생하였음을 인지한 즉시 (잠재적) 피영향국이 생명공학안전성정보센터 및 적절한 경우에는 관련 국제기구에 통보하기 위한 조치를 취하여야 한다(제17조 1항). 그리고 비상조치를 포함한 필요한 조치를 취할 수 있도록 (잠재적) 피영향국가와 직접 협의하여야 한다(제17조 4항).

3) 비당사국과의 관계

비당사국과의 거래가 금지되지 않는 당사국과 비당사국간 유전자변형생물체의 이동은 이 의정서의 목적에 부합하여야 한다. 당사국은 양자간·다자간 협약 및 협정을 비당사국과 체결할 수 있다(제24조).

4) 불법적 국가간 이동의 방지와 범죄화

당사국은 의정서의 국내이행조치에 위반하는 유전자변형생물체의 국가간 이동을 불법거래로 간주하고, 방지하며, 적절한 경우 불법거래를 범죄로 하는 국내조치를 취한다(제25조).

5) 책임과 구제

의정서의 제1차 당사국총회에서 유전자변형생물체의 국가간 이동이 유발하는 손해에 대하여 책임과 구제에 관한 절차를 채택하고, 4년 이내에 이 절차를 완료하도록 노력한다(제27조). 이 규정에 따라 제1차 당사국총회에서는 책임과 구제에 관한 법률과 기술전문가로 구성된 작업반이 설치되었고, 의정서를 보충하는 새로운 의정서를 정하기 위한 교섭을 진행하였다.[8)]

---

8) 교섭의 진전에 관해서는 〈http://www.cbd.int/biosafety/issues/liability.shtml〉 참조(2010년 2월 20일).

(5) 협약의 이행메커니즘

당사국총회는 의정서의 이행을 정기적으로 재검토하고, 의정서의 효과적인 이행을 촉진하기 위하여 필요한 결정을 한다(제29조). 당사국총회는 보조기구를 설치할 수 있다(제30조). 또한 협약의 사무국이 의정서의 사무국으로 기능한다(제31조). 의정서의 생명공학안전성센터가 협약 제18조 3항에 따라 설치된 정보부속기구의 일부로서 설치되었고, 정보교환과 정보공개를 촉진하며, 당사국의 의정서 이행을 보좌한다. 협약 제21조에서 설치된 제정체계가 이 의정서를 위한 재정체계가 된다(제28조).

당사국은 사무국과 연락할 책임이 있는 중앙연락선과 의정서가 요구하는 기능을 갖고, 결정할 권한을 고려하여 국가기관을 지정하고, 사무국에 통보하여야 한다(제19조).

(6) 준수와 분쟁해결

당사국총회는 제34조에 기초하여 제1차 당사국총회에서 개인자격으로 행동하는 15인의 위원으로 구성된 준수위원회를 주축으로, 의정서 규정의 준수를 촉진하고 비준수에 대처하기 위하여 준수절차 · 메커니즘을 결정하였다(BS-I/7).[9] 이 준수절차는 조약 제27조에서 정하는 분쟁해결절차나 메커니즘과 별개의 것으로 분쟁해결절차를 침해하는 것은 아니다(제34조).

4. 협약과 의정서의 의의와 문제점

생물다양성협약은 몇 가지 관점에서 보면 획기적인 협약이다. 우선 생물다양성이라는 것이 포괄적인 보전의 대상으로 여겨진 최초의 협약이다. 그리고 명시적으로 유전자의 다양성이 보전의 대상으로 여겨진

9) 결정 BS-I/7부속서, UNEP/CBD/BS/COP-MOP/1/15, 33면.

최초의 국제적인 협약이다. 유전자원에의 접근, 이용과 더불어 기술이전, 바이오안전성의 문제에 대해 규정하고, 개발도상국의 협약이행을 지원하기 위한 재정지원 체계를 설치하는 등 생물다양성협약은 생물다양성에 관련된 모든 국면에 대처하기 위해 만들어진 협약이었다.

더욱이 생물다양성의 보전을 '인류의 공통관심사'(전문)로 승인한 것은 이 협약이 처음이었다. 국가영역 내에 있는 생물자원은 전통적으로 국가주권 하에서 영역국이 자유롭게 소유, 사용, 처분할 수 있는 권리를 가진다. 협약도 자국의 천연자원에 대한 영역국의 주권적 권리를 재확인하고 있다(전문, 제3조, 제15조). 한편, 생물자원에 대한 영역국의 권리는 협약에서 결정한 보전과 지속가능한 이용의 의무(제6~10조) 및 타국이나 국제공역의 환경에 대한 손해를 고려해야 한다는 일반국제법상의 의무에 따라 행사되어야 한다. 따라서 국가영역 내에 있는 생물자원의 이용에 관한 국가재량이 좁아진다. 그러나 협약은 '가능한 한 그리고 적절한 경우' 당사국의 능력·상황에 따라 당사국이 의무를 이행한다는 형태로 대부분의 의무를 규정하고 있다. 그와 같은 규정은 즉시 협약상 의무를 전면적으로 시행하는 것이 대부분의 국가에서 곤란하다는 것을 고려한 것이지만, 경제발전이나 그 밖의 절박한 필요와 관련하여 가능한 적당한 보전을 개개의 당사국의 판단에 둠으로써 국가의 재량은 보다 넓어지게 된다. 그러므로 실제적으로 생물다양성 보전에 대해 실효적인 법적 수단이 될 수 있을지의 여부는 당사국의 정치적 의사에 달려 있다.

카르타헤나의정서는 폐기물의 국가간 이동을 규제하는 바젤협약의 PIC절차와 유사한 AIA절차를 채택하고 있다. 이 절차는 유전자변형생물체의 수입을 결정할 때에 국가의 주권적 권리를 명시적으로 승인하고, 그러한 수입을 각국의 의사에 맡겨진 주권에 기초한 접근법을 취하고 있다. 그러므로 바젤협약과 같은 형태인 AIA절차가 환경보호를 위해 실효적인 기능을 하기 위해서는, 제공된 정보에 기초한 위해성평가를 하여, 이에 근거하여 위험관리를 위한 적절한 대처와 결정을 가능하게 하는 국내제도의 구축이 불가결하다.

의정서교섭에 있어서 가장 의견이 대립하였던 부분은 의정서와 기타 국제협정의 관계, 특히 WTO협정과의 관계가 향후 문제가 될 수 있다. 의정서는 무역협정과 환경협정이 상호 지지적인 것으로서 의정서의 규정은 현행 국제협정에 따른 당사국의 권리와 의무에 있어서 영향을 주는 것이 아님을 강조한다(전문). 한편으로 의정서는 중대한 위험을 초래하는 것에 대해 충분한 과학적인 증거가 부족한 경우, 잠재적인 위험이 있는 활동을 제한 · 금지할 수 있는 예방적 접근법을 취할 수 있다. EU가 유전자변형생물체의 수입규제조치를 하자 미국, 캐나다, 아르헨티나가 WTO위반을 이유로 제소한 EU의 *Biotech* 사건[10]에서 나타난 것처럼, 이러한 예방적 접근법에 기초한 조치가 자유무역제도하에서 용인될지 여부는 향후 중요한 쟁점이 될 것이다.

생물다양성협약과 바이오안전성의정서 체제는 이행을 촉진하기 위하여 당사국총회의 결정을 거듭하고 당사국 전체가 지향하여야 할 목표와 당사국의 행동지침을 정하였다. 2002년 협약 제6차 당사국총회가 채택한 전략계획은 이러한 경향을 잘 보여주는 예라고 할 수 있다. 전략계획은 '당사국은 현재의 생물다양성의 소실속도를 2010년까지 현저히 감소시켜야 한다'는 목표('2010년 목표')도 확인하고 있다. 현재, 2010년 목표의 진전에 관한 평가와 2010년 이후의 목표와 전략계획의 검토가 진행되고 있다. 이처럼 당사국총회의 결정은 법적 구속력은 없지만, 협약 · 의정서의 규정을 명확화 · 구체화한다. 나아가 이 규정을 보다 발전시키는 중요한 역할을 담당하고 있으며, 체제의 발전과 심화를 촉진하는 기능을 수행하고 있다.

---

10) *European Communities - Measures affecting the approval and marketing of biotech products*, Reports of the Panel, WT/DS291/R,WT/DS292/R,WT/DS293/R, 29 September 2006.

| 참고문헌 |

磯崎博司, "第三章 生物多様性条約の法的意義と今後の展開,"「環境法研究」22号(有斐閣, 1995年).

藤倉良, "生物多様性条約とカルタヘナ議定書," 西井正弘 編,「地球環境条約」(有斐閣, 2005年).

高島忠義, "カルタヘナ議定書を巡る'貿易と環境'の問題," 法学研究 (慶応) 82巻 11号 (2009年).

C. deKlemn, "Biological Diversity Conservation and the Law — Legal Mechanisms for Conservation Species and Ecosystems," IUCN, *Environmental policy and Law Paper* no.29, 1993.

L. Glowka, F. Burhenne-Guilmin and H. Synge, "A Guide to the Convention on Biological Diversity," IUCN, *Environmental policy and Law Paper* no.30, 1994.

F. McConnell, *The Biodiversity Convention — A Negotiation History*, Kluwer Law International, 1996.

M. Bowman and C. Redgwell(eds.), *International Law and the Conservation on Biological Diversity*, Kluwer Law International, 1996.

Secretariat of the Convention on Biological Diversity, *Handbook of the Convention on Biological Diversity*, Earthscan, 2002.

C. R. McManis, *Biodiversity and the Law: Intellectual Property, Biotechnology and Traditional Knowledge*, Earthscan, 2009.

제 2 부

국제환경보호의 기본문제

제7장

사후구제제도

제1절 환경손해에 관한 국가책임

1. 환경손해와 국가책임의 개념

(1) 환경손해

환경에 대한 악영향 내지 유해성을 나타내는 용어로서 '오염(pollution)' 또는 '환경방해(environmental interference)'라는 용어가 사용된다. '오염'이란 일반적으로 사람이 물질 또는 에너지를 직접 또는 간접적으로 환경 속으로 도입(introduction)함으로써, 인간의 건강이나 생물자원 및 생태계를 해치거나 인간이 살아가는 데 필요한 종합적인 쾌적함(소위 'amenity') 기타 환경의 정당한 이용을 방해하는 성질을 가진 유해한 결과(deleterious effects)를 일으키게 하는 것을 말한다[UN해양법협약 제1조 1항 (4) 참조]. '환경방해'는 '오염'과 유사하지만, 이것보다는 조금 더 넓은 개념으로 풀이된다. 예를 들어, 하천으로부터 물을 끌어올리는 것과 같이, 물질 또는 에너지의 도입이라고 하는 요소를 포함하지 않는 경우, '오염'이라고 할 수는 없지만, 그렇다고 하더라도 유해한 결과를 가져온다면 '환경방해'에 해당한다고 볼 수 있다.[1] 이와 같은 '오염' 내지 '환경방해'는 일반적으로 환경위험(environmental risk)과 환경손해

(environmental damage)로 나누어진다.[2] 이론적으로는 '환경위험'에 대하여 국제법상 책임을 인정하는 것도 가능하겠지만, 현재의 국제법에서는 현실에서 '환경손해'가 발생하였을 경우에만 책임법의 적용에 의한 사후구제의 대상이 될 수 있다. 무엇보다도, 현재 '환경손해'에 대하여 통일적 정의가 존재한다고 말할 수 없다. 개념상으로는 '환경손해'를 보다 일상적인 의미로서 광의로 파악한 다음, 책임법에 따라 사후구제의 대상이 되는 손해를 별도로 구성하는 경우와 반대로 이것을 책임법의 적용이 가능한 손해(중대한 또는 수인한도를 넘는 손해)만을 가리키는 것으로 정의함으로써 법학적인 개념으로만 사용하는 경우[3]가 있다.

(2) 책임법의 기능

사후구제법으로서의 책임에 관한 법규칙은 침해된 보호법익을 회복시켜 피해자의 손해비용을 가해자에게 전환시킴으로써 피해자를 구제하는 기능을 갖는다. 또한 위법행위자(가해국)에 대한 비난으로 일종의 제재기능을 완수한다고 볼 수 있다. 게다가 책임법은 의무의 준수를 촉진하는 행위규범으로서 기능하여, 간접적으로 위법행위에 의한 손해의 발생을 사전에 방지하도록 이끌어내는 요소가 된다. 이로써 책임법은 환경손해에 대한 협의의 손해배상의 기능만을 수행하는 데 머무르지 않고, 널리 환경에 관한 국제의무의 준수, 집행의 근거로서 적용되는 일반적인 역할을 한다.[4] 이러한 기능을 완수하는 책임법 가운데, 환경손해를 초래한 원인제공자가 개인으로서 부담하는 민사책임의 문제는 다음 장에서 다루기로 하고, 이 장에서는 이것과 구별되는 국제법의 주체

---

1) Lefeber, *Transboundary Environmental Interference and the Origin of State Liability*, Kluwer Law International, 1996, pp.8-9.

2) 杉原高嶺 外, 「現代国際法講義(第4版)」(有斐閣, 2007年), 375-377면(臼杵知史執筆).

3) 후자의 법학적인 개념을 사용하는 것으로 해석하는 견해로는 山本草二, 「国際法(新版)」(有斐閣, 1994年), 662면.

4) Lefeber, *supra* note 1, p.1.

로서 국가가 부담하는 국제법상의 책임, 즉 국가책임의 문제를 다루기로 한다.

(3) 국가책임 개념의 다양화

'책임'의 의미를 나타내는 영어 단어로서 'responsibility'와 'liability'가 있지만(프랑스어에서는 모두 'responsabilité'),[5] 국제법상의 '책임' 혹은 '배상책임'의 개념은 다의적인 것이어서 종종 혼용되므로 주의가 필요하다. 최근 환경 관련 국제문서에서는 인간환경선언으로 대표되는 것과 같이, 환경보전을 확보하여야 할 일반적인 책임 내지 기본적 의무를 responsibility, 손해에 대한 사후 구제로서의 배상책임을 liability로 사용하여, 양자를 구별하는 경향이 보인다. 일반적으로는 '국가책임(State responsibility)'이란 국가의 국제의무 위반의 효과로서 해당국가가 부담할 책임, 즉 국가의 국제위법행위책임을 말한다. 이에 반하여, liability (배상책임)는 종종 손해에 대한 배상책임을 의미함으로써, '국가책임'의 효과, 혹은 '국가책임'과 거의 동의어로 사용되어 왔으나, 최근에는 새로운 국제책임론을 구축하려는 시도(후술하는 4. 참조) 속에서, 위법행위책임과는 구별된 위법이 아닌 원인행위에 근거한 손해배상(보상) 의무라는 의미로 사용되기도 한다(적법행위책임). 다만, 이 새로운 배상책임의 용어는 사후배상의 책임뿐만 아니라, 널리 월경손해를 둘러싼 통보, 협의의 절차적 의무나 손해의 사전방지의무도 포함한 개념으로서 제시되어 왔다.[6] 이와 같이, 국가의 국제책임의 개념 그 자체가 다양화되고 있어 그 이해를 둘러싸고 지속적인 학설상의 대립이 있어 왔지만, 이 장에서는 전통적인 국가책임(국가의 위법행위책임)을 중심으로 국제법의 현

---

5) N. Horbach, *Liability versus Responsibility under International Law* (proefschrift), Amsterdam, 1996, pp.20-80; Lefeber, *supra* note 1, pp.13-15.

6) 臼杵知史, "越境損害に関する国際協力義務,"「北大法学論集」40巻 1号, 1-70면; 薬師寺公夫, "越境損害と国家の国際適法行為責任,"「国際法外交雑誌」93巻 3・4合併号, 76면.

상과 과제를 개관한다.

UN 국제법위원회에서는 그 발족 당시부터 법전화의 대상으로 되어왔던 국가책임(위법행위책임)에 대하여 1996년에 제1독회를 종료하고, 3부 60조로 구성된 조약초안을 잠정적으로 채택하였다. 그 후, 새로운 특별보고자 Crawford 주도하에 제2독회가 개시되어 여러 국가의 견해나 국가 관행, 판례 등의 발전을 검토하여 초안을 체계적으로 재검토하는 작업이 진행되었다. 그 결과, 국가의 국제범죄의 개념, 국제의무의 분류, 위법성조각사유의 위치설정, 대항조치의 취급 등 중요한 점을 포함한 수정을 하여 2001년에 국제법위원회는 4부 59조로 구성된 '국제위법행위에 대한 국가책임' 조문 초안을 최종적으로 채택하여 제2독회를 종료하였다(이하에서는 최종초안을 '국가책임초안' 또는 '최종초안'으로 인용하고, 필요에 따라서 1996년 초안을 '잠정초안'으로 인용한다).

2. 환경손해와 국가책임의 성립

이하에서는 관련된 국가책임 성립의 법리를 먼저 살펴보고, 환경손해에 관한 기본적인 국가의 국제법상의 의무로서 확립되어 있는 '영역사용의 관리책임'의 원칙과 그 발전에 대하여 개관한 후, 환경손해에 관한 국가책임의 성립요건을 검토한다.

(1) 국가책임의 성립요건과 환경손해책임의 국가에 대한 귀속

1) 국가책임의 성립요건

국가의 국제책임(국가책임)은 국가에 귀속하는 국제의무위반행위에 의하여 발생한다. 즉, 일반적인 국가책임은 어떠한 행위(작위 또는 부작위)가 국가에 귀속하는 행위일 것(행위의 국가에 대한 귀속: 주체적 요건), 해당행위가 국제법상 의무에 위반할 것(국제의무위반, 즉 국제위법행위의 존재: 객관적 요건)의 두 가지 요건이 만족될 때 성립한다(국가책임초안 제2조). 이러한 요건 이외에, 고의 · 과실이라는 요소가 국가책임 성립의 독자적인 일반적 요건으로서 인정되는지에 대하여, 객관책임주의와 과실책임주의간의 이론상 대립이 있다. 그러나 국가책임초안은 이 요소가 1차규칙(국가에 대하여 구체적인 의무를 부과하는 모든 규칙)인 개개의 국제의무 속에 포함되어 있으므로, 국제의무위반의 존부 요건에 포섭되는 요소라고 평가하고 있고, 이를 2차규칙(1차 규칙 위반의 법적 귀결을 정하는 모든 규칙)인 책임법에서의 독자적인 요건으로 보고 있지는 않다(객관책임주의). 또한 '손해'의 요소에 대하여서도, 위 초안은 모든 국제의무위반은 타국에 대한 어떠한 침해(손해)를 수반하므로 이를 국제의무위반의 요건 속에 포섭되는 것으로 보고 그 독자적인 일반적 요건성을 부정하고 있다.

2) 사인(私人)의 행위의 국가에 대한 귀속

상기의 주체적 요건은 사인 또는 기관의 실제 행위가 소위 추상적·개념적인 존재인 국가 자신의 행위로서 국제법상 귀속되는 것을 의미한다. 사인 등이 저지르는 행위는 예외적인 경우를 제외하면 원칙적으로 국가의 행위로는 간주되지 않으며, 국가에 대한 귀속성이 부정된다. 그러나 사인 등의 행위와 관련하여 국가 자신의 국제의무위반이 인정되어 국가책임이 성립하는 경우가 있다. 이는 일반적으로 사인 등에 의한 국제법익 침해에 대하여, 국가기관이 그 방지·배제를 위하여 필요한 '상당한 주의(due diligence)'를 게을리한 것과 같은 경우이며, 국가는 그러한 부작위에 의한 국가 자신의 국제의무위반 행위에 따르는 국가책임을 부담한다.

3) '사태발생 방지의무'와 그 위반

국가책임 잠정초안에서 의무의 성질에 근거하는 분류(제20~23조) 안에는 '특정사태발생 방지의무'가 규정되어 있다(제23조). 이는 국가기관이 본래 관여하고 있지 않는 활동(자연현상이나 사인의 활동)으로부터 발생한 국제법익의 침해에 대하여 국가가 이를 방지하여야 할 의무를 말한다. 최종초안에서는 의무의 성질 분류와 관계되는 일련의 규정이 삭제되었으나, '특정사태발생 방지의무'의 개념은 의무위반의 특수한 부류를 이루는 것으로서 최종초안에서도 유지되었다(제14조). 환경손해를 방지하여야 할 국가의무의 특징을 고려할 때 이 의무의 개념이 참고가 될 것이다. '특정사태발생 방지의무'는 일반적으로 '최선의 노력을 다할 의무(best efforts obligations)'로, 특정사태발생을 방지하기 위하여 국가가 필요한 모든 조치를 취할 것을 요구하는 의무이지만, 사태가 결과적으로 발생하지 않을 것까지 요구하는 것은 아니다.[7] 즉, 사태의 방지를 위하여 어떠한 수단 · 방법을 취하여야 할 것인가 여부는 국가의 재량에 맡길 수 있는 것이기 때문에, 그 위반이 성립하기 위해서는 특정의 사태가 결과적으로 발생하였다고 하는 것만으로는 부족하고, 이에 더하여 국가가 사태에 대한 간접적 관여를 할 때에 주의의무를 게을리하였다는 요소가 필요한 것이다. 환경손해의 다수는 압도적으로 사인 혹은 사기업 활동에 의하여 발생하므로 이를 방지하여야 할 국제의무는 이러한 '사태발생 방지의무'에 해당한다고 생각한다. 실제로 이런 종류의 의무의 대표적 예로서 대기오염에 의한 월경손해를 방지하여야 할 의무를 들 수 있다.[8] 따라서 통상적으로 그 의무위반이 성립하기 위해서는 사태의 발생(환경손해의 발생)뿐만 아니라, 국가 자신이 국제법상 요구되는 주의의무에 위반하였다는 사실이 필요하다.

(2) 영역사용의 관리책임의 원칙과 그 발전

국가는 영역주권에 근거하여 자국 영역에 대하여 원칙적으로 포괄적 · 배타적 권능을 가지지만, 그 반면 자국 영역 내의 타국 법익을 침해하여서는 안 된다는 일반적 주의의무를 부담한다. 국가책임법이 전통적 대상으로 하여 온 주된 쟁점은 관련 의무하에서 자국 영역 내의 외국인 대우에 관한 문제였다. 그러나 오늘날에는 자국 영역 외의 타국 법익에 영향을 주는 월경손해에 적용가능한 일반적 규칙으로서 '영역사용의 관리책임'의 원칙이 성립 · 발전하고 있다. 이는 국가가 그 관할하의 영역

---

7) *ILC Report* 2001, p.145, para.14.

8) *Ibid.*

을 스스로 사용하거나 또는 사인 등에게 사용하도록 할 때, 타국의 국제법익을 침해하여서는 안 된다는 원칙이다. '영역사용의 관리책임'의 원칙은 월경대기오염에 관한 *Trail Smelter* 사건 중재판정 등의 국제판례에서 인정되었고, 나아가 인간환경선언을 비롯한 많은 국제문서에서 반복하여 확인되고 있으므로 일반국제법상의 원칙으로 확립되어 있다고 생각할 수 있다.

1) 국제판례에 의한 확인

(가) *Trail Smelter* 사건(1938년 중간판결, 1941년 최종판결)[9]은 캐나다에서 조업하는 민간소유의 트레일 제련소로부터 배출된 다량의 아황산가스로 인하여 인접국인 미국의 농림산업이 큰 피해를 입어 그 배상 등에 대한 양국간 분쟁이 국제중재에 부탁된 사건이다. 판정은 "국제법의 원칙들 및 미국법에 따르면, 사태가 중대한 결과(serious consequence)를 수반하고, (매연에 의한) 침해가 명백하고 확실한 증거(clear and convincing evidence)에 의하여 입증된 때에는 어떤 국가도 타국의 영역 또는 그 곳에 소재하는 사람의 재산과 신체에 매연에 의한 침해를 가져오는 방법으로 자국 영역을 사용하거나 그 사용을 허락할 권리를 갖지 않는다"고 하였다. 이 판정은 캐나다의 국가책임을 인정하는 한편 트레일 제련소의 조업 자체는 금지하지 않고 장래적 손해의 회피를 위한 규제 조치를 정하였다.

이 사건은 자국 영역 내에서의 사인의 활동이 타국에 대하여 월경손해를 끼친 경우에 발생한 양국간의 분쟁으로, 영역국 캐나다의 국가책임에 근거하는 손해배상을 인정한 첫 국제판례이며, 국제환경법 분야에서 영역사용의 관리책임원칙을 확립한 주요 판례로 자리매김하였다.

(나) 영역사용의 관리책임을 긍정한 ICJ의 판례로 *Corfu Channel* 사건(1949년 본안판결)[10]이 있다. 이 사건은 알바니아의 영해를 통항 중인 영국 군함이 기뢰로 인하여 폭발하여 많은 사상자가 발생한 사건이

9) *UNRIAA*, vol.3, p.1905 이하.
10) *ICJ Reports* 1949, p.4 이하.

다. 판결은 이 사건의 사정을 정황증거에 비추어 검토한 결과, 알바니아가 영해 내 위험을 사전에 고지할 수 있었음에도 불구하고 손해방지에 필요한 조치(위험의 경고 · 통보)에 태만하였다고 하여, 알바니아의 배상책임을 인정하였다. 영역 내의 위험의 존재를 사전에 고지할 수 있었던 국가에 요구되는 구체적인 주의의무를 통보 · 경고의 의무로서 파악하여, 그 부작위에 대하여 국가책임을 인정하였던 것이다. 환경손해를 대상으로 한 사건이라고는 할 수 없지만, 영역국의 주의의무를 보다 구체화하여 입증방법을 유연하게 인정함으로써, 환경손해에도 적용가능한 영역사용의 관리책임의 내용을 명확화 · 객관화한 판례라고 할 수 있다.

2) **인간환경선언원칙과 국가의 관리책임원칙의 발전**

UN인간환경회의(1972년)에서 채택된 '인간환경선언'(스톡홀름선언)은 조약과 같은 법적 구속력은 없으나 국제환경법의 현대적 발전의 단서가 된 중요한 문서이다. 이 선언은 전문과 26개 원칙으로 구성되어 있으며, 원칙 21에서 환경손해의 방지에 관한 국가책임을, 원칙 22에서 환경손해에 대한 사후배상책임에 관한 국제법의 발전을 위한 협력의무를 각각 정하고 있다.

원칙 21은 자국의 자원을 개발하는 주권적 권리를 확인하면서, "자국의 관할권 내 또는 지배(관리)하의 활동이 타국의 환경과 국가의 관할권의 범위를 벗어난 지역의 환경에 손해를 입히지 않을 것을 확보할 책임을 진다"고 규정하고 있다. 여기에서는 국제판례로 확립된 영역사용의 관리책임의 원칙을 계승하는 것과 동시에, 다음과 같은 관점에서 이를 더욱 발전시켜 보다 광범위한 활동 및 손해를 규율대상으로 포함하여 환경손해방지의 의무를 부과하고 있다. 첫째, 국가가 속지적으로 관할하고 있는 영역내의 활동뿐만 아니라, 널리 국가의 '지배(관리)하'에 있는 활동도 대상으로 하고 있어, 자국 영역 외에서의 자국민이나 자국의 선박 · 항공기 등의 활동 등도 포함하고 있다. 둘째, 타국의 환경뿐만 아니라 공해, 심해저, 우주공간, 천체, 남극 등 '국가의 관할권의 범위 밖의 지역(국제공역)'에 대한 손해도 그 대상으로 포함하고 있다. 원칙 21

의 이러한 확대 · 강화된 국가의 환경손해방지의무 원칙은 그 후, 「환경과 개발에 관한 리우선언(1992년)」의 원칙 2를 비롯하여 많은 국제문서에서 반복적으로 확인됨으로써 폭넓은 지지를 얻고 있으며, 현재는 국제관습법의 규칙이 되고 있다고 할 수 있다. ICJ도 1996년의 핵무기 사용의 합법성에 관한 권고적 의견[11]에서 이를 '현대 국제환경법의 일부를 이루는 것'이라고 하고 있다.

무엇보다도 인간환경선언 원칙 21은 손해방지를 위한 국가의 일반적인 의무를 정한 것이며, 어떠한 조건 아래에서 국가가 사후배상의 국제책임을 부담하는지에 대하여 규정하고 있는 것은 아니다. 사후배상책임에 대해서는 원칙 22에 규정되어 있지만, 이 규정에서는 책임 및 보상에 관한 국제법을 한층 더 발전시키기 위한 국제협력을 요구하고 있는데 머물러 있을 뿐이며, 역시 배상책임의 근거나 조건을 구체적으로 명시하고 있는 것은 아니다. 그로부터 20년 후의 리우선언 원칙 13에서는 사후 배상책임에 대하여 국내법을 발전시켜야 할 것을 지적함과 동시에, '신속하고, 보다 확고한 방법으로' 국제법 발전을 위하여 협력할 것을 요구하고 있다. 그러므로 일반국제법상의 국가의 사후배상책임이 성립하는 조건에 대하여 국가책임의 법리에 비추어 한층 더 검토하여야 한다.

(3) 환경손해에 적용되는 책임원칙

1) 실질적인 손해

환경의 보호에 관한 국제의무는 보통 앞서 언급한 바와 같은 '사태발생 방지의무'이며, 환경손해라고 하는 사태의 발생을 의무위반의 성립요건으로 한다. 따라서 환경에 대하여 악영향 내지 유해성을 가지는 행위라고 하더라도, 그것이 유형적인 '환경손해'를 발생시키지 아니하고 '환경위험'에 그치는 것이라면 국제위법행위책임은 성립하지 않는다. 게다가 전술한 바와 같이 *Trail Smelter* 사건에서는 '사태가 중대한

11) *ICJ Reports* 1996, p.226 이하.

(serious) 결과를 수반하는 한편, (매연에 의한) 침해가 명백하고 납득이 가는 증거에 의하여 입증되는' 경우의 손해에 한하여 배상책임을 긍정하였다. 따라서 중대하다고는 말할 수 없는 손해나 예견가능성을 입증할 수 없어 보이는 손해에 대하여서는 책임의 성립이 불충분하다. 일반적으로, 사후배상책임의 대상이 되기 위해서는 '상당한(significant)' 또는 '실질적인(substantial)' 혹은 '통상의 수인한도(tolerable levels)를 넘는' 손해이어야 한다.

2) 상당한 주의의무

환경손해의 발생에 대하여 국가는 무과실책임을 지는지 혹은 과실이 없으면 책임을 지지 않는 것인지 학설상의 대립이 있는바, 영역사용의 관리책임을 긍정한 판례에 대한 평가는 나뉜다. *Trail Smelter* 사건 판정으로 인정된 국가책임의 근거와 관련하여, 국가의 과실 혹은 주의의무위반의 인정 여부를 불문하고, 손해를 발생시킨 결과에 대하여 직접 국가책임이 생기는 것으로 보았다는 무과실책임으로 해석하는 견해가 있는 한편, 종래의 다수설에 따르면 오히려 국가의 주의의무위반을 전제로 한 전통적인 과실책임주의로 해석하는 견해가 있다.[12] 즉, 이 판정은 손해발생에 대한 무조건적인 결과책임을 긍정한 것이 아니고, 이 사건의 구체적인 사정에 비추어서 예견가능성의 측면에서 상당한 주의의무에 위반한 것을 책임의 근거로 하였다고 보고 있는 것이다. 특별 조약으로 국가의 무과실책임을 인정한 예외적인 경우(우주손해책임조약 제2조)를 제외하고는 국가책임의 성립을 위해서는 일반적으로 국가가 '상당한 주의'를 게을리하였다는 사실이 필요하다. 즉, 국가가 '상당한 주의'를 다하였음에도 불구하고 손해가 발생한 경우에는 국가는 책임을 부담하지 않는 것이다

'상당한 주의'의 요건을 국가 자신의 과실과 동일시할 수 있을지에 대해서는 과실책임주의와 객관책임주의 사이에 견해가 나뉘고 있다. 가

---

12) 山本草二, 「国際法における危険責任主義」(東京大学出版会, 1982年), 121면.

해국에 대한 비난 · 제재의 근거로서의 과실에 대한 개념의 의의를 중시하면서, '상당한 주의'의무는 국가의 주관적 재량을 넓게 허용하므로 '상당한 주의'는 과실이라고 파악하는 견해[13]도 역시 유력하다. 현재의 추세는 국가책임초안의 입장과 동일하게 이를 일정한 구체적 방지조치를 요구하는 객관적인 의무라고 이해하여 과실개념과 결부시켜 파악할 필요는 없다[14]고 해석하고 있다.

3) 주의의무의 내용

'상당한 주의'는 막연히 국제법을 염두에 두고 행동하는 국가(선량한 정부)가 통상적으로 기울이는 정도의 주의라고 보는 정도에 그치고 있으며 그 내용이 미리 일률적으로 특정되고 있는 것은 아니다. 그 주의의무의 내용은 개개의 사안의 상황이나 가해국의 통치능력 등에 따라 다르다. 조약에 의하여 환경손해의 방지의무가 부과된 경우에도, 이를 위한 구체적 수단이나 방법에 대해서는 일률적으로 특정되어 있지 않은 것이 많으므로 주의의무의 이행에서는 국가 재량의 여지가 인정된다. 예를 들어, UN해양법협약은 해양오염의 방지, 경감 · 규제를 위하여 '자국의 능력에 상응'하는 '모든 필요한 조치'를 취하도록 요구하고 있고(제194조), 또한 국제수로의 비항행적 이용에 관한 협약은 다른 수로국에 대하여 중대한 손해를 끼치는 것을 방지하기 위한 '모든 적절한 조치'를 취하도록 요구하고 있는데(제5조), 이 규정들도 '상당한 주의'를 다하여야 할 의무를 부과하고 있는 것이라고 해석된다.

아울러 손해의 방지 · 규제를 위한 수단 · 방법 · 내용적 기준 등을 특정하는 것, 말하자면 '상당한 주의'의무의 내용을 한층 구체화 · 객관화하여 나가는 것이 요청된다. 앞서 살펴본, *Corfu Channel* 사건 판결

---

13) 兼原敦子, "国際違法行為責任における過失の機能,"「国際法外交雑誌」96巻 5号, 39-46면.

14) P. Birnie and A. Boyle, *International Law and the Environment*, 2nd ed., Oxford University Press, 2002, p.183; 杉原高嶺,「国際法学講義」(有斐閣, 2008年), 503-504면.

은 주의의무의 내용을 구체화하여 파악한 선례로 해석되지만, 환경관련 조약으로, 예를 들어 UN해양법협약은 오염방지조치에 대하여 다른 관련 조약으로 설정되어 있는 구체적인 국제적 규칙 및 기준에 따를 것을 요구하고 있다. 그리고 오존층보호나 지구온난화 관련조약에서 볼 수 있듯이, 의정서로 환경방해물질의 구체적인 규제방법과 기준을 정하는 것과 동시에, 앞으로 과학적 지식의 발전에 따라 의정서를 용이하게 개정할 수 있는 구조를 마련하고 있는 경우도 있다. 이와 같이, 국제의무의 내용이 구체화되어 특정되면 이를 통하여 의무위반 즉, 국가책임의 성립을 보다 객관적으로 인정하는 것이 가능해진다고 할 수 있다.

3. 환경손해와 국가책임의 효과

(1) 국가책임의 해제와 사후구제

국제위법행위를 한 국가(가해국)는 그러한 행위에 의하여 발생한 손해를 구제하여야 한다. 가해국이 국가책임을 해제하여야 할 의무를 지는 것이며, 이는 충분히 확립된 국제법의 기본원칙이다. 상설국제사법재판소(PCIJ)의 *Chorzow Factory* 사건 판결(1928년 · 배상)에 의하면, "배상(reparation)은 가능한 한, 위법행위의 모든 귀결에서 벗어나 그 위법상태가 이루어지지 않았다면 존재하였을 것이라고 여겨지는 상태로 회복할 수 있는 것이어야 한다."[15] 여기서 말하는 '배상'은 사후구제라고 하는 넓은 의미로 사용되고 있어 원상회복이나 금전배상(협의의 배상) 외에 위반의 승인, 공식적인 사죄, 책임자의 처벌이라고 하는 정신적 만족(satisfaction, 국가책임초안 제37조)을 포함하는 개념이다. 이러한 배상의 여러 수단들은 복합적으로 사용될 수도 있다(제34조).

1) 원상회복과 손해배상

원상회복(제35조)은 이론상은 가장 기본적인 책임해제 방법으로 자

15) *PCIJ* Series A, no.17, p.47.

리매김되어 환경손해의 사후구제조치로도 유용하다. 그러나 환경손해를 원상회복하는 것이 불가능 혹은 비현실적인 경우도 적지 않고, 그러한 경우의 구제는 금전배상(제36조), 그 외의 방법에 따라 대체 또는 보완되어야 한다.[16)]

금전배상의 액수는 기본적으로는 위법행위에 의한 손해가 발생하지 않았다면 존재하였을 것인 상태를 회복하는 데 충분한 것이어야 한다. 일반적으로는 위법행위에 의한 직접손해는 물론이며 상당인과관계가 존재하는 한, 부수적 · 파생적으로 생긴 간접손해도 배상의 대상이 된다고 한다. 오염에 의하여 생긴 재산 가치의 상실이나 오염의 방제에 필요로 한 비용 등도 포함된다.[17)] 그러나 인과관계의 상당성의 개별적 · 구체적인 판단이 용이하지 않은 것도 적지는 않다. 특히, 환경손해에 대하여서는 금전적 환산에 어려움을 겪을 뿐만 아니라, 배상의 범위에 대하여 다툼이 생기는 경우가 있다.

예를 들면, 방사능손해의 경우에는 현실의 오염손해를 제거하는 데 필요로 하는 비용 외에도 잠재적인 손해를 경감 · 방지하기 위하여 필요로 하는 비용이 포함되는 것인지 여부가 명확하지 않다. 구소련의 원자로위성(nuclear powered satellite) Cosmos 954호가 캐나다에 낙하한 사건(1978년)으로 캐나다는 손해의 경감 · 방지를 위하여 필요로 하는 비용을 포함한 총액 600만 달러를 구소련에 청구하였으나, 교섭의 결과 그에 약 절반에 해당하는 금액의 지불에 합의하였다. 이 사건에서의 배상의 대상으로 여겨진 범위나 그 법적 근거는 분명하지 않다.[18)] 또한 1954년 일본 어선이 미국의 수소폭탄 실험에 의하여 피해를 입은 제5후쿠류마루(第五福竜丸) 사건에서는 일본이 570만 달러의 배상을 청구

---

16) Malgosia Fitzmaurice, "International Responsibility and Liability," in D. Bodansky *et al.*(eds.), *The Oxford Handbook of International Environmental Law*, Oxford University Press, 2007, pp.1018-19.

17) *Ibid.*, p.1019.

18) *ILM*, vol.18(1979), pp.902-930; 山本草二, 전게주(12), 244-248면.

하였다. 그러나 결국은 은혜적 조치로서(*ex gratia*) 200만 달러를 지불하는 것으로 양국간에 합의를 하였는데, 이 지불은 '법적 책임과는 관계없는' 위로금 성격을 가진다는 점에 주의하여야 한다.[19)]

2) **위법행위의 정지와 재발방지**

국가책임을 발생시키는 국제위법행위가 계속되는 경우에는 무엇보다도 우선, 그 행위가 정지(중지)되어야 한다. 이 정지의무는 계속적인 성격을 가지는 위법행위에 일반적으로 타당한 제1차적인 책임해제 방법이다[국가책임초안 제30조 (a)]. 그러나 환경손해를 가져오는 원인행위의 대부분은 그 자체가 국제위법행위라고는 할 수 없는 것이다. *Trail Smelter* 사건 판정은 캐나다의 국가책임에 근거하는 손해배상 의무를 인정하였지만, 제련소의 조업 그 자체가 위법이라고는 할 수가 없다고 하였다. 이 판정은 제련소의 조업이 계속되는 것을 인정하면서 앞으로 발생할 손해 발생을 방지하는 조치를 취하도록 명함에 따라 양국 이익의 균형이 확보된 것이라고 해석된다.[20)]

위법행위 재발방지의 보장은 일반적인 책임해제 방법으로 인정되고 있다[제30조 (b)]. 국가책임을 발생시킨 환경에 유해한 활동 그 자체를 금지하지 않고 앞으로 발생할 손해에 대비하여 재발방지의 조치를 강구하는 이러한 책임해제 방법은 당사자 간에 형평한 해결을 달성한 것으로서 주목된다.

(2) 국제청구와 국내구제완료원칙

1) 외교적 보호와 그 행사요건

국제위법행위에 의하여 외국인이 손해를 입었을 경우, 피해자인 외국인의 국적국이 가해국의 국가책임의 해제(광의의 배상)를 요구하는 국

19) 石野耕也 외 編, 「環境事件案内」(信山社, 2001年), 150-155면 (臼杵知史 執筆); 田中則夫, "第五福竜丸事件," 太寿堂鼎ほか編集代表, 「セミナー国際法」(東信堂, 1992年), 47-50면; 山本草二, 전게주(12), 159-160면.

20) P. Birnie and A. Boyle, *supra* note 14, pp.191-192.

제청구를 '외교적 보호'라고 한다. 국제법위원회는 이 주제에 관한 법전화 작업의 결과, 2006년에 외교적 보호 초안(전체 19개 조항)을 채택하였다. 외교적 보호가 행사되어 온 맥락은 전통적으로 가해국 영역 내(또는 관할 하)에서 외국인이 그 신체 · 재산을 침해받은 경우이며, 재외 자국민의 외교적 보호라고도 할 수 있다. 외교적 보호의 행사에 대해서는 주로 그 남용을 막을 필요성의 측면에서, 국제관습법상 충분히 확립되어 있는 두 가지의 절차적 조건이 부과되어 있다. 하나는 '국적계속의 원칙'으로, 피해자인 개인은 손해를 받았을 때부터 국제청구의 제기 또는 최종적 해결시까지 청구국의 국적을 계속적으로 유지하여야 한다는 것이다(제5조, 제10조). 또 다른 하나는 '국내구제완료원칙'으로 국제청구에 앞서 피해자인 사인이 가해국의 국내법상 이용할 수 있는 모든 실효적 구제수단을 거쳐야 한다(제14조). 또한, 이 국내구제완료원칙에 대하여 국가책임 잠정초안은 외국인대우의무 위반의 국가책임이 성립되기 위한 실체법상 조건이라고 평가하였지만(제22조), 국가책임초안에서는 실체법적 성격을 가지지 않는 방향으로 수정되어, 청구의 국적에 관련되는 규칙과 함께 '청구의 허용성(admissibility)'에 관한 조건으로 다루어졌다(제44조).

2) 환경손해와 청구의 허용성

이러한 절차적인 조건은 국제청구에 의한 피해자 구제의 관점에서는 큰 장애가 되는 것이지만, 월경환경손해에 의하여 개인이 손해를 입었을 경우의 국제청구에 대해서도 적용이 될지 문제가 된다. 환경손해는 일반적으로 청구국의 영역 내(또는 선박, 항공기 등)에서 발생하는 것으로, 인적 성질의 손해라고 하기보다는 오히려 국가에 대한 직접적 손해이다. 따라서 피해자가 청구국의 국민인지 여부는 관련성을 갖지 않고, 손해의 발생시점에 청구국의 관할 내에 있었던 것으로서 충분하다고 보아, 국적계속의 원칙을 적용하기에 적당하지 않다고 주장하는 견해가 있다. 이와 같은 맥락에서, 국내구제완료원칙에 대해서도 국가(의 환경)에 대한 직접적 침해에 근거한 청구의 경우에는 비록 개인의 권리

침해의 요소를 포함하고 있다고 하더라도 이 원칙이 적용되지 않는다[21]는 주장이 있다. 국내구제완료원칙을 적용하지 않아야 한다는 논거로서 이 원칙을 적용하기 위해서는 가해국에서의 체류나 가해국과의 계약체결이라고 하는 형태로 피해자가 가해국의 관할권에 복종한다고 하는 '자발적 관련(voluntary link)'의 존재가 전제가 되는 반면, 월경환경손해의 경우에는 일반적으로 관련되는 자발적 관련이 결여된다고 보고 있다.[22]

이 자발적 관련의 이론은 학설상 많은 지지를 얻고 있어 외교적 보호 초안에서도 채택되고 있다[제15조 (c)]. *Trail Smelter* 사건에서는 캐나다 국내법상의 구제수단의 수행·완료를 조건으로 하지 않고 국제청구에 의한 중재판정이 개시된 바 있다. 이와 같이 국내구제완료원칙을 적용하지 않는 근거는 기본적으로 관련국의 합의에 의하여 이 원칙이 배제된 것이라고 해석되지만,[23] 이론상으로는 개인에 대한 손해보다 국가에 대한 직접손해가 우선적으로 고려된 점 또는 자발적 관련의 결여를 근거로 하여 이 원칙을 배제한 것으로 설명할 수 있다.[24] 이 사건의 판정에서는 손해가 미국의 '영역'에서 발생한 것을 지적함으로써,[25] 외교적보호의 사례라는 점보다도 오히려 국가간의 분쟁으로서 성격이 부여된 점이 주목된다.

(3) 원고적격과 일반이익의 보호

1) 국제사회전체에 대하여 부담하는 의무와 민중소송

환경손해에 대하여 국제청구를 제기하여 국가책임을 추궁할 수 있

---

21) Alexandre Kiss, "Present Limits to the Enforcement of State Responsibility for Environmental Damage," in F. Francioni & T. Scovazzi (eds.), *International Responsibility for Environmental Harm*, Graham & Trotman, 1991, p.7; Birnie and Boyle, *supra* note 14, p.199.

22) *Ibid.*, p.198; K. B. Hoffman, "State Responsibility in International Law and Transboundary Pollution Injuries," *ICLQ*, vol.25, 1976, pp.539-541.

23) Hoffman, *supra* note 22, pp.523-527.

24) *Ibid.*, pp.539-541.

25) *UNRIAA*, vol.3, p.1912.

는 자격 즉, 원고적격을 가지는 것은 원칙적으로 위법행위에 의하여 자국의 법익을 침해받아 실질적 손해를 입은 국가, 즉 피해국이다(국가책임초안 제42조). 그러므로 실질적인 손해를 직접 입지 않은 '피해국' 이외의 국가가 구제를 요구하는 원고적격을 가질 수 있을지의 여부가 문제된다. 원고적격이 특히 문제되는 것은 국제위법행위에 의한 손해가 오로지 국제공역(국가관할권의 범위를 벗어난 지역)에 생기거나, 개개의 국가보다도 국제사회 전체에 영향을 주는 경우이다. 이러한 경우에 직접적인 법익 침해를 받지 않은 국가가 국제사회의 일반이익에 근거를 두고 이른바 민중소송(*actio popularis*)을 제기할 수 있을지가 문제된다.

ICJ는 *Barcelona Traction* 사건 판결(제2단계, 1970년)의 방론을 통해, 대세적 의무(obligations *erga omnes*)의 존재를 인정하고 이러한 종류의 의무 위반에 대해서는 모든 국가가 법적 이익을 가진다고 하였다.[26] 그러나 일반이익을 설정하는 개별 다자간 조약체제에 있어서의 조약 당사국의 경우는 제쳐두고, 직접적인 피해국이 아닌 국가에 민중소송을 인정한 선례는 없다. 에티오피아와 라이베리아가 남아프리카의 위임통치 의무 위반의 확인을 요구한 *South-West Africa* 사건 판결(제2단계 · 1966년)에서도, 국제법의 현재 상태로서는 공익 옹호를 위한 민중소송은 인정받지 못하므로,[27] 원고 자신의 법익이 침해되지 않은 것을 이유로 그 소송적격이 부인되었다. 게다가 만일 일반이익에 근거하는 민중소송이 인정된다고 하더라도, 그 경우 어떠한 청구(책임의 추궁)를 할 수 있는지는 분명하지 않다. 남태평양에서 프랑스의 대기권 내 핵실험에 대하여 호주와 뉴질랜드가 그 위법성의 확인과 실험의 정지를 요구하여 ICJ에 제소한 *Nuclear Test* 사건(1974년 판결)에서, 원고측은 방사능 오염으로부터 환경이 보호되어야 한다는 것에 대해서는 모든 국가가 권리를 갖고, 그 준수에 관한 법적 이익을 가진다고 주장하였다. 그러나 판결은 향후 실험을 중지한다고 한 프랑스의 일방적 선언에 법적 구속력

26) *ICJ Reports,* 1970, p.32.
27) *ICJ Reports,* 1966, p.47, para.88.

을 인정하여 소송목적이 소멸되었다는 이유로 소송을 중지하였고,[28] 원고적격성 등의 문제에 대하여 아무런 판단을 하지 않았다.

국가책임초안 제48조는 많은 비판을 받은 *South-West Africa* 사건 판결로부터 의식적으로 벗어나려는 입장을 취하여,[29] 집단적 이익을 보호하기 위하여 설정된 의무(obligations *erga omnes partes*) 또는 대세적 의무(obligations *erga omnes*)의 위반에 대하여 피해국 이외의 국가에 의한 책임의 추궁을 인정하는 것으로 규정하고 있다(동조 1항). 피해국 이외의 국가가 제기하는 청구는 해당 위법행위의 중지와 재발방지의 보증[동조 2항 (a)] 및 피해국 등의 이익을 위한 사후구제의무의 이행[동조 2항 (b)]을 요구하는 것에 한정된다. 이 규정은 '법의 점진적 발달'의 성격이 강하며, 반드시 국제관습법상 확립된 규칙이라고 할 수는 없다.

2) 중대한 강행규범위반의 효과

국가책임잠정초안은 강행규범이 국제사회의 기본적 이익의 보호를 위한 불가결한 의무의 중대한 위반이자 국제사회 전체에 의하여 범죄라고 인정되는 위법행위를 국가의 국제범죄(international crime)로 정의하고(제19조 2항), 이와 같은 행위는 일반의 국제위법행위(불법행위, international delict)의 효과 외에 특별한 효과가 더해진다고 하였다. 즉, 다른 모든 국가가 '피해국'이 되며(제40조 3항), '피해국'은 일정한 의무를 부담하고(제53조), 이와 동시에 구제를 요구하거나 제재에 나설 수 있는 자격이 있다고 하였다(제52조). 그리고 잠정초안은 국가의 국제범죄에 대한 예시에서 대기 또는 해양의 대량오염의 금지의무와 같이 인간환경의 보호·보전을 위하여 불가결한 중요성을 가지는 국제의무의 중대한 위반을 들었다(제19조 3항). 그러나 '국가의 국제범죄'의 개념에 대해서는 판례나 국가관행으로 이를 확인할 수 없다는 등과 같은 비판의견이 많았고, 최종초안에서는 잠정초안 제19조의 규정을 삭제하기에 이르렀다.[30]

---

28) *ICJ Reports,* 1974, p.272, para.62.

29) *ILC Reports,* 2001, p.321, footnote 766; *ILC Report* 2006, p.87, para.2.

2001년 국가책임초안에서는 형벌적인 의미를 포함하는 '범죄'라는 표현은 회피하면서 '일반국제법의 강행규범에 근거하는 의무의 중대한 위반'과 그 법적 효과에 관한 규정을 두어(제40, 41조), 보다 신중한 표현을 사용하였다. 강행규범의 예시규정을 두고 있지 않지만, 어떤 종류의 환경보호의무가 이에 해당한다면, 그 '중대한 위반'(제40조)은 그 종료를 위한 협력의무나 모든 국가의 불승인 · 불원조의 의무(제41조)를 발생시킨다. 그리고 강행규범에 위반하는 대항조치는 인정받지 못하기 때문에(제50조 1항), 대규모 환경오염을 수반하는 대항조치는 위법이 될 가능성도 있을 것이다.

4. 국제책임법의 한계와 과제

(1) 국가책임제도 고유의 한계

국가책임의 추궁(국제청구)은 피해자 구제를 위한 지극히 유력한 수단이지만, 그 행사는 피해국의 재량에 따라 이루어진다. 피해자 개인은 일반적으로 국가간의 국가책임 문제의 해결에 관여하거나 이를 추진할 국제법상 자격을 갖지 않는다. 따라서 비록 환경손해에 관한 위법행위 책임을 물을 가능성이 있는 경우라 하더라도, 환경의 보호나 피해자의 구제를 위하여 항상 책임의 추궁이 이루어진다고는 할 수 없고, 국가는 국익이나 국제관계를 고려하여 이를 오히려 더 상위에 두기도 한다. 이는 현재의 국가책임법 또는 국제법 고유의 한계라고도 할 수 있다. 실제로, 여러 국가들은 월경오염에 의한 피해를 입어도 국가책임법의 적용을 회피하여, 오히려 국내법상의 배상제도에 호소하는 경향이 있다.[31] 유명한 체르노빌 원자력 발전소 사고(1986년) 당시에도, 어떠한 피해국

30) Hoss, "State Responsibility, Liability and Environmental Protection," in Rüdiger Wolfrum *et al.* (eds.), *Environmental Liability in International Law: Towards a Coherent Conception*, Erich Schmidt Verlag, 2005, pp.465-467.

31) Birnie and Boyle, *supra* note 14, p.178.

도 정식으로 국제청구를 하지 않았다.[32] 그러므로 피해자 스스로 개인이 가해국 내의 재판소나 행정기관에 의한 구제절차에 호소할 수 있는 제도적 보완이 요청된다(이에 대하여는 다음 장을 참조).

(2) 위법행위책임 입증의 곤란성

국가의 국제위법행위 책임이 인정되기 위해서는 원칙적으로 수인한도를 넘는 손해의 발생, 원인행위의 특정, 손해와 원인행위와의 인과관계, 국가의 주의의무위반(과실) 등의 입증이 필요하지만, 월경환경손해와 관련하여 이를 입증하는 데는 큰 기술적 어려움이 따른다. 특히 원자력활동이나 우주활동과 같은 고도의 위험을 내포하는 활동으로부터 생기는 환경손해의 경우, 주의의무위반의 입증은 매우 어려울 것이다. 또한 책임이 성립하기 위해서는 불가항력(국가책임초안 제23조)이나 조난(제24조), 긴급피난(제25조) 등 위법성조각사유에 해당하지 않아야 한다. 그러나 이러한 위법성조각사유에 해당한다고 하여도 해당 행위에 의하여 생긴 물질적 손해에 대한 금전보상 의무가 부정되는 것은 아니다[제27조 (b)]. 더구나, 지구적 규모의 환경파괴(환경위험)에 대하여 그 보호·보전을 위하여 전통적인 국가책임의 법리를 적용하는 것은 거의 불가능하다고 할 수 있다.

(3) 적법행위에 근거하는 국제배상책임

전통적인 국가책임법에는 이상과 같은 한계가 있기 때문에 이를 적용함으로써 피해자를 효과적으로 구제하는 것을 기대하기 어렵다. 개별조약에서는 고도로 위험한 활동으로부터 생기는 제3자 손해에 대하여, 가해자인 직접적인 활동 주체에게 민사상 무과실배상책임을 지도록 하는 것이 있다(다음 장 참조). 또한 우주손해배상조약(1972년)은 우주물체가 지상의 제3자 또는 비행 중인 항공기에 입은 손해에 대하여, 활동주

32) 石野耕也 외 編 ,「環境事件案内」(信山社, 2001年), 209면(南論子 집필).

체가 정부기관이든, 민간단체이든 불문하고 '발사국'에 무과실·무한 배상책임을 부과하고 있다(우주조약 제6조의 국가에 대한 책임 집중의 원칙에 근거하는 국가의 전속책임). 이러한 조약관행을 배경으로, UN국제법위원회는 새로운 국제배상책임 제도로서 1978년 이후, '국제법에 의하여 금지되지 않은 활동으로부터 생기는 유해한 결과에 관한 국제배상책임(liability)'의 법전화 작업에 착수하였다. 이는 위험한 활동 그 자체는 허용하면서, 손해의 방지·경감을 위한 국제협력의무를 부과하는 것과 동시에, 발생한 손해의 사후 구제에 대하여 위법행위책임과는 다른, 국가의 무과실배상(보상)책임을 인정하려고 하는 시도이다. 그러나 개별조약과는 별개로, 일반적으로 국가의 무과실책임원칙을 설정하는 것이 타당하고 가능한가, 위법행위책임과 관련되는 점이 있지는 않는지 등에 대한 비판이 제기되었고, 이 법전화 작업은 결코 순조롭게 진행되지는 않았다.[33] 따라서 이 주제의 취급방법 그 자체에 대한 재검토가 이루어진 결과, 주제를 '방지'와 '보상책임'의 문제로 나누어 채택하기로 하였다. 국제법위원회는 전자에 대하여 19개조로 구성된 '위험활동으로부터 생기는 월경손해의 방지'에 관한 조문안을 2001년에 채택하고 이어서 후자의 문제에 대한 연구를 계속하여 2006년에는 '위험활동으로부터 생기는 월경손해에 관한 손실배분'의 원칙안을 채택하였다.[34] 위 두 개의 원칙안은 2007년 UN총회에서 채택되었다. 후자의 원칙안은 월경오염의 피해자에 대하여 신속하고도 충분한 보상의 확보를 목적으로 하여 활동주체에 대한 민사상의 무과실배상책임 제도의 발전을 향한 지침을 제공하지만 구속력이 없는 문서로 머물러 있어 그 조약화는 이루어지지 않았다.

---

33) 이 법전화 작업의 문제점과 관련하여는 臼杵知史, "越境損害に関する国際協力義務,"「北大法学論集」40巻 1号 (1989年); 薬師寺公夫, "越境損害と国家の国際適法行為責任,"「国際法外交雑誌」93巻 3・4合併号 (1994年) 참조.

34) 이들 문서에 대해서는 臼杵知史, "危険活動から生じる越境損害の防止」に関する条文案,"「同志社法学」60巻 5号, (2008年); 臼杵知史, "危険活動から生じる越境損害に関する損失配分の原則案,"「同志社法学」60巻 6号, (2009年) 참조.

| 참고문헌 |

山本草二,「国際法における危険責任主義」, 東京大学出版会, 1982年.

臼杵知史, "越境損害に関する国際協力義務,"「北大法学論集」40巻 1号(1989年).

安藤仁介, "国家責任に関する国際法委員会の法典化作業とその問題点,"「国際法外交雑誌」93巻 3・4合併号(1994年).

薬師寺公夫, "越境損害と国家の国際適法行為責任,"「国際法外交雑誌」93巻 3・4合併号(1994年).

兼原敦子, "国家責任法における「一般利益」概念適用の限界,"「国際法外交雑誌」94巻 4号(1995年).

F. Francioni & T. Scovazzi (eds.), *International Responsibility for Environmental Harm*, 1991.

R. Lefeber, *Transboundary Environmental Interference and the Origin of State Liability*, 1996.

Tullio Scovazzi, "State Responsibility for Environmental Harm," *Yearbook of International Environmental Law*, vol.12, 2001.

M. Fitzmaurice, "International Responsibility and Liability," in D. Bodansky *et al.* (eds.), *The Oxford Handbook of International Environmental Law*, 2007.

R. Wolfrum *et al.* (eds.), *Environmental Liability in International Law: Towards a Coherent Conception*, 2005.

제2절 월경 환경손해에 대한 민사책임

1. 서 론

환경보호를 위한 법적 대처에는 오염행위의 예방을 직접적인 목적으로 하는 것과 사후적인 규율을 통하여 간접적으로 예방을 도모하기 위한 것이 있다. 그리고 후자의 사후적 법적 대처 중에서도, 공법적으로 오염행위자의 책임을 추궁하는 방법(벌칙의 적용과 함께 오염된 환경을 원상회복하라는 행정명령이 부과되기도 한다)과 사법적으로 오염행위자의 민사책임으로서의 손해배상의무나 원상회복의무를 부과하는 방법이 있다. 본장에서는 환경손해에 관한 민사책임의 문제를 검토하고, 그 중에서도 특히 월경환경오염행위의 민사책임 문제를 국제사법의 관점에서 검토한다.

이하에서는 우선 국제법과 대비하여 국제사법의 성격을 분명히 한다. 그 다음, 전자의 관점으로 일본의 국내법인 「법의 적용에 관한 통칙법」하에서 환경손해에 의한 책임의 준거법과 그 손해배상청구소송에 대한 국제재판관할에 대하여 검토한다. 특히 후자에 대해서는 구체적인 예로서 원자력 손해배상과 유류오염 손해배상을 검토한다. 그리고 마지막으로 국제사법에 따른 처리의 한계로서 행위자의 특정문제와 사후처리의 한계에 대하여 다루고자 한다.

2. 국제법과 국제사법

(1) 국제법

국제법(Public International Law)은 인권문제, 다국적 기업 규제 등의 문제에서 개인이나 기업이 등장하기도 하지만 어디까지나 그것은 예외이고, 주로 국가(국제기구를 포함)간의 관계를 규율하는 법이다. 법의 존재형식으로서는 조약이 원칙이고 부분적으로 국제관습법이 존재한다(무엇이 과연 관습법인가에 대해서는 항상 논의가 있다). 국제사회에는 피라미드의 정점에 해당하는 권력기관이 존재하지 않기 때문에, 국내법에서의 형법에 상당하는 규범은 존재할 수가 없다. 국제법은 원칙적으로 국내법에 비유하자면, 민법과 같이 대등한 당사자 간의 권리 · 의무관계를 규율하는 법이다.

이러한 문제와 관련하여 언급하자면, 후술하는 바와 같이 한 국가의 국민 · 기업의 활동으로 타국에 대해 손해를 끼친 경우, 그것이 국제법(조약, 관습법) 위반인 경우에도 국내에서의 경우와 같이 공해(公害)에 관한 법률위반으로서 국가권력에 의하여 처벌되는 경우는 없고, 그 책임의 해제방법, 즉 사죄를 하든지 배상금을 지불할지가 문제된다. 물론 경우에 따라서는 손해를 입은 측이 무력행사를 하는 것(국내법적으로는 보복)도 생각할 수 없는 것은 아니지만, 현재는 일반적으로 인정되지 않고 환경오염행위자에 대한 무력제재라고 하는 논의는 논외라 할 것이다. 그리고 타국에 손해를 끼치는 원인이 된 행위 자체, 예컨대 통상의 산업활동에는 국제법 위반에 해당하지 않지만 결과적으로 월경환경손해를 초래하였을 경우에는 국내법으로 말하자면 불법행위책임에 해당하는 책임이 발생하는가 하는 문제가 있으며, 이 경우 논의는 그러한 내용의 국제관습법 규범의 존부라고 하는 형태로 이루어진다. 다만 당사국이 구속되고 있는 조약이 있는 경우는 별개의 문제이다.

(2) 국제사법

국제법과 비하여 국제사법(Private International Law)은 주로 개인이나 기업의 활동에 의하여 발생하는 민사상의 권리 · 의무 및 법률관계 가운데, 복수의 국가와 관련되는 것을 대상으로 하고 있다. 이 경우에도 전술한 바와 같이, 세계정부에 상당하는 권력기구는 존재하지 않으므로, 구체적인 법규범 및 그 적용에 대한 공권적 판단권한은 각 국가의 재판소에 있다. 문제가 되는 것을 크게 나누어 보면, ① 어느 국가의 재판소에서 재판을 할 것인가 하는 국제재판 관할의 문제, ② 어느 국가의 법률을 적용하여야 하는가 하는 준거법 결정의 문제, 그리고 ③ 그 판단 결과로서의 판결은 다른 국가에서 어떠한 효력이 인정되는 것인가 하는 외국판결의 승인·집행의 문제이다. 이 중 ①과 ③의 문제는 국제 민사소송법상의 문제이며, ②의 문제는 저촉법(협의의 국제사법)의 문제이다. 이 양자를 합쳐서 국제사법(광의의 국제사법)이라 부르고 있다.

국제 민사소송법은 자국의 재판제도를 전제로 한 절차법상의 문제이며 국내의 민사소송에 대하여 발생하는 국제적 문제의 처리에 지나지 않는다. 이에 대하여 저촉법은 민법, 상법 등의 규범과는 차원을 달리하는 특수한 것이다.[1] 민법, 상법 등의 민사적인 권리·의무 및 법률관계를 직접 규율하는 것을 목적으로 하는 법률(이는 저촉법에 대비시켜 실체법으로 불린다)은 국가마다 그 내용이 차이가 난다. 물론 몇 개의 법분야에 대하여서는 실체법의 통일조약이 있어,[2] 그 체약국 간에는 통일되어 있으나, 이는 예외적인 것이며 일반적으로는 통일되지 않은 상태이다. 또 한정된 분야에서 체약국 사이에 법통일이 달성되었다고 하더라도 그 해석·적용을 맡은 재판기구가 통일되어 있지 않은 결과, 시간이 경과함에 따라 점점 더 통일되지 않는 상황을 피할 수가 없다.

그러므로 이 상황에서는 법정지에 따라 적용되는 법률이 달라지고 결과도 달라지는 문제가 발생한다. 이 문제를 해결하기 위하여 사안에 가장 밀접한 관련이 있는 지역의 법을 일정한 방법으로 결정하고, 그 법(준거법이라 한다)을 적용하여 사안을 해결하려고 하는 것이 저촉법인 것이다. 그 일정한 방법이란, 민사상의 모든 문제들을 혼인, 물권, 불법행위 등의 몇 개의 문제군으로 나누어(단위법률관계), 각각에 대하여 그것을 구성하는 요소(당사자의 국적국·주소 및 거소·목적물소재지·결과발생

---

1) 道垣内正人, 「ポイント国際私法総論」(第2版) (有斐閣, 2007年), 27면 참조.
2) 1924년의 선하증권에 관한 규칙의 통일을 위한 국제조약과 그 개정조약(헤이그-비스비 규칙), 1980년의 국제물품매매계약에 관한 UN협약(비엔나 매매계약 협약), 1999년의 국제항공운송 규칙의 통일에 관한 협약(몬트리올 협약) 등 참조.

행위지 등)로부터 유형적으로 가장 밀접한 관련이 있는 지역의 법을 선택하여(연결점 또는 연결소) 이를 기준으로 하는 방법이다. 예를 들어 여기서 문제로 하는 환경오염행위에 대해서는 불법행위라고 하는 단위법률관계를 설정하고 연결점을 그 가해행위의 결과가 발생한 지역으로 하여 그 지역의 법을 준거법으로 한다.

본래는 성질상 저촉법은 국제적으로 통일되어 있지 않으면 의미가 없다. 그렇지 않으면, 재판소가 항상 자국의 민법 · 상법을 적용하지 않더라도 각각의 저촉법이 다른 연결점을 정하여 다른 준거법을 선택하게 되는 경우, 사안의 해결이 국가마다 달라지는 상황을 해소할 수 없기 때문이다. 예를 들어, A국은 A국법, B국은 B국법을 적용하는 상황이 A국이 C국법, B국이 D국법을 적용하는 상황으로 변화하더라도, 국제사법질서의 안정에는 아무런 도움이 되지 않는다. 그러나 현실에서는 저촉법의 조약에 의한 통일은 극히 일부에 한정되고 있다.[3] 환경오염행위에 관한 예를 들어 보아도, 일본에서는 「법의 적용에 관한 통칙법」(이하 '통칙법'이라 한다) 제17조가 적용되지만, 이 통칙법이라고 하는 법률은 일본의 저촉법에 머무를 뿐인 것이다. 다만 불법행위의 준거법을 결과발생지법으로 하는 것은 사실상 거의 세계적인 공통 기본원칙이다.

국제환경손해에 대하여 논의하는 경우, 준거법의 결정과 국제재판관할에 관하여 특별한 검토가 필요하다. 그러나 외국판결의 승인 · 집행에 대해서는 일반적 논의 이상의 것은 없다고 생각된다. 이하에서는 우선 준거법에 대하여 검토한 후, 국제재판관할의 문제를 검토하도록 한다.[4]

---

3) 헤이그 국제사법회의가 중심이 되어, 19세기 후반부터 노력이 계속되어 있는바, 일본도 부양의무의 준거법에 관한 조약 등을 비준하였다.

4) 국제재판관할의 문제에 준거법 결정문제가 흡수되는 경우가 있다. 즉, 재판관할권의 존부를 판단하는 것을 전제로 하여, 관할이 있다면 그 법정지법을 적용하는 경우가 있다. 후술하는 원자력 손해배상에 관한 협약(일본은 체약국이 아님)은 이 방법을 채택하고 있다.

(3) 환경손해로부터 발생한 배상청구의 준거법

통칙법 제17조는 "불법행위에 의하여 발생하는 채권의 성립 및 효력은 가해행위의 결과가 발생한 지역의 법에 따른다. 다만, 그 지역에 있어서의 결과 발생이 통상 예견할 수 없는 것일 때에는 가해행위를 한 지역의 법에 따른다"라고 정하고 있다. 이와 같이 가해행위지와 결과발생지가 다른 국가인 경우, 후자의 법에 따르는 것으로 하고 있는 것은 불법행위법의 중심은 피해자의 손해회복에 있으므로 손해의 발생지가 중요하게 고려되는 것이고 그 원인이 된 가해행위가 동일 국가 내에서 있었는지 타 국가에서 있었는지는 상관없는 것이기 때문이다. 다만, 피해자 보호의 관점만으로 준거법을 도출해 내는 것은 불법행위법의 배후에 있는 법정책을 저해할 우려가 있다. 즉, 실체법에서는 과실책임주의를 원칙으로 하고 있어서 가해자 측의 사정도 배려하여 사회적으로 허용되는 행위인 경우에는 장애없이 실행할 수 있도록 보증함으로써 새로운 가치가 창조되어 사회 전체에 있어서의 긍정적 요소로 작용한다는 측면에서 법정책이 채택되고 있는 반면, 어느 국가의 실체법이 적용되는 것인지에 대하여 가해자 측에 예견가능성이 없다고 한다면 책임보험에 의한 리스크헷지(risk hedge)라는 합리적 행위가 불가능하게 되어 버리기 때문이다. 이러한 점에서 통칙법 제17조는 단서를 둠으로써 통상 예견하기 어려운 지역에서 손해가 발생하였을 경우에는 가해행위지 법에 따를 것을 정하고 있다.[5)]

통칙법은 생산물책임과 명예·신용훼손에 대한 특칙을 두고 있으

---

5) 이로부터 무과실책임이 적용되는 유형의 불법행위에 대하여서는 단서의 적용을 부정하여야 한다는 해석도 가능할 수 있다. 실제 2007년의 통칙법 시행까지 적용되던 법례(法例) 제11조 1항에서는 원인사실발생지의 법에 따르면 되는 것으로 규정되어 있어, 이에 따른 해석으로서 무과실책임주의가 적용될 위험성이 있는 기업시설에 의한 불법행위에 대해서는 결과발생지의 법에 따른다는 견해가 타당하다고 해석되고 있었다[折茂豊, 「国際私法各論(新版)」(有斐閣, 1972年), 180면]. 그러나 원래 과실책임인가 무과실책임인가는 실체법상의 구별이며, 그것을 국제사법에 도입할 때에는 신중하여야 한다. 그리고 통칙법 제17조의 문언에 비추어볼 때 이러한 해석은 어렵다고 생각된다.

나(제18 · 19조), 환경손해에 대한 특칙은 없으므로,[6] 환경손해는 상기의 제17조에 의하여 해결하게 된다. 그리고 제17조에 더하여, 제20~22조도 적용하게 된다.

우선, 제20조는 제17조의 규정에 관계없이, "불법행위 당시에 당사자가 동일한 법이 적용되는 지역에 주소 및 거소를 가지고 있었던 경우, 당사자 간의 계약에 근거한 의무에 위반하여 불법행위를 한 경우, 그 외의 사정에 비추어 분명하게 '제17조'의 규정에 의하여 적용해야 할 법이 속하는 지역보다 밀접한 관계가 있는 다른 지역이 있을 경우에는 해당 다른 지역의 법에 따른다"고 정하고 있다. 이에 따라 사안별로 제17조의 적용결과는 달라진다. 이 규정은 국제사법의 기본원칙이 가장 밀접한 관련지역의 법을 적용하는 것을 중시하는 것임을 보여준다. 이 규정에 대해서는, 불법행위의 성립 및 효력에 대한 예측이 불명확하게 되어, 보험에 의한 리스크헷지가 잘 기능하지 않을 수 있다는 우려나, 개별 소송에서 제20조의 적용을 둘러싸고 심리가 장기화되거나 소송외 화해에서 전제가 되는 준거법에 대한 견해가 나눠짐에 따라 원활한 교섭이 어려워질 수 있다는 등의 우려가 제기되고 있다.[7] 따라서 재판실무에서는 제20조에 정하여진 '분명하게'라는 문언에 주목하여 가볍게 이 조항이 적용되지 않도록 하는 신중한 운용이 기대된다.

통칙법 제21조는 불법행위의 당사자가 불법행위 후에 불법행위의 준거법을 변경하는 것을 인정하고 있다. 불법행위 채권은 재산상의 청구권의 일종에 지나지 아니하고, 당사자에 의한 처분은 원칙적으로 가

---

6) 최근 외국의 국제사법 입법 속에는 임미시온(immission: 가스, 소음, 진동 등 토지로부터 발생하는 침해)에 대한 준거법에 대하여 규정을 두는 예가 있다. 스위스 국제사법 제138조를 일례로 들 수 있는데, 동조에 의하면, "부동산으로부터 발생하는 유해한 임밋시온에 관한 청구는 피해자의 선택에 의하여 부동산소재지법 또는 결과발생지법에 따른다."고 규정되어 있다. 이는 스위스 국제사법상, 제조물책임이나 인격권 침해의 준거법의 경우와 궤를 같이하여, 피해자에 의한 준거법 선택을 인정함으로써 피해자의 보호를 도모하려는 것이다.

7) 道垣内正人, 「国際私法入門 (第6版)」 (有斐閣, 2007), 248면.

능하다는 견해에 근거한다. 준거법의 묵시적인 변경도 인정되며, 사실 일본에서 재판을 한다는 것은 양 당사자가 일본법을 준거법으로 합의한 것으로 인정할 수 있다는 기능을 다하는 것이 될 것이다. 다만 제21조는 "제3자의 권리를 해치게 될 때에는 그 변경을 그 제3자에게 대항할 수 없다"라는 제한을 두고 있다. 따라서 소급적으로 준거법을 변경하는 것도 인정되지만 이 단서조항의 존재로 인하여 예컨대 책임보험계약을 체결한 보험회사의 권리를 침해하는 것과 같은 준거법 변경은 인정받지 못한다. 그러나 불법행위의 준거법의 사후적 변경에는 비판도 있는 바,[8] 변호사 등에 의한 안이한 준거법 변경이 당사자의 이익을 해치는 일이 없도록 하여야 하고, 이와 함께 재판소라 하더라도 준거법이 묵시적으로 변경되는 소송에 대해서는 준거법의 변경으로 취급하여도 좋은지 여부를 확인하는 신중한 태도가 요망된다.

통칙법 제22조는 불법행위의 성립 및 효력에 대하여 일본법의 누적적 적용을 통하여 불법행위의 준거법과 일본법이 함께 인정하는 경우에만 불법행위가 성립하고, 공동으로 인정하는 효력만이 발생하는 것으로 정하고 있다. 불법행위는 사회질서와 긴밀한 관계에 있기 때문에, 자국의 재판에서 자국의 불법행위법제와 다른 외국의 법제를 적용하여 자국에서는 불법행위가 아닌 것을 불법행위로 보거나, 자국에는 존재하지 아니하는 구제방법이나 자국의 수준을 넘는 구제를 제공하는 것은 법정지의 사회질서의 측면에서 용인하기 어렵다는 사고에 근거하는 것이다. 예를 들어 불법행위자에 대한 제제로서, 받은 피해의 보상 이상으로 배

8) 道垣内, 전게주(7), 251-252면에는 ① 준거법의 변경은 착오 등에 의하여 생각하지 않았던 결과를 초래할 위험이 있다는 것, ② 불법행위에 대해서는 가해자와 피해자 사이의 이해가 격렬하게 대립하고, 또한 경우에 따라서는 경제적 능력(법률적 서비스를 제공받는 능력에도 영향을 준다)에 차이가 있다는 것, ③ 실질적으로 생각하여도 당사자 사이에 화해 교섭이 가능하다면, 제17조 등으로 준거법을 객관적으로 결정한 후에 배상금의 지불 그 자체 등에 대하여 합의를 하면 좋을 것이므로, 불법행위준거법의 변경합의라고 하는 어중간한 합의를 인정할 필요성은 없다는 입법론상 문제가 지적되고 있다. 그러나 해석론은 본문에 기재된 대로 이다.

상금을 지불하는 내용의 징벌적 손해배상제도를 가지는 법률이 준거법이 된 경우에도, 일본에서는 이를 명할 수 없게 되는 것이다.[9)]

이상에서 알 수 있듯이, 환경오염이 어떠한 위험행위로부터 발생하는 경우에 일반적으로 예견이 가능하다고 할 수 있으므로, 그 불법행위책임에 대해서는 결과발생지법에 따르게 된다(제17조). 통상적으로 결과발생지보다도 분명하고 밀접한 관계가 있는 다른 지역도 존재하지 않고(제20조), 또 피해자가 다수이기 때문에 당사자 사이의 합의에 의한 준거법 변경은 생각할 수 없다(제21조). 그러할 경우에는 결과발생지법과 일본법이 누적 적용되게 된다(제22조).[10)]

다음으로, 국제재판관할의 문제로 초점을 옮겨, 원자력손해배상협약과 유류오염손해배상협약의 대응책(scheme)을 대비하여 검토하고자 한다.

---

9) 징벌적 손해배상을 인정하는 법은 통칙법 대상이 되는 사법에 속하지 않으므로, 처음부터 그러한 외국법을 일본에서 적용할 여지가 없다는 견해도 있다[道垣内, 전게주(7), 254면].

10) 다만, 원자력손해에 대한 불법행위책임에 대하여서는 각국의 특별법(일본에서는 원자력손해배상법)에 의하여, 자국의 원자력사업자만을 대상으로 무과실책임, 책임집중, 유한책임(일본은 무한책임)보험 등을 이용한 배상조치라는 특별한 법적 대응책(scheme)을 마련하고 있으므로 결과발생지법주의와는 합치되지 아니하는 사정이 발생할 수 있기 때문에, 일부 특별한 고려가 필요한다고 생각된다[道垣内正人, "国境を越える原子力損害に対する損害賠償,"「ジュリスト」, 1015号 (1993年), 157면]. 즉, 원자력 사업자의 사업활동이라고 하는 특수성으로부터 통칙법 제20조에 의하여 가해행위지법을 적용하는 것이 타당한 경우가 적지 않다고 생각된다. 구체적으로 예를 들면, 대한민국에서 원자력사고가 발생하여 일본에 손해가 발생하였을 경우 대한민국법을 적용하는 것이다. 만일 대한민국과 일본 모두 후술하는 국제조약의 체결국이라면, 일본의 국제재판관할 자체가 부정되어 사고발생지국가인 대한민국에서만 재판을 하게 되므로, 조약의 미체약국이 있는 현실을 감안하여 준거법에 대해서만 특별한 배려를 하는 것이 타당한 결과를 가져오는 것인지 여부는 검토가 필요하다.

3. 환경손해배상청구소송의 국제재판관할

(1) 현 황[11]

일본의 국제재판관할에 관해서는 다음과 같은 판례법이 확립되어 있다. 즉, ① 일본에는 국제재판관할을 직접 규정하는 법규는 없다는 것, ② 따라서 당사자 사이의 공평, 재판의 적정・신속을 기하여야 한다는 이념에 의하여 조리에 따라 결정하는 것이 상당하다는 것, ③ 민사소송법이 규정하는 재판적 중 어느 하나가 일본 내에 있을 경우에는 국제재판관할을 긍정하는 것이 상기의 조리에 적합하다는 것, ④ 다만, 예컨대 ③에 의하여 관할이 인정되는 경우라 하더라도 구체적 사안에서 관할을 긍정하는 것이 오히려 조리에 반하는 결과가 되는 '특별한 사정'이 있으면 관할을 부정할 수 있는 예외의 여지가 있다는 것이다.[12] ④와 같은 해결이 포함되어 있는 것은 국제소송에서는 일본의 법원으로부터 외국 법원으로 사건을 이송할 수 없는 경우 또는 외교관계가 없기 때문에 사법공조의 촉탁에 따라 일본에 없는 증거 및 증거방법을 일본 법원이 이용하지 못하여, 적절한 재판을 실시하는 것이 곤란한 경우[13] 등이다.

---

11) 민사소송법의 개정으로 국제재판관할의 규정이 포함될 예정이다. 이 개정이 성립되어 시행되면 국제재판관할은 종래 판례에 따라 규율되던 것으로부터 이 개정법의 해석・적용의 문제로 넘어가게 된다. 환경오염에 의한 손해배상청구 소송의 관할에 대하여 살펴보면, ① 피고의 주소지 관할, ② 불법행위지 관할(피고가 불법행위지를 통상 예견할 수 있는 것이 조건이 된다), ③ 피고의 재산소재지 관할(현저하게 소액의 재산은 아닐 것이 조건이 된다), ④ 합의관할, ⑤ 응소관할이다. 이상이 인정되는 것은 판례에 따르는 것과 큰 차이는 없다. 또한 판례상 확립되어 있는 '특별한 사정'에 의한 조정에 대신하는 것으로서, 사안의 성질, 응소하는 데 대한 피고의 부담의 정도, 증거의 소재지, 그 외의 사정을 고려하여 당사자 사이의 형평을 해치게 되는 경우 또는 적정하고 신속한 심리의 실현이 방해되는 특별한 사정이 있다고 인정되면, 소의 전부 또는 일부를 각하한다는 내용의 조문도 있어, 이 점에서도 큰 차이는 없다고 생각된다. 다만, 본문 중에서 언급하고 있는 채무이행지인 것을 원인으로 하는 관할은 개정법하에서는 계약 사건에 관하여서만 인정될 것으로 보이며, 이 점은 본문의 기재와 다르게 되는 것이다.

12) 最判 昭和 56年 10月 16日 民集 35巻 7号 1224면; 最判 平成 9年 11月 11日 民集 51巻 10号, 4055면.

환경손해의 배상청구소송은 불법행위소송의 하나이므로, 다음과 같은 관할의 원인이 인정된다. 첫째, 일본이 피고의 주소지(본점 소재지)인 경우이다. 이는 '원고는 피고의 법정에 따른다(*actor sequitur forum rei*)'라는 피고보호원칙에 근거하는 것이므로(일본 민사소송법 제4조) 보통재판적으로 다루어지게 되어 어떠한 청구라도 이에 해당하는 것이다.[14] 둘째, 일본이 불법행위지인 경우이다. 불법행위지에는 가해행위지 · 손해발생지가 모두 포함된다. 그러나 손해발생지에 경제적 손해발생지를 포함하면 피해자의 주소 · 본점의 소재지국의 관할을 인정하는 것과 같은 것이 되고, 따라서 물리적인 손해발생지에 한정시켜야 하므로 경제적 손해가 발생한 것만으로는 인정되지 않는다.[15] 셋째, 그 외에 일본이 채무이행지인 경우(민사소송법 제5조 1호), 일본에 피고의 재산이 있는 경우(제5조 4호), 일본의 재판소에 관할을 부여하는 합의를 하였을 경우(제11조), 일본에서의 소송에 응소하였을 경우(제12조) 등도 있을 수 있다.

---

13) 예를 들어, 東京地判 昭和 61年 6月 20日 判時 1196号 87면은 대만에서의 항공기 사고에 의한 손해배상청구에 대한 것인데, 재판소는 외교관계가 없는 대만에서의 증거조사를 일본에서 활용하는 것이 곤란하다는 것을 하나의 이유로 하여, 특별한 사정이 있다고 주장하는 일본에서의 소를 각하한 것이 있다. 판례에 대하여서는 ④의 심사가 비대해져 사안 전체를 재검토하는 결과가 되어 사안별로 귀결되는 경우도 적지 않고, 예측가능성의 관점에서도 비판이 있다[道垣内正人, "国際裁判管轄," 高桑昭ほか 編, 「国際民事訴訟法(財産法関係)」(青林書院, 2002年), 47면].

14) 일본 민사소송법 제4조 5항에 의하여, 일본에 본점이 없는 외국의 사단 · 재단을 피고로 하는 경우, 어떠한 지점 등이 있으면 보통재판적을 인정하여도 좋은지, 그렇지 않으면 민사소송법 제5조 5호가 정하는 바와 같이 그 지점 등의 업무에 관한 청구에 대한 특별재판적으로서만 관할을 인정하여야 할 것인지에 대해서는 견해의 대립이 있다. 판례는 전자를 긍정하고 있다(다만 특별한 사정에 의한 조정의 여지는 있다).

15) 채무부존재확인소송에 대하여 가해행위지의 관할을 인정하게 되면, 가해자의 소재지국의 관할을 인정하게 된다. 그럼에도 불법행위지 관할이 인정되는 취지가 증거수집의 편리함에 있음을 이유로 하여 이를 긍정하는 재판례가 있다(東京地判 中間判, 平成元年 6月 19日 判タ 703号, 246면). 이에 대해서는 道垣内, 「ジュリスト」, 956号, 127면 참조.

이상과 같이, 일본에서는 환경손해는 불법행위의 하나로서 자리매김되어 있는 것에 지나지 않는다. 그러나 환경손해를 둘러싼 소송에 대해서는 대량의 피해자가 구제를 요구하는 상황이 발생하고, 경우에 따라서는 피고가 지불불능상태에 빠지는 것도 적지 않은 점 등을 감안할 때, 국제재판관할에 대해서도 특별한 배려가 필요하다고 생각된다. 이하에서는, 원자력손해배상과 유류오염손해배상에 대해 조약으로 구축되고 있는 대응책(scheme)을 검토하도록 한다.

(2) 조약에 의한 원자력손해배상과 유류오염손해배상 대응책(scheme)

여기에서는 환경오염을 가져오는 원자력사고와 유류오염사고에 대하여, 특히 국제재판관할의 문제로 좁혀 그 대응책을 검토하고자 한다. 현재 원자력손해배상에 대해서는 일본이 아직까지는 체약국은 아니지만, 후술하는 바와 같이 OECD의 파리협약과 IAEA의 비엔나협약이라는 두개의 조약을 중심으로 하는 대응책이 있다. 특히 국경을 접하고 있는 유럽 각국은 월경방사능오염에 당초부터 높은 관심을 가져왔고, 조약에 의한 실체법 및 국제사법의 통일을 도모하여 왔다. 그러한 월경 문제에 대하여 원활하게 교섭이 진행된 배경에는 각국의 원자력 손해배상법제의 유사성이 자리잡고 있었다. 원자력 관련기술을 독점하고 있던 미국이 그 수입을 바라는 국가들에 대하여 특히 수출업자가 제조물책임을 지지 않는 것과 같은 내용의 법적 대응책이 구축되는 것을 수출허가의 한 조건으로 함에 따라, 그 결과 각국 모두 동일한 원자력손해배상의 법적 대응책이 완성되어 갔기 때문이다. 무엇보다도 원자력손해배상법제라는 점에서 유사하다고 할 수 있는 대한민국, 일본, 대만 등이 어느 조약에도 참가하고 있지 않으며, 결국 유럽이라고 하는 지리적 조건하에서 타국의 원자력시설 안전에도 관심을 갖지 않을 수 없다는 사정이 작용하고 있는 점은 분명해 보인다.

유럽국가들은 각각의 국내법의 검토와 병행하여 월경 손해의 발생을 염두에 두고 유럽원자력공동체(EURATOM)나 유럽경제협력기구의 하부기관으로서의 유럽원자력기구(OEEC/ENEA, 현재는 OECD/NEA)를 설립하여, 그 안에서 원자력손해의 배상제도에 대해서 검토를 진행시켜 왔다. 그리고 1960년에 OECD에서 채택된 「원자력분야에서 제3자 손해배상책임에 관한 파리협약」(파리협약)에 의하여, 유럽국가들의 법통일을 도모할 수 있게 되었다.[16] 파리협약은 ① 원자력사업자의 무과실책임, ② 그 면책사유의 엄격한 제한, ③ 원자력 사업자에의 배상책임의 집중(이는 원자력사업자에 대한 자재의 공급, 역무의 제공 등의 관련 사업을 비즈니스로 성립시킴과 동시에, 보험에 대한 리스크헷지를 용이하게 하기 위하여 필요하다. 즉, 대외적으로 피해자와의 관계에서도 원자력사업자만의 책임으로 하는 구조와, 대외적으로는 연대책임을 지지만 내부적으로는 원자력사업자에게 구상을 전면적으로 인정하고 관련사업자에 대한 구상은 금지하는 구조가 있을 수 있다), ④ 배상책임 한도액의 설정 등 실체법의 통일에 더하여 재판관할권, 준거법, 판결의 승인 등을 정하는 것이다. 1963년에 채택된 브뤼셀협약(파리협약의 보충조약)에서는 일정한 범위에서 국가에 의한 보상책임을 규정하고, 이를 넘는 경우에는 이에 더하여 일정액에 이르기까지 체약국이 각자 출자하는 공적 기금으로부터 보상을 실시하는 것을 정하고 있다.[17] 2004년 2월 14일에는 유한책임을 채택하는 경우의 손해배상액수를 1500만 SDR(IMF의 특별인출권)에서 7억 유로로 인상하는 것을 목적으로 하는 파리협약과 브리셀협약의 개정의정서가 채택되었지만 모두 발효되지 못한 상태이다.

한편 UN의 국제원자력기구(IAEA)는 1963년에 「원자력손해의 민사책임에 관한 비엔나협약」을 작성하였다.[18] 내용면에서는 위의 파리협약과 아주 비슷하다. 다만, 이 협약의 체약국에는 원자력시설을 가지지 않는 개발도상국이 많은 점에서 파리협약이 선진국간 협약인 것과는 대조적이다. 두 협약에 모두 체약국인 국가는 없다.

---

16) 1968년 4월 1일 발효, 체약국은 16개국.

17) 1974년 12월 4일 발효, 체약국은 12개국.

18) 1977년 11월 12일 발효, 체약국은 36개국.

그 후 1986년 4월에 체르노빌(Chernobyl) 사고의 발생으로 인하여, 월경원자력손해에 대한 법적 책임제도에 관한 관심이 다시 높아졌고, IAEA 및 OECD/NEA가 이전부터 현안이었던 비엔나협약과 파리협약을 묶는 작업을 본격적으로 개시하였다. 그 결과 1988년에 「비엔나협약 및 파리협약의 적용에 관한 공동의정서(Joint Protocol)」를 채택하였다.[19] 그리고 이와 병행하여 IAEA는 비엔나협약 자체의 재검토 작업을 개시하여, 1997년 개정 비엔나협약이 이를 보완하는 보완기금조약과 함께 채택되었다.[20]

한편, 유류오염손해배상에 대해서는 「유류오염손해에 대한 민사책임에 관한 국제협약」(1969년 11월 29일 서명)과 「유류오염손해의 보상을 위한 국제기금의 설립에 관한 국제협약」(1971년 12월 18일 서명)이 있으며 일본은 이들 모두를 비준하고 있다.

이하에서는 원자력손해배상과 유류오염손해배상에 대하여, 각각의 국제재판관할 규정을 살펴보도록 한다. 이들 사이의 가장 큰 차이점은 원자력손해배상의 대응책은 집중처리방식을 취하여 하나의 국가에게만 재판관할을 부여하는 데 반하여, 유류오염손해배상의 대응책은 분산처리방식이며, 다수국가에서 병행하여 재판을 진행시키는 방식을 취하고 있다는 점이다. 또, 원자력손해배상의 대응책과 관련해서는 1997년 개정 후의 비엔나협약을 들 수 있다.

(3) 국제재판관할 - 집중처리방식 및 분산처리방식

월경오염손해에 대한 배상청구소송의 관할은 가해지국(오염자의 주소지) 외, 손해발생지국에서도 인정되는 것이 일반적이다. 전술한 바와 같이 일본에서도 특별히 조약이 없는 한, 이와 같이 취급된다.

이에 대하여 대규모 환경오염사고에 의한 민사책임 대응책을 조약

19) 1992년 4월 27일 발효, 체약국은 26개국.

20) 전자는 2003년 10월 4일 발효, 체약국은 5개국. 후자는 미발효, 13개국이 서명, 4개국이 비준.

으로 만드는 경우, 개개의 손해배상청구 절차와 함께 한정된 배상자금(가해자의 자산에 더하여 조약으로 특히 설치되는 기금)의 분배절차를 아울러 고려할 필요가 있으므로(후자는 개개의 채권액의 합의가 분배예정자산을 넘는 경우에 현실화된다), 각각에 대한 재판관할이 문제가 된다. 그리고 현실적으로 중요한 것은 얼마나 화해를 촉진할 수 있는가이다. 실제로 소송을 하는 것은 시간과 비용이 들기 때문에 실제의 피해자 보호는 되지 못하기 때문이다.

여기서 문제가 되는 것은 집중처리방식 또는 분산처리방식의 선택이다. 비유하자면, 전자는 대형컴퓨터 1대로 집중 처리하는 방법이고, 후자는 수많은 개인 컴퓨터로 처리한 후 집계하는 방법이다.

〈표 1〉

	집중처리방식	분산처리방식
피해자의 부담	大	小
재판소의 부담 (사건처리수에서 보는 관점)	大	小
피고의 부담	小	大
피해자간의 평등확보	적절	부적절
자국주민 우대의 위험	小	大

원자력손해배상협약과 유류오염손해배상협약을 비교하면, 전자의 협약은 집중처리방식을, 후자의 협약은 분산처리방식을 채택하고 있다. 즉, 원자력책임에 관한 비엔나협약 제11조 1항은 단일국(사고가 발생한 시설소재국)만이 개개의 손해배상청구 소송에 대한 재판관할을 가진다는 취지로 규정하고 있다(파리협약 제13조도 유사한 규정이다). 그리고 비엔나협약 제11조 4항에서는 "자국의 재판소에 재판관할권을 가지는 체약국은 하나의 원자력 사고에 대해서는 단일의 재판소가 재판관할을 가질 것을 확보하여야 한다"고 규정하고 있다. 이에 대하여 유류오염손해

배상협약 제9조 1항은 각 손해발생지의 관할을 긍정하고 있다.

그렇다면 집중처리방식과 분산처리방식은 각각 어떠한 장단점을 가지고 있는 것일까. 표로 정리하면 표 1과 같이 나타낼 수 있을 것이다. 장점을 가능한 한 해치지 않고, 단점을 감소시킬 수 있다면 좋은 시스템이 될 것이다.

집중처리방식을 전제로 하여 피해자와 재판소의 부담을 경감하려면, 패널방식에 의한 대표소송으로서 통일적 쟁점은 일괄처리하여, 개별 피해액은 사무적으로 계산하는 방법을 생각할 수 있다. 그러나 피해자의 입장에서 보면, 이것만으로는 자신의 청구권의 처리와 관련한 통제가 충분히 확보되지 않는다는 문제가 남을 것이다. 한편, 분산처리방식을 전제로 하여 보호의 정도를 균등화하여, 자국민우대의 폐해를 없애려면, 실체법・절차법의 통일을 도모할 필요가 있다. 그러나 그 자체가 어려움이 있고, 만일 이것이 실현된다 하더라도 많은 법정에서 방어활동을 해야 할 것이 강요되는 피고의 부담은 감소되지 않는다는 문제가 남는다.

다만, 화해를 촉진한다는 점에서는 집중처리방식이 우수하다고 할 수 있을 것이고 대규모 환경오염에 대한 민사책임제도를 구축하는 경우에는 원자력손해배상 대응책 쪽이 보다 많이 참고가 될 것이다.

4. 국제사법에 의한 해결의 한계

(1) 행위자의 특정

지구환경문제에는 산성비, CO_2에 의한 지구온난화, 프레온가스에 의한 오존층의 파괴와 같은 큰 과제가 있다. 그러나 원자력손해, 유류오염손해와 비교하여 산성비손해 등은 적어도 다음의 점에서 크게 차이가 있다.

즉, 원자력손해, 유류오염손해의 경우는 가해자를 특정할 수 있는데 비하여, 산성비 등의 경우는 그 원인이 복합적이고 가해자를 특정할 수 없다는 점이다. 이 점에서 원자력손해, 유류오염손해에 대해서는 피해자 대 가해자라고 하는 손해배상의 대응책으로 해결할 수 있는 데 반해, 산성비 등의 경우에는 가해자를 특정할 수 없기 때문에 손해배상이라는 방법은 취할 수 없게 된다.

그렇지만 역으로 피해자의 특정에 대하여 양자에 공통되는 문제가 있다. 개인이나 기업의 신체적 · 재산적 손해에 대해서는 인과관계가 법적으로 인정되기만 하면(사실적 인과관계로는 부족하고, 상당한 인과관계가 인정되어야 법적으로 인과관계를 긍정할 수 있다), 피해자와 그 손해액을 산정할 수 있다. 그러나 귀중한 동식물이 사망 또는 멸종하거나 자연의 경관이 훼손되거나 하는 손해에 대해서는 그 피해자의 특정은 곤란하고, 만일 특정할 수 있다고 하더라도 그 손해의 경제적 평가는 곤란하다. 예를 들어, 방사능오염이나 산성비에 의하여 자연이 훼손된 경우, 이를 관광자원으로 하여 영업을 하고 있던 사람의 경제적 손해액의 산정은 가능하지만, 아름다운 경관이 없어진 것 자체에 대해서는 누가 어느 정도의 손해를 입었다고 할 수 있는지 측정할 수단이 없다.

이와 같이 국제사법에 따른 민사적 방법은 지구환경문제 중 일부밖에 취급할 수 없다는 중대한 제약이 있다.

(2) 사후해결에 불과한 것

또 하나의 한계는 민사법적인 해결이 사후적인 것에 불과하다는 점이다. 지구환경문제에서 가장 중요한 것은 사후규제가 아니라, 사전에 방책을 강구하는 일이다. 물론 사후적으로 민사법상의 배상책임이 발생하는 것은 그 자체로 행위자로 하여금 오염행위를 하지 못하도록 유인할 수 있지만, 국제사법에 의하여 지정되는 준거법에 근거하는 민사책임의 추궁은 어디까지나 이미 발생한 손해의 배상이고 제재는 아니기 때문에 예방효과에는 한계가 있다고 할 수 있다. 오염행위를 하면 배상책임이 발생한다는 것을 역으로 보면, 배상금만 지불하면 오염행위를 하여도 괜찮다는 것이 되고, 게다가 그 시점에서 책임을 부담하여야 할 주체가 자산을 보유하고 있지 않으면 파산에 이를 뿐이기 때문이다. 따라서 그 배상이 현실적으로 발생한 손해의 범위 내인 것은 미리 계산이 가능하고, 경우에 따라서는 보험을 통하여 그 위험을 상쇄할 수도 있고, 게다가 파산을 전제로 하여 행위주체에 독립적 법인격을 부여하는 방법도 취할 수 있게 된다.

이러한 사태가 발생하지 않도록 하기 위해서는 오염행위에 대하여 제재를 가하는 방법을 생각할 수 있다. 국내법에서는 일반적으로 형사처벌이 이러한 역할을 하고 있으며 그 형벌의 정도는 행위를 단념시키기에 충분하도록 설정되어 있다. 또 미국 등에서 볼 수 있는 징벌적 손해배상(punitive damages)은 민사배상으로서 피해자는 실손해 이상으로 가해자를 징벌하기에 충분할 만큼의 배상금을 청구할 수 있다고 하는 것이므로 형사적인 성격을 갖는다. 그러나 결국은 다른 국가의 행위자에 대하여 일국이 형사처벌을 부과하여도 그 형의 집행은 해당 타국에서는 인정되지 않고(외국 형사처벌의 비집행), 또한 징벌적 손해배상의 판결도 마찬가지로 타국에서는 그 집행이 인정되지 않는다.[21)]

그렇다면 예방을 위해서는 사전예방책이 매우 중요하게 된다. 이는 법적으로는 이미 민사분야(국제사법)의 문제가 아니라, 사전예방체제를 국가들 사이에서 구축한다고 하는 국제공법상의 문제가 된다.

---

21) 일본의 판례로 最判, 平成 9年 7月 11日, 民集 51巻 6号, 2573면은 캘리포니아주 판결 가운데 징벌적 손해배상을 명한 부분의 집행은 일본의 공서양속에 반한다고 하여(민사소송법 제118조 3호) 전보배상을 명하는 부분의 집행만을 인정하였다.

| 참고문헌 |

石黒一憲,「国境を越える環境汚染」(木鐸社, 1991年).

道垣内正人, "国境を越える原子力損害に対りる損害賠償,"「ジュリスト」1015号, 157면(1993年).

カール・F・クロイツアー(山内惟介 監訳), "環境妨害及び環境損害に関する抵触法上の諸問題," 同,「国際私法・比較法論集」所収(中央大学出版部, 1995年).

多田望, "国際的な原子力損害賠償に関する1997年の改正ウィーン条約と補完的補償条約について—地理的適用範囲と国際裁判管轄の観点から,"「国際法外交雑誌」101巻 2号, 54면(2002年).

矢洋昇治, "国際環境汚染に関する国際私法上の対応," 同編,「環境法の諸相」所収(専修大学出版局, 2003年).

제8장

사전방지제도

제1절 사전통보 및 협의

1. 서 론

국가는 그 환경정책에 따라 자국의 자원을 자유로이 개발·이용할 주권적 권리를 갖지만, 타국 및 국제공역의 환경에 손해를 입히지 않도록 할 것을 확보할 책임을 진다. 즉, 국가는 자국의 영역 내 또는 관할하의 활동·사태가 타국 및 국제공역의 환경에 끼칠 중대한 손해에 대하여 상당한 주의를 기울여 방지하여야 한다. 이러한 실체적 의무는 국제관습법의 원칙으로서 확립되고 있다(영역사용의 관리책임). 그러나 그 상당성의 기준은 관습법규에서는 물론 특정 조약에서도 불명확한 경우가 다소 있다. 한편, 국제환경손해를 방지하는 사전통보 및 협의와 같은 국제협력의무가 발달하여 오늘날에는 손해방지의 중요한 기능을 하고 있다.[1)]

---

1) 사전통보·협의에 관한 초기연구에 대해서는 山本草二, "紛争回避手続としての協議制度の意義,"「紛争の平和的解決と国際法」(北樹出版, 1981年); 岩間徹, "国際環境法における事前通告・協議制度,"「一橋論叢」85巻 6号(1981年); 山本草二, "国際環境協力の法的枠組の特質,"「ジュリスト」105号(1993年)를 참조. 포

1972년 인간환경선언에서는 손해방지의무를 규정하고 있지만(원칙 21), 사전통보·협의에 관한 법원칙은 포함하고 있지 않다. 개발도상국에 대한 지원을 염두에 두고 '과학적 정보 및 경험의 자유로운 교류'가 국제환경문제의 해결에 의의가 있다고 선언하였을 뿐이다(원칙20). 그 후, OECD(경제협력개발기구)는 월경오염방지와 규제를 위하여 국제적인 연대정신을 기초로 한 국가들의 긴밀한 협력이 필요하다고 하면서, 오염방지의무에 더하여 다음과 같은 '통보와 협의원칙'을 회원국에게 권고하였다[1974년 월경오염원칙에 관한 이사회권고 C(74)224]. (i) 국가는 월경오염의 중대한 위험을 발생시킬 수 있는 활동 또는 사업을 그 국내에서 개시하기 전에, 영향을 받거나 또는 받을 우려가 있는 타국에 대하여 조기에 정보를 제공하여야 한다(사전통보). (ii) 국가는 현존하는 또는 예견되는 월경오염문제에 관하여, 그로 인한 직접적인 영향을 받거나 또는 받을 우려가 있는 국가의 요청에 기초하여 협의를 하여야 하며, 그 문제에 대하여 타당한 기간에 걸쳐 성실하게 협의를 계속하여야 한다(사전협의).

1970년대 이후, 월경오염방지조약뿐만 아니라 지구환경보호에 관한 다자조약도 증가하였다. 이와 함께, 일반적인 국제문서(soft law)에서 사전통보·협의 의무가 확인된다. 1978년 UNEP(UN환경계획) 공유천연자원행동원칙에 따르면, 천연자원을 공유하는 국가는 환경정보의 교환 및 정기적인 협의뿐만 아니라 타국에 중대한 환경손해를 입힐 것이 합리적으로 기대되는 자원의 보전·이용을 개시하거나 또는 그 계획을 변경하는 경우, 타국에 대하여 사전에 통보하고, 타국의 요청에 기초하여 협의할 필요가 있다. 또한 각국은 자원을 공유하는 타국의 환경에 중대한 영향을 미칠 위험(월경환경리스크)을 초래하는 활동에 대하여 사전에 환경영향평가를 하여야 하며, 이러한 협의는 신의성실의 원칙과 선린정신에 따라, 개발·보전을 불합리하게 지연시키지 않도록 실시하여야 한

괄적인 연구에 관해서는 児矢野マリ, 「国際環境法における事前協議制度ー執行手段としての機能の展開」(有信堂, 2006年)를 참조.

다(원칙 4, 6, 7). 1992년 UNCED(UN환경개발회의)의 리우선언에 따르면, 자연재해와 기타 긴급사태가 발생할 경우, 국가는 그 잠재적인 피해국에 즉시 통보하고, 월경환경에 중대한 영향을 초래하는 활동을 할 국가는 잠재적 피해국가에게 사전에 시의적절한 통보 및 정보제공을 하고 조기단계에서 피해국과 협의를 하여야 한다(원칙 18, 19).

다수의 환경조약에서 이러한 사전통보 · 협의의무는 환경영향평가, 일반적인 정보교환 및 특별 보고의무와 결합하여 복잡한 법구조를 갖추고 있다. 따라서 조약이행에 근거하여 사전통보 · 협의의무를 어떻게 정리하고 평가할지에 대하여 다양한 견해가 있다. 예를 들면 사전통보 · 협의제도는 일반적인 사전통보, 정보제공(교환), 사전협의의 3단계로 나누어 생각할 수 있다는 견해[2]와 사전통보 · 협의는 환경손해방지의 일반적인 의무와 함께 환경분야에서 국가의 일반적인 협력의무이고, 통보, 협의, 정보교환 및 환경평가를 이 국제협력의 주요한 네 가지의 형태로서 제시하는 견해가 있다.[3] 나아가 최근의 조약내용이 다양한 점에 주목하여, 환경손해방지를 목적으로 하는 '환경정보의 수집 · 제공 및 전달'이 중요하게 되었고 사전통보 · 협의를 이러한 일련의 과정 중에 있는 것이라고 파악한 견해도 있다. 이 견해에 따르면, 환경정보(environmental information)는 환경영향평가 및 그 밖의 수단에 의하여 획득되며, 후자의 수단으로서 국가는 정보수집을 촉진하는 환경상태의 '감시의무'(체계적 관측을 포함), '환경정보 교환'의 일반적 의무 및 특정정보의 제공을 전제로 한 '협의'의무를 부담한다고 한다. 환경정보교환에서는 상기의 연성법(soft law)에서 볼 수 있는 통보 이외에 정보교환, 보고 및 긴급사태의 통보를 포함한다고 한다.[4] 이 견해의 특징은 사전통

2) P-M. Dupuy, "Overview of the Existing Customary Legal Regime Regarding International Pollution," *International Law and Pollution*, ed. by D.B Magraw, 1991, pp.72-75.

3) P. W. Birnie and A.E. Boyle, *International law and the Environment*, 3rd ed., 2009, pp.137-184; P. N. Okowa, *State Responsibility for Transboundary Pollution in International Law*, 2000, pp.131-154.

보의무가 광의의 정보교환의무 중 하나라고 하는 점이다[이하 4(1), (2) 참조].

이하에서는 사전통보 및 협의의무를 중심으로 그 제도적 발전과 의무의 내용을 언급하고, 사전통보 · 협의와의 관계에서 환경영향평가 및 일반적인 정보교환 · 보고의무가 달성하는 보완적 기능, 아울러 사전통보 · 협의의 기능과 의의에 대하여 검토한다(본서 제1부 3장 참조).

2. 사전통보 · 협의제도의 발전

(1) 사전통보의무

통보란 일반적으로 국가가 법적 관련이 있는 사실을 타국 또는 국제기구에 전달하는 국제법상의 일방적 행위이다.[5] 통보되는 사실의 종류와 내용은 관련 조약에 따라 다양하다. 국제환경보호 분야에서는 타국에게 환경리스크를 초래하는 영역 내 활동 및 그와 관련된 정보제공을 요구한다. 지구환경보호에 관한 조약에서는 사전통보와 함께 이를 전제로 하는 사전협의의무와 더불어 최근에는 사전통보 이전에 환경영향평가를 할 의무가 조약 내에 도입되는 경향이 있다.[6]

여기에서는 상기 통보의 정의에 일치하는 사전통보제도, 즉 특정활동의 개시(특정사태의 발생)에 수반되는 체약국간의 정보제공에 관하여 개관한다. 이는 국제환경손해를 방지하기 위한 전통적인 사전통보제도이다.

통보의무는 국제하천의 수로이용에 관한 양자조약에서 찾아볼 수 있다. 이 조약에서는 국가가 자국영역 내에서 중대한 월경환경리스크를

---

4) P. Sands, *Principle of International Environmental Law*, 2nd ed., 2003, pp.826-828.

5) M.F Dominick, "Notification," *Encyclopedia of Public International Law*, vol.9, 1986, pp.288-290.

6) 월경오염 측면에서의 환경영향평가에 관한 협약(1991), 국제수로의 비항행적 이용에 관한 협약(1997년).

수반하는 활동을 할 때, 잠재적인 침해를 받는 인접국에 대하여 그 취지를 통보하도록 하는 의무를 규정한다. 예를 들면, 1929년 「노르웨이-스웨덴 하천수로법에 대한 문제들에 관한 협정」은 타당사국의 수로항행 · 목재부동(木材浮動) · 어종이동과 물공급에 중대한 변화(상당한 불편 또는 방해)를 초래하는 당사국의 수로활동에 관하여 당사국은 타 당사국의 사전승인 없이 당해활동을 허가하여서는 안 되고(제12조), 각국은 타국의 활동이 자국에게 미칠 영향을 결정하는 데 필요한 정보를 당해 당사국의 기관에게 요청할 수 있다(제16조)고 규정하고 있다.[7] 1931년 「루마니아-유고슬라비아 수력시스템에 관한 일반협정」에서 양국의 국경을 가로지르는 하천유역의 수력시스템의 보전 · 유지를 위하여 각국은 동 시스템에 중대한 변화를 초래하는 영역 내 작업 또는 조치의 계획에 관하여 그 요지를 15일 이내에 문서로 타국에게 통보하여야 한다(제3조).[8]

지역적인 조약도 사전통보원칙을 규정하고 있다. 1966년 오스트리아, 스위스, 서독 간 콘스탄스호수로부터의 인수(withdrawal of water)를 규율하는 협정은 다른 연안국의 이익을 해할 우려가 있는 물이용계획의 실시에 대하여 당사국의 상호통보와 협의를 규정한다(제6~7조).[9] 1974년 북유럽환경보호협약에서 일정 위험활동의 개시를 허가하는 당사국의 국가기관은 잠재적 피해국의 요청이 없더라도 그와 같은 활동에 관한 정보를 당해 피해국에게 문서로 제공하여야 한다(제5조).[10] 1985년 「자연과 천연자원의 보존에 관한 아세안협정」은 동식물의 종보존 · 삼림자원 · 토양 · 담수 · 대기의 보존을 목적으로 하여, 타당사국의 영역 내 환경 및 국제공역(당사국의 국가관할권 밖의 장소)에 중대한 영향을 초

---

7) B. Rüster and B. Simma, *International Protection of the Environment: Treaties and Related Documents*, vol.10, p.4942 (이하 R&S, *IPE*).

8) R&S, 9*IPE*, p.4435.

9) Agreement between West Germany, Austria, and Switzerland relating to the withdrawal of water from Lake Constance, 1966. 〈http://mgd.nacse.org/qml/watertreay/textdocs/international/72.html〉.

10) *International Legal Materials*, vol.13, 1994, p.511.

래할 것이 합리적으로 예견되는 자원이용의 보전계획에 관한 상세한 내용을 다른 당사국에게 통보하여야 한다[제19조 2항 (d), 제20조 3항 (c)].[11)] 아울러, UN해양법협약(제198조)과 1979년 ECE장거리월경대기오염협약[제8조 (b)]과 같은 다자조약, 상기에 언급한 월경오염에 관한 OECD권고[12)] 및 1978년 UNEP 공유천연자원행동원칙이 사전통보를 규정하고 있다.

환경보호의 사전통보(및 협의)에 관한 판례로서 *Corfu Channel* 사건(1949년)과 *Lake Lanoux* 사건(1957년)이 있다. 전자는 환경분쟁에 관한 사건은 아니지만, 국제사법재판소는 타국의 권리를 침해할 것이 우려되는 영역 내의 중대한 리스크를 통보하여야 할 국가의 일반적 의무가 존재한다고 하였으며, 이는 '인간애의 기본적 고려(elementary considerations of humanity)'에서 유래한 의무라고 하였다.[13)] 후자는 국제하천 Carol강(스페인에서는 Segre강이 됨)의 수로를 우회하는 것에 대한 국제환경분쟁이다. 스페인은 프랑스의 수로우회계획이 하수의 수질과 수량에 상당한 변화를 초래하므로 자국의 사전허가가 필요하다고 주장하였다. 프랑스는 다른 하천을 통하여 Carol강의 감수량(減水量)을 스페인에게 반환하는 것을 제안하였지만, 스페인은 이를 거절하고 동 계획이 중대변화에 사전동의를 요구하는 Bayonne조약 제11조를 위반하였다고 주장하였다.

판정은 다음과 같다. 상류국은 성실하게 하류국의 이익을 합리적으로 고려할 필요가 있는 한편, 하류국은 자국의 영토보전의 권리만을 가지고는 상류국의 하천이용을 제한할 수 없다(제한주권론). 프랑스는 수로우회계획을 스페인에 통보하였고, 스페인과 교섭 및 협의를 거쳐 스페인의 이익에 합리적인 배려를 하였으므로 그 계획을 실시할 때 스페인의 사전동의를 얻을 필요는 없다. 스페인은 프랑스가 부담하는 합리

11) *Environmental Law and Policy*, vol.15, 1985, p.64.

12) OECD 이사회권고 C(74)224, C(77)28, C(78)77, C(79)116.

13) *ICJ Reports*, 1949, p.22.

적 고려의 의무(통보 · 협의)에 대응하는 절차적인 권리를 갖는 것에 불과하기 때문에 프랑스의 계획실시를 방해하는 거부권, 또는 프랑스에 대하여 특별한 손해방지의 조치를 요구할 권리를 갖지 않는다. 즉 교섭 · 협의 후에 계획을 실시할지의 여부, 그리고 스페인의 권리를 보호할 방법은 오로지 프랑스의 결정사항이라고 하였다. 더불어 판정은 성실하게 사전교섭 및 협의를 하여야 하며, 교섭의 불필요한 중단 · 연기, 사전에 합의된 절차의 무시, 고려하여야 할 이익 및 요인의 의도적인 거부는 당해 의무를 위반하는 것이라고 하였다. 이와 같이 기존의 국제하천제도를 일방적으로 변경한 프랑스의 물이용계획은 상대국인 스페인의 동의가 필요하지는 않지만, 프랑스는 합의로 해결할 수 있도록 성실하게 노력하여야 할 의무를 부담한다고 하였다.[14] 이상과 같이, 국가는 그 영역 내의 활동이 타국에 유해한 영향을 미친다고 생각하는 경우에는 그 활동을 당해 타국에게 통보하고 협의하여야 한다.

(2) 사전협의의무

사전협의(consultation)는 타국에 월경적인 환경손해를 끼칠 우려가 있는 활동을 계획한 국가가 그 계획을 실시하기로 결정한 때, 당해 타국(잠재적인 피해국)과 의견을 교환하고 그 이익을 고려하는 과정이다.[15] 즉 협의는 일방적인 통보에 근거한 환경리스크의 존재 여부, 리스크의 범위 및 과정에 관한 관련국간의 의견대립을 조정하는 기능을 하는 것이라고 할 수 있다. 그런 의미에서 협의의 목적은 일반적으로 국가간(또는 국제기구와 국가간) 분쟁의 방지 및 해결 또는 공통의 이익 및 관심사항에 관한 컨센서스의 형성에 있으며, 외교교섭의 일환이 된다. 협의국은 상대국이 제공하는 정보를 성실하게 고려하여야 한다.

국제환경법에서 협의는 일반적으로 상대국의 정보에 따라 행동하

14) 12 *RIAA*, pp.308, 315-318.

15) M. F. Dominick, "Consultation," *Encyclopedia of Public International Law*, vol.9, 1986, pp.45-49.

는 의무가 아니라 그 의견을 듣고 숙고 · 심사할 의무를 의미한다.[16] 앞서 살펴본 사전통보의무는 이러한 사전협의의무와 결합하여 위험활동을 초래하는 월경적 또는 지구적 환경리스크를 관리하는 수단으로서 널리 지지되고 있다.

우선 환경조약에서 협의가 요청되는 사태 또는 상황은 다양하지만, 다음의 네 가지가 전형적인 경우이다. (i) 국가가 허가와 인가 등을 통해 관여하는 활동이 타국의 환경 내지 권리에 유해한 영향을 미칠 우려가 있는 경우가 있다. 중대한 오염을 대상으로 하는 조약으로서 1974년 북유럽환경보호조약(제11조), 1979년 ECE장거리월경대기오염협약(제5조), 1991년 ECE월경환경영향평가협약(제5조), 1992년 ECE 산업사고에 관한 협약(제4조), 1983년 육상기인오염원으로부터의 남동태평양보호를 위한 의정서(제12조), 1980년 육상기인오염원으로부터의 지중해보호를 위한 의정서(제12조 1항) 등이 있다. (ii) 특히 공유천연자원의 이용이 타국의 권리를 침해할 우려가 있는 경우가 있다. 지하수자원에 관한 조약으로는 1968년 자연 및 천연자원의 보호에 관한 아프리카 협정(제5조 2항), 심해저자원의 광상활동에 관하여 규정하고 있는 UN해양법협약(제142조 2항, 사전통보제도를 둠으로써 동일한 의미의 제도를 포함)이 있다. 또한 타 당사국 또는 국제공역에 악영향을 초래하는 활동계획에 관한 조약으로 1985년 자연과 천연자원의 보존에 관한 아세안협정[제19조 2항 (e), 제20조 3항 (c)] 등이 있다. (iii) 환경조약의 적용과 이행에 관한 문제해결을 위한 경우가 있다. 관련조약으로는 상기 1985년 아세안협정[제18조 2항 (e)], 1971년 해저비핵화조약(제3조 2항) 등이 있다. (iv) 환경상 유해한 영향을 초래하는 긴급사태에서의 활동에 관한 경우가 있다. 그 예로 1981년 긴급사태에서의 오염대처를 위한 협력에 관한 Abidjan의정서[제10조 1항 (b)], 1972년 해양투기규제에 관한 협약(제5조 2항), 1986년 해양투기에 의한 태평양지역의 오염방지를 위한 의정서(제10조 1항),

---

16) P. Okowa, "Procedural Obligations in International Environmental Agreements," *BYIL*, vol.71, 1996, p.302.

1986년 원자력사고조기통보협약(제6조) 등이 있다.

다음으로 사전협의에 관한 조약의 예를 환경분야별로 분류하면 국제하천, 원자력시설, 대기오염, 해양오염의 네 가지 분야로 나눌 수 있다. (i) 국제하천에 관하여, 1960년 네덜란드와 독일 간 국경조약은 당사국이 그 인접국의 영역 내에 있는 수자원의 이용과 관리에 관한 모든 문제에 관하여 조약기구(상설경수위원회, Permanent Dutch-Germany Border Water Commission) 내부에서 정기적인 협의를 할 것에 동의하였다(제57조).[17] 1960년 인더스강조약에 따르면, 몇몇 당사국이 인더스강의 물이용을 방해하고 타 당사국에 중대한 영향을 미치는 작업을 계획하는 경우, 계획국은 자국의 계획을 상대국에게 통보하여야 한다. 그리고 상대국이 작업의 성질, 규모와 영향에 관한 지식을 얻을 수 있는 이용가능한 작업데이터를 제공하여야 한다(제7조 2항). 이 통보의무에 더하여 동 조약의 부속서는 인도에 의한 하천수이용의 새로운 수력발전계획, 현행 하천계획의 중대한 변경, 현행 저수작업의 중대한 변경에 관하여 사전협의를 요구한다(Annexure D와 E).[18] 1978년 미국-캐나다 오대호 수질협정은 당사국이 오염방지를 포함한 건전한 수자원의 확보에 관한 조약기구의 권고에 관하여 협의를 하도록 요구한다(제10조).

이러한 조약이행과 함께 1978년 UNEP 공유천연자원행동원칙[원칙 6 제1항 (b), (d)], 1974년 국가의 경제적 권리의무헌장(제3조), 1966년 ILA 국제하천의 물이용에 관한 헬싱키규칙(제30조의 교섭) 및 OECD 월경오염원칙에 관한 권고[19]가 있다. ILA는 공유수자원 오염분야의 사전협의에 있어 월경오염의 중대한 위험을 초래할 가능성이 있는 활동을 계획하는 국가는 그에 관한 적절한 정보를 제공하고, 잠재적인 피해국의 요청에 기초하여 그 계획활동에 관련한 월경오염문제에 관해 협의하

---

17) R&S, 11 *IPE*, p.5588.

18) Indus Waters Treaty, 1960. *AJIL*, vol.55, 1961, p.797; 〈http://mgd.nacse.org/qml/watertreaty/textdocs/international/22.htm〉.

19) OECD 이사회권고 C(74)224, E-para.7; C(78)77, para.11, 1977.

여야 한다. 또한 그러한 협의를 성실하고 합리적인 기간에 걸쳐 이행하여야 한다(1982년 ILA 월경오염에 적용 가능한 몬트리올 국제법규칙 제6조).

(ii) 국경부근의 원자력시설에 관한 유럽국가들의 양자조약은 원자력시설의 건설이 초래하는 월경리스크를 최소화하기 위하여 통보 · 협의의무를 규정한다. 조약은 시설의 계획에 관한 완전한 정보교환을 요구하며, 이에 따라 상대국은 시설국의 정책결정을 심사하고 안전과 건강관리에 대하여 적절한 의견을 표명할 수 있다. 대부분의 경우, 그 적용은 국경으로부터 30km 이내의 설비에 한정된다. 1977년 덴마크와 서독 간 국경 주변 원자력시설의 건설에 관한 정보교환을 규율하는 협정을 그 예로 들 수 있다. 시설을 건설하는 국가는 입지선정이나 시설 그 자체, 시설의 건설 및 조업에 관한 허가, 허가내용의 변경 · 시설의 철거에 관하여 관련서류를 첨부한 정보를 상대국에게 제공하여야 한다. 그리고 상대국은 정보에 관한 자국의 의견을 제출할 수 있으며, 원자력시설의 보안조건에 관하여 시설국에게 협의를 요청할 수 있다(제2조, 제3조, 제6조).[20] 같은 내용의 조약으로서 1977년 네덜란드-서독 국경부근 원자력시설의 협정 및 협의에 관한 각서,[21] 1980년 스페인-포르투칼 국경부근 원자력설비의 안전에 영향을 미치는 사항에 관한 협정[22]이 있다. 국민의 건강에 영향을 미치는 공통의 이해사항을 심의 · 검토하는 상설위원회를 설치하는 경우도 있는데, 그 예로 1966년 벨기에-프랑스 Ardenns 원자력발전시설에 관한 방사선방호협정(제6조)이 있다.[23] 모든 협정에서 국가는 행동의 자유에 제한을 받지만, 상대국의 계획을 단념시키는 거부권은 인정되지 않는다.

(iii) 대기오염의 분야에 관한 1991년 미국-캐나다 대기질협정에서 당사국은 계획이 실시될 경우 중대한 월경대기오염을 초래하는 자국의

20) *International Legal Materials*, vol.17, 1978, p.274.

21) R&S, *IPE*, vol.27, p.275.

22) R&S, *IPE*, vol.27, p.420.

23) United Nations Treaty Series (UNTS) 558, p.227.

관할권하의 행동계획을 평가하여야 하고 계획의 실시를 결정하기 전에 당해 평가에 근거하여 통보하여야 하며, 요청이 있으면 협의하여야 할 의무가 있다. 이 협의에서는 적절한 오염경감의 조치가 검토된다(제5조 2~6항). 1979년 ECE장거리월경대기오염협약은 영향평가와 통보의무 및 오염의 대상이 되는 실제 피해국 또는 오염의 중대한 리스크에 노출된 국가와 오염가해국 간에 요청에 기초한 정부간 협의에 대하여 규정한다(제5조).

(iv) 해양오염 분야에서 1982년 UN해양법협약은 해양오염의 방지·경감을 위한 일반적인 협력원칙을 규정한다(제197조). 이 규정에 사전협의 의무가 포함된다는 해석도 가능하지만, 그 일반원칙을 이행하기 위한 특별한 절차는 존재하지 않는다. 그 이행절차는 다양한 오염원을 규율하는 개별적인 지역적 또는 다자간 조약에 맡길 수 있다. 1972년 해양투기규제협약은 특정 유해물질의 해양투기를 금지하지만, 이 금지가 해제되는 특별긴급사태가 있을 경우 당사국은 영향을 받는 타국 및 조약기구(IMO)와 협의하여야 한다. 이러한 예외적 투기를 허가할 긴급사태의 존재 여부의 판단은 당사국의 재량이지만, 조약기구는 그 외의 당사국과 국제기구와 협의한 후에 가장 적절한 조치를 관련당사국에게 권고한다[제4조 1항 (a), 제5조 2항].

1983년 캐나다-덴마크 해양환경에 관한 협력협정은 양국의 대륙붕 경계부근의 만과 해협에서 해양오염방지를 목적으로 하고, 환경보호의 국제협력의무와 관련 국내법 위반조사의 의무에 관하여 규정하고 있는 것 외에 다음과 같은 통보와 협의의무를 두고 있다. 당사국은 타당사국이 책임을 부담하는 조약지역에 오염의 중대한 리스크를 초래할 우려가 있는 모든 작업 또는 활동을 개시하기에 앞서, 당사국 스스로의 발의 또는 타당사국의 요청으로 국내법에서 금지되고 있는지의 여부 또는 기밀성에 관한 양해에 저촉되지 않는 모든 관련정보와 데이터를 상대국에게 제공하고, 그에 대한 의견을 구하여야 한다. 나아가 각 당사국은 그 작업과 활동에 대하여 상대국의 요청이 있으면 합리적인 기간에 걸쳐 협의하여야 한다. 이 협의는 최선의 협력정신과 선린관계에 기초하여야 하고, 협의의 대상인 작업과 활동을 불합리하게 지연시키거나 또는 방해하는 것과 같은 형태로 이용되어서는 안 된다(제4조).[24] 그 외에 1974년 육상오염원으로부터의 해양오염방지를 위한 조약(제9조 1항), 1983년 육상기인오염원으로부터의 남동태평양보호를 위한 의정서(제12조), 1980년 육상기원오염원으로부터의 지중해보호에 관한 의정서(제12조), 1982년 UNEP '국가관할권 범위 내에서의 연안 굴착과 채광에 관한 환경법적 측면의 연구'[25]가 있다.

3. 사전통보 · 협의의 기본내용

이상에서 살펴본 관련조약 및 몇몇 판례를 참조하여 사전통보 · 협의의무가 어떠한 내용을 담고 있는지 살펴보도록 한다.

(1) 사전통보의무

통보된 정보내용, 통보시기, 잠재적 피해국의 요청의 유무 등 상세한 내용은 개개의 조약에 따라 다양하다. 조약들을 통하여 통보에는 잠재적 피해국에게 계획된 활동이 미치는 영향(환경리스크)을 적절히 평가할 수 있는 정보가 부수되어야 한다는 것을 알 수 있다. 그러나 위험활동의 실시를 계획한 국가의 중요한 산업정보 및 안전보장에 관한 정보에 대하여 사전통보의무가 적용되지 않는 경우도 있다. 또한 통보국가는 그 위험활동을 실시하기 전에 신속하게 통보할 것이 요구된다. 실시에 관한 사실이 확립되기 전에 즉, 실시계획의 작성단계 또는 국내에서의 사업계획을 허가할 때, 통보할 것이 요구된다. 잠재적 피해국의 요청이 있어야 비로소 의무가 발생하는지에 관해서는 *Lake Lanoux* 사건에

---

24) *International Lesal Materials*, vol.23, 1984, p.269.

25) Decision 10/14/VI, Title E, para. 18, H. Hohmann, *Basic Documents of International Environmental Law*, 1992, vol.1, p.121.

서와 같이, 그러한 요청의 유무를 불문하고 통보의무가 발생한다. 다만, 이 경우에 환경리스크의 중대성에 대한 판단은 통보국가의 일방적 판단에 맡겨지므로 문제가 제기될 소지가 있다. 잠재적 피해국은 통보를 받은 후, 합리적인 기간 내에 자국의 의견을 표명하여야 한다. 이는 잠재적 피해국의 의무이며, 통보한 국가의 행동의 자유를 불필요하게 제재하는 것을 억제하기 위한 것이다. 만약 합리적인 기간 내에 의견을 표명하지 않는다면, 잠재적 피해국은 상대국으로부터 제안된 활동의 실시를 묵인하는 것으로 추정한다. 따라서 피해국은 사후에 자국의 이익이 정당하게 고려되지 않았다고 주장할 수 없다. '법은 나중으로 미루어진 권리행사에 관대하지 않기' 때문이다.[26] 무엇보다 조약에서 통보에 회답하여야 할 기간을 정하지 않은 경우에 합리성의 판단이 문제된다. UN의 관련조약에서는 6개월 이내에 통보에 회답하지 않으면, 계획의 실시를 인정한 것으로 본다.[27]

(2) 사전협의의무

사전협의의무에 대하여 위험활동의 실시를 계획한 국가는 잠재적 피해국의 의견을 성실히 고려할 것이 요구된다. 피해국의 동의를 얻을 의무는 부담하지 않는다. 협의할 기간으로 합리적인 시간이 요구되지만, 교섭을 통하여 최종적인 동의를 얻지 못한 경우 활동을 제안한 국가는 스스로의 판단으로 계획을 실시할 권리를 갖는다.

긴급사태에서의 사후통보의무를 제외하고, 사전통보 · 협의의무가 일반적으로 확립되어 있지 않다는 견해가 있다.[28] 이에 따르면 위험활

26) P. Okowa, *supra* note 16, p.298.

27) UN국제법위원회(ILC)의 1997년 국제하천의 비항행적 이용에 관한 조약안 제13조. 또한 동 위원회의 2001년 '위험활동으로부터 발생하는 월경손해의 방지에 관한 초안' 제8조는 '6개월 이내'에 회답하여야 한다고 규정하고 있다. 臼杵知史, "'危険活動から生じる越境損害の防止'に関する条文案,"「同志社法学」60巻 5号(2008年), 513-515면 참조.

28) P. Okowa, *supra* note 16, p.308-311.

동을 계획한 국가가 인접국가에게 통보하고, 그 이익을 일방적으로 고려한 일부 사례에서는 예상되는 위험회피의 약속, 위험회피의 조치를 강구할 때까지의 계획 실시의 정지, 협의에 근거한 계획변경, 손해보상에 대한 사전확약으로 해결하였다. 그러나 이 경우는 관련국가가 특별히 협의의 일반적 의무를 언급하지 않았으므로 정치적 · 편의적인 해결이었다고 생각한다. 한편, 사전협의는 사전통보와 함께 '오늘날 국제관습법에서 널리 승인되었다'는 견해가 유력하다. 적어도 환경영향평가, 통보, 협의 그리고 교섭의 절차적 요건(국제청문의 권리 내지 손해발생리스크 최소화의 의무)은 관련판례, 국제기구의 선언 및 UN국제법위원회의 조약안 작성작업을 통하여 일반적으로 지지되고 있다고 할 수 있다.[29)]

4. 기타 조약의무에 의한 보완기능

(1) 사전환경영향평가와의 관계

사전통보 · 협의는 적절한 정보에 기초하여야 한다. 그러므로 '사전환경영향평가'(환경모니터링을 포함)는 환경리스크 관리에 필수불가결하다. 특히 과학적 불확실성을 수반하는 지구환경손해를 객관적이고 과학적으로 예측하는 데 중요하다. 예를 들어 UN해양법협약에 따르면 모든 국가는 자국이 허가하는 또는 자국이 종사하는 활동이 해양환경을 오염시킬 우려가 있는지 여부를 결정하기 위하여, 이러한 활동의 영향을 항상 감시(모니터링)하여야 한다(제204조 2항). 또한 이러한 활동이 해양환경에 중대한 오염(또는 유해한 변화)을 초래할 우려가 있다고 믿을 만한 합리적인 이유가 있는 경우에 모든 국가는 그 잠재적인 영향을 가능한

---

29) P. Sands, *Principles of International Environmental Law*, 2nd ed., 2003, pp.838-840; Dupuy, *supra* note 2, pp.63-72; F. Francioni, "International Co-operation for the Protection of the Environment: The Procedural Dimension," *Environmental Protection and International Law*, eds. by W. Lang, H. Neuhold and K. Zemanek, 1999, p.210; L. Gündling, "Environment, International Protection," *Encyclopedia of Public International Law*, vol.9, 1986, p.125.

한 평가하고, 권한이 있는 국제기구에 그 결과를 보고하여야 한다(제206조). 이러한 규정을 도입한 지역조약이 있다. 예컨대, 1974년 북유럽 환경보호협약(제5조의 통고 · 정보교환, 제7조의 환경영향평가 및 제11조의 협의), 1988년 대륙붕의 개발과 이용으로부터 발생하는 해양오염에 관한 쿠웨이트 의정서(조약기구에 대한 환경영향평가의 송부와 다른 당사국의 의견 고려, 제4조 1항)가 있다.[30] 아울러, 환경영향평가가 이루어지지 않은 활동을 금지하는 1988년 남극광물자원활동규칙조약(제4조)과 광물자원활동 이외의 활동에 대하여 그 계획 및 실시의 단계에서 특정사항에 관한 사전영향평가와 정보에 근거한 판단을 요구하는 1991년 환경보호에 관한 남극조약의정서(제2조 2항)가 있다.

사전환경영향평가를 포함한 사전통보 · 협의의무는 최근 1991년 ECE 월경환경영향평가에서 일반적으로 지지되고 있다. 이는 환경리스크에 관한 국제적인 절차의무를 상세히 규정한 최초의 다자조약이다. 국경을 넘는 중대한 악영향을 초래할 우려가 있는 계획활동을 열거하고(부속서 I), 피영향당사자가 참여하는 환경영향평가절차를 전제로 한 통보의무, 영향평가문서의 작성과 이에 기초한 협의의무를 규정하고 있다(제3~5조). 그리고 당사국은 계획활동을 최종적으로 결정할 때 영향평가의 결과 및 협의결과를 적절히 고려하여야 할 의무가 있다(제6조).

(2) 일반적인 정보교환의무 및 보고제도와의 관계

유효한 사전통보 · 협의에서 환경평가뿐만 아니라 정보교환은 필수불가결하다. 대다수의 환경조약은 환경정보의 교환을 당사국의 일반적 의무로서 규정하고 있다. 그러나 환경상태의 악화를 일반적으로 방지하기 위한 과학적 · 기술적 지식의 교환을 의미하는 일반적 · 장려적인 의무(인간환경선언 원칙 20, 리우선언 원칙 9)는 앞서 살펴본 통보의 전통적

30) Protocol concerning Marine Pollution resulting from Exploration and Exploitation of the Continental Shelf (1989), 〈http://www.sdnpbd.org/sdi/treaty/oceans_treaty_living_resources/ww97.htm〉.

인 정의와 일치하지 않는다.

지구환경보호에 관한 조약들은 조약의 이행조치와 기타 특정사항에 관한 정보를 '조약기구 또는 타당사국에게' 정기적으로 제공하여야 할 특별의무를 규정하고 있다. 이를 국가보고제도(reporting)라 한다. 조약의 이행조치에 관한 보고제도를 도입한 조약으로는 (a) 이행조치와 그 실효성, 나아가 관련 국내법에 관한 보고의무를 규정한 것(1989년 바젤협약 제3조 1항, 1992년 생물다양성협약 제26조, 1992년 기후변화협약 제12조 등), (b) 오염배출물과 그 영향에 관한 보고의무를 규정한 것[1976년 라인강염화오염방지협약 제3조 5항, ECE장거리월경대기오염협약의 1985년 유황산화물에 관한 의정서 제4조 및 1988년 질소산화물에 관한 의정서 제8조 1항 (a), 1987년 오존층 보호에 관한 몬트리올 의정서 제7조(1990년 개정), 1992년 기후변화협약 제12조 1항 등]이 있다.

사전환경영향평가는 양자간에 전통적인 통보의무를 보완한 기능을 하지만, 정기적 정보교환(보고)의 의무가 반드시 그와 같은 기능을 하는 것은 아니다. 분명한 것은 양자간 정보교환은 통보의무의 일환으로, 이를 관련국의 협의와 연결시킨 양자조약이 있다. 또한 1986년 원자력사고조기통보협약은 사고에 관한 신속한 통보의무를 요구하고(제2조), 이 통보의무에는 정보교환이 포함된다(통보처는 IAEA 및 비당사국을 포함한 잠재적 피해국). 그러나 상기의 보고의무는 오히려 다자간 협의에서 새로운 과학적 지식을 확인하고, 이에 근거한 실효적인 제도를 마련하는 것에 중점을 둔다. 1979년 ECE장거리월경대기오염협약은 양자간에 전통적인 협의의무를 인정하지만, 이는 '초기단계'에서 당사국의 요청에 기초한다(제5조). 한편, 조약은 이와 함께 당사국총회에서 다자간 협의의 검토사항을 명확히 하기 위하여 조약상의 집행기관을 통한 정보교환 의무를 규정하고 있다. 이 경우 '공통이익을 위한 양자간 정보교환'도 같은 목적을 위하여 이루어진다(제8조, 제10조). 그러나 이러한 양자간 정보교환은 그 규정내용으로부터 판단되므로 기능적으로는 전통적인 통보·협의와는 관계가 없다. 실제로 1985년 오존층보호에 관한 비엔나협약에는 이러한 양자간 협의의 실시에 관한 규정이 없고, 조약이행에 관한 당사국의 정보에 근거하여 당사국총회를 통한 규제조치의 재검토와 강화만을 규정하고 있다[제5조, 제6조 4항 (a), (k)].

환경리스크에 관한 관련정보의 수집 · 전달제도가 발전하여 정보제공이 위험활동의 실시(위험물질의 수입)에 대한 허가조건으로 여겨지는 경우가 있다. 예를 들면, 1988년 남극광물자원활동규칙조약은 환경영향평가, 조업자의 기술적 능력, 긴급사태에의 대응계획 등 광물자원개발 계획에 선행되는 일정한 정보를 조약기구에 제공할 것을 당사국에게 요구한다(제37조 7항). 또한 유해위험생산품의 수입은 수입국의 주권에 기초한 결정사항이며 이에 수반되는 환경리스크의 실현은 보통 국내적 영향에 머무르지만, 수입국의 국내보호조치와는 별개로 국제기준에 따른 정보를 제공할 의무가 부과된다[1975년 WHO 화학제품인증계획, 1985년 FAO 살충제의 보급 · 사용의 행동강령, 1989년 바젤협약 제4조 1항(a), 제13조].

5. 사전통보 · 협의의무의 기능과 의의

사전통보 · 협의의무는 (1) 분쟁의 회피 또는 해결, (2) 정책결정과정에서 환경요인의 객관적 고려 및 (3) 절차적 공평의 확보라는 세 가지의 기능을 겸비한 것이다.31)

(1) 사전통보 · 협의의무는 국제분쟁의 발생을 회피하고 분쟁을 해결한다. 문제가 되는 제안활동이 월경환경리스크를 초래하는지의 여부, 리스크가 예상되는 경우의 경감, 또는 제거조치에 대한 관련국의 이해가 조정된다. 사전통보와 협의를 통하여, 관련국은 개별사안의 사정을 감안한 구체적인 방지의무의 내용과 방법을 결정할 수 있다고 생각할 수도 있다. 1991년 ECE월경환경영향평가협약에 따르면, 중대한 환경리

31) P. Okowa, *supra* note 16, pp.277-278.

스크가 발생할 우려가 있는지에 대하여 관련국이 합의할 수 없는 경우에는, 모든 관련국이 협약에 설치된 심사위원회에 문제를 부탁할 수 있다(제3조). 이는 합의를 달성하기 위한 사전협의가 분쟁해결기능을 하는 것을 시사한다.

(2) 통보 · 협의의무는 사전환경영향평가와 결부됨에 따라 정책결정과정의 조기단계에서 환경요인을 고려하게 하는 기능을 한다. 일련의 절차적 의무[환경영향평가, 통보, 정보교환(보고), 협의]를 이행함으로써 위험활동을 계획 · 제안하는 국가는 그 정책형성의 단계에서 타국 또는 국제공역에의 환경영향을 고려한 적절한 결정을 할 수 있다.

(3) 통보 · 협의의무는 잠재적 피해국(혹은 피해자)이 그 이익을 보호하기 위한 주장을 허락함에 따라 절차적 공평(due process)을 확보한다. 타국의 위험활동으로 인해 자신의 이익이 침해받을 우려가 있는 국가(또는 개인)에게는 그 활동의 실시결정과정에서 자신의 의견을 개진할 기회가 주어져야 한다. 이와 같이, 사전통보 · 협의의무 및 그에 대응하는 절차적 권리의 보장은 환경손해의 방지의무를 전제로 하여 국가들이 국제환경 · 자원의 보호와 이용을 객관적으로 이익조정하기 위한 법적 구조이다.

서두에서 서술한 바와 같이, 국가는 전통적으로 그 영역을 스스로 사용하는 경우와 또는 그 영역내의 사인(외국인을 포함)에게 사용을 허락하는 경우에도 타국의 권리를 침해하지 않을 것과 같이 영역 내의 활동을 관리하는 일반적 주의의무를 부담하고 있다. 그러나 이 주의의무는 전통적인 '상당한 주의'(due diligence)를 의미하는 것이고, 그 내용은 일반적으로 불명확하다. 국가의 영역관리책임은 국가의 활동이 국가관할권 밖의 장소에 있는 지역(국제공역)의 환경손해를 방지하는 것에도 적용됨으로써 1980년대 이후 지구환경을 보호하기 위한 다자조약이 체결되었지만, 그럼에도 전통적인 상당주의의무가 답습되는 경우가 많다. 예를 들면, UN해양법협약에서 국가는 모든 오염원에 의한 해양환경의 오염을 방지, 경감, 제재하기 위하여 실행가능한 최선의 수단과 자국의 능력에 따른 모든 필요한 조치를 취하여야 하는 것으로 여겨진다(제194조 1항). 여기서 말하는 필요한 조치란, 기본적으로는 선량한 정부에게 기대되는 행동이며, 손해방지의 구체적 의무가 사전에 특정되어 있지 않다. 상당한 주의를 하였는지에 대한 여부에 대하여, 종래에는 손해발생 후에 방지수단의 유무와 종류, 가해활동의 성질 등 모든 관련요인에 비추어 판단하였다. 그런데 사전통보 · 협의의무는 사후배상의 유무 및 정도를 판단하는 국가책임법(사후구제법)의 구조와 달리 손해발생 전에 잠재적 피해국에게 통보하고 협의할 것을 요구한다. 이러한 의미에서 '예방적인 주의'를 할 의무로서 중요한 기능을 한다고 할 수 있다.[32)]

32) 山本草二, 「国際法における危険責任注意」(東京大学出版会, 1982年), 332면. 사전통보 · 협의의무의 위반에 대하여는 이러한 의무위반과 발생한 손해 간의 인과관계를 확정하는 것은 곤란하다. 兼原敦子, "損害救済と損害予防の新たな法理," 奥脇直也 · 小寺彰 編, 「国際法キーワード(第2版)」(有斐閣, 2006년), 113면.

제2절 환경영향평가(EIA)

1. 서 론 - 환경영향평가(EIA)의 개념

(1) EIA의 정의

환경영향평가(environmental impact assessment: EIA)는 일반적으로 하나로 정의되지 않는다. 여기에서는 사업계획 등의 실행허가 및 실시, 계획(plan), 프로그램(program), 정책 또는 입법 채택의 결정에 앞서 이러한 요소들이 환경에 미치는 위험요인을 평가하는 절차로 그 결과가 결정에 반영되는 것이라고 정의한다.[1)] 이는 사업실행, 계획, 프로그램, 정책 및 입법을 관할하는 국가, 즉 관할국의 국내절차이다.

그 중 1960년대 말부터 선진국의 국내법 및 1980년대부터 국제법에 등장한 것은 사업을 포함한 활동에 관한 협의의 EIA이다. 한편, 계획, 프로그램, 정책 및 입법을 대상으로 하는 EIA는 전략적 영향평가(strategic environmental assessment: SEA)라고 하며, 대다수 선진국의 국내법에서는 1980년대 말부터, 국제법에서는 1990년대 중반 이후 모습

---

1) *E.g.* P. Birnie, A.Boyle and C. Redgewell, *International Law and the Environment,* 3rd ed., Oxford University Press, 2008, p.164. 또한 국내의 EIA 입법 또는 사전 통보 · 협의와의 결합을 수반하는 월경(越境) EIA를 염두에 두어, 대체안의 검토, 잠재적 피영향 국가를 포함한 관계자, 관계기관, 공중 등에게의 평가서 송부 그리고 의견 취득 등의 요소를 포함한 정의도 있다. 大塚直,「環境法」(第2版) (有斐閣, 2006년), 221면 ; 南論子, "国際環境法の発展と環境評価,"「一橋論叢」 115巻 1号 (1996년), 190면: N. Craik, *The International Law of Environmental Impact Assessment: Process, Substance and Integration,* Cambridge University Press, 2008, p.3. 본문에서는 국제법상 EIA의 도입경위, 법적 합의, 기능의 전개 등을 정확하게 파악하기 위하여, 역사적으로 도입이 선행되었던 사전 통보 · 협의 및 특히 최근에 주목받았던 공중의 참가 등과는 구분하여 EIA를 정의한다.

을 나타내었다.[2] 협의의 EIA는 시행단계에 이른 사업을 다루기 때문에 계획을 크게 수정할 수 없는 데 반해, SEA는 이러한 한계를 보충하는 절차로 구체적인 사업 등의 실행을 전제로 책정되는 계획, 프로그램, 정책 또는 입법 결정 단계에서 환경영향평가를 수행하고 이에 따라 환경에 대한 배려와 적절한 조치를 실시하는 것을 목적으로 한다.[3]

국제적인 문맥에서 논의되는 월경(transboundary) EIA는 협의의 EIA 중 타국의 환경 및 국가관할권 밖의 지역 환경에 미치는 영향에 대한 EIA를 의미한다.[4]

(2) EIA의 취지 및 목적

EIA의 기초는 환경에 영향을 미치는 결정이 그 영향을 충분히 이해한 다음 실시되어야 한다는 발상에서 비롯된다.[5] 이는 환경에 악영향을 미칠 우려가 있는 사업 등의 실행, 계획, 프로그램, 정책 및 입법(이하, '환경위험활동')에 대한 의사결정의 과정에 관계되는 절차이지, 평가대상이 되는 환경위험활동 및 그에 관한 최종적인 결정내용을 직접 규제하는 것은 아니다. 이러한 의미에서 환경손해방지라는 실질적인 목적 달성에 공헌할 수 있지만 이를 보장하지 않는다. 따라서 EIA는 본질적으로 절차지향의 규제방법이라 할 수 있다.

---

2) 다만, 대부분의 기존조약에서 SEA의 실시의무는 계획과 프로그램을 대상으로 하고 있으며, 정책에는 미치지 못한다.

3) J. Holder, *Environmental Assessment: The Regulation of Decision Making,* Oxford University Press, 2004, pp.60-63; 環境アセスメント研究会 編, 「環境アセスメント—基本用語辞典」(オーム社, 2000年), 105면.

4) K. Bastmeijer & T. Koivurova, "Introduction," in K. Bastmeijer & T. Koivurova (eds.), *Theory and Practice of Transboundary Environmental Impact Assessment,* Martinus Nijhoff Publishers: Leiden, 2008, p.1.

5) Craik, *supra* note 1, p.4.

2. 환경영향평가(EIA) 실시의무 · 서약의 발전

(1) 환경조약 기타 국제문서의 명기

1) 배 경

국제환경법에 있어 EIA의 발전은 서구 선진국의 EIA 입법화와 그 실적에 근거하고 있다. 시초는 1969년 미국의 국가환경정책법(National Environmental Policy Act: NEPA)이며, 1970년대 중반 이후부터 서구 선진국은 잇따라 EIA법을 제정하였다.[6] 이러한 전개를 배경으로 조약 등에서의 EIA 실시의무 및 서약의 명기는 각 국 국내 EIA 법제화 추진이 목적이고, 각국 내에서 적절한 EIA의 실시 확보를 위한 국제적 기준을 도입하기 위함이다. 또한 국내적 수준에서 그 유효성을 평가받은 EIA를 월경환경손해라는 문맥에서 활용한 시도이다. 아울러 최근 국제사회에서의 지속가능한 개발과 자원의 이용개념의 보급 역시 통합적인 측면을 가진 EIA의 활용을 강하게 촉구하여 왔다.

2) 역사적 전개

조약상 EIA의 도입은 역사적으로 크게 세 개의 시기로 구분할 수 있다.[7] 제1기는 1970년대로 EIA의 도입 맹아기이다. 서구 선진국을 중심으로 EIA의 일반적 유용성이 서서히 인식되며 국제기구의 결의와 같이 법적 구속력이 없는 국제문서 상에 EIA를 명기하도록 하였다. 1972년의 인간환경선언은 개발도상국의 반대로 인하여 EIA를 명시하지 않았으나, 동시에 채택된 행동계획은 몇 가지의 권고를 통하여 환경평가를 언급하였다. 이는 EIA를 포함한 UNEP공유천연자원행동원칙 등을 거쳐 제2기의 1987년 UNEP 'EIA 목표와 원칙'(UNEP EIA 원칙)의 채택[8]

---

6) 캐나다, 프랑스, 호주 등 오늘날에는 개발도상국을 포함한 100개 이상의 국가에 EIA법이 있다. Holder, *supra* note 3.

7) 이 구분은 역사적인 발전을 쉽게 이해하기 위한 편의이다.

8) UNEP관리이사회결정, UNEP Res. GC/14/25, 14th Sess. (1987), endorsed by GA Res. 42/184, UN GAOR, 42nd Sess. UN Doc. A/Res/42/184 (1987).

으로 이어졌다. 또한 환경에 대한 비차별 · 평등의 원칙이 선진국 사이에서 제창되었으며, 국내 영향평가와 마찬가지로 월경평가의 필요성이 선진국간의 조약에서 명기되었다. 이것이 1974년 북유럽환경보호조약과 1974년 OECD월경오염원칙권고이다.[9)]

제2기는 1980년대부터 1990년대 초반까지로 EIA 실시의무가 본격적으로 도입 개시된 시기이다. 이 시기에는 EIA 실시에 관한 법적 의무를 규정하는 조약 등의 채택이 진행되었고, 그 의무범위 또한 다양한 환경부문으로 확장되기 시작하였다. 월경EIA에 대해서는 1980년대의 UN해양법협약(UNCLOS)을 시작으로 한 해양환경에 관한 절차규정 및 1990년대 들어서의 환경부문을 포괄하는 1993년 북미환경협력협정(North American Agreement on Environmental Cooperation: NAAEC) 규정과 1991년 Espoo협약(Convention on Environment Impact Assessment in a Transboundary Context), 그리고 동 협약과 남극조약 환경보호의정서(1991년)의 상세한 프로세스를 포함한 EIA의 제도화가 주목받았다. 대부분의 경우, 이미 여러 조약에 도입되어 있는 사전통보 · 협의 절차와 결합하여 전체적으로 복합적인 프로세스를 형성하게 되었다. 또한 회원국의 EIA입법 평준화를 목표로 하는 1985년 EC EIA지침이 채택되었다.[10)] 나아가 1990년대부터는 미국-캐나다 대기질협정(1991년) 등 EIA의 실시의무를 명기한 양자간 조약도 나타났다. 1992년 리우선언 역시 원칙 17을 통해 EIA의 필요성을 언급하였고, 생물다양성협약은 EIA의 일반적 실시의무를 규정하였다. 그리고 세계은행 등 개발원조와 관련된 국제기구도 융자사업으로 초래된 환경파괴에 대한 국제적 우려로 1980년대 말 이후 EIA 실시를 융자조건으로 정하였다.[11)]

---

9) 이 국제문서와 EIA의 관계에 대해서는 Craik, *supra* note 1, pp.55-57; T. Koivurova, "Transboundary Environmental Impact Assessment: The Nordic Environmental Protection Convention," Bastmeijer & Koivurova, *supra* note 4, pp.71-91 참조.

10) EC Directive 85/337, OJ 1985 L175/40.

11) World Bank Operational Directive 4.00, *Annex A: Environmental Assessment*

1990년대 중반 이후 시작되는 제3기는 EIA의 발전 · 확충기이다. EIA 실시의무는 1992년 ECE 월경수로보호 헬싱키조약에 이어 1997년 UN국제수로의 비항행적 이용에 관한 협약(미발효) 등 국제수로에 관한 협약에도 명기되기 시작하였다. 또한 생물다양성협약의 생물안정성에 관한 카르타헤나 의정서(2000년) 역시 유전자 변형생물의 수출입에 대한 위험성평가의 의무를 명기하였다. 또한, 2007년 EC EIA지침 개정은 Espoo협약의 발효(1998년)를 예측하여 월경 EIA의 규정을 확충하였다.[12] 2001년 국제사법위원회(ILC)가 채택한 월경손해방지조문에 관한 초안에서도 제7조를 통해 월경 EIA에 언급하였다. 그리고 개별조약하에서는 관련국간의 합의문서,[13] 가이드라인의 채택 등을 통하여,[14] EIA의 구체적인 프로세스의 정형화도 추진되고 있다. 2000년대부터는 2001년 EC SEA지침[15] 및 2003년 Espoo협약의 SEA의정서와 같은 SEA의 본격적인 도입이 시작되었다. 세계은행 및 OECD도 SEA의 필요성을 명시하고 있다.[16]

(2) EIA의 실시의무를 둘러싼 국제분쟁

1) 국제재판의 사례

EIA의 실시의무를 명기한 조약이 증가함에 따라 1990년대 이후 월경 EIA의 실시가 쟁점의 하나로 표면화되어 왔다. 그리고 현재까지 대부분의 국제법상 환경분쟁에서는 EIA 실시의무의 불이행이 쟁점이 됐

(1989).

12) EC Directive 97/11, OJ 1997 L 743.

13) Espoo협약을 구체적으로 실시하기 위한 남 · 동유럽 양국간의 EIA협정(2008년), 에스토니아와 라트비아 간의 협정(1997년) 등의 양국간협정, 북극연안 5개국간의 북극 EIA가이드라인(1997년) 등이 있다.
http://www.unece/env/eia/resources/agreements.html (as of 29 Nov.2009.)

14) 생물다양성협약의 EIA/SEA 가이드라인 안(2001년, 2005년 개정) UN Doc.UNEP/CBD/COP/6/7, Annex 등이 있다.

15) EC Directive 2001/42/EC, OJ 2001 L 197.

16) *Infra* note 54.

는데, 이는 환경문제라는 문맥에서 국가가 EIA를 중시하게 되었다는 것을 나타낸다고 할 수 있다. 지금까지 국제재판소에 부탁된 사건은 다섯 건이며, 그 중 두 건에서 본안판결이 내려졌다.

우선 해양환경에 관한 세 개의 사건이 있다. 다만 이 중 본안판결이 내려진 사건은 어느 것도 없다. 첫 번째 사건은 1995년 프랑스와 뉴질랜드 사이에 있었던 *Nuclear Test* 사건으로 뉴질랜드는 프랑스의 남태평양 지하 핵실험의 위법성을 주장하였고, 피고가 남태평양의 천연자원 및 환경보호에 관한 누메아(Nouema)조약 제16조 및 국제관습법상 부담하고 있는 EIA 실시의무를 불이행하였음을 그 근거로 들었다. 뉴질랜드는 EIA 실시의무가 환경보호의무로부터 나오는 것이며, 또한 예방원칙에 따라 핵활동을 실시하는 국가가 동 활동에 대한 월경 EIA를 실시하는 것이 불필요하다는 것에 대한 입증책음을 진다고 주장하였다.[17] 프랑스는 환경보호의무에서는 국가가 어떻게 손해발생을 방지하는가에 대해 재량을 가진다는 점을 근거로 자국의 입증책임을 부정하였고, 핵활동은 월경 EIA의 실시를 요구하지 않는다며 반론하였다.[18] ICJ는 본건이 재심청구의 요건을 충족시키지 못한다는 이유로 청구를 각하하였으며, 본안 심리에 들어가지 못하였다.[19]

두 번째는 아일랜드와 영국간에 발생한 *MOX Plant* 사건이 있다. 동 사건에서는 아일랜드 바다에 면한 영국 해안에 MOX공장의 건설과 작업허가가 국제법을 위반하였는지 여부가 분쟁 대상이 되었다. 아일랜드는 2001년에 북동대서양 해양환경보호를 위한 OSPAR조약에 근거한

17) *Application, 21 August 1995, Request for an examination of the situation, Application of 9 May 1973 (New Zealand v. France),* paras; 72-96.

18) *Oral Pleadings, France, 12 September 1995,* CR/95/20, pp.22-31.

19) *Order, 22 September 1995.* 또한 Weeramantry 판사는 반대의견으로 UNEP EIA 원칙을 언급하고, 재판소는 일반적으로 수용되고 있는 영향평가의 의무를 언급하였어야 했다고 주장하였다. *Dissenting Opinion of Judge Weeramantry,* p.344. Palmer 판사 역시 EIA를 실시해야 하는 관습법상의 의무 존재에 대해 같은 견해를 보였다. *Dissenting Opinion of ad hoc Judge Geoffrey Palmer,* p.411.

중재절차에서 패소한 직후 UNCLOS에 따른 중재절차에 사건을 회부하였는데, 그 때의 주장 중 하나가 UNCLOS 제206조에 근거한 영국의 EIA 실시의무 위반이었다. 아일랜드는 과거 영국이 실시한 EIA는 불충분하고 대안을 적절하게 고려하지 않았으며 자료를 최신화하지 않았다고 주장하였다. 또한 평가의무의 내용은 다른 국제문서에서 국가가 수용하고 있는 공통 EIA기준을 참조하여 결정한 것으로, UNEP EIA원칙, Espoo 협약 및 EC EIA지침을 원용하였다.[20] 영국은 자국은 당해 계획의 허가 시점에서 UNCLOS에 구속되지 않았으며 또한 조약 제206조는 본건에 적용되지 않는다고 하였다. 가령 제206조가 적용된다고 해도 당해 계획은 본 규정에서 말하는 해양환경에 악영향을 미치지 않기 때문에 EIA 실시의무는 발생하지 않으며, 제206조의 의미를 국제법의 일반 원칙이나 EIA에 관한 다른 국제문서에 비추어 해석해야 하는 것으로 할 수 없다고 반론하였다.[21] 결국 이 사건에 대하여 2001년에 ITLOS(국제해양법재판소)가 잠정조치를 명령하였고,[22] 2006년에 EC재판소가 아일랜드의 소송제기를 EC조약위반이라고 인정하면서, 중재절차는 본안판정이 나지 않은 채로 사실상 종료되었다.[23]

---

20) *Memorial of Ireland, in the dispute concerning the MOX plant, international movements of radioactive materials, and the protection of the marine environment of the Irish Sea (Ireland v. United Kingdom),* vol.1, 26 July 2002, pp.111-137.

21) *Counter-memorial of the United Kingdom, The MOX Plant case (Ireland v. United Kingdom),* 9 January 2003, pp.108-135.

22) *Order, The MOX Plant case (Ireland v. United Kingdom), Request for provisional measures,* 3 December 2001. ITLOS는 아일랜드의 요청을 거절한 후, 협력의무는 LOSC의 제12부 및 일반국제법의 근본원칙이라는 것을 강조하였다. 또한 그에 따르는 권리를 지키기 위해 MOX공장의 작업에 의한 아일랜드 해의 위험 및 영향을 조사하는 데 협력하고 협의를 실시하도록 양 당사국에 명령하였다. *Ibid.*

23) *Judgment of the Court of Justice in Case C-459/03 (Commission of the European Communites v. Ireland),* OJ C 165 of 15.07. 2006, p.2; C.P.R. Romano, "International Dispute Settlement." D. Bodansky, J. Brunèe and E. Hey (eds.), *Oxford Handbook of International Environmental Law,* Oxford

세 번째로 말레이시아와 싱가포르 간의 *Strait of Johor* 사건에서는 싱가포르의 Johor 해협 주변 매립사업의 위법성이 중재절차에서 다루어지게 되었다. 말레이시아는 이번 사건이 해양환경에 심각한 손해를 입힐 위험이 있다고 지적하였으며, *MOX Plant* 사건과 마찬가지로 피고의 UNCLOS 제206조상의 EIA 실시의무 위반을 주장하였다.[24] 다만, 동 사건은 2003년 ITLOS의 잠정조치명령[25]을 받아 양 당사국 사이에서 해당 사업에 관한 정보교환과 협의가 이루어져 분쟁이 해결되었고, 이에 따라 2005년에 소송이 취하되었다.[26]

남은 두 사건은 국제수로의 비항행적 이용 및 그 하안(河岸)의 이용에 관한 것이다. 첫째, 헝가리와 슬로바키아 사이에 있었던 *Gabčīkovo-Nagymaros Project* 사건에서 당사국 간의 1977년 조약에 따라 양국이 합동으로 다뉴브강에 댐을 건설하고 운용하기로 한 계획을 헝가리가 환경상의 우려로 중지하고 포기한 결과, 체코슬로바키아(이후 슬로바키아)가 일방적으로 계획을 수정하고 실시한 것에 대하여 이러한 양국의 행위에 대한 적법성이 문제가 되었다. 재판에서 헝가리는 체코슬로바키아가 해당 댐의 계획에 따른 월경 EIA를 적절하게 실시하지 않았다고 주장하였다. 이에 대해 슬로바키아 역시 1977년 조약상 EIA 실시의무에 대한 명문규정이 없음에도 불구하고 당해 상황에서의 EIA 실시의무의

University Press, 2007, pp.1047-1050.

24) *Request for Provisional measures, in the dispute concerning land reclamation activities by Singapore impinging upon Malaysia's rights in and around the Straits of Johor inclusive of the areas around point 20 (Malaysia v. Singapore),* 4 September 2003, para.5.

25) *Order, Case concerning land reclamation by Singapore in and around the Straits of Johor (Malaysia v. Singapore),* 8 October 2003. 본 사건에서도 ITLOS는 전술한 *MOX Plant* 사건과 유사한 논리구성으로 계획사업의 영향조사 실시를 양 당사국에 명령하였다. *Ibid.*.

26) Award on Agreed Terms, *Case concerning Land Reclamation by Singapore in and around the Straits of Johor (Malaysia v. Singapore),* 1 September 2005; 児矢野マリ, 「国際環境法における事前協議制度 — 執行手段としての機能の展開」(有信堂高文社, 2006년), 243-250면, 270-271면.

존재 자체는 부정하지 않았다. 1997년 판결에서 ICJ는 헝가리의 행위가 환경상의 비상사태에 의해 정당화될 수 없으며, 슬로바키아의 행위 역시 대항조치에 의해 정당화되지 않기 때문에 양국의 행위를 모두 위법으로 판결하였다. 또한 양국에 대하여 1977년 조약에 근거하여 교섭으로 분쟁을 해결할 것을 명하였다.[27] 판결에서 ICJ는 환경의 취약성과 환경에 미치는 리스크를 계속적으로 평가하여야 한다는 인식이 1977년 조약체결 때보다 강해졌다고 평가하였다.[28] 또한 동 사건에서는 환경에 미치는 영향이 사건의 실마리라는 것을 지적하고, 새로운 환경규범과 기준은 신규 활동뿐만 아니라 기존 활동에 대해서도 고려되어야 한다고 하였으며, 경제개발과 환경보호 간 조화의 필요성을 언급하였다. 그리고 양 당사국은 문제의 사업이 환경에 미치는 영향에 대하여 함께 검토해야 한다고 하였다.[29] 이와 같이 재판소는 국제수로에 의해 월경성 환경악영향이 발생할 우려가 있는 활동에 대해 관할국이 사전에 영향평가 및 통보·협의의무를 부담하는 것을 시사하였다.

둘째, ICJ는 아르헨티나와 우루과이 사이에 있었던 *Pulp Mill on the River Uruguay* 사건에서 월경 EIA실시의무에 대해 보다 심도 있는 판결을 내렸다. 동 사건에서는 우루과이의 우루과이 해안 펄프공장의 건설허가가 문제가 되었다. 아르헨티나는 양국간에 맺은 1975년 우루과이강 규정에 근거해 우루과이가 사전통보의무 및 교섭 결렬 후의 사법절차기간에 건설을 삼가할 의무 등의 절차적 의무와 우루과이 강의 가장 합리적인 이용의무와 오염방지와 수질환경의 보존의무라는 실체

27) *Judgement, Case concerning the Gabcikovo-Nagymaros Project (Hungary v. Slovakia), 1997 ICJ Reports.* 판결이 내려진 후 당사국 사이의 교섭은 제대로 이루어지지 않아 분쟁해결에 이르지 못하였다.

28) *Ibid.*, para.112.

29) *Ibid.*, para.140. Weeramantry 판사는 개별의견에서 중대한 악영향이 발생할 우려가 있는 경우에는 EIA 실시의무를 조약에 규정하여야 하며, EIA는 사전에 한하지 않고 계속적인 효과를 가진 의무라고 하였다. *Separate Opinion of Judge Weeramantry,* 1997 *ICJ Report,* pp.111-113.

적 의무를 위반하였음을 주장하였다. 그리고 동 국의 국제의무위반 인정과 그에 근거한 해당 공장의 철거, 손해배상의 지불 및 향후 동 규정 준수 보장의 명령을 ICJ에 요구하였다. 아르헨티나의 주장 중 하나는 우루과이가 충분하게 EIA를 실시하지 않고 있다는 것이었다. ICJ는 체약국은 중대한 월경손해를 발생할 우려가 있는 자국 계획에 대하여 동 규정 제7조에 근거한 절차적 의무로서 EIA를 상대국에 통보할 의무를 부담함과 동시에,[30] 실체적 의무로서의 오염방지와 수질환경 보존의무(41조)는 상당한 주의의무이며,[31] 이를 근거로 EIA의 실시의무를 진다고 판결하였다. 이를 통해 동 규정이 EIA의 실시의무를 명시하지 않았음에도 불구하고 동 규정의 해석으로부터 EIA의 의무를 이끌어 내었다. 또한, 최근 국가실행을 고려하면 현재의 일반 국제법하에서는 계획된 산업활동이 월경이라는 문맥에서 특별히 공유자원에 대하여 중대한 악영향을 미칠 우려가 있는 경우, 관할국은 EIA의 실시를 요청받을 수 있다고 하였다. 다만, EIA의 범위와 내용에 대해서는 동 규정 및 일반 국제법상에 어느 곳에도 규정되어 있지 않아 관할국의 결정을 따르는 한편, 관할국은 사업 개시 후 환경에 미치는 영향을 지속적으로 모니터링할 의무를 부담한다고 판결하였다.[32] 그 후에도 우루과이는 공장 건설장소 타당성에 근거한 대안을 포함하여 포괄적인 평가를 진행하기로 하는 등 아르헨티나의 주장을 받아들이지 않았으며,[33] 악영향을 받을 위험이 있는 주민과의 협의의무를 부정하였다.[34] ICJ는 최종적으로 우루과이의 실체적 의무위반을 인정하지 않고, 동 규정의 정보제공의무 및 통보의무와 같은 절차의무 위반을 인정하는 데에 그쳤으며, 동 공장의 작업정지, 손해배상의 지불 및 장래에 동 규정의 준수 보장을 명령하지 않았

30) Para.119, *Judgement, 20 April 2010, Case concerning Pulp Mills on the River Uruguay (Argentina v. Uruguay).*

31) *Ibid.*, para.197.

32) *Ibid.*, paras.203-205.

33) *Ibid.*, paras.207-214.

34) *Ibid.*, paras.215-219.

다.[35)]

이상과 같이 국제재판에서는 주로 관할국에 의한 월경 EIA 실시의무의 '적절한' 이행 유무가 분쟁의 대상이 되고 있다. 해양환경에 관한 사례에서는 원고가 이러한 의무의 근거를 개별조약의 명문규정에 요구하는 경우도 있으며, 의무의 존재 자체는 다투어지지 않고 그 실시에 따른 관할국의 재량이 쟁점이 되었다. 그러나 어떠한 사건에서도 본안은 심리되지 않았고, 문제에 대한 결론도 내려지지 않았다. 반면 본안판결이 나온 두 개의 사례에서는 적용된 개별조약이 EIA의 실시의무를 명시하지 않고 있지만 당사국은 그 존재를 다투지 않았다. 재판소는 위의 판결들에서 동 조약의 해석과 일반 국제법상의 이러한 의무의 존재를 긍정적으로 해석하고 있다. 특히 *Pulp Mill on the River Uruguay* 사건에서 ICJ는 공유자원의 산업이용일반에 대한 일반 국제법상의 EIA 실시의무의 존재에 대하여 긍정적 입장을 보였다. 나아가 ICJ는 EIA의 실시에 대한 관할국의 재량문제까지 다루었다. 다만, 일반 국제법상의 의무에 대한 ICJ의 추론은 후술할 학설상 분쟁을 고려하면 지나치게 간략하다는 점은 부정할 수 없다.[36)] 따라서 본 판결의 이러한 점에 대한 법적 의의가 과대평가되고 있는 것은 아닌가 생각된다.

2) 비재판절차에서의 사례

2000년대 이후에는 개별조약 이행기관에서 EIA 실시의무 비준수문제가 다루어진 사례도 보인다. 그리고 당사국총회·회의에서의 일반적인 협의에 그치지 않고 준수절차에서 비준수가 인정된 사례도 있다. 우크라이나의 다뉴브 델타의 비스트로에(Bystroe) 가항수로개착사업을 둘러싼 사안(*Danube Delta* 사건)이 그 전형적인 예이다. 이는 다뉴브·델타지역의 월경 환경악영향을 둘러싸고 벌어진 인접국 루마니아와의 분

35) *Ibid.*, paras.267-282.

36) 예를 들어, ICJ는 자신의 판결을 근거로 한 국가실행의 내용과 국가간에 반드시 합의점이 있다고는 할 수 없는 공유자원 개념의 내용 등에 대하여 일절 언급하지 않았다.

쟁인 한편, 우크라이나가 Espoo협약에서 정한 월경 EIA의 실시의무[37]와 ECE 공중(公衆)참가에 관한 Aarhus협약[38]에 따른 공중의 절차참가 확보의무의 비준수, 적절한 EIA의 불이행에 따른 유럽 야생동식물 · 생식지보전에 관한 베른협약의 생식지 보전의무위반 등의 다자간 환경조약의 비준수가 각 조약의 준수절차에서 인정된 사례이다. 2003년 이후 5개의 다자간 환경조약 또는 유네스코 및 유럽위원회에서도 문제제기되어 대응은 계속되고 있으나 아직 문제는 해결되지 않고 있다.[39]

Danube Delta 사건은 주로 적절한 EIA를 수반한 사전 통보 · 협의의 실시를 둘러싼 분쟁이다. 이는 유럽을 중심으로 한 조약상 사전절차 불이행이 주로 문제가 되었다는 점에서 특수성을 부정할 수 없다. 그러나 EIA의 실시의무를 도입한 조약이 증가하고 있는 오늘날, 환경이익에 관련된 국가 간의 대립 및 분쟁이 EIA 실시의무의 불이행을 쟁점으로 조약에 따른 비사법절차에서 처리될 가능성, 나아가 EIA가 절차상의 문제이기 때문에 분쟁의 해결에 이르기 어려운 면도 가지고 있다는 것을 이 사례가 여실히 보여주고 있다.

---

37) 이 사건에 대한 Espoo협약의 적용에 대하여 M. Koyano, "The Significance of the Convention on Environmental Impact Assessment in a Transboundary Context (Espoo Convention): Examining the Implications of the Danube Delta Case," *Impact Assessment and Project (IAPA),* vol.26, no.4, 2008, pp.299-314 참고.

38) Convention on Access to Information, Public Participation in Decision-Making and Access to Justice in Environmental Matters (1988년).

39) 여러 조약의 적용을 포함한 본 사건 전체의 문제해결과정을 분석한 것은 「多国間環境条約の執行確保と複数の条約間の調整 ―'ダニューブ・デルタ事件'の分析を中心に」中川淳司 · 寺谷広司 編, 「国際法学の地平― 歴史, 理論, 実証 大沼保昭先生記念論文集」(東信堂, 2008年), 574-631면; M. Koyano, "Effective Implementation of International Environmental Agreements: Learning Lessons from the Danube Delta Conflict," in T. Komori and K. Wellens (eds.), *Implementation of Rules Protecting Public Interests of the International Community: Towards Process-based Concepts of Effectiveness in International Law,* Ashgate, 2009, pp.260-291 참조.

(3) 일반국제법에서 월경 EIA의 실시의무

일반국제법하에서 국가가 월경 EIA의 실시의무를 부담하는지의 여부(관습법상의 의무의 존부)에 대해서는 견해가 엇갈리고 있다.[40] 전술한 바와 같이, *Pulp Mill on the Uruguay River* 사건의 판결에서 ICJ는 공유자원에 중대한 영향을 미치는 산업이용 일반에 대하여 긍정적인 견해를 보였으나 그러한 추론은 다소 지나치게 간략한 면도 있었다.

현 단계에서는 국제수로의 비항행적 이용을 넘어 환경위험활동 일반에 대하여 그 의무의 존재를 논증하는 것은 쉽지 않다.[41] 관련조약의 증가가 곧 관습법상의 의무가 존재함을 의미하지는 않는다.[42] 또한 해양환경 이외에 남극지역이라는 특수한 조약체제를 전제로 하는 부분이나 생물다양성에 관한 일반적인 노력의무 또는 특수한 절차를 제외하고는 EIA의 실시의무를 규정한 기존 조약은 주로 유럽 및 북미 국가들을 중심으로 나타난다.[43] 그렇다고 하여 최근 관련조약, 기타 국제문서의

---

40) 긍정론은 월경 EIA의 실시의무 및 서약을 명기한 조약의 증가, Espoo협약 등 EIA의 내용을 구체적으로 명기한 조약의 출현과 체약국가의 증가, *Gabčīkovo-Nagymaros Project* 사건에서의 ICJ의 판결 등을 근거로 한다. *E.g.* P. Sands, *Principles of International Law,* 2nd ed., Cambridge University Press, 2003, pp.799-825; Birnie, Boyle and Redgewell, *supra* note 1, pp.169-170; Holder, *supra* note 3, p.53; O. Mclntyre, *Environmental Protection of International Watercourses under International Law,* Ashgate, 2007, pp.229-239.

41) 국제수로의 비항행적 이용에 대해서는 일반국제법상 월경 EIA의 실시의무가 확립되어 있다고 하는 견해가 많다. 다만, 유럽 및 미국 이외의 선진국의 일반 상황을 고려하면 이렇게 단언하기에는 주저되는 면이 없는 것은 아니다. 이에 관한 내용은 児矢野マリ, "国際条約と環境影響評価", 環境法政策学会 編, 「環境影響評価」(商事法務, 2011년) 참조.

42) P.N. Okowa, *State Responsibility for Transboundary Air Pollution in International Law,* Oxford University Press, 2000, pp.154-166; Craik, *supra* note 1, pp.121-122.

43) K. Bastmeijer & T. Koivurova, "Conclusions: Globalisation of Tranboundary Environmental Impact Assessment," Bastmeijer & Koivurova, *supra* note 4, pp.355-357. Espoo협약은 2001년 개정으로 ECE 국가들 이외의 국가도 가입할 수 있도록 하였으나, 이는 미발효 상태이고 현 단계에서 가입 움직임도 없으며, 현실적으로 미국이 비준하지 않아 주로 유럽의 지역적 구조에 그칠 것이다.

급증 및 전술한 국제판례 등의 전개를 고려하면 일반국제법상 이 의무의 확립 필요성에 관한 인식과 그 확립을 향한 움직임은 확인될 수 있을 것이다. 따라서 환경위험활동 일반에 관한 월경 EIA의 실시의무는 현 단계에서는 확립 중에 있다고 하는 것이 타당할 것이다.[44)]

다만 유럽 및 북미지역이나 해양환경부문의 상황에 나타나 있는 것처럼, EIA의 실시의무를 규정하는 조약이 증가하고 이에 대다수의 국가가 참가한다면 관습법상 의무의 존부 자체는 현실적으로 그다지 중요한 문제는 아니다. 오히려 EIA의 내용과 그에 따른 관련국의 재량의 폭 여하가 문제된다. 전술한 국제판례는 바로 이러한 점을 나타내고 있고 이러한 의미에서 조약에 따른 의무내용의 구체적인 명시가 중요하다.

3. 환경영향평가(EIA)의 분류

(1) 조약에 따라 국가가 실시의무를 부담하는 EIA[45)]

1) 자국 관할영역 내에 미치는 영향에 관한 EIA

국가 관할영역 내에서의 활동 또는 계획·프로그램으로부터 발생할 위험이 있는 자국 관할영역 내의 중대한 환경악영향 등에 대해서는 유럽지역을 중심으로 한 환경부문을 포괄하는 협의의 EIA와 SEA가 있으며,[46)] 해양환경과 생물다양성이라는 특정 환경부문에 대해서는 협의

44) 이에 관해서는 児矢野가 앞서 말한 전게주(41)과 같다. "越境環境損害防止," 村瀬信也·鶴岡公二 編, 「変革期の国際法委員会 — 山田中正大使 傘寿記念」(信山社, 2011년).

45) 조약상의 EIA 실시의무를 이행하기 위한 자국의 국내실시조치에 대한 내용은 児矢野, 전게주(41) 참고.

46) 협의의 EIA으로는 EC EIA 지침(1997년 개정), SEA으로는 EC SEA지침과 Espoo 협약 SEA 의정서가 있다. W. R. Sheate, "The EC Directive on Strategic Environmental Assessment: A Much-Needed Boost for Environmental Integration," *European Environmental Law Review,* vol.12, no.12, 2003, pp.331-347; W. Schrage, "The Convention on Environmental Impact Assessment in a Transboundary Context," Bastmeijer and Koivurova, *supra* note 4,

의 EIA가 있다.[47] 환경영향이 관할국의 관할영역 내에 그친다고 생각되는 경우에도 국제법이 관할국에 EIA 실시를 요청하는 것은 해당국 관할지의 환경보전이 체약국 및 회원국 전체의 이익을 구성한다는 인식을 공유하기 때문이다. 또한 EU 지침과 같이 각국 국내 EIA 관련입법의 통일을 목표로 하는 경우도 있다.

2) 월경 EIA

(가) 타국의 관할영역 내에 미치는 영향에 관한 EIA

타국의 관할영역 내에 중대한 악영향을 미칠 우려가 있는 활동 또는 계획 · 프로그램에 관한 EIA에 대해서는 유럽 · 북미지역을 중심으로 한 환경부문을 포괄하는 협의의 월경 EIA와 SEA가 있고,[48] 국제수로, 대기, 해양환경 및 생물다양성을 포함한 특정 환경부분에 대한 협의의 월경 EIA가 있다.[49]

---

pp.49-50.

47) UNCLOS, 지역해환경조약들 및 이에 따른 추가의정서, 생물다양성협약. 상세한 것은 후술하도록 한다.

48) 환경부문을 포괄하는 협의의 월경 EIA로는 EC EIA지침(1997년 개정) (제7조), Espoo협약 (Schrage, *supra* note 46, pp.29-51; J. Ebesson, "Innovative elements and expected effectiveness of the 1991 EIA Convention," *Environmental Impact Assessment Review,* vol.19, 1999, pp.47-55), 동 조약을 실시하기 위한 지역조약과 양국간 조약(*supra* note 13), 북미환경협력협정(제10조 8항) (N. Craik, "Transboundary Environmental Impact Assessment in North America: Obstacles and Opportunities," Bastmeijer and Koivurova, *supra* note 4, pp.93-117; G. Graver and A. Podhora, "Transboundary environmental impact assessment as part of the North American Agreement for Environmental Cooperation," *IAPA,* vol.26, no.4, 2008, pp.253-263), 북극 EIA 가이드라인(1997년) (T. Koivurova, "Implementing Guidelines for Environmental Impact Assessment in the Arctic," Bastmeijer and Koivurova, *supra* note 4, pp.151-173; T. Koivurova, *Environmental Impact Assessment in the Arctic: A study of the International Legal Norms,* Ashgate, 2002), ASEAN 자연보전협정(1985년)(제20조) (B. Boer, R. Ramsay and D. R. Rothwell, *International Environmental Law in the Asian Pacific,* Kluwar Law International, 1998, pp.225-241). 월경 SEA로는 EC SEA지침(7안)과 Espoo협약 SEA의정서(제10조)가 있다.

49) 국제수로에 대해서는 UN 국제수로의 비항행적 이용 협약(제12조), ECE 월경수

(나) 국가의 관할영역 밖의 지역에 미치는 영향에 관한 EIA

후술하는 해양환경과 생물다양성 이외에 월경 지역에 중대한 영향을 미칠 우려가 있는 활동에 대한 EIA는 남극지역에 관계된 환경보전에 제한되고, 남극조약 환경보호의정서(제8조, 부속서 I)의 월경 EIA에 해당한다.[50]

3) 특정 환경의 포괄적 보호를 목적으로 하는 자국 관할영역 내, 타국 관할영역 내 및 국가 관할지 밖의 영역에 미치는 영향에 관한 EIA

해양환경과 생물다양성에 관해서는 포괄적인 보호를 목표로 환경에 중대한 악영향을 미칠 우려가 있는 활동에 대해서는 영역관할 구분 없이 협의의 EIA가 적용되고 있다. 우선 해양환경보호에 관한 대다수의 조약이, 조약 적용지역의 환경을 포괄적으로 보호하기 위하여 심각한 해양오염 및 중대한 해양환경의 변화 등을 일으킬 우려가 있는 활동에 대하여, 자국 관할해역, 타국 관할해역 및 공해(公海) 중 어느 것도 포함할 수 있는 조약 적용해역에 미치는 영향평가를 요구한다.[51] 다음으로 관할국에게 생물다양성협약 제14조 1항은 생물다양성에 현저한 악영향을 끼칠 수 있는 계획활동에 대하여 자국 관할영역 내, 타국 관할영역 내 및 국가 관할권 밖의 영역의 환경에 미치는 잠재적 영향에 관한 EIA

로보호 헬싱키조약(1992년) [제3조 1항 (h)], 개별 국제수로조약(2002년 남아프리카 개발공동체의 공유수로개정협의서) 등. Mclntyre, *supra* note 40, pp.233-239; S. C. McCafferey, *The Law of International Watercourses,* 2nd ed., Oxford University Press, 2007, pp.474-476. 대기오염에서는 미국-캐나다 대기질협정(제5조). Craik, *supra* note 48, pp.103-105. 해양환경과 생물다양성에 대해서는 후술하도록 한다.

50) 이 의정서는 남극조약에 따른 특수한 체제를 바탕으로 다소 상세한 EIA 절차를 정하였다. K. Bastmeijer and R, Roura, "Environmental Impact Assessment in Antarctica," Bastmeijer and Koivurova, *supra* note 4, pp.175-219.

51) UNCLOS 제12부 제206조, 특정 지역해에 대해서는 북동대서양 해양환경보호를 위한 OSPAR조약을 제외한 모든 지역해환경보호조약, 즉 지중해 보호 바르셀로나 조약(1995년 전면개정) [제3조 (c), (d)]을 포함한 네 개의 UNEP 지역해조약과 발트해 환경보호 헬싱키조약(1992년 전면개정) (제7조) 등 8개의 지역해환경보호조약에 나와 있다.

실시의 일반적 의무를 명기한다. 여기에서는 영역구분과는 관계없이 생물다양성 자체가 국제적으로 보호되어야 할 이익이며, 관할국의 관할영역 내에 미치는 영향도 평가대상이 된다.[52] 또한 카르타헤나의정서 제10조 1항 및 제15조는 유전자변형생물의 수출입에 대하여 사전통보에 따른 합의 절차를 도입하고 수입국이 동의 여부를 결정할 때 부속서 Ⅲ에 따른 위험성평가를 요구한다.

(2) 국제기구의 개발원조를 조건으로 국가에 실시가 요청되는 EIA

EIA는 개발도상국으로의 개발원조의 측면에서도 국제기구로부터의 융자조건 또는 선진국으로부터의 공적개발원조(ODA)에 대하여 국제문서에 도입되어 있다. 첫째, 세계은행은 환경평가에 관한 세계은행 업무정책 · 절차[53]에 근거하여 피융자국은 취약하고 다양한, 혹은 선례가 없는 환경에 대한 중대한 악영향을 발생시킬 우려가 있는 사업에 대하여 의무적으로 협의의 EIA를 실시하여야 하고, 중대하지는 않으나 인간 또는 환경상 중요한 지역에 잠재적인 영향을 미치는 사업에 대해서는 임의로 협의의 EIA를 실시하여야 한다. 여기에서는 월경 EIA가 행해질 수도 있다. 또한 개발정책 융자에 관한 2004년 세계은행업무정책 · 절차는 피융자국의 구체적인 정책에 대한 SEA의 필요성을 명기하고 있다.[54] 둘째, 1980년대부터 OECD가 채택해 온 일련의 권고는 회원국에

---

52) 실시를 위한 가이드라인에서는 SEA도 실시범위에 포함되어 있다. 생물다양성협약의 EIA/SEA가이드라인안 (2001년, 2005년 개정). UN Doc.UNEP/CBD/COP/6/7, Annex 등. 井上秀典, "生物多様性における 環境影響評価の履行" 島田征夫 · 古谷修一 編, 「林司宣先生古稀祝賀 — 国際法の新展開と課題」(信山社, 2009年), 395-398, 402, 415-422면

53) Operational Policy, OP/BP 4.01 on Environmental Assessment, January 1999.

54) Operational Policy, OP/BP 8.60 Development Policy Lending (DPL), August, 2004. J-R. Mercier, "The World Bank and Environmental Impact Assessment," Bastmeijer and Koivurova, *supra* note 4, pp.292-311; E. Louka, *International Environmental Law: Fairness, Effectiveness, and World Order,* Cambridge University Press, 2006, pp.117-119. 유럽부흥개발은행(EBRD), 미주개발은행, 아

의한 정부개발원조 사업 등에 대해 EIA 실시를 요청하고 있다.[55]

4. 환경영향평가(EIA)의 실시의무 내용

(1) 이론적 기반

1) 월경환경손해방지원칙 및 협력원칙

국제법에서의 EIA 실시의무는 월경환경손해방지원칙 및 협력원칙이라는 국제환경법의 두 가지 기본원칙을 이론적 기초로 한다. 즉 EIA 실시의무는 이 두 가지 원칙의 실현을 지지한다. 결국 환경조약은 일반적으로 각각의 문맥에서 이 원칙들을 체약국의 일반적인 의무로서 규정한다. 그리고 EIA의 실시의무는 체약국이 이러한 일반적 의무를 구체적으로 이행하기 위한 하나의 절차적 요청이다. '상당한 주의' 의무가 있는 월경환경손해방지의무에서 EIA 실시는 '상당한 주의'의무의 하나를 구

프리카개발은행 및 아시아개발은행을 포함한 지역개발은행도 EIA의 실시를 사업의 융자조건으로 한다. A. Kiss and D. Shelton, *International Environmental Law,* 3rd ed., Transnational publishers, 2003, pp.245-248; E. Smith, "Implementing the Espoo Convention: An International Financial Institution Perspective," Bastmeijer and Koivurova, *supra* note 4, pp.313-326.

55) OECD 개발원조 EIA권고 (C(85)104) (85년), http://webdomino1.oecd.org/horizontal/oecdacts.nsf/Display/BF8C782308BE7EBBC1257297002... (as of 12 Dec. 2009), OECD 개발원조 EIA촉진조치권고[C(86)26/Final] (1985년), http://webdomino1.oecd.org/horizontal/oecdacts.nsf/Display/AEEDCE3F92293019C1257297002... (as of 12 Dec. 2009), OECD "양국간 및 다국간 개발원조기관의 하이레벨 의사결정자에 의해 이용되는 환경 체크리스트에 관한 이사회권고"[C(89)2/Final] (1989년). http://webdomino1.oecd.org/horizontal/oecdacts.nsf/Display/F3FE2184CDBF7C8CC1257297002...(2009년 12월 12일부). 1991년 「Good Practices for Environmental Impact Assessment of Development Project」에 수입국의 EIA실시책임을, 동국에 그 기반이 없는 경우에는 사업 스폰서에 의한 단독 EIA실시책임을 명기한다. OECD Development Assistance Committee, *Guidelines on Aid and Environment, No.1: Good Practices for EIA of Development Projects,* 1992. 또한 2006년에는 개발원조의 SEA적용에 관한 가이드라인도 작성하였다. OECD, *Applying Strategic Environmental Assessment: Good Practice Guidance for Development Co-operation,* 2006.

성한다.[56)]

2) 예방원칙 · 예방적 접근법과의 관계

EIA 그 자체는 예방원칙 · 예방적 접근법[57)]과 논리적으로 필연적인 관계가 없다. 이러한 의미에서 예방원칙 · 예방적 접근법은 EIA 실시의무의 논리적 기반이라고 할 수 없다. 다만 이 의무를 정한 조약 등의 규정 및 구체적 해석 · 적용 방식 여하에 따라서는 EIA가 예방원칙 · 예방적 접근법을 실현하기 위한 수단이 될 수 있다. 즉, 해당 활동이 환경에 중대한 악영향을 미칠 우려에 대하여 과학적으로 불확실한 점이 있어도, 관할국이 EIA를 실시해야만 한다고 하면 그것은 예방원칙 · 예방적 접근법에 성립되는 것이다. 구체적으로는 환경에 미치는 중대한 잠재적 악영향의 존부 판단기준을 월경환경손해방지원칙하에서 기존에 요구되었던 개연성에서 가능성으로 낮추는 경우(손해발생 가능성이 있는 경우 EIA의 실시가 요구되거나 그러한 가능성이 있는 특정 활동이 EIA의 대상으로 명기된다) 또는 극단적인 경우에는 존부의 입증책임을 잠재적 피해국으로부터 관할국에 전환할 것을 조약의 규정에서 명시하거나 조약의 해석 · 적용에서 받아들이는 형태를 취한다.[58)]

(2) 기본적 내용

1) 프로세스의 구성요소—최근 구체적 명시 경향

EIA는 주로 네 가지 요소로 구성된 국내적 프로세스이다. 이는 평가대상결정(screening), 평가항목 결정(scoping), 영향분석과 평가서 작성

---

56) 이에 대해서는 児矢野 교수가 상기에 설명한 전게주(41) 참조. Knox는 월경환경손해방지의무에 환경 EIA의 기반을 요구하는 것에 소극적이며, 오히려 전술한 비차별원칙을 조약의 기반으로 한다는 견해를 보인다. J. H. Knox, "The myth and reality of transboundary environmental impact assessment," 96 *American Journal of International Law,* 2002, pp.291-319.

57) 본장 제3절 '예방원칙 · 예방적 어프로치' 참조.

58) 예방원칙 · 예방적 어프로치와 EIA의 실시의무와의 관계에 관한 상세한 검토는 児矢野, 전게주(41) 및 (44) 참고.

및 최종결정에 의한 결과의 고려를 포함하고 있다. 또한 월경 EIA에서는 최종결정에 앞서 평가서의 공표 및 관계자에 대한 평가서 송부라는 국제적인 요소를 포함하는 것도 많다. 이상의 프로세스의 구체적인 상태는 조약에 따라 다르다. 그리고 1990년대 이후 이 프로세스는 조약규정(Espoo협약 등), 부속서(남극조약 환경보호의정서 등)에 있어서, 조약이행기구의 가이드라인(생물다양성협약, 미국-캐나다 대기질협정 등) 및 실천적인 가이드라인문서(Espoo협약 등)의 채택을 통하여 구체적으로 명시되는 경향이 있다.[59)]

우선, EIA 평가대상은 기존 대다수의 조약에서는 자국 관할영역 내, 타국 관할영역 내 또는 국가의 관할에 속하지 않는 지역에 중대한(significant) 악영향을 미칠 우려가 있는 활동 또는 계획 · 프로그램 · 정책 · 입법과 실질적인(substantial) 오염을 일으킬 우려가 있는 활동이다. 활동에 대해서는 공적 또는 사적 부문인가의 여부를 불문한다. 그리고 중대한 악영향 또는 실질적 오염 우려에 대해서는 관할국의 자의적 또는 부적절한 판단에 의해 EIA의 실시가 저해되는 것을 방지하기 위하여 개별조약 등에 다양한 방안을 마련하고 있다.[60)]

다음으로, 평가항목은 해양환경에 관한 대부분의 조약처럼 관할국 재량에 속하나, 최근에는 평가서 기재사항이 조약에 따라 열거되며 최소한의 평가항목을 명기한 것도 있다(EC EIA지침, Espoo협약, 남극조약 환경보호의정서 등). 그러한 조약들에서는 해당 사항에 대해 영향평가 및 분석을 하고 평가서를 반드시 작성하여야 한다. 또한 계획된 활동을 실

59) 또한 상세한 EIA규정을 포함한 다른 조약의 기타 국제문서에 근거한 EIA를 실시한다고 가정한 조약도 있다. 그 예로, 발트해환경보호헬싱키조약 제7조는 Espoo협약에 근거한 절차적 상황을 가정하였다

60) 부속서에서 일정 종류의 사업을 열거하여 개별적 판단으로 고려해야 하는 사항을 예시하고(Espoo협약), 영향의 정도에 따라 단계적 평가를 요청(남극조약 환경보호의정서), 관련자간의 견해 불일치를 해소하기 위한 제3자에 의한 심사절차를 두고(Espoo협약) 가이드라인 등에서 판단방법의 가이던스를 제시(생물다양성협약, 미국-캐나다 대기질협정)하는 것이 있다. 다만, 대부분의 지역해 환경보호조약에서 보이는 바와 같이 관련규정에서 의무 자체가 완화되는 경우도 있다.

시하지 않는다는 선택지나 중대한 악영향의 완화 · 삭감조치를 포함한 대안의 검토를 명시적으로 요청하며(EC EIA지침, Espoo협약, 남극조약 환경보호의정서 등),[61] 그 결과는 평가서에 기재된다. 또한 평가서 안을 일반적으로 이용가능한 것으로 하고, 다른 체약국에 송부하며, 공중이나 기타 체약국으로부터 의견청취를 진행할 것을 요청하는 절차도 있다(남극조약 환경보호의정서 등).

작성된 평가서는 월경 EIA경우에 관련 국제기구를 통하여 공표(UNCLOS 등, 대부분의 해양환경조약들)되거나, 잠재적 피영향국(Espoo협약, 미국-캐나다 대기질협정 등) 및 관련국제기구를 사이에 둔 모든 체약국(남극조약 환경보호의정서 등) 등을 포함한 관련자에게 송부된다. 또한 평가서에 따라 잠재적 피영향국과 협의하거나(EC EIA지침, Espoo협약 등) 조약이행기구 등의 관련기관을 통하여 다른 체약국의 의견 청취를 요구하는 조약도 있다(남극조약 환경보호의정서 등). 그 과정에서 영향을 받을 우려가 있는 잠재적 피영향국의 주민과 관계당국에게도 평가서를 송부하며, 그들의 의견을 확보하기 위해 체약국이 의무를 부여받는 경우도 증가하고 있다(EC EIA지침, Espoo협약 등).

마지막으로, 관할국은 최종결정 시 영향평가 · 분석의 결과를 고려한다. 이 때 관할국은 잠재적 피영향국과의 협의 및 기타 체약국, 공중, 관계기관의 의견청취를 수반하는 절차에서 그 결과도 고려하여야 한다. 1990년대 이후 채택된 조약에서는 관할국은 잠재적 피영향국 및 조약이행기구 등의 관련 기관을 통하여 다른 모든 체약국에 대해 최종결정을 송부하도록 요구된다. 또한 최종결정을 받아 착수된 활동이 실제로 미치는 영향에 대하여 원칙적으로(남극조약 환경보호의정서) 또는 필요에 따라(Espoo협약 등) 관할국에 미치는 영향의 사후분석(모니터링)을 요구하는 절차도 있다.

---

61) 다만, Espoo협약과 같이 '적절한 경우에는' 의무가 완화되는 경우도 있다.

2) 기타 절차적 의무와의 결합

1990년대 이후에 채택된 조약에서는 EIA의 실시의무는 주로 사전통보 · 협의의무, 공공참여를 보장할 의무, 모니터링 의무와 같은 다른 절차의무와 결합하는 경향이 있으며, 복합적 프로세스 전체가 EIA로 재구성되고 있다(Espoo협약, 남극조약 환경보호의정서 등).

우선, 사전통보 · 협의의무[62]와의 결합은 역사적으로는 EIA에 선행하는 의무를 월경환경손해방지라는 문맥에서 실현하는 의미를 가진다.[63] 사전통보 · 협의태양 · 방법을 구체적으로 명시하고 과학 · 기술 전문가의 기여 등을 요구하는 절차도 많고,[64] 양쪽의 결합에서 상호보완작용은 보다 강화되고 있다.

다음으로 EIA의 공중참여 확보는 주로 서구지역을 중심으로 한 조약 등에서 요청된다. 이는 전술한 비차별 · 평등의 원칙과 유럽선진국의 국내 환경관련절차에서의 공공참여 추진, 국제적인 환경문제의 대처에 대한 NGO의 활동 확대 등을 배경으로 한 것으로, 최근 환경분야에서 국가와 국가 이외 행위자 간의 '협동' 중 하나이기도 하다.[65] 공중의 범위, 참가방법 및 정도 등의 구체적인 방식은 각국의 재량이지만, 공중의 절차참가에 관한 Aarhus협약이 동시에 적용되는 경우에는 국가의 재량이 상당부분 제한된다.[66] 일반적으로 공중참여의 확보의무와의 결합은 이해(利害)관계자, 특히 잠재적 피해자의 이익을 고려하고 EIA 프로세스의 투명성과 정통성을 확보한다.[67] 또한 NGO가 가진 다양한 자원을 유

---

62) 본장 제1절 '사전통보 및 협의' 참조. 포괄적 연구로서 児矢野 전게주(26) 참고.

63) 사전협의의무로 본 이 결합의 의의에 대해서는 児矢野 전게주(26), 243-250면 참조.

64) 上同, 172-205면.

65) 국제환경법에 있어서 국가와 그 외의 행위체의 「협동」에 대하여, 児矢野マリ, "国際環境リスク — 国家は何ができるか", 「ジュリスト」 1378号 (2009年 5月), 138-142면.

66) Aarhus조약과 Espoo협약과의 관계에 관한 내용은 Craik, *supra* note 1, pp.147-149; Schrage, *supra* note 46, pp.43-44 참조.

67) ECE, *Environmental Series 7: Guidance on Public Participation under the Espoo*

효하게 이용하여 국가의 대처능력의 한계를 보완함으로써 EIA 프로세스의 정통성과 실효성을 확보 및 향상시킨다.

마지막으로, 모니터링 의무와의 결합은 환경위험활동에 관한 지속적인 프로세스로서 EIA를 평가하는 것이다. 즉, 그 영향의 감시를 지속적으로 요청함에 따라 EIA가 지향하는 월경환경손해방지 및 지속가능한 개발과 자원이용의 실현을 강화한다.[68]

이상과 같이, 다른 절차적 의무와의 결합은 월경환경손해방지 및 지속가능한 개발 · 자원의 이용에 있어 EIA의 기능을 높인다. 동시에 이러한 복합적 전개는 환경위험활동에 관한 다양한 절차를 상호보완적으로 작용시킴으로써 다른 절차의 기능도 실질적으로 강화하며, 나아가서는 국제환경법의 절차적 규율 전체의 유효성을 높일 것이다.

5. 환경영향평가(EIA) 실시의무의 기능과 문제점

(1) EIA 실시의무의 주요 기능

1) 분쟁회피 또는 해결

환경분쟁은 환경손해의 예견가능성 · 정도 · 성질, 대처방법의 유무 · 비용 등 전제사실을 둘러싼 당사자 간의 견해 불일치가 분쟁의 원인이 되는 경우가 대부분이다. EIA 실시의무는 이러한 사실을 미리 객관적으로 명확히 하고, 관계자 간에 정보를 공유하여 분쟁의 회피를 도모한다. 또한 EIA의 대상이 된 활동을 실시한 후 분쟁이 발생하는 경우에도 전제사실에 대한 견해 불일치를 최소한으로 하여 원활한 해결을 도모하며, 모니터링 절차가 이에 해당한다. 이 기능은 EIA가 환경위기

Convention, 2006, ECE/MP.EIA/7, p.7.

68) 조약의 명문상의 의무를 수반하는 EIA는 많지 않지만, 전술한 국제재판에서 ICJ는 EIA와 사업실시 후의 모니터링을 당해 사업의 존속기간을 통하여 지속하는 것으로 파악하고 있으며, 향후 이러한 사고방식이 국가관행에 포함되는 것은 충분히 생각할 수 있는 일이다. *Supra* note 27, 30.

활동을 둘러싼 관할국의 결정이나 대응을 정당화하는 측면을 가지게 된다.

위와 같이 EIA의 실시의무는 환경위험활동에 대한 대응의 전제가 되는 여러 사항을 명확히 할 것을 관할국에 요청하여 그 활동을 실시함으로써 발생될 수 있는 분쟁이 회피될 수 있도록 촉진하며, 또한 활동 실시 후 발생하는 분쟁 해결의 기초가 된다. 특히 피영향국 등과의 협의나 공중의 참가를 수반하는 EIA는 그들의 참여를 얻어 상호 이익조정도 이루어질 수 있기 때문에 분쟁회피에 있어 더 효과적일 수 있다. 이와 같이 EIA는 다른 절차적 의무와의 결합에 의해 기능이 강화되고 있다.

2) 월경환경손해방지의 추진

EIA의 실시의무는 월경환경손해방지라는 실체적인 목적 달성에 이바지한다.[69] 앞서 살펴본 바와 같이 EIA의 실시의무는 월경환경손해방지원칙에 따른 국가의 '상당한 주의'를 구체화하는 것 또는 협력원칙에 따라 국가가 취해야 하는 하나의 조치를 요청하는 것으로, 사전에 손해발생을 방지하는 수단으로서 기능을 한다.

그리고 최근의 조약에서 EIA제도 설계에서는 프로세스 중에 일정한 실체적 계기를 만드는 것도 가능하다. 예컨대 영향평가 및 분석에서 계획된 활동을 하지 않는다는 선택사항이나 중대한 악영향의 완화·삭감조치를 포함한 대안 등의 검토를 요청하는 데 있어 사실상 관할국의 결정과 사후대응을 월경환경손해를 방지·삭감하는 방향으로 유도하는 것이 기대되고 있다. 여기에서는 관할국의 결정권이라는 실질적 권리를 전제로 손해발생방지를 추진한다.[70]

---

69) 국제적인 환경거버넌스의 절차와 실체와의 관계에 착안하여 EIA의 실시의무·서약의 기능을 파악하는 것으로, Craik, *supra* note 1, p.280. EIA의 사전협의의무에 대하여 児矢野도 같은 의견임. 児矢野, 전게주(26) 참조.

70) 이상의 기능은 여러 사정과 요인에 따라 환경위험활동을 실체적으로 규제하기 위한 기준을 세우기 쉽지 않다는 국제법의 평면에 따라 결정권을 자국에 보유할 수 있기 때문에, 국가가 비교적 쉽게 합의하는 절차적 규제를 통하여, 실체적인 목적 달성을 지향한다. 최근 국제환경법에 따른 절차적 의무의 활용현상의 근본

3) 경제개발과 환경보전의 통합

EIA의 실시의무는 국가가 경제개발과 천연자원을 이용할 권리를 구체적으로 행사할 때 환경요인의 객관적인 고려를 요청함으로써 지속가능한 개발 · 천연자원의 이용을 실현하는 데 기여한다.[71] 그리고 환경요인을 고려하는 프로세스는 정치화되는 경향이 있으며, 절차적 관점으로부터 경제개발과 환경보전과의 '통합'을 도모하는 하나의 수단으로서 작용한다.

4) 국제 및 국내 환경규제의 연관 심화

EIA의 실시의무는 국제적 · 국내적 환경규제의 연관을 심화시킨다. 이는 이하의 국내 및 국제적인 환경기준의 설정 및 조성작용에 따른다.[72]

첫째, 조약상 EIA 실시의무를 각국이 국내법제에 포함시키는 것을 통하여 허가제를 포함한 대상 활동의 실체적인 규제 및 영향평가의 방법 · 태양, 공중참여 등의 절차적인 기준을 국가간에 평준화한다. 즉, 환경위험활동의 지속적 감시에 대한 국내 시스템의 국제적 조화를 추진하는 것이다. EIA 실시의무는 '수단 · 방법의 의무'[73] 중 하나로 국가가 정하는 EIA절차를 밟을 것을 요구한다. 여기에서는 국가가 복수의 단계, 관계자, 사항 등을 포섭하는 EIA 프로세스를 자국의 국내법제에 포함시

적인 기능이라고 할 수 있다.

71) EIA를 지속가능한 개발의 개념 중 하나인 절차적 요소라고 파악하는 견해가 많다. *E.g.*, P. Sands, "International law in the field of sustainable development," *British Year Book of International Law,* vol.65, 1994, p.338; A. Boyle and D. Freestone, "Introduction," A. Boyle and D. Freestone (eds.), *International Law and Sustainable Development: Past Achievements and Future Challenges,* Oxford University Press, 1999, pp.8-15.

72) EIA를 따르는 사전협의의무의 기준설정 기능에 대해서는 児矢野, 전게주(26), 212-213면 참조.

73) 이는 국가가 이행의 수단 · 방법을 자유롭게 선택할 수 있는 '결과의 의무' 및 '특정사태발생 방지의무'와 비교된다. 이러한 의무의 분류에 대해서는 山本草二, 「国際法(新版)」(有斐閣, 1994年), 633-634면 등.

켜야 하기 때문이다. 둘째, 환경위험활동에 대한 협의를 수반하는 월경 EIA를 거쳐 최종결정을 하거나 경우에 따라서는 모니터링 절차에 따라 대응하는 등 EIA 실시의무를 둘러싼 국가관행의 축적이 장기적으로는 환경위험활동에 관한 국제적 · 국내적인 실체적 기준을 생성하고 결정화를 촉진할 가능성도 있다.

5) 절차적 투명성 · 민주성의 확보

EIA 실시의무가 공중의 참여를 확보하는 의무를 수반하는 경우에 환경위험활동의 결정 프로세스의 투명성과 정통성의 확보를 촉진한다.[74] 이에 따라 앞의 4가지 기능의 정통성과 실효성은 높아지게 된다.

(2) EIA 실시의무의 주요 문제점

1) 관할국 재량의 적절한 통제

EIA를 실시하는 경우 관할국의 재량을 어떻게 하면 적절히 통제하는지가 문제가 된다. 특히 중요한 것은 대부분의 조약에서 EIA 실시요건이 되는 '중대한 악영향의 발생 우려'에 대한 부적절 또는 자의적인 판단을 어떻게 회피하는가이다. 1990년대 이후 다수 조약의 제도상 고안에 의해 관할국의 판단의 객관화 또는 관계국 간의 견해 불일치의 해소가 도모되어 왔고, 제3자에 의한 심사절차 또는 단계적인 영향평가의 도입이 효율적으로 작용할 것으로 기대된다.[75] 반면, 주로 UNCLOS를 비롯한 1980년대의 여러 해양환경조약에서 가이드라인의 채택은 드물며, 실시의무를 완화하는 문언이 삽입된 경우가 많고, 국제재판에서도 확실히 이러한 점을 둘러싼 분쟁이 발생하고 있다. 그리고 근본적인 문제는 원래 중대한 악영향을 미칠 우려의 유무를 관할국이 적절하게 판단하기 위해서는 그 전제로서의 어떠한 예비적 평가절차의 실시가 필요하지 않은가 하는 점이다. 이러한 점에서 앞서 언급한 바와 같이 예방원칙 · 예방적 접근법과의 결합은 유용한 방법으로 평가될 것이다.[76]

---

74) *Supra* note 67.

75) Birnie, Boyle and Redgewell, *supra* note 1, pp.171-172.

2) 국가의사와 능력의 결여

EIA 실시의무의 이행을 확보하기 위해서는 관할국, 즉 개발도상국의 의사와 능력의 결여가 문제된다. 예를 들어 경제적 과도기에 있는 대다수의 국가들이 참가하는 Espoo협약에서는 의식계몽 및 능력구축을 위한 워크숍이 빈번하게 개최되며,[77] 준수검증절차를 중심으로 다른 체약국과 관련 국제기구 등으로부터 여러 지원도 제공받고 있다.[78]

한편, 여러 개발도상국 간의 지역해양환경조약에서는 처음부터 체약국의 자원이 현저히 부족하기 때문에 외부에서 받는 지원 없이는 전체적으로 기능하지 않는 경우도 있다. 따라서 UN 및 그 외 국제기구로부터 적절한 지원이 필요하다.

3) 국내법제와의 적절한 연동의 확보

관련국의 국내법제를 통하여 EIA 실시의무의 이행을 확보하는 것이 반드시 쉽다고 할 수는 없다. EIA 실시의무는 다양한 환경위험에 대한 몇 가지 단계로 이루어진 프로세스를 내포하기 때문에 각국의 여러 법제도와 관련되어 있다고 할 수 있다. 또한 사전통보 · 협의 · 공중참가 및 모니터링 · 사후협의 등의 의무를 수반하는 월경 EIA는 국내 및 국제적 수준에서의 개별 절차가 단계적으로 복합된 프로세스이므로,[79] 프로세스를 적절하고 원활하게 실시하기 위해서는 다음의 2가지가 필요하다.

하나는, 관할국가 및 절차에 참여하는 잠재적 피영향국 외에 관련국의 관련 국내법제의 구조가 정합(整合)적이라는 것이다.[80] 다른 하나

76) Birnie, Boyle and Redgewell, *International Law and the Environment,* 2nd ed., p.134. EIA와 같은 절차적 규제에서는 실체적 규제의 경우와 비교하여 원칙의 적용에 따른 과잉규제의 우려는 상대적으로 적다고 할 수 있으므로, 절차를 실시하는 비용문제만 해결된다면, 이러한 방향으로의 전개는 입법론으로서 또한 장래 조약의 해석론으로서 일고의 여지가 있다. 전게주(41) 및 (44) 참조.

77) http://www.unece.org/env/eia/activities/activityEIAsubregion.html.

78) 예를 들면, 전술한 *Danube Delta* 사건에서 우크라이나로의 지원제공이 있다. ECE/MP.EIA/10. para.74; ECE/MP.EIA/IC/2009/5.

79) EIA 실시의무의 월경적인 성격에 관해서는 Craik, *supra* note 1, p.10 참조.

는, 관할국 내의 여러 관련 절차간의 적절한 연계, 특히 환경위험활동의 평가를 포함한 허가의 절차와 잠재적 피영향국과의 협의(공중으로부터의 의견청취의 기회확보도 포함) 또는 기타 관계국으로부터의 의견수리의 절차간의 적시성 문제와 각 권한 당국 간의 연계 등을 포함하여, 적절한 연관관계가 구축되고 있다는 것이다.[81] 어느 것이나 각국의 구체적인 국내법제 및 실무절차에 관련문제가 있는 만큼 현상태에서는 반드시 적절하게 대처되고 있다고 할 수 없다.[82]

4) 실무적인 여러 문제

EIA의 실시를 둘러싼 여러 실무적 문제가 있다. 우선, 실시를 위한 비용문제이다. 예를 들어 언어에 관련된 문제, 특히 평가서의 번역에 걸리는 시간 및 비용과 그에 따른 인재확보의 문제가 있다. 또한 월경 EIA의 경우 관계 각국의 담당창구의 명확화와 잠재적 피영향국가의 공중에 의한 평가서에의 접근 · 의견표명 기회의 확보, 적시적 통보, 대상활동의 실시를 저해하지 않는 적정기간 내의 프로세스 수행 등의 문제가 있다.[83] 이에 대처하기 위해서는 관련된 각 국가가 문제의식을 공유한 후, 실무자에 의한 관련국가들 간의 워크숍과 실무적인 조언을 포함한 구체적인 안내문서 작성 및 재검토 등의 실행을 축적함과 동시에, 전술한 바와 같이 실무적인 문제에 대한 대처를 포함한 보다 구체적인 관계국 간 개별협정 작성을 추진해 나가는 것이 효과적일 것이다.[84]

---

80) Espoo협약에 대해서는 ECE, *Environmental Series 6: Current Policies, Strategies and Aspects of Environmental Impact Assessment in a Transboundary Context,* 1996, ECE/CEP/9, p.64; 児矢野, 전게주(26), 87면.

81) Espoo협약에 대해서는 ECE, *Environmental Series 8: Guidance on the Practical Application of the Espoo Convention,* 2006, ECE/MP.EIA/8, p.9 참조.

82) Espoo협약에 대해서는 ECE/MP.EIA/10, pp.19-78. 선진국에서도 환경위험활동의 허가권한을 가진 지방당국과 대외적 협의를 담당하는 중앙정부간의 연계 등에 문제가 있는 국가가 대부분이다. 児矢野, 전게주(26), 293-294면.

83) Espoo협약에 대하여 ECE/MP.EIA10, pp.19-78. W.Schrage and N. Bonvoisin, "Transboundary Impact Assessment: Frameworks, Experiences and Challenges," *IAPA,* vol.26, no.4, pp.235-236.

5) EIA 실시의무의 불이행에 대한 대응

EIA 실행의무의 실효성을 확보하기 위해 해당 의무의 불이행에 대처하기 위한 수단과 방법도 중요하다. 이 점에 대해서는 우선 EIA의 실시의무를 정한 조약하의 의무준수확보절차(보고 · 심사절차 · 비준수수단 등)의 제도화와 그 활용이 효과적일 것이다. 이는 기존의 조약에서도 찾아볼 수 있으나 Espoo협약에서와 같이 현실적 유용성에는 일정한 한계도 존재한다. 또한 경우에 따라서는 그 활동의 잠재적 피영향국이 관할국의 의무위반에 의한 자국의 절차적 권리의 침해를 주장하며, 국제재판절차에의 부탁을 포함한 강제적인 수단에 호소하는 것도 가능하다. 다만, 이 방법은 법률상 또는 사실상의 여러 요인으로 인하여 반드시 유용하다고 볼 수는 없다. 그러므로 EIA 실시의무의 불이행에 대한 효과적인 대처 문제는 중요한 과제이다.[85]

6. 결 론 – 환경영향평가(EIA)의 과제와 전망

이상과 같이, 오늘날의 국제환경법에서 EIA는 조약에서 제도화를 통해 다방면적인 기능을 지닌 중요한 절차로서 점차 발전해 가고 있다. 그 중 월경 EIA의 여러 절차와의 결합, 프로세스의 구체화, SEA로서의 전개 등을 배경으로 월경환경손해방지라는 실체적 가치의 실현을 담당함과 동시에 국내 환경규제의 국제적 조화를 도모하는 강한 계기가 되고 있다. 이렇게 EIA는 주권국가가 병존하는 국제사회의 분권적 구조를 기반으로 실체적 규제를 보완하는 절차일 뿐만 아니라 실제로 그 규제를 선도하는 규율절차로서 전개되고 있다.

한편, 그러한 국내 환경규제와의 밀접한 결합은 현 단계에서 EIA 유용성의 한계의 한 가지 요인이 되고 있다. 1990년대 이후 환경위험활

---

84) Espoo협약의 시도를 예로 들 수 있다. ECE, *supra* note 13, 67, 80, 81; 児矢野, 전게주(26), 86-89면 참조.

85) EIA 실시의무의 불이행에 대한 대응 과제에 관해서는 児矢野, 전게주(41) 참조.

동에 대하여 여러 선진국 사이에서는 조약에 따른 EIA, 사전통보 · 협의, 모니터링 등의 절차적 규제의 발전이 명백하고, 각국의 의사 · 능력의 격차 등 '남북문제'를 배경으로 하여, 여러 개발도상국간의 EIA 도입 및 이러한 국가들의 국내적 실시상황은 지극히 완만하다. 그럼에도 불구하고 본래 EIA는 절차적인 규율방법으로 유연한 성격을 가지고 있으며, 지속가능한 개발을 적극적으로 추진하는 수단으로서 오히려 개발도상국에게는 더없이 유용한 도구가 될 것이다. 따라서 EIA의 적극적 활용을 촉구하기 위한 국제적 노력이 절실히 필요하다.

| 참고문헌 |

児矢野マリ,「国際環境法における 事前協議制度 — 執行手段としての機能の展開」(有信堂高文社, 2006年).

児矢野マリ, "国際条約と環境影響評価," 環境法政策学会 編,「環境影響評価」(商事法務, 2011年).

児矢野マリ, "越境環境損害防止," 村瀬信也・鶴岡公二 編,「変革期の国際法委員会 — 山田中正大使 傘寿記念」(信山社, 2011年).

石橋可奈美, "環境影響評価(EIA)と国際環境法の遵守," 柳原正浩 編,「国際社会の組織化と法」(信山社, 1996年).

南諭子, "国際環境法の発展と環境アセスメント,"『一橋論叢』115巻 1号 (1996年).

______, "国際環境法における環境アセスメントの '事前審査'機能", 「一橋論叢」118巻 1号 (1997年).

S. Atapattu, *Emerging Principles of International Environmental Law*, Transnational Publishers: New York, 2006, pp.289-378.

K. Bastmeijer and T. Koivurova (eds.), *Theory and Practice of Transboundary Environmental Impact Assessment*, Matinus Nijhoff, 2008.

P. Birnie, A. Boyle and C. Redgewell, *International Law and the Environment,* 3rd ed., Oxford University Press, 2008, pp.164-175.

N. Craik, *The International Law of Environmental Impact Assessment: Process, Substance and Integration*, Cambridge University Press, 2008.

M. Koyano, "The Significance of the Convention on Environmental Impact Assessment in a Transboundary Context (Espoo Convention): Examining the Implications of the Danube Delta Case," *Impact Assessment and Project Appraisal*, vol.26, no.4, 2008.

제3절 예방원칙 · 예방적 어프로치

1. 서 론

최근 확대된 인간활동의 규모와 기술개발 및 혁신은 우리의 생명과 건강, 그리고 우리를 둘러싼 환경에 대한 여러 가지 리스크를 낳았다. 비약적으로 확대된 경제활동과 일상생활로부터 발생하는 환경부하(負荷)가 축적되고, 지구온난화나 해양환경의 악화 등 지구적 규모에서 환경에 대한 심각한 악화가 우려되고 있다. 이러한 리스크는 환경이 다수의 구성요소와 그 복잡한 상호작용에 의해 성립되어 있다는 것에 의해 현단계에서는 충분한 확실성을 가지고 과학적으로 평가하는 것이 어려운 경우가 많다. 환경보호라는 관점에서 보면 국제사회가 직면하고 있는 가장 중요한 문제 중의 한 가지는 이러한 과학적 불확실성을 수반하는 잠재적 '리스크'[1]를 어떻게 취급할 것인가에 대한 문제이다.

1970년대 후반에는 이미 원자력활동, 우주탐사와 이용 등 거대과학기술의 개발과 그 성과의 이용에 따라 전개된 여러 활동들이 야기하는 손해와 그 높은 위험성이 인식되어 국제법에 의한 규율의 필요성이 인식되었다. 이러한 활동이 제3자에게 끼친 손해에 관해서는 활동을 하는 사업자에게 고의 또는 과실이 있는가를 묻지 않고 책임을 귀속시키는 무과실책임주의에 근거한 제도를 도입하는 것으로, 창출된 사회적 이익을 위해 손해를 입게 된 피해자에게 확실한 보상을 하는 동시에 사업자가 손해를 발생시키지 않도록 높은 수준의 주의와 배려를 할 것을 촉진

---

1) 리스크의 평가에 불확실성이 존재하는 것처럼 리스크를 어떻게 부를 것인가는 논자에 따라 다르지만 이하에서는 다음의 OECD문서의 관례에 따라 '잠재적 리스크(potential risk)'라 부른다. OECD Joint Working Party on Trade and Environment, *Uncertainty and Precaution: Implications for Trade and Environment*, OECD, COM/ENV/TD (2000) 114 Final, September 5, 2002, p.6.

시키는 제도를 구축하여 왔다. 일반적으로 이러한 활동에 수반되는 '리스크'는 상정되는 결과의 규모가 크고 중대하지만 그와 같은 결과가 발생할 가능성은 낮고, 나아가 상정되는 결과가 상당한 개연성을 가지고 발생할 것이 과학적으로 상당한 근거가 있는 것이었다. 그에 대해 현재의 국제환경법은 상정된 결과가 발생할 개연성의 과학적 증거에 불확실성이 존재하고, 또한 어떠한 결과가 발생하는가에 대해서도 불확실성이 존재하는 사태에 직면하고 있다. 최근 이러한 환경리스크에 대해 국제적으로 대처하기 위한 조약이 체결되었고, 이들 조약은 이러한 잠재적 리스크에 대하여 예방원칙 · 예방적 어프로치(precautionary principle/precautionary approach)를 적용하여 대처하는 경향을 보여주고 있다.

본 장에서는 이러한 과학적 불확실성을 수반하는 환경리스크에 대한 대처에서 최근 많이 원용되고 있는 예방원칙 · 예방적 어프로치에 관한 국제적 전개현상을 소개하고 예방원칙 · 예방적 어프로치와 관련되는 법적 문제에 관해 살펴본다.[2)]

2. 국제법에서의 예방원칙과 그 전개

(1) 국제법에서의 예방원칙

예방원칙 및 예방적 어프로치를 국제사회에 널리 알린 것은 1992년 개최된 UN환경개발회의(지구정상회의)에서 채택된 리우선언 원칙 15이다. 원칙 15는 "환경을 보호하기 위하여 각국에 의해 그 능력에 따라 예방적 어프로치는 널리 적용되어야 한다. 심각하거나 회복불가능한 손해의 우려가 있는 경우, 과학적인 확실성이 충분하지 않다는 것을 환경악화를 방지하기 위한 비용 대비 효과가 큰 대책을 연기하는 이유로 사용해서는 안 된다"고 한다. 후술하는 바와 같이 예방원칙의 개념은 문서

---

2) 본 장은 高村ゆかり, "国際環境法におけるリスクと予防原則", 「思想」 no.963, 2004.7, 60-81면; 동 "国際環境法における予防原則の動態と機能", 「国際法外交雑誌」 104巻 3号 (2005年), 1-28면을 기초로 가필수정한 것이다.

에 의해 여러 가지 모습으로 나타나지만 ① 손해나 악영향의 우려가 있으면, ② 과학적 확실성이 충분하지 않은 경우에도, ③ 환경악화를 미연에 방지하는 조치를 취하는 것이 그 공통요소이다. 즉, 과학적 불확실성을 수반하는 잠재적 리스크에 대하여 장래 당해 리스크가 표면화되어 환경이 악화되는 것을 방지하기 위하여 정책결정자(국제적 수준에서는 국가)가 취해야 할 행동을 보여주는 원칙이다.

지금까지의 조약, 국제문서에서는 '예방원칙'과 '예방적 어프로치'라는 두 가지 용어가 사용되어 어느 쪽을 사용할지에 대하여 국가간에 자주 다툼이 있어 왔다.[3] '예방원칙'이라는 용어가 사용되는 경우에는 잠재적 리스크에 대하여 환경악화를 미연에 방지하는 강력한 예방적 대처를 요구하는 구조가 상정되는 한편, '예방적 어프로치'가 사용될 때에는 국가에게 큰 재량을 부여하는 상대적으로 약한 구조가 상정되는 경향이 있다.[4] 그러나 '원칙'인가 '어프로치'인가에 따른 그 법적 효과가 반드시 엄밀하게 구별되어 오지는 않았다.[5] 그러므로 이하에서는 인용부분을 제외하고 특별한 사정이 없는 한 선험적으로 두 가지를 구별하지 않고 '예방원칙'이라는 용어를 사용한다.

---

3) 스트래들링어종 및 고도회류성어종의 보존 및 관리에 관한 UN회의에 대한 논의에 관하여, Hewison, G. J., "The Precautionary Approach to Fisheries Management: An Environmental Perspective," *International Journal of Marine and Costal Law*, vol.11, 1996, p.301 and 314. Codex위원회 회의에서도 캐나다, 뉴질랜드, 미국은 '예방적 어프로치'라는 용어를 사용한 것에 반해 EU는 '예방원칙'이라는 용어를 사용하고 있다. Codex Alimentarius Commission (Committee on General Principles), Report of the 15th Session of the Codex Committee on General Principles(ALINORM 01/33), CL 2000/12-GP (April 2000), para.43 이하. 2002년에 개최된 지속가능한 개발에 관한 세계 정상회의(요하네스버그 정상회의)에서도 채택된 이행계획에 관한 교섭에서 의논되었다. *Earth Negotiations Bulletin*, at http://www.iisd.ca/vol22/enb2251e.html (as of February 1, 2009).

4) Marr, S., *The Precautionary Principle in the Law of the Sea: Modern Decision Making in International Law*, 2003, pp.17-21.

5) Hey, E., "The Precautionary Concept in Environmental Policy and Law: Institutionalizing Caution," *Georgetown International Environmental Law Review*, vol.4, 1992, pp.303-304.

(2) 예방원칙의 국제적 전개

예방원칙은 원래 규제권한을 가진 행정기관은 위험의 가능성을 예기하고 가능한 그 위험을 방지하여 환경리스크가 최소로 되게 하여야 한다는 1970년대 서독의 'Vorsorgeprinzip(사전배려원칙)'의 사고방식에 근거하고 있다고 할 수 있다. 1980년대 서독정부는 여론의 지지를 기초로 산성비나 북해의 오염문제 등에 대처하기 위한 엄격한 정책을 정당화하기 위해 이 원칙을 원용해 왔다. 동시에 유럽의 경제통합이라는 문맥 속에서 예방원칙에 기초한 조치를 유럽차원에서 채택할 것도 주장하였다. 한편, 유럽국가들을 비롯하여 그 밖의 다른 선진국에서도 과학적 불확실성이 존재하더라도 손해를 미연에 방지하기 위한 예방조치가 각국 국내에서 취해지게 되었다.

국제사회에서는 이러한 과학적 불확실성을 수반하는 리스크를 어떻게 취급하여야 하는가에 대한 국제적 규범이 존재하지 않았다. 그러나 환경문제의 심각화와 지금까지의 여러 경험으로부터 과학적으로 확실하게 증명된 후에는 환경에 대한 위협에 효과적으로 대응할 수 없는 경우가 있다는 것을 인식하게 되었다. 따라서 문제해결을 위해 국가가 국제적으로 공동행동을 취할 때, 과학적 불확실성이 존재하고 있는 경우에도 예방원칙을 적용하여 미연에 방지조치를 취하는 것에 대해 합의하게 되었다. 1982년 UN총회에서 채택된 세계자연헌장이 국제적 수준에서 예방원칙이 최초로 승인된 문서라고 여겨진다.[6] 또한 1985년 오존층보호협약은 그 조문에 예방원칙에 대해 언급조차 없지만, 현실의 손해에 대해 확고한 증거가 제시되기 전에 미연방지조치의 필요성을 인정한 최초의 국제조약으로 평가되고 있다.

예방원칙은 1980년대 말 이후 채택된 많은 환경조약이나 국제문서에 등장한다. 최근의 환경조약에서의 예방원칙에 대한 언급은 두드러지며 오존층보호, 지구온난화에서부터 해양환경의 보호에까지 이르는 여

6) General Assembly, World Charter for Nature, A/RES/37/7, 28 October 1982, para.11.

러 분야의 조약에서 공통적으로 나타난다. 그러나 한편으로 환경조약에서의 일반화와 실정법화의 정도는 다양하다.

첫째, 예방원칙이 어느 정도 구체적으로 국가의 행동규범으로 규정되고 있는지는 다르다. 기후변화협약 제3조 3항과 같이 조약의 일반원칙으로 일반적이고 추상적으로 규정하고 있는 조약도 있지만, UN공해어업협정과 같이 예방적 어프로치의 적용을 체약국에 일반적인 의무로 지운 다음 과학적 불확실성을 수반하는 잠재적 리스크에 대해 취해야 할 구체적인 조치나 절차를 정하고 있는 조약도 있다. 후자인 UN공해어업협정은 우선, 제5조 (c)에서 일반원칙으로 "(연안국 및 공해어업국은) 제6조에 따라 예방적 어프로치를 취한다"고 규정하고, 동조에서는 스트래들링 어업자원*과 고도회류어류자원**의 보호, 관리, 이용에 널리 예방적 어프로치를 취하여(제6조 1항), 정보가 불확실, 부정확, 불충분한 경우, 체약국이 한층 더 주의를 기울이는 의무를 부과하고 있다(동조 2항). 나아가 제6조 3항에서는 예방적 어프로치의 실시에 대해 체약국이 취해야 할 조치를 열거하고 그 중에서도 예방기준치의 적용에 관한 지침을 규정하는 부속서 II에 따라 각각의 자원에 관해 두 가지의 기준치(보전 · 한계기준치와 관리 · 목표기준치)를 설정하고, 이러한 기준치를 하회하지 않는 어업관리전략을 작성하여, 하회하거나 하회할 것 같은 경우에는 미리 결정한 조치를 취한다. 기준치 설정에 관해 고려하여야 할 사항에는 자원에 관한 불확실성 또한 그 하나로 열거되고 있다.

둘째, 예방원칙 적용의 귀결도 다르다. 북동대서양의 해양환경보호에 관한 협약(OSPAR협약)과 같이 개별 체약국에 대해 예방원칙에 근거한 미연방지조치를 취할 것을 의무로 하는 조약도 있지만 잔류성유기오염물질에 관한 스톡홀름협약과 같이, 조약의 기관에 대해 예방적 어프

---

* straddlings stock: 공해(公海) 및 연안 200해리에 걸쳐 분포, 회유하고 있는 어(魚) 자원.

** 고도회류성어류자원: 2개국 혹은 그 이상의 연안국이나 국제 수역의 EEZ를 통하여 회유하는 종으로 다랑어, 새치류 등이 이에 속함.

로치에 근거하여 절차를 진행하고 결정을 하는 것을 의무로 하는 조약도 볼 수 있다. 한편 바이오안정성에 관한 카르타헤나의정서과 같이 개별 체약국이 예방적 어프로치에 근거한 조치를 취하는 것을 의무로 하지는 않지만 허용하는 경우도 있다. 또한 기후변화협약 제3조 3항과 같이 예견되는 손해 또는 결과를 회피하는 데 취하여야 할 조치의 비용 대비 효과에 관하여 언급하는 것도 있다.

셋째, 예방원칙의 발동 조건에 대해서도 차이가 보인다. 특히 예방원칙이 발동되기 위해 필요한 (i) 과학적으로 완전한 증거가 없더라도 예견되는 손해 또는 결과의 정도, (ii) 예견가능성의 정도에 관한 것이다. (i)의 예견되는 손해의 정도에 대해서 기후변화협약 제3조 3항 등 예방원칙을 규정하는 조약의 다수는 '심각한 또는 회복불가능한 손해의 우려가 있는 경우'를 예방원칙의 적용 조건으로 한다. 그러나 OSPAR협약 등 해양환경보호에 관한 조약 몇 가지는 인간의 건강에 대한 위험, 생물자원과 해양생태계에의 손해, 쾌적함(amenity)의 손실, 해양에 대한 그 밖의 다른 정당한 사용에 대한 간섭이 있을 수 있다고 여겨지는 합리적인 근거가 있는 경우에 예방원칙에 근거하여 미연방지조치를 취한다고 규정하고 '심각한 또는 회복불가능한' 정도의 손해가 예견되는 것까지 요구하지는 않는다. (ii)의 예견가능성의 정도에 대해서는 일반적으로 손해 '우려'의 존재를 요건으로 하는 것이 많지만, 일정한 '합리적 근거'의 존재를 요구하는 조약(OSPAR협약, 런던협약 1996년 의정서 등)이 있다. 잔류성유기오염물질에 관한 스톡홀름협약은 '세계적 규모의 조치가 정당화되는 것과 같은 중대한 인간의 건강 및 환경에 대한 악영향'의 우려가 있고 '위원회가 결정'하는 것을 원칙발동의 요건으로 한다. 또 문제가 되는 과학적 불확실성이 어디에 존재하는 경우 예방원칙이 발동되는가라는 점에 관해서, 특정하고 있지 않은 조약(기후변화협약)이나 원인행위와 손해 또는 영향의 인과관계의 불확실성을 문제로 하는 조약(월경수로 및 국제호수의 보호 및 이용에 관한 협약, OSPAR협약 등)이 많지만, 손해의 정도나 리스크의 수준(카르타헤나의정서), 손해를 입을 우려가 있는 자원의 조건(UN공해어업실시의정서)의 불확실성을 문제로 하는 조약도 있다.

1990년대 중반 이후, 국제재판에서도 예방원칙이 분쟁 당사국에 의해 원용되어 국가간에 그 해석이나 적용이 다투어지는 사건이 증가하고 있다(표 1). 일반적으로 국제재판소에 부탁된 국가 간 분쟁의 종류가 한정되어 있는 가운데, 환경에 관련된 거의 모든 분쟁에 예방원칙이 원용되고 있다는 것은 주목해야 할 것이다. 또한, 보건 · 위생 분야에서 세계무역기구(WTO)의 분쟁해결기구에서도 EU에 의한 성장촉진목적에서 호르몬제를 사용한 쇠고기에 대한 수입금지조치가 위생 및 검역조치의 적용에 관한 협정(SPS협정)에 위반하는 것이라며 미국과 캐나다가 부탁한 성장촉진호르몬 사건 등에서 예방원칙이 쟁점이 되었다.

〈표 1〉 국제재판소에서 예방원칙의 해석 · 적용이 다투어진 사건

	국제사법재판소	
사건 (분쟁 당사국)	*Nuclear Test* 사건 (뉴질랜드 v.프랑스) 1995년	*Gabcikovo-Nagymaros Project* 사건 (헝가리 v. 슬로바키아) 1997년
사건 개요	뉴질랜드가 프랑스가 재개한 남태평양에서의 지하핵실험에 대한 1974년 국제사법재판소의 핵실험사건판결의 재검토를 청구	양국을 통과하는 다뉴브강의 발전소건설 · 공동개발에 관하여 1997년에 합의된 계획의 실시를 중단 · 포기한 헝가리에 대해서 체코슬로바키아가 자국영역 내에서 일방적으로 댐건설과 수로를 변경하여 헝가리측의 수량이 일시적으로 대폭 감소한 사건에 대해 각각의 의무위반이 문제가 됨
예방 원칙에 관한 주장	• 뉴질랜드, 남태평양지역의 국가들이 예방원칙을 존중하고, 핵실험실시 전에 환경영향평가를 하는 관습법상의 의무를 프랑스가 부담한다고 주장	• 헝가리가 1977년 조약의 종료를 주장하는 근거로서의 예방원칙을 원용

	• 뉴질랜드는 어떠한 리스크도 존재하지 않는다는 것을 증명할 의무가 있었다고 주장 • 프랑스는 예방원칙의 존재도 입증책임의 전환도 인정하지 않음	
재판소의 판단	뉴질랜드의 주장을 인정하지 않음	헝가리의 주장을 인정하지 않음
비고	Weeramantry, Palmer 두 판사는 소수의견에서 예방원칙이 관습법상의 원칙의 하나가 된다고 함	

	국제해양법재판소		
사건 (분쟁당사국)	남방참다랑어 사건 (호주 v. 일본) 1999년	*MOX Plant* 사건 (아일랜드 v. 영국) 2001년	*Strait of Johor* 사건 (말레이시아 v. 싱가포르) 2003년
사건 개요	남방참다랑어보전조약 하에서 일본이 호주, 뉴질랜드의 동의를 얻지 않고 실행을 결정한 인도양 북동부에서의 조사어획에 대해 호주와 뉴질랜드가 당해조사어획의 즉시중지를 명령하는 잠정조치를 요청한 사건	영국이 국내의 MOX연료가공공장의 조업을 인가한 것에 대해서 아일랜드가 해양법협약 위반이라고 주장하며 제소	싱가포르가 말레이시아에 사전통고 또는 협의 없이 매립을 개시한 것에 대하여 말레이시아가 매립의 중단 · 정보제공 · 교섭을 요구하는 잠정조치를 부탁
예방 원칙에 관한 주장	• 호주, 뉴질랜드는 예방원칙이 일반국제법의 원칙의 하나이고, 이 원칙은 "행동의 영향에 대하여 과학적불확실성이 있어도 환경에 심각한 또는 회복불가능한 손해를 끼칠 우려가 수반되는 행동에 대하여 결정할 때에는 국가가 적용하여야 한다고 주장. 또한, 예방원칙은 관련된 불확실성에 직면하여 의사결정에 관한 주의와	• 아일랜드는 예방원칙에 따라 영국이 공장의 조업으로부터 어떠한 손해도 발생시키지 않았다는 것을 증명할 부담을 질 것을 주장 • 영국은 MOX공장의 조업에 기인하는 아일랜드의 권리에의 회복불가능한 손해 또는 해양환경에의 중대한 손해의 우려가 있는 것에 대한 근	• 말레이시아가 UN 해양법협약의 적용과 이행시에 체약국을 지도하는 원칙으로서 예방원칙을 원용 • 싱가포르는 이 잠정조치명령에 예방원칙적용의 소지가 없다고 주장

	경계(vigilance)를 요구한다"고 주장	거를 아일랜드가 증명하고 있지 않기 때문에 예방원칙은 적용되지 않는다고 주장	
재판소의 판단	"실효적인 보전조치가 남방참다랑어 자원에 발생하는 중대한 손해를 미연에 방지하기 위해 취해지는 것을 확보하도록, 체약국은 신중하게 고려하여" 행동하여야 하지만 예방원칙/어프로치의 적용이 있는가는 명시하지 않음	2002년 10월까지 공장으로부터 MOX연료의 수출도, 사용 후 핵연료의 수출도 하지 않았다고 영국이 진술하였기 때문에 재판소는 그것을 기록으로 남기고 쌍방 분쟁당사국에 대하여 정보교환, 리스크 또는 영향의 감시, 미연방지조치의 설계를 위해 협력하고 협의할 것을 잠정조치로 명령	심리의 최종단계에서 싱가포르가 매립의 자제를 요구함. 재판소는 매립의 영향을 조사하고 독립된 전문가그룹의 설치, 매립의 리스크 및 영향에 관한 정기적인 정보교환 등의 협력·협의 등을 잠정조치로 명령
비고	Laing, Treve 재판관은 개별의견에서 잠정조치의 결정에 대해 재판소는 명확하게 예방(원칙이 아닌) 어프로치를 채택하였다고 함		

3. 예방원칙을 둘러싼 국제법상 논점

(1) 예방원칙은 국제관습법상의 규칙인가

예방원칙을 둘러싼 쟁점 중의 하나는 예방원칙이 그것을 규정하는 개별조약을 떠나서 일반적으로 모든 국가를 구속하는 국제관습법상의 규칙인가에 관한 것이다. 예방원칙이 관습법상 규칙으로 인정되면 조약이 규율하지 않는 분야, 또 이러한 조약에 가입하지 않은 비체약국과의 관계에서도 예방원칙을 원용할 수 있다. 지금까지의 국제재판에서는 관습법상의 원칙으로 예방원칙이 원용될 수 있는가가 다투어졌고, 예방원칙이 관습법상 원칙으로서의 지위를 인정받을 수 있게 되면 예방원칙을 둘러싼 국가간 분쟁에 관한 재판소의 판단에 많은 영향을 미칠 것이다.

예방원칙이 국제관습법상의 규칙인가에 대하여 학설은 나뉘고 있다.[7)] Sands와 Cameron 등은 그 내용에 애매한 점이 있지만, 예방원칙은 인간환경선언 원칙 21이 규정한 월경손해방지의무에 부수되는 것이며, 조약이나 국가이행 등에 비추어 보면 예방원칙이 관습법상의 규칙이라는 것은 이미 폭넓은 지지를 얻고 있다고 한다(관습법설).[8)] 그에 반해 Birnie, Boyle과 Bodansky 등은 예방원칙을 일반적 목표나 정책으로 고려하는 것이 가능하기는 하지만, 그 해석은 다양하며 그 적용의 효과는 지금까지 없었고 영향이 매우 커서 일반국제법원칙으로 고려할 수 없다고 한다.[9)] 학설의 대립점은 예방원칙의 내용이 반드시 동일하지 않고 그 원칙의 적용요건이나 효과가 반드시 일정하지 않다는 평가에 있다.

학설이 대립하고 있는 예방원칙의 일반성과 다양성은 예방원칙에 기대되는 기능과의 관계에서 불가피하게 수반되는 것이다. 첫째, '지구

7) 이 문제에 대한 상세한 검토를 한 것으로 Trouwborst, A., *Evolution and Status of the Precautionary Principle in International Law*, 2002 참조.

8) Sands, P., *Principles of International Environmental Law*, 2nd ed., 2003, pp.272-279; Cameron, J., "The Precautionary Principle in International Law" in O'Riordan *et al.* (eds.), *Reinterpreting the Precautionary Principle*, 2001, pp.132-133 및 Hohmann, H., *Precautionary Legal Duties and Principles of Modern International Environmantal Law, The Precautionary Principle: International Environmental Law Between Explotiation and Protection*, 1994, p.344. 관습법설을 취하는 논자는 관습법이 되는 내용에 관해 반드시 명확하게 서술하지 않고 있다. Sands는 리우선언 원칙 15의 내용에서, Cameron은 (i) 행동하지 않으면 무시할 수 없는 손해의 우려가 있고, (ii) 인과관계에 불확실성이 있는 경우, (iii) 행동하지 않는 것이 정당화되지 않는다는 세 가지 요소를 가지는 것에서 예방원칙이 관습법이 되었다고 생각하고 있다.

9) Birnie, P. W. and Boyle, A. E., *International Law and the Environment*, 2nd ed., 2002, pp.118-121; Bodansky, D., *Proceedings of the American Society of International Law 1991*, 1991, pp.413-417 및 Handl, G., "Environmental Security and Global Change: The Challenge of International Law" in Lang, W., Neuhold, H. and Zemanek, K. (eds.), *Environmental Protection and International Law*, 1991, pp.78-79.

환경문제'는 국제사회에서 긴급한 대처가 필요함에도 불구하고 사회·경제 등의 여러 요인이 복잡하게 관련되어 있고, 과학적 불확실성을 수반하고 있기 때문에 문제 해결을 위해 국가간 신속한 합의를 형성하는 것이 어렵다.[10] 그러므로 예방원칙을 비롯한 국제환경법의 '원칙'이란, 우선 일반적인 문언에서 '원칙'을 정식화하는 것이며, 지구환경문제에 대한 대처에 관해 우선 국가간 합의의 기초를 형성하고 서서히 합의의 수준을 높여가는 역할이 기대되고 있다. 둘째, 과학적 불확실성의 존재와도 관련하여 당해 문제에서의 과학적 지식이나 사회, 경제, 기술 등의 상황이 시간과 함께 변화하고, 합의된 '규칙'의 타당성이 변화할 가능성이 있다. 그 때문에 '원칙'은 이러한 변화에 대응할 만한 일반성과 유연성을 필요로 하는 동시에 이러한 변화 가운데서도 국제사회행동의 대략적인 방향성을 보여주고 예견가능성을 높이는 역할이 기대된다.[11] 예방원칙이 '원칙'으로 등장해 온 이러한 요청에 비추어 보면 원칙이 일반적으로 유연성(달리 말하면 애매함)을 가지기 때문에 그 요청에 응하는 기능을 완수하는 것이 가능하고, 그러므로 '원칙'으로서 존재의의가 있다.[12] 따라서 예방원칙이 그 내용에 어느 정도의 일반성, 유연성을 수반하는 것은 불가피하다. 그래서 이러한 성질 때문에 예방원칙은 특정 문제나 사태에 따라 보다 구체적인 규칙을 창출하는 모체로서의 기능인 규칙생성기능을 수행할 수 있다.

나아가 국제환경법원칙 중에서도 특히 예방원칙은 과학적 불확실성 때문에 과학이 결정이나 주장의 근거를 제공하지 못하는 상황에서도 적용되어, 과학을 대신하여 혹은 과학과 결합하여 정책결정자의 결정이나 주장에 일정한 정통성을 제공하는 기능을 수행하게 된다. 이 정통성

10) Paradell-Trius, L., "Principles of International Environmental Law: an Overview," *Review of European Community and International Environmental Law*, vol.9, no.2, 2000, p.93.

11) *Ibid.*

12) 鶴田順, "'国際環境法上の原則'の分析枠組,"「社会科学研究(東京大学)」57巻 1号 (2005年).

은 일정한 과학적, 객관적 사실이 아니라, 사회적으로 허용가능하다고 생각되는 리스크의 수준을 결정하는 과정에 따라 제공되기 때문에 법의 체계나 전통, 사회상황으로부터 영향을 받을 수밖에 없기 때문에 그 기능의 발현은 문제가 되는 사안이나 원칙적용의 국면에 따라 다르며, 그 발동조건이나 적용의 귀결 등도 달라질 수밖에 없다.[13)]

그러나 다양성이 있다고 하더라도 각각의 정식(定式)에 핵심적 개념이 서로 모순되어 체계적인 이해를 할 수 없다거나, 아무렇게나 무책임하다는 의미에서의 다양성은 아니다. "충분한 과학적 증거가 없는 경우에도 불확실성을 수반하는 리스크에 대해 충분히 주의하여 대처한다"고 하는 예방원칙을 구성하는 핵심적 개념은 공유되고 있다. 애초에 다른 상황에 대한 유연한 대응을 존재의의로 하는 원칙이 일견 다의적이라는 것만을 이유로 예방원칙의 관습법성을 속단하는 것은 적절하지 않을 것이다.

따라서 예방원칙에 관한 국가실행을 살펴보면, 예방원칙의 관습법성에 관한 국가 입장이 모두 같지는 않다. EU는 EU집행위원회의 입장 표명에서도, WTO의 장에서도 예방원칙은 국제관습법상의 규칙이라는 견해를 표명해 왔다.[14)] 아일랜드는 *MOX Plant* 사건에서 예방원칙을 관

---

13) Fisher, E., "Precaution, Precaution Everywhere: Developing a 'Common Understanding' of the Precautionary Principle in the European Community," *Maastricht Journal of European and Comparative Law*, vol.9, no.1, 2002, p.21 이하. 원칙 정의의 내용의 일반성이나 예방원칙의 적용에 따라 국가에 부여될 수 있는 재량이 크다는 것은 재판규범으로 기능하는 데에는 용이하지 않을 것이다. Fisher, E., "Is the Precautionary Principle Justifiable?," *Journal of Environmental Law*, vol.13, no.3 (2001), p.315 이하 및 Feintuck, M., "Precautionary Maybe, but What's the Principle? The Precautionary Principle, the Regulation of Risk and the Public Domain," *Journal of Law and Society*, vol.32, no.3, 2005, p.385.

14) European Commission, Communication From the Commission on Precautionary Principle, COM (2000) 1, February 2, 2000, p.10; *EC—Measures Concerning Meat and Meat Products (Hormones)*, Report of Appellate Body, WT/DS26/AB/R & WT/DS48/AB/R, January 16, 1998, para.121. 캐나다는 국제법의 원칙으로 되지는 않았지만 예방적 어프로치 또는 예방이라는 개념은 생성되고 있는 법원칙

습법상의 원칙으로 주장하였다.[15] 인도 등에서는 국내법원에서 예방원칙이 국제관습법상의 원칙이라고 인정한 예도 보인다.[16] 이에 반해 미국은 자국이 동의하는 조약의 규정을 떠나서 예방원칙을 국가간 관계에서 일반적으로 적용되는 법원칙으로 인정하는 것에 반대하고 오히려 '원칙'이 아니라 '어프로치'라고 일관되게 주장해 왔다.[17] 특히 유전자변형생물 등 예방원칙이 적용되는 영역에서 미국이 차지하는 위치에 비추어 관련된 미국의 입장을 고려해 보면 잠재적 리스크에 대해 자동적으로 널리 예방원칙이 적용되는 것에 국제사회의 합의가 있었다고 보기는 어렵다. 관습법 성립요건의 한 가지인 '국가의 일반적 관행'의 요건을 충족시키는 방향으로 국가실행이 꾸준히 축적되고 있어 관습법상 원칙으로서의 결정화(結晶化) 과정에 있다고 하더라도 현시점에서는 관습법상의 지위를 획득하였다고 생각하기는 어렵다.[18] 이것은 국제사법재판소, 국제해양법재판소, WTO의 분쟁해결기구가 각각 예방원칙의 관습법성을 권위적으로 인정할 기회가 있었음에도 불구하고 판단을 회피한 소극적 자세에서도 엿볼 수 있다.[19]

에서 장래 '문명국이 인정한 법의 일반원칙'이 될지도 모른다고 하였다.

15) *MOX Plant* Case, Ireland v. United Kingdom, Request for Provisional Measures and Statements of Case of Ireland, 9 November 2001, paras.97 이하.

16) 인도에 관해, *Vellore Citizens Welfare Forum v. Union of India* (1996), 7 SC 375; *Jagannath v. Union of India* (1997), 2 SCC 87; *M. C. Mehta v. Union of India* (1997), 2 SCC 353; Anderson, M. R., "International Environmental Law in Indian Courts," *Review of European Community and International Environmental Law*, vol.7, 1998, pp.21-30.

17) 전술의 UN공해어업협정 등의 교섭 외에 기후변화협약의 교섭에서의 비슷한 입장에 관하여, Bodansky, D., "The United Nations Framework Convention on Climate Change: A Commentary," *Yale Journal of International Law*, vol.18, 1993, pp.451, 501 이하. 성장호르몬사건에서도 같은 형태의 입장을 취하였다. *EC—Measures Concerning Meat and Meat Products (Hormones)*, Report of the Appellate Body, *supra* note 14, para.122.

18) Martin-Bidou, P., "Le principe de précaution en droit international de l'environnemnetf," *R. G. D. I. P.* 1999-3 (1999), p.658 이하.

19) 「[セミナー座談会] 予防的方策と環境法」, 『ジュリスト』 no.1264, 2004年 3月

그러나 현시점에서 예방원칙의 관습법성을 인정할 수 없다고 하더라도 예방원칙의 핵심적 개념은 국제사회에서 행동규범으로 확실하게 침투하고 있다. 국제법위원회에서 작성되어 2001년 UN총회에 제출된 「위험을 내포하는 활동으로부터 발생하는 월경손해의 방지에 관한 초안」의 주석은 예방원칙이 관습법상의 원칙인가에 관해서 언급하지는 않고 리우선언 원칙 15에 의해 예방원칙은 '신중하게 행동하는 일반적 규칙(a … general rule of conduct of prudent)'이라고 하였다.[20] 관련된 예방원칙의 침투는 이미 국제법의 해석과 적용에 영향을 주고 있다고 생각된다. 남방참다랑어사건에서 국제해양법재판소는 "체약국은 남방참다랑어 자원에 발생한 중대한 손해를 미연에 방지하기 위해 실효적인 보전조치가 취해지는 것이 확보되도록 신중하게 행동하여야 한다(with prudence and caution)"고 하고, 분쟁당사국이 제시한 과학적 증거를 최종적으로 평가할 수 없다고 하면서 분쟁당사국의 권리보전과 남방참다랑어 자원이 더 악화되는 것을 방지하는 조치가 취해져야 한다는 잠정조치명령을 결정하였다.[21] 판단이 근거하는 사실에 과학적 불확실성이 존재하는 상황에서 UN해양법협약을 해석할 때 왜 재판소가 그러한 잠정조치를 명령할 수 있는가에 대한 이유는 명확하게 설명되고 있지 않지만, 예방원칙의 기본적인 사고방식을 반영한 해석을 하였다고 생각할 수 있을 것이다.[22] 이러한 입장에서 보면 예방원칙은 잠재적 리스크에

15日号, 68면. 또한 WTO 상소기구는 성장호르몬사건에 관해 국제법상의 예방원칙의 지위는 계속 논의되고 있으므로 관습법의 인정을 하는 것은 불필요하고 신중하지 못하다고 하였다. *EC—Measures Concerning Meat and Meat Products (Hormones)*, Report of the Appellate Body, *supra* note 14, para.123.

20) *ILC report* 2001, p.415.

21) *Southern Bluefin Tuna* Cases, New Zealand v. Japan; Australia v. Japan, Request for provisional measures, Order, case Nos.3 and 4, 27 August 1999, para.80.

22) Wolfrum, R., "Precautionary Principle," in Beurier, J.P, Kiss, A. and Mahmoudi, S. (eds.), *New Technologies and Law of the Marine Environment*, 1999, p.211. 예방원칙의 개념은 잠정조치명령에 본래 내재되어 있는 것이라는 견해도 있다.

대한 대처시 기존 국제법규칙의 해석과 적용에 지침을 제공하는 기능을 다하고 있다고 할 수 있다. 그 후, *MOX Plant* 사건이나 *Strait of Johor* 사건에서 국제해양법재판소는 그 판단에 예방원칙을 원용하지 않고 또한 원칙의 상세한 내용에 관하여 판단하지 않았지만, '신중한'의 의미는 리스크에 관한 정보교환, 리스크 평가 그리고 리스크 대처방법의 검토에 협력할 것을 분쟁당사국에 요구한다고 판단하고 잠정조치 근거의 하나로 하였다.[23]

(2) 입증책임의 전환

예방원칙의 적용에 따른 입증책임의 전환이란 잠재적 리스크를 발생시킨 활동을 한 자에게 환경에 대한 손해 또는 악영향이 생기지 않았다는 것을 입증할 의무를 부담시키는 것을 말한다. 이 예방원칙의 적용이 입증책임의 전환이라는 법적 효과를 수반하는가의 여부는 예방원칙을 둘러싼 최대의 쟁점 중의 하나이다. 표 1에서 소개한 *Nuclear Test* 사건이나 *MOX Plant* 사건에서도 분쟁당사국 간에 주장이 대립되었던 부분이다.

환경에 대한 손해나 악영향 방지라는 관점에서는 입증책임의 전환은 예방원칙의 본질에 합치하고, 예방원칙 적용의 효과로 입증책임의 전환이 수반되면 원칙이 원칙인 것에 가장 어울리는 형식을 취하는 것이 된다.[24] 일반적으로 권리관계의 발생 · 변동 · 소멸 등의 법적 효과를 주장하는 측이 그 요건이 충족되어 있다는 것을 증명하는 의무를 부담

근거하는 사실에 불확실성이 있는 가운데 왜 잠정조치를 명령할 수 있는가 재판소는 판단하고 있지 않다. Judge Laing, paras.16-19 and Judge Treves, para.9.

23) *MOX Plant Case*, Ireland v. United Kingdom, Request for Provisional Measures, Order, case no.10, 3 December 2001, para.84 및 *Case Concerning Land Reclamation by Singapore in and around the Straits of Johor,* Malaysia v. Singapore, Request for provisional measures, Order, case no.12, 8 October 2003, paras.92, 99.

24) Martin-Bidou, *supra* note 18, pp.631, 658.

한다. 전통적 국제법에서도 타국의 환경 또는 국가관할권을 넘어선 지역의 환경에 손해를 끼치지 않는 한, 어떤 국가의 영역 내에서의 활동은 금지되어 있지 않기 때문에 당해 활동이 손해를 발생시키고 있다고 주장하는 당사자가 그 인과관계를 증명하여야 한다. 그러므로 예방원칙의 적용이 입증책임의 전환을 가져오게 되면 전통적 국제법에 커다란 변경을 가져오는 것이 된다.

Nuclear Test 사건에서 Weeramantry판사가 그 소수의견에서 진술하고 있는 것과 같이 대개 활동을 한 자가 리스크에 관한 정보를 가지고 있어[25] 리스크에 대해 적절한 판단을 하는 것에 필요한 정보를 가장 용이하게 제시할 수 있는 입장에 있다. 한편 입증책임을 전환하는 경우 과학적 불확실성이 수반되기 때문에 제로 리스크의 증명을 요구하는 것일 수 있어 사회적 이익을 창출하는 활동에서 그 실시를 곤란하게 하고 새로운 기술개발이나 연구의 인센티브를 깎아버리는 것이 된다는 염려도 있다.[26]

그러므로 현시점에서 예방원칙이 입증책임의 전환이라는 효과를 일반적으로 가지는 것에 대한 국제사회의 합의는 없으며 국제재판판결에서도 이를 인정하지 않는다. 예방원칙을 규정하는 환경조약에도 입증책임의 전환을 규정하는 명문의 규정은 보이지 않지만 잠재적 리스크를 발생시키는 활동에 대한 조건으로 관련된 리스크가 존재하지 않는다는 것을 증명할 것을 규정하고 관련된 제도하에서 실제상 입증책임을 전환하는 방법을 취하고 있는 조약이 있다. OSPAR협약은 일정한 역치(threshold)에 이르지 않고 선험적으로 판단되는 물질이나 활동만을 기재하여 허가하는 역리스트방식을 취하고 있다(부속서 II 제3조 1항). 리스트에 게재되지 않은 물질이나 활동에 관해서는 그 물질들이 일정 수준

---

25) *Nuclear tests* Case, [1995] *ICJ Reports*, Judge Weeramantry dissenting opinion p.342.

26) McNelis, N., "EU Communication on the Precautionary Principle," *Journal of International Economic Law*, vol.2, 2000, p.545.

이하의 리스크밖에 발생시키지 않는 것에 대한 증명을 활동을 한 자나 물질을 사용하는 자에게 요구하고 있다. 이와 같은 방법은 발트해보호협약이나 런던협약의 1996년 의정서에서도 찾아볼 수 있다.

(3) 예방조치와 자유무역체제의 긴장관계

예방원칙이 국제적으로 어떻게 국가의 행동을 규율하는가라는 문제와 함께 국가가 예방원칙에 근거하여 취한 조치가 국제무역을 제한하는 효과가 있다고 하여 WTO협정상 문제가 되는 경우가 상정된다. 국가가 환경보호의 목적에서 기준이나 일정 절차를 마련하는 경우 WTO협정에 따라야 한다. 이러한 기준이나 절차가 외국상품에 국내상품보다 불리한 대우를 하는 결과가 되면 WTO협정과의 합치성이 문제된다.

과학적 불확실성을 수반하는 리스크에 관해 회원국이 예방조치를 취할 수 있는 것을 명확하게 규정하고 있는 것은 SPS협정이다. SPS협정은 유해동식물, 질환, 질환을 매개하는 생물이나 음식물 · 사료에 포함되는 첨가물 · 오염물질 · 독소 · 질환을 일으키는 생물에 의해 발생하는 위험으로부터 회원국의 영역 내에서 인간 또는 동식물의 생명 및 건강을 보호하는 것에 관련된 모든 법령, 요건, 절차 등의 조치를 대상으로 한다(부속서 A 제1조). 유전자변형작물 등의 수입규제가 이 SPS협정과 관련될 것이다.

협정은 과학적 원칙에 근거하여 위생 및 검역조치를 취하고, 충분한 과학적 증거 없이는 유지하지 않을 것을 확보하여야 한다(제2조 2항)고 한 다음, 관련된 과학적 증거가 불충분한 경우 위생식물검역조치를 취할 수 있다는 조건을 규정하고 있다(제5조 7항). 우선, SPS협정 제5조 7항에 근거하여 아래의 네 가지 요건을 모두 충족시켜야 한다. 즉, 조치는 (i) 리스크에 대한 객관적 평가(assessment)를 실시하려면 '관련된 과학적 증거가 불충분'한 상황에서 (ii) '입수가능한 적절한 정보'에 근거하여 잠정적으로 취할 수 있다. 그리고 조치를 취하는 국가는 (iii) 보다 객관적인 리스크 · 평가를 위해 필요한 추가 정보를 얻도록 노력하고 (iv)

적당한 기간 내에 재검토한다. 이러한 네 가지 조건과 아울러 잠정조치는 나아가 SPS협정이 요구하는 그 밖의 요건에 합치될 것이 요구된다. 조치가 (v) '적절한 보호의 수준을 달성하기 위해 필요 이상으로 무역 제한적이지 않을 것을 확보'하고(제5조 6항, 균형성의 원칙), (vi) 인간, 동식물의 생명 또는 건강에 대한 리스크 · 평가에 근거하여야 하며(제5조) 조치와 위험성평가 간에는 객관적 또는 합리적인 관계가 있어야 한다. 또한 (vii) 같은 조건하에 있는 회원국 간에 자의적 또는 부당한 차별을 해서는 안 된다(제2조 3항, 비차별원칙). (viii) 부속서 B에 따라 자국 조치의 변경통보와 정보제공을 하여야 한다(제7조). 사과 등에 대한 일본의 식물검역조치가 SPS협정에 위반한다고 주장하며 미국이 신청한 사건에서는 과학적 증거가 불충분한 경우에 제5조 7항에 근거하여 취해진 조치가 다투어졌다.[27]

회원국은 상기의 조건을 충족하면 자국 내에서 사람, 동식물의 건강이나 안전을 위해 국제적 기준보다도 높은 수준의 적절한 보호를 스스로 결정하여 조치할 수 있다. 그러나 예방원칙의 적용으로 SPS협정의 적용이 면제되는 것은 아니다. 이러한 조건이 불확실성을 수반하는 리스크에 대처하는 조치를 취하는 국가에게 너무 엄격한 것은 아닌가 하는 우려가 많다.[28] 지금까지 환경조약이 규정하는 환경보호조치가 WTO협정과 저촉되는 것이 문제가 된 사례는 없지만, 유전자변형생물의 수입금지조치에 대해 EU는 생물안정성의정서를 정당화의 한 가지 근거로 주장하였으나, 의정서 비체약국인 미국, 캐나다, 아르헨티나가 WTO에 제소하여 협정위반 여부에 대해 다룬 사례가 있다.[29]

---

27) *Japan-Measures Affecting Agricultural Products II*, Report of the Panel, WT/DS76/R, October 27, 1999; Report of the Appellate Body, WT/DS76/AB/R, March 19, 1999; *Japan-Measures Affecting the Importation of Apples*, Report of the Panel, WT/DS245/R, July 15, 2003; Report of the Appellate Body, WT/DS245/AB/R, November 26, 2003.

28) O'Riordan, *supra* note 8, pp.141-142.

29) *European Communities-Measures Affecting the Approval and Marketing of*

WTO협정은 주권국가가 환경보호를 위해 효과적인 조치를 취하는 것을 확인하고 있으며, 환경보호에 효과적인 조치를 취할 수 없다는 것은 WTO협정의 목적과도 합치하지 않는다. 그러나 확실한 과학적 증거를 기본전제로 구성하여, 각국 환경보호조치의 철회를 강제할 수 있을 정도로 강력한 분쟁해결제도를 가진 자유무역체제가 과학적 불확실성을 수반하는 리스크에 대한 대처로 취해지는 조치를 부당하게 저해하는 것은 아닌지 유의할 필요가 있다.

4. 결 론 – 예방의 제도화

현재 예방원칙에 관한 국제사회의 합의는 많은 환경조약에서 규정되어 몇 가지 조약에서는 예방조치가 합의되어 실시되고 있지만, 조약 규정과는 별개로 일반적으로 국가에 의무를 부과하는 원칙으로 합의된 것은 아니다. 입증책임의 전환이라는 효과를 가진다는 원칙이 승인에 이르지는 않았다. 그러나 예방원칙은 환경리스크가 불확실성을 수반하는 경우에도 손해방지의 관점에서 어떠한 행동이 취해져야 하는가, 어떠한 행동이 취해져야 할지를 신중하게 검토할 것을 국가에 요구하고 있다. 국가가 취해야 할 행동에 대한 일의적인 규칙은 없지만 최소한 이러한 환경리스크에 대한 보다 높은 수준의 국가 주의의무가 요구되게 되었다고 할 수 있다.

이러한 불확실성을 수반하는 리스크에 대처하는 국제사회의 일반적 행동원칙으로서의 예방원칙을 위한 내용의 명확화, 정치화(精緻化)를 통해 앞으로 국가들 간에 합의형성을 해나가는 것이 필요하다. 한편, 문제에 따른 리스크나 불확실성의 태양, 국제사회가 허용할 수 있는 리스크의 수준도 상이하기 때문에 개별 문제마다 잠재적 리스크에 대처하는 구조, 국가의 행동규범을 구축하는 예방(원칙)의 '제도화(institutionalization)'를

Biotech Products, Report of the Panel, WT/DS291//R, WT/DS292/R and WT/DS293/R, 29 September 2006.

진행해 나가는 것이 효과적일 것이다.

예방원칙하에서 대처하려는 잠재적 리스크는 우리에게 악영향을 미칠 우려가 있는 동시에 계속되어 미래세대에 가서 현실화될 수 있는 리스크이기도 하다. 한편 리스크를 관리하기 위해 우리는 그 비용을 부담하는 것이 된다. 그러한 관점에서 예방원칙은 우리 현재세대와 미래세대와의 사이에서 리스크 배분과 그에 수반되는 비용의 배분을 구별하는 것이기도 하다. 불확실성을 수반하는 리스크의 관리라는 과제는 과학적 증거가 충분하지는 않지만 손해를 발생시킬 우려가 있는 리스크를 우리사회가 단기적 · 장기적으로 어느 정도 감수하고 어떠한 조치에 따라 대응할 것인가를 결정할 것을 요청한다. 그러므로 리스크가 현실화되어 손해를 입을 우려가 있는 시민이나, 리스크 관리조치의 비용을 부담하는 시민이 그 리스크의 내용과 정도에 대해 충분히 알게 된 뒤, 그의 의견이 충분히 반영될 수 있는 의사결정 구조가 국제적으로 구축되는 것이 필요하다. 다만, 현재 국제사회의 구조에서는 국제적 의사결정과정에 대한 시민의 의견은 국가를 매개로 반영된다. 그러한 의미에서 불확실성을 수반하는 환경리스크에 대한 대처라는 과제에 직면하여 국내 의사결정과정의 거버넌스(governance) 향상이 절실히 요구되고 있다.

| 참고문헌 |

堀口健夫, "国際環境法における予防原則の起源-北海(北東大西洋)汚染の国際規制の検討",「国際関係論研究」15号 (2000年).

岩間徹, "国際法上の予防原則について",「ジュリスト」1264号 (2004年).

高村ゆかり, "国際環境法におけるリスクと予防原則"「思想」no.963, (2004.7).

高村ゆかり, "国際環境法における予防原則の動態と機能"「国際法外交雑誌」104巻 3号(2005年).

児矢野マリ, "環境リスク問題への国際的対応", 長谷部恭男 編,「リスク学入門3法律からみたリスク」(岩波書店, 2007年).

H. Hohmann, *Precautionary Legal Duties and Principles of Modern International Environmental Law, The Precautionary Principle: International Environmental Law Between Exploitation and Protection*, 1994.

J. Cameron, "The Precautionary Principle in International Law" in O'Riordan *et al.* (eds.), *Reinterpreting the Precautionary Principle*, 2001.

A. Trouwborst, *Evolution and Status of the Precautionary Principle in International Law*, 2002.

S. Marr, *The Precautionary Principle in the Law of the Sea: Modern Decision Making in International Law*, 2003.

제9장

환경분쟁의 해결 및 조약의 이행에 관한 문제

제1절 환경분쟁과 국제재판

1. 서 론 - 국제재판소와 환경문제

오늘날 세계에서는 환경문제가 자주 국제적 마찰을 일으켜 국제분쟁의 원인이 되고 있다. 다른 국제분쟁과 마찬가지로 환경문제에 관계된 국제분쟁도 평화적인 해결수단에 의하여 해결되어야 한다. UN헌장은 국제분쟁의 평화적인 해결의무를 규정하고, 다양한 평화적 해결수단 중 어떤 수단을 선택할 것인가에 대하여는 원칙적으로 분쟁당사국의 자유에 맡기고 있다(제33조). 분쟁의 평화적 해결수단의 일종으로서의 '국제재판'은 전통적으로는 "국가간의 국제분쟁을 원칙적으로 국제법에 입각하여 각 당사자를 법적으로 구속하는 결정에 의해 해결하는 절차"라고 정의내릴 수 있고, 중재과 사법재판이 여기에 속한다.[1)]

무엇보다 오늘날의 '국제재판'은 광의로는 '국가간'의 분쟁을 대상으로 하는 재판뿐만 아니라 개인이나 사기업이 재판의 일방 당사자가 되는 경우도 포함하게 되었다. 국제인권조약상의 권리를 침해당한 피해

1) 小和田恒, 「国際裁判」, 国際法学会 編, 『国際関契法辞典』(第2版)(三省堂, 2005年), 281-282면.

자 개인이 직접 제소할 수 있는 국제인권재판소(유럽인권재판소, 미주인권재판소 등)나 중대한 국제범죄를 일으킨 개인을 직접 재판하는 국제형사재판소(구 유고슬라비아 국제형사재판소: ICTY, 국제형사재판소: ICC) 등에서도 자주 환경상 쟁점에 관하여 국제법에 준거한 판단이 내려질 수 있다. 예를 들면 유럽인권재판소는 주거지 인근에 건축된 폐기물처리시설에 의한 심한 환경오염은 비록 주민의 건강에 대하여 중대한 손해를 야기하지 않았더라도 유럽인권협약 제8조의 '사생활 및 가족생활이 존중받아야 할 권리'를 침해하는 경우가 있다고 판시하였다.[2)] 또한, 국제형사재판소 규정에는 '전쟁범죄' 행위의 한 형태로 "자연환경에 대하여 광범위하고 장기간의 중대한 피해를 야기한다는 것을 인식하고서도 의도적인 공격을 개시하는 것"을 들고 있다[제8조 2항 (b)(ⅳ)].[3)] 이는 표현상으로도 무력전쟁에서의 자연환경의 보호를 위한 규칙(제네바조약 제1추가의정서 제35조 3항, 제55조)을 근거로 한 것으로, 그 해석 · 적용은 국제환경법과도 관련성을 갖는다.

그러나 본 장에서는 국가 간의 환경분쟁에 한정하여 논하고자 한다. 국가간의 환경분쟁을 해결하는 국제재판소로는 국제사법재판소를 비롯하여 다양한 재판소들이 있다. 특히 UN해양법협약의 해석 · 적용을 둘러싼 분쟁에 관하여는 동 조약상 임의적 절차로 해결할 수 없는 경우에는 원칙적으로 국제재판에 해당하는 강제적 절차로 이행하는 구조가 마련되어 있어 동 조약에 따라 관할이 인정된 국제재판소가 해양환경에 관한 분쟁을 해결하는 경우가 있다. 또한 세계무역기구(WTO)에서는 WTO협정의 해석 · 적용을 둘러싼 분쟁에 관하여 「분쟁해결에 관한 규칙 및 절차에 관한 양해」하에 패널 또는 항소기구를 통한 고유의 분쟁해결절차를 갖추고 있는 것 외에, 이와는 별도로 고유의 분쟁해결절

---

2) Malgosia A. Fitzmaurice, "International Protection of the Environment," *Recueil des Cours,* vol.293, 2001, p.319.

3) Alexandre Kiss and Dinah Shelton, *International Environmental Law*, 3rd ed., Transnational Publishers, 2004, p.364.

차의 대체적인 수단으로서 중재제도(동 양해 제25조)[4]를 마련하고 있다. 패널 등을 통한 일련의 분쟁해결절차가 순수한 재판절차라고 말할 수 있는가 또는 조정절차와 유사한 것인가에 관하여는 견해가 나뉘고 있으나,[5] 환경상의 이유로 이행된 무역제한조치를 둘러싼 국제분쟁이 이러한 준재판적인 절차에 의하여 해결되어 왔다(이에 관한 상세한 내용은 제3부 제11장 참조).

국제재판의 역할은 분쟁당사국을 법적으로 구속하는 판결에 의하여 개개의 구체적인 국제환경분쟁을 법적, 평화적으로 해결하는 것에 그치지 않고, 객관적이고 유권적인 법의 해석 · 적용을 통하여 국제환경법의 내용을 설명하고, 국제환경법의 발전에 공헌한다. 따라서 본 장에서는 우선 국가 간의 환경분쟁에 관련된 대표적인 국제중재와 국제사법재판 사례를 살펴보고자 한다. 다음으로 환경분쟁의 특성에 기초하여 국제재판에서 해결하는 경우 절차상 또는 제도상의 기본적 문제에 관하여 고찰하고, 오늘날의 국제법 일반을 관통하여 현대적 과제가 된 재판의 다양화와 경합에 관한 문제점도 다룬다.

2. 주요 국제환경분쟁 사례

(1) 국제중재재판의 주요선례

월경대기오염에 의한 환경손해와 관련하여 캐나다의 국제책임을 인정한 *Trail Smelter* 사건 중재판정(미국-캐나다, 중간판결 1938년, 최종판결 1941년)[6]은 '국제환경손해의 주요 사례'[7]이다. 본 중재판결이 내세운 '영역사용의 관리책임'의 원칙은 그 후 1972년 인간환경선언이나 1992

4) 岩沢雄司, 「WTOの紛争処理」(三省堂, 1995년), 50-54면; 小寺彰, 「WTO体制の法構造」(東京大学出版会, 2000년), 58면.

5) 小寺彰, 同上, 54-59면.

6) U.N.R.I.A.A., vol.3, p.1911ff and p.1938ff.

7) 「国際法判例百選」(有斐閣, 2001년), 66-67면, (臼杵知史 執筆).

년 리우선언에서도 반복적으로 확인되고, '환경손해를 방지해야 할 국가의 일반적 의무'로서 확대 · 강화되어 오늘날 실정 국제환경법상의 기본원칙으로 정착되었다[8](제7장 참조). 또한 국제하천의 물이용계획을 둘러싼 분쟁을 해결한 *Lake Lanoux* 사건 중재판정(프랑스-스페인, 1957년)[9]은 국제수로의 물이용에 있어서의 사전통보 · 협의의 의의를 명확하게 함과 동시에 이러한 절차적 의무를 통한 하천연안국에 의한 공유수자원의 '형평한 이용의 원칙'의 발전에 길을 열었다.[10] 동 판정의 입장은 *Trail Smelter* 사건 판정과 함께, 1997년 국제수로의 비항행적 이용법에 관한 협약 또는 국제법위원회의 2001년 월경손해방지조약초안이 정하는 주요한 원칙의 기초를 형성하고 있어, 이들 두 중재판정은 국제환경법의 2대 핵심 사례라고 할 수 있다.

그런데 중재재판의 촉진과 원활한 이행을 목적으로 재판관 명부를 항상 준비해 두고 있는 상설중재판정부(PCA)는 제1차 세계대전 이후 사건의 부탁건수가 현저히 감소하였으나[11] 최근 다시 이용 빈도가 높아지고 있다. MOX 공장의 조업허가를 둘러싸고 아일랜드가 영국을 제소한 두 개의 중재판정, 즉 북동대서양 해양환경보호를 위한 조약(OSPAR협약)의 분쟁해결조항에 기초한 중재재판과 UN해양법협약(제287조, 부속서 Ⅶ)에 따라 설치된 중재판정에서는 상설중재판정부가 편의를 제공하였다. 전자의 최종판정에서는 이용가능한 정보의 제공과 영국의 조약의 무위반의 확인을 구하는 원고국의 주장은 부인되었고,[12] 후자의 중재재판은 원고국에 의해 신청이 철회되어, 사건명부에서 삭제되었다.[13]

---

8) 兼原敦子, "環境保護における国家の権利と責任," 国際法学会 編, 「日本と国際法の100年 第6巻(開発と環境)」(三省堂, 2001年), 32면.

9) U.N.R.I.A.A., vol.12, p.281ff.

10) 児矢野マリ, 「国際環境法における事前協議制度」(有信堂, 2006년), 207, 234면; 전게주(7), 152-153면(石橋可奈美 執筆).

11) 杉原高嶺, 「国際司法裁判制度」(有斐閣, 1996년), 14-19면.

12) *Dispute Concerning Access to Information under Article 9 of the OSPAR Convention*, Final Award, 2 July 2003, 〈http://www.pca-cpa.org/upload/files/OSPAR%20Award.pdf〉.

(2) 국제사법재판소의 주요판례

Nauru Phosphate 사건에서 Nauru는 신탁통치시대에 추진되었던 인광석의 개발에 의해 사용불가능하게 되었던 토지의 회복을 위한 금전배상을 청구하기 위하여, 주요 시정국(施政國)이었던 호주를 상대로 제소하였다. 관할권 및 수리가능성을 기본적으로 인정하는 선결적 판결(1992년)[14] 이후 양국의 합의에 의하여 소가 취하되었으나, 호주는 실질적인 손해배상금을 지불하였다고 한다.[15]

슬로바키아와 헝가리가 합의에 의해 제소한 *Gabčíkovo - Nagymaros Project* 사건은 국제사법재판소에서 다루어진 최초의 본격적인 환경분쟁으로 주목받았다. 그러나 판결(1997년)은 조약법 및 국가책임법의 해석 · 적용에 초점을 맞추었고, 환경법상의 문제에 대한 상세한 논의는 전개하지 않았다.[16] 이에 따라 국제환경법의 발전에 있어서는 현저히 획기적인 판결을 내렸다고는 말하기 어려운 점이 있으나, 한편으로는 일부 국제환경법상의 원칙을 분명히 하는 데에 크게 공헌하였다는 평가도 있다.[17] 적어도 일반론의 전개에 있어서 자연환경에 대한 관심은 국가의 본질적 이익을 이루는 것을 승인하거나,[18] 환경법의 새로운 발전이 국가의 행위규범으로서 고려되어야 한다는 등 환경손해를 방지할 필요성을 강조하고 있고,[19] 또 체코슬로바키아가 '잠정적인 해결책'으로 시행하고 있는 대항조치에 관해서는, 국제하천의 물이용에 관한 원칙에 비추어 다뉴브강의 천연자원에 대하여 헝가리가 가지고 있는 '형평하고

---

13) *MOX Plant* Case (Ireland v. United Kingdom), Order no.6, Termination of Proceedings, 6 June 2008. 〈http://www.pca-cpa.org/upload/files/MOX%20Plant%20no%206.pdf〉.

14) *ICJ Reports* 1992, p.240ff.

15) Kiss and Shelton, *supra* note 3, p.335.

16) 전게주(7), 141면 (村瀬信也 執筆) ;『判例国際法(第2版)』(東信堂, 2006년), 422면 (坂元茂樹 執筆).

17) Fitzmaurice, *supra* note 2, p.378.

18) *ICJ Reports* 1997, p.41, para.53.

19) *ICJ Reports* 1997, p.78, para.140.

합리적인 분배'의 권리를 침해하는 것으로 합법이 아니라고 판시하고 있다.[20)]

프랑스가 남태평양에서 실시한 대기권 내 핵실험의 위법성을 다룬 재판에서는 핵실험에 뒤따르는 방사선물질의 누적에 의해 원고국(호주, 뉴질랜드)에 회복 불가능한 손해를 끼칠 가능성이 있다고 하여 실험의 중지를 지시하는 잠정조치가 내려졌으나(1973년),[21)] 본안에 관한 판결(1974년)은 앞으로는 실험을 중지하겠다는 프랑스의 일방적 선언에 법적 구속력을 인정하여, 소송목적의 소멸을 이유로 소송은 중단되었다.[22)] 판결로부터 약 30년 후 프랑스가 이번에는 지하핵실험의 개시를 표명한 것에 대하여, 뉴질랜드는 1974년 판결이 그 전제로 하였던 기초가 붕괴되었다고 하여 재판의 재개를 요청함과 동시에, 실험정지의 잠정조치를 지시하도록 요구하였다. 뉴질랜드는 그 중에서도 특히 1974년 판결 이후의 환경법의 발전을 근거로 하여, 국제관습법상 핵실험에 의한 해양환경에의 핵물질도입이 특별히 엄격하게 금지되어야 한다는 점과 예방원칙에 근거하여 사전환경영양평가가 실시되어야 할 것을 주장하였다. 그러나 재판소는 1974년 판결은 지하핵실험을 대상으로 한 것은 아니라고 하여 당해 판결의 기초가 영향을 받았다고 하는 주장을 인정하지 않고 소를 받아들이지 아니하였다.[23)]

그리고 현재 국제사법재판소에 계속 중인 환경문제에 관한 사건으로는 펄프공장사건(아르헨티나-우루과이)이 있다. 우루과이가 국경하천인 우루과이강 유역에서 공장건설을 허가한 것에 대하여, 아르헨티나가 수질에 영향을 주는 사업에 관하여 사전 통보 · 협의를 정한 양국간의 조약을 위반하였다고 주장하여, 사업의 중지와 손해배상금의 지불을 청구한 사건이다.[24)] 또한 재판의 판결은 아니지만 국제사법재판소가 UN

---

20) *ICJ Reports* 1997, pp.56-57, paras.85-87.

21) *ICJ Reports* 1973, p.99ff., p.135ff.

22) *ICJ Reports* 1974, p.253ff, p.457ff; 전게주(7), 224-225면(黒沢満 집필).

23) *ICJ Reports* 1995, p.288ff; Fitzmaurice, *supra* note 2, pp.374-375.

총회로부터의 의견요청에 응하여 판단을 내렸던 '핵무기의 감축 또는 사용의 합법성'에 관한 권고적 의견에서, 재판소는 환경보호에 관한 현행국제법의 원칙이나 규칙을 확인하면서 자위권행사의 적법성이나 무력분쟁법의 이행에 있어서 적절히 고려되어야 할 중요한 요소라고 지적하고 있다.[25)]

3. 환경분쟁의 특징과 국제재판제도

환경분쟁은 다른 국제분쟁과 비교하여 다음과 같은 특징 또는 경향이 있다. 과학적 지식이 불충분 또는 불확실한 사실이나 위험이 문제가 된다는 점, 관계국뿐만 아니라 많은 여러 국가가 일치 협력하여 대처해야 할 필요성이 높다는 점, 이익형량이나 부담의 분배 등으로 곤란한 사회적 선택의 문제를 포함하는 점, 발생한 손해에 대하여 사후구제보다는 방지 또는 위험의 제거가 중요하고, 분쟁이 때때로 예방적 행동이 취해진 것을 둘러싸고 발생하는 점 등이다.[26)] 환경분쟁의 이러한 특징 또는 경향에 비추어, 기존의 국제재판절차에 의한 분쟁해결이 완벽한 것은 아니고, 이하와 같은 한계 또는 과제가 존재한다. 또한 환경조약제도의 다양화에 동반하는 그들 상호간의 경합 · 충돌이나, 환경분야와 환경이외의 국제법 분야와의 규범적이고 제도적인 충돌도 문제가 되고 있다.

---

24) 국제재판소는 2010년 4월경 우루과이가 강과 관련된 사안을 아르헨티나와 미리 의논해야 한다는 법을 준수하지는 않았지만 공장이 강 주변의 주민들에게 심각한 문제를 일으키지 않으므로 공장의 위치를 옮기거나 없애야 할 필요는 없다고 판결 내렸다. 양국의 외무부 장관은 2010. 11. 14. 8시간의 회의 끝에 우루과이 강에 대한 환경감시와 통제에 대한 합의에 도달하였다. 자세한 내용은 http://www.icj-cij.org/docket/files/135/15877/pdf 참조.

25) *ICJ Reports* 1996, p.226ff.

26) Richard B. Bilder, "The Settlement of Disputes in the Field of the International Law of the Environment," *Recueil des Cours,* tome 144 (1975-I), pp.154-155; Fitzmaurice, *supra* note 2, p.336.

(1) 재판에서의 양국간 모델과 환경 분쟁

1) 소송참가제도와 국제사회 전체에 부담하는 의무

국제재판에서의 분쟁해결절차는 기본적으로 대립하는 양국간 상호 분쟁을 해결하는 구조로 되어 있다. 국내법상의 민사재판에 유사한 절차에서는 특정의 타국에 대하여 부담하는 의무의 위반 및 그로 인하여 발생한 손해의 보전이 다투어지는 구조로 되어 있다. 국제환경법의 대표적 사례인 *Trail Smelter* 사건이나 *Lake Lanoux* 사건, 나아가서는 *Gabčíkovo - Nagymaros Project* 사건 등은 기본적으로 상린관계에 있는 양국간에 한정되는 권리·의무관계의 문제로 해결하는 것이 가능하였다. 그러나 어떤 행위 또는 사태에 의하여 환경피해가 광범위하고 다수의 여러 나라가 영향을 받게 되는 경우가 있으며, 그것이 현대적 환경분쟁의 특징이기도 하다. 예를 들어, 1986년 체르노빌 원자력사고에서는 적어도 20개국 이상이 피해를 입었다고 하는데, 어느 국가도 정식으로 국제재판소에 제소하지는 않았다. 그 이유는 재판관할권의 성립에 국가의 동의를 필요로 한다는 점이나 적용법규의 불명료성, 손해액의 특정 및 인과관계 입증이 어렵다는 점과 아울러, 양국간 모델에 입각한 재판절차는 다수의 국가가 손해를 입은 분쟁을 해결하는 것에는 적당하지 않다는 지적을 받고 있다.[27)]

한편, 전술한 1995년의 프랑스의 지하 핵실험에 대한 뉴질랜드의 제소에 관하여는 호주 및 남태평양의 4개국이 소송참가 신청을 하였으나 배척되었다. 호주의 주장에 의하면 이 사건은 프랑스와 호주 양국간의 분쟁이지만, 이 판결은 필연적으로 모든 국가의 권리에 대하여 판단을 내리는 것이므로 국제사회의 모든 국가의 법적 이익이 재판소규정 제62조의 '재판에 의해 영향을 받고', 따라서 소송참가를 요청할 수 있다고 한다. 다시 말하면 '국제사회 전체에 대하여 지는 의무'(obligations

---

27) Phoebe N. Okowa, "Environmental Dispute Settlement: Some Reflections on Recent Developments," in Malcolm D. Evans (ed.), *Remedies in International Law: The Institutional Dilemma*, Hart Publishing: Oxford, 1998, pp.166-167.

erga omnes)의 위반이 문제되고 있으므로 모든 국가가 참가의 권리를 가진다고 하였다.[28] 그러나 재판소규정 제62조를 근거로 한 소송참가는 재판소가 그 재량에 의하여 법적 이해관계국의 참가를 허가한 경우에 그 의견을 고려하는 정도에 머물러 있고, 소송참가국이 자국의 권리에 관하여 직접적으로 청구를 제기하여 그 판단을 구하는 것은 가능하지 않으며, 참가국에는 판결의 구속력이 미치지 않는다고 해석되고 있다.[29] 더욱이 규정 제63조에서 정한 조약당사국의 소송참가는 어디까지나 조약해석의 문제에 한하여 관여하는 권리를 인정하는 것이다.

이와 같이 현행의 소송참가제도는 이해관계국이 다수인 분쟁에 관하여 한정적인 역할을 하는 것에 그치고, 국제재판에 있어서 양국간 구조(양국간 모델)는 기본적으로 유지되고 있다고 할 수 있다. 1970년 *Barcelona Traction* 사건에서 국제사법재판소는 '국제사회 전체에 대하여 지는 의무'의 위반에 대하여 모든 국가가 법적 이익을 가진다고 하였다.[30] 더욱이 동 판결에 따라 2001년 국제법위원회의 국가책임초안은 집단적 이익을 확보하기 위하여 설정된 의무 또는 국제사회 전체에 대한 의무 위반에 대하여, 해당 위법행위의 중지와 재발방지의 보증 및 피해국 등의 이익을 위한 사후구제의무의 이행을 구하는 일에 한정되어 있기는 하지만, 피해국 이외의 국가에 의한 책임의 추궁을 인정하는 규정을 마련하고 있다(제48조). 그러나 개별 환경보호조약에 당해 조약상 분쟁에 대하여 특별히 재판절차를 설정한 경우는 별도로 하고, 이러한 제도가 국제관습법상 일반적으로 충분히 확립되어 있는 것은 아니다.

2) 지구환경보호조약에 있어서의 재판절차

국제 사회전체가 관련된 환경문제는 재판절차보다도 오히려, 다수의 국가가 참가하는 국제기구나 이와 유사한 다자간 조약상의 국제제도

28) *Ibid.*, p.165.
29) 杉原, 전게주(11), 302-323면; '소송참가'에 대해서는 전게주(1), 「国際関係法辞典」, 565-566면.
30) *ICJ Reports* 1970, p.32.

에 의한 분쟁의 방지 · 해결에 위임되는 것이 바람직하다.[31] 지구환경의 보호 · 보전을 목적으로 하는 보편적 조약도 포함하여, 최근의 다자간 환경보호조약에서는 각각의 조약에 고유의 분쟁해결조항을 마련하고 있는 경우가 많고,[32] 중재재판이나 국제사법재판소에 의한 해결가능성에 대하여 규정하는 것도 드물지 않다.

예를 들면, 오존층보호협약에서는 동 협약의 해석 · 적용을 둘러싼 체약국간의 분쟁에 관하여, 교섭에 의한 해결에 이르지 못한 경우에 주선 또는 중개에 의하여 해결하도록 하고, 해결되지 못한 분쟁에 관하여, 동 협약에 따라 설치된 중재 또는 국제사법재판소에의 부탁을 체약국이 수락할 수 있는 제도를 마련하고 있고(제11조 3항), 분쟁 당사국이 동일한 절차를 수락하지 않는 경우에는 원칙적으로 조정에 의하여 해결한다(동조 4, 5항). 분쟁해결의 과정은 반드시 단선적이지는 않고, 해결수단에 관하여 선택의 여지가 확보되어 있으며,[33] 또한 지정된 재판절차가 행하여지기 위해서는 이에 대한 분쟁당사국의 동의가 존재하여야 한다(동의원칙). 이와 매우 유사한 분쟁해결조항은 기후변화협약(제14조 2항)이나 생물다양성협약(제27조), Espoo협약(제15조) 등에서도 나타나고, 지구환경보호와 관계있는 협약에서는 오히려 일반적인 것으로 여겨진다.

그러나 재판을 포함한 이러한 분쟁해결절차는 실제로는 거의 이용되지 않고 있다.[34] 환경문제는 일반적으로 분쟁의 발생 자체를 방지 · 회피하는 일이 중요하지만, 오늘날 환경조약에서는 당사국총회 또는 과학기술위원회를 통한 의사결정 및 분쟁 '관리'의 국제 제도화가 진행되

---

31) Christine Gray, *Judicial Remedies in International Law*, Clarendon Press, 1987, pp.216-217.

32) Cesare P. R. Romano, "International Dispute Settlement," in Daniel Bodansky, Jutta Brunnée and Ellen Hey (eds.), *The Oxford Handbook of International Environmental Law*, Oxford University Press, 2007, pp.1039-1040.

33) *Ibid.*, p.1040.

34) *Ibid.*, p.1041.

고 있고, 조약상의 의무에 위반하는 사태가 발생한 경우에 대해서도 의무의 준수를 촉진하기 위한 일련의 '비준수절차'제도(이에 관하여는 제14장 참조)가 발달되어 있다. 이는 국제재판을 통한 위법행위책임의 추궁이나 손해보전 · 제재라는 해결방법이 전 지구적 규모의 환경문제의 해결과 법질서의 유지에 있어서 반드시 중심적인 역할을 다하고 있지 못하다는 것을 근거로 한 제도적 발전이라고 평가할 수 있다.[35]

(2) 환경분쟁의 전문성과 국제재판

1) 환경전문가 관여의 필요성

지난 2001년, 상설중재재판소는 UNCITRAL 중재규칙에 의거한 '천연자원 및 환경에 관한 분쟁의 중재를 위한 선택적 규칙'을 채택하였다. 이 규칙은 환경분쟁의 해결에 적절한 일련의 절차규칙으로서 현재 이용할 수 있는 가장 포괄적인 것이다. 환경분야에도 능통한 전문가들을 중재재판관 명부에 게재하는 외에 증인으로 지명될 수 있는 과학 · 기술전문가의 명부도 구비하여, 분쟁당사자가 그 명부로부터 또는 그 이외로부터 중재인 등을 임의로 선택할 수 있도록 하고 있다.[36]

환경영향평가가 자연과학적 지식을 근거로 하여 행하여질 수 있다는 점이 명백한 것과 같이 환경분쟁의 해결에 있어서는 과학적 · 기술적인 전문지식이 깊이 있게 관련된다. 다른 분야와 비교하여 원인행위의 특정, 인과관계의 성부, 손해액의 산정 등 사실관계에 있어서 고려되어야 할 요인의 전문성이 강하여, 법의 해석 · 적용의 전문가인 재판관이

---

35) John H. Knox, "A New Approach to Compliance with International Environmental Law: The Submissions Procedure of the NAFTA Environmental Commission," *Ecology Law Quarterly*, vol.28, 2001, pp.5-7; T. Komori, "Diversification of Implementation Processes and Changing Concepts of Effectiveness," in T. Komori and K. Wellens (eds.), *Public Interest Rules of International Law: Towards Effective Implementation*, Ashgate, 2009, p.56.

36) PCA, Optional Rules for Arbitration of Disputes Relations to Natural Resources and/or the Environment, 〈http://www.pca-cpa.org/upload/files/ENVIRONMENTAL.pdf〉; Kiss and Shelton, *supra* note 3, p.334.

언제나 이것에 정통하다고는 할 수 없다. 따라서 과학 · 기술 또는 환경문제의 전문가가 재판에 협력 · 관여하는 일은 일반적으로 바람직하고, 여러 국가가 유연하게 이용할 수 있는 형태로서 상설중재재판소가 상기의 선택적 규칙을 채택한 것은 그러한 노력의 하나로 평가할 수 있다.

2) 국제사법재판소 환경문제 재판부의 설치

국제사법재판소에서도 재판소규정상, 재판소에 출석하는 전문적인 보좌인에 관하여 재판소 규칙으로 정할 수 있고(제30조 2항), 필요한 경우에는 그 재량에 의하여 조사 또는 감정을 외부의 전문가에게 위탁할 수 있다(제50조). 그러나 국제사법재판소는 최근의 환경법 및 환경보호의 발전에 비추어 어떠한 환경문제에도 충분히 대응할 수 있도록 재판소규정 제26조 1항에 기초하여 특정부류의 재판부로서, 7명으로 구성된 '환경문제를 위한 재판부'(환경재판부)를 1993년 설치하였다. 환경문제에 관하여 관심이 고조되었음을 나타내는 중요한 일보이지만, 그러나 여러 국가는 현재까지 이 재판부를 이용하지 않고 있다.[37] *Gabčíkovo - Nagymaros Project* 사건에서 환경법뿐만 아니라 조약법이나 국가책임법, 그 외에 국제법이 해석 적용의 대상이 된 것이 명백한 것처럼, 환경분쟁이라고 하여도 일반적으로 재판에서는 환경법상의 쟁점만이 분리되어 처리될 수는 없고, 여러 가지 분야의 국제법이 관련성을 가질 수 있다고 한다면 환경재판부에 의한 해결이 최적이라고는 할 수도 없다. 또한 이후에 적극적으로 활용할 수 있는 가능성도 높지는 않을 것이다. 일반적으로 환경전문 국제재판소를 창설하고자 하는 제안에 관하여는 반대론이 꾸준히 제기되고 있으며,[38] 결코 널리 지지받지 못하는 것은 그러한 이유 때문이다.

37) Fitzmaurice, *supra* note 2, pp.364-365.

38) Okowa, *supra* note 27, pp.169-171; P. W. Birnie and A. E. Boyle, *International Law and the Environment*, 2nd ed., Oxford University Press, 2002, pp.224-226.

(3) 환경분쟁과 국제재판의 다양화 · 경합

지금까지, 여러 환경조약제도가 발달하여, 각각의 조약제도에 있어서 대상으로 하는 환경분쟁을 방지, 회피, 해결하기 위하여 고유의 절차를 정하고 있는 경우가 적지 않다. 한편으로는 본 장의 앞부분에서 지적한 것과 같이, 환경 이외의 분야에서의 사법적 · 준사법적 제도 중에서 환경법상의 쟁점이 다루어지는 경우도 있다. 그 결과, 환경분쟁이 제도화되어 분쟁해결절차에서 해결될 수 있는 기회와 가능성이 높아지는 한편, 다른 한편으로는 다른 법제도, 다른 분쟁해결수단 상호간의 경합 · 충돌의 문제가 발생하게 되었다.[39] 이는 '국제법의 파편화' 문제의 현저한 예로서, 국제법학이 현재 직면하고 있는 중요한 과제의 하나이다.[40] 이 장의 마지막에 이 문제를 다루고자 한다.

1) 분쟁해결조항 상호간의 부조화

각 조약 제도가 구비하고 있는 분쟁해결시스템의 충돌 · 경합이 문제가 된다. 호주와 뉴질랜드가 일본을 상대로 하여 UN해양법협약상의 중재재판을 청구한 남방참다랑어 사건에서는 UN해양법협약상의 분쟁해결시스템이 강제적인 분쟁해결절차를 구비하고 있는 데 비하여, 남방참다랑어보존협약의 분쟁해결조항은 분쟁당사국이 합의한 경우를 제외하고는 강제적인 재판절차를 마련하고 있지 않아서 어느 절차가 적용되어야만 하는가에 관한 복잡한 문제를 야기하였다. 동시에 해양생물자원의 보존과 관련하여 두 조약에 있어서 분쟁해결조항 상호간의 부조화 상황하에서는, 원고 측은 강제적인 분쟁해결절차를 선택하였고, 그 재판관할권의 존재 여부가 다투어졌다. UN해양법협약에 따라 설치된 중재판정부는 결국 스스로의 재판관할권을 부정하였으나, 단지 이에 앞서

---

39) Romano, *supra* note 32, p.1045.

40) "Conclusions of the Work of the Study Group on the Fragmentation of International Law: Difficulties Arising from the Diversification and Expansion of Internation Law," *ILC Report* 2006, pp.407-423, para.251. 국제재판의 다양화에 관하여는 山形英郎, 「国際裁判所の多様化」, 『国際法外交雑誌』 104巻 4号 (2006年), 37-62면.

잠정조치의 요청을 심리한 국제해양법재판소는 중재판정부의 '일응의' 재판관할권의 존재 개연성을 전제로 하여 잠정조치를 명하였다(이 명령은 판결에 의하여 파기되었다).[41]

2) 동일한 분쟁에 대한 재판의 경합

동일한 분쟁이 복수의 재판소에 계속되어, 재판소의 관할이 경합하는 사태가 발생할 수 있다. 앞서 언급한 *MOX Plant* 사건에서 아일랜드는 2001년 본질적으로 동일한 분쟁에 대하여, OSPAR협약에 기초한 중재재판을 청구하는 한편, 별도로 UN해양법협약에 기초한 중재판정에도 사건을 부탁하였고 동시에 국제해양법재판소에 잠정조치를 청구하였다. 게다가 이와 관련하여, EC집행위원회가 아일랜드를 상대로 하여 EC재판소에 제소하는 사태로 발전하였다. 위원회는 아일랜드가 EC 법질서 밖의 재판소에 분쟁을 제소함으로써 EC법의 해석 · 적용에 관한 유럽재판소의 배타적 관할권을 침해하였다는 이유로 제소하였다. 이렇게 해서 다루어진 법적 쟁점은 조금씩 미묘하게 다르다고 하더라도, 동일한 분쟁이 두 개의 다른 조약상의 절차에 부탁되어, 유럽재판소를 제외하더라도 3개의 재판소에 의하여 해결되게 되었다.[42]

3) 법제도 상호간의 경합

동일한 분쟁이 복수의 사법기관의 관할에 복종하는 것뿐만 아니라, 각각의 사법기관이 서로 어느 정도 고유의 자기완결적인 제도에 기초하고 있으므로, 상이한 국제법의 원칙 · 규칙들이 적용되어, 그 결과로서 판단내용의 기본적인 사고방식의 차이가 발생할 가능성도 예상할 수 있다. WTO 분쟁해결절차에서는 미국의 황다랑어의 수입제한조치를 둘러싼 분쟁을 필두로 환경보호 목적의 수입제한 · 금지조치가 정당화될 수 있는지 다투어져 왔으나,[43] 더욱이 이와 유사한 동일한 분쟁이 별도의

41) 동 사건에 관해서는 特集 "みなみまぐろ 仲裁裁判事件", 「国際法外交雑誌」 100巻 3号.

42) Romano, *supra* note 32, pp.1047-1050.

43) 미국에 의한 황다랑어수입제한조치 및 새우 · 새우제품 수입금지조치를 둘러싼

사법기관에도 부탁된 경우가 있다. 칠레 앞 바다의 공해상의 스페인 어선의 황새치어획에 대한 칠레의 규제에 대하여, EC가 해당 규제는 '1947년 GATT'에 위반된다고 하여 WTO분쟁해결절차에 부탁하였다. 이에 반해 칠레는 어업자원의 보존에 관한 UN해양법협약상의 분쟁이므로 동 협약상의 분쟁해결절차에 제소하여, 양 당사자의 합의에 의해 국제해양법재판소의 특별재판부에도 사건을 부탁하였다.[44] 이는 복수의 재판절차의 경합이라는 문제를 넘어서, 해양환경의 보호에 관한 법제도와 자유무역체제를 기본으로 하는 국제경제법제도가 각각 전문적으로 분화·발달하고 고유의 분쟁해결제도까지도 구비하고 있는 것에 기인하는 문제로, 서로 다른 고유의 제도가 병존하여 경합하는 현대적 문제로 나타난다.

사건에 관하여 松下満雄 외 編,「ケースブシク・ガット・WTO法」(有斐閣, 2000年), 231-235면(平覚 執筆), 236-239면(雄清水章 執筆) 同 외 編,「ケースブシク・WTO法」(有斐閣, 2009年) 134-136면 (川島士雄富 執筆), 178면 (小寺彰 執筆).

44) Romano, *supra* note 32, p.1051. 이 사건은 양자의 합의에 의해 소송절차가 여러 번에 걸쳐 연기되고 있다. ITLOS/Press 129(11 December 2008).

| 참고문헌 |

P. W. Birnie and A. E. Boyle, *International Law and the Environment*, 2nd ed., Oxford University Press, 2002, pp.220-233.

Phoebe N. Okowa, "Environmental Dispute Settlement: Some Reflections on Recent Developments," in Malcolm D. Evans (ed.), *Remedies in International Law: The Institutional Dilemma*, Hart Publishing: Oxford, 1998, pp.157-172.

Lakshman D. Guruswamy, *International Environmental Law in a Nutshell*, 2nd ed., Thomson/West, 2003, pp.65-93.

Cesare P. R. Romano, "International Dispute Settlement," in Daniel Bodansky, Jutta Brunnée and Ellen Hey (eds.), *The Oxford Handbook of International Environmental Law*, Oxford University Press, 2007, pp.1036-1056.

A. Neil Craik, "Recalcitrant Reality and Chosen Ideals: The Public Function of Dispute Settlement in International Environmental Law," *Georgetown International Environmental Law Review*, vol.10, 1998, pp.551-580.

Alexandre Kiss and Dinah Shelton, *International Environmental Law*, 3rd ed., Transnational Publishers, 2004, pp.333-346.

Malgosia A. Fitzmaurice, "Environmental Protection and the International Court of Justice," in Vaughan Lowe and Malgosia Fitzmaurice (eds.), *Fifty Years of the International Court of Justice (Essays in honour of Sir Robert Jennings)*, Cambridge University Press, 1996, pp.293-315.

Malgosia A. Fitzmaurice, "International Protection of the Environment," *Recueil des Cours* tome 293, 2001, pp.9-488.

제2절 환경조약의 이행확보

1. 서 론

지구환경보호조약의 의무는 체약국에 의하여 성실하게 이행되어야 한다. 체약국은 국내의 입법조치 또는 행정조치를 통하여, 사인이나 사기업에 조약의무를 이행하도록 의무를 부과한다. 1985년 오존층보호협약에서는 체약국은 오존층을 변화시키는 자국의 인간 활동을 규제하기 위하여, 이용가능한 수단이나 능력에 상응하고 자국이 적절하게 생각하는 입법 및 행정상의 조치를 취하여야 한다(제2조 1항). 1992년의 기후변화협약은 모든 체약국에 대하여 특정 온실가스의 인위적인 방출 및 흡수원에 의한 제거에 관하여 자국의 목록을 작성하여 공표하도록 의무를 부과하였다(제4조 1항). 1992년 생물다양성에 관한 협약에서는 체약국은 가능한 한 생물다양성의 보전과 지속가능한 이용에 대한 고려를 자국과 관련이 있는 계획이나 정책(의사결정)에 반영하여, 다양성에 대한 악영향을 피하고, 최소화하기 위하여 관련조치를 취하여야 한다[제6조 (b), 제10조].[1] 이와 같이 환경조약의 의무내용은 다양하지만, 그들의 이행은 어떻게 확보될 수 있을까.

2. 국가보고제도

환경조약이행의 국내조치는 일반적으로 관련 조약기구에 보고되

---

1) 이와 같은 국내 수준에서의 의무이행확보 방법은 지구환경보호조약에 고유한 것은 아니다. 예를 들면, 국제인권조약이 체약국에 이른바 '결과의 의무'(특정 결과의 달성을 요구하는 의무)를 과하는 경우에, 그 체약국에 요구되어진 의무이행확보의 통상적이고 일반적인 방법이다. 1966년의 사회권에 관한 국제인권규약(A규약) 제2조 1항의 체약국의 의무를 참조.

고, 심의 · 검토되면서 국제적 수준이 문제가 된다. 체약국이 조약의무를 이행하기 위하여 취한 조치를 조약기구에 보고하고, 그것을 조약기구가 심의 · 검토하는 제도를 국가보고제도라고 한다. 국제인권조약의 국가보고제도를 모델로 하여 다자간 환경조약에서 일반적으로 채택된 것이다.[2] 그러한 의미에서 특별히 새로운 제도는 아니지만, 모든 체약국이 참가하는 당사국총회에서 조약이행을 위하여 취한 국내조치를 심사 · 검토하고, 그것을 공표하는 것은 국제여론의 압력에 의해 조약의무의 이행을 관계국에 촉구하는 계기가 된다.

오존층보호협약에서는 체약국은 협약의 이행을 위해 취한 조치에 관하여 정보를 당사국총회에 송부하여야 하고, 총회는 그것을 받아서 이행상황을 심사 · 검토하여, 필요한 경우에는 적절한 조치를 권고한다(제5조, 제6조). 1987년의 오존층 파괴에 관한 몬트리올의정서(이하, 오존층의정서)에서는 규제물질의 생산량이나 통계자료를 제출하는 것은 체약국의 의무이고, 당사국총회는 이를 통하여 의정서의 이행상황을 심사 · 검토하여 적절한 조치를 취할 권한을 갖는다[제7조, 제11조 4항, 제12조 (c)]. 기후변화협약에서는 협약이행을 위하여 취한 조치에 관하여 상세한 정보가 정기적으로 당사국총회에 제출되어, 당사국총회는 조약의 이행상황을 검토하고, 효과적인 이행조치를 촉진하기 위한 결정을 내리는 것이 가능하다[제4조 2항 (b), 제7조 1, 2항]. 생물다양성협약에서도 동일한 국가보고제도를 채택하고 있다. 당사국총회는 협약의 이행상황을 검토하고, 협약 목적의 실현에 필요한 다양한 조치, 즉 과학적 · 기술적 조언, 다른 협약 기관과의 협력, 보조기관의 설치, 새로운 의정서의 작성 · 채택 등의 조치를 취할 수 있다(제26조, 제23조 4항).[3]

---

2) 국제인권규약(A규약) 제16조 이하의 이행조치를 참조.

3) 조약기구에 대한 국가보고제도는 반드시 조약기구에 의한 심사 · 검토, 더 나아가 권고에 결부되지 않는 경우도 있다. 예를 들면, 조약의 이행조치에 관하여 보고가 전 체약국과 조약기구에 송부되는 경우에도, 이것이 전체 회의에서 심사되어 공표될 뿐인 제도도 있다(1991년 남극환경보호에 관한 남극조약의정서 제17조).

3. 오존층보호의정서의 비준수절차

이와 같은 국가보고제도를 진전시킨 것은 비준수에 관한 조약절차이다. 조약의무가 이행되지 않는 때에는 조약기구가 그 비준수를 심사・인정하고, 정형화된 조치를 권고하는 제도이다.

이는 종래의 체약국 상호간의 감시제도를 발전시킨 것이다. 예를 들면 1989년의 바젤협약에서는 "다른 당사자가 이 협약에 따른 의무를 위반하는 행위를 하고 있거나 하였다고 믿을 만한 이유를 가진 당사자는 그러한 사실을 사무국에 통보할 수 있으며, 이러한 경우 그 당사자는 동시에 즉각적으로 직접 또는 사무국을 통하여 의혹의 대상이 되는 당사자에게 통보한다"고 규정한다(제19조). 남극환경보호의정서에는 체약국이 지명하는 개별 또는 집단적인 감시원에 의한 조사제도가 있다. 위반의 의심이 있는 체약국에는 조사보고서에 대하여 의견을 진술할 기회가 주어지고, 그 보고서는 남극조약협의당사국회의에서 검토된 후 공표된다(제14조).

오존층보호의정서의 비준수절차(Non-Compliance Procedure: NCP)는 의정서 위반의 인정 및 위반국의 취급에 대하여 특수한 것이다(개요도 참조).[4)]

(1) 절차발동의 세 가지 주체

1) 체약국의 신청(국가신청형)

체약국은 다른 체약국의 의정서상의 이행에 관하여 '의심'을 가진 경우에는 사무국에 관련정보를 첨부하여 신청서를 제출하는 것이 가능하다(절차 제1항). 사무국은 신청서를 피신청국과 이행위원회에 송부할 수 있다.

4) 臼杵知史, "地球環境保護条約における履行確保の制度—オゾン層保護議定書の'不遵守手続'を中心として,"「世界法年報」19号 (2000年), 72-97면.

2) 비준수국의 자기신청(자기신고형)

체약국이 의정서의 의무를 완전히 준수하지 못하는 경우 자국이 그 비준수의 원인이라고 생각하는 특별한 상황을 설명하는 제안을 문서로 사무국에 제출할 수 있다. 사무국은 그 제안을 이행위원회에 전달하며 이행위원회는 신속하게 그것을 검토한다(제4항).

3) 사무국에 의한 정보요구와 통보(기관통보형)

사무국은 그 보고를 준비하는 과정에서 체약국에 의한 비준수를 알게 되면 그 관계국에게 필요한 정보를 제출하도록 요구할 수 있다. 만약 일정한 기간 내에 관계국으로부터 회답이 없는 경우, 또는 사무국에 의하여 문제가 해결되지 않는 경우, 사무국은 당사국총회보고에서 이를 언급하고 이행위원회에 문제를 통보한다(제3항).

(2) 조약기구에 의한 해결

이행위원회는 상기의 3가지 경우에 의정서를 존중하는 것을 기초로 하여 문제의 우호적인 해결을 도모할 목적으로 사무국이 제출한 신청서나 관련정보를 검토하고(제7, 8항), 당사국총회에 적절한 권고를 포함한 보고서를 제출하여야 한다(제9항). 필요한 경우, 당사국의 요청에 의하여 당사국 영역 내에서의 정보수집도 가능하다[조사, 제7항 (e)]. 또한 이행위원회는 권고작성을 위한 재정 메커니즘(다자간 기금)의 집행위원회와 정보교환을 한다[제7항 (f)]. 이행위원회는 10개 체약국으로 구성된다.

당사국총회는 위 보고를 받고 의정서의 완전한 이행을 유도하기 위한 조치를 결정하여 요청할 수 있다(제9항). 이행위원회는 어디까지나 당사국총회에의 보고와 권고를 임무로 하고, 최종적 결정권은 당사국총회에 있다. 당사국총회의 정식 임무는 국가보고제도에 기초한 이행상황의 일반적 검토, 규제물질의 추가 · 제거에 관한 결정, 목적달성을 위한 추가활동을 검토 · 실행하는 일이다[의정서 제11조 4항 (i)]. 당사국총회는 그 권한에 의해 비준수 사안을 처리할 수 있다. 관계당사국은 이행위원회의 검토에 참가할 수 있으나, 문제에 관한 이행위원회의 권고 작성·채택에는 참가할 수 없다(제10, 11항).

(3) 조약기구에 의한 해결조치

당사국총회가 비준수 사안에서 취할 수 있는 조치에는 (i) 적절한 원조, (ii) 경고조치, (iii) 권리와 특권의 정지가 있다.

원조에는 데이터의 수집과 보고를 위한 원조, 기술원조, 기술이전과 재정원조, 정보의 전달과 훈련이 포함된다. 경고는 권리정지에 선행하는 위반방지 조치, 또는 경미한 위반을 시정하는 조치 등을 생각할 수 있다. 조약법상의 규칙에 따른 권리·특권의 정지에는 산업의 합리화·생산과 소비·무역·재정 메커니즘 등에 관한 정지가 포함된다. 이행위원회는 당사국총회에 대하여 위와 같은 조치를 권고할 수 있다.

여기서 주목할 점은 준수촉진형의 조치(경고, 원조)와 동시에 제재조치(권리 등의 정지)가 병기되어 있다는 것이다. 위반의 상황에 따라 당사국총회는 제재조치(권리의 정지)가 아니라 준수를 재촉하는 조치를 취할 수 있다.[5] 개도국이나 시장경제이행국이 성실하게 준수할 의도가 있다고 해도 재정적 또는 기술적인 이유로 의정서를 준수하지 않는 경우, 다른 체약국이 그 준수를 지원하는 것에는 합리적 이유가 있다. 지구환경손해의 방지를 위하여 무엇보다도 중요한 일은 환경리스크를 예방하기 위한 국제협력이다. 이 협력을 통하여 과학적 증거가 다소 불충분하여도 일응의 예방조치를 강구하고 더욱이 과학적 지식의 진전에 상응하는 규제조치를 계속적이고 신속하게 채택하는 것이 가능하다. 그러므로 위반국에 대한 제재(조약으로부터의 탈퇴를 포함한다)가 아니라, 위반시정

---

5) 1998년 당사국총회에서 구 소련연방을 구성한 8개국에 의한 규제물질감축에 관한 비준수가 문제되었다. 이 국가들은 자국이 제시한 삭감 스케줄을 준수할 것을 약속하였다. 이를 받아들여 당사국총회는 감축이행이 가능하도록 하는 국제지원조치의 계속을 권고하고, 그 스케줄(2000~2002년까지의 삭감의무의 지체)이 준수되지 않는 경우에는 엄격한 대응조치를 취할 수도 있다라고 경고하였다. 臼杵, 전게주(4), 85-86면 참조.

을 위한 원조가 한층 중요하다. 오히려 여러 가지 비준수의 경우에는 준수촉진형의 조치(경고, 원조)가 취해지는 것에 한정되지 않는다. 예를 들면, 경고를 일관되게 무시하는 것과 같은 악질적인 비준수의 경우 위반국에 대하여 권리·특권의 정지조치가 취해진다.

(4) 비준수에 해당하는 사태

어떠한 상황이나 사태가 '비준수'에 해당하는가에 관하여는 구체적인 목록은 존재하지 않지만 다음과 같은 사태를 생각해 볼 수 있다. 오존층 파괴물질의 규제조치에 대한 위반(의정서 제2조), 무역제한조치의 위반(제4조), 규제물질에 관한 자료제공의무의 위반(제7조) 등이다.[6]

4. 교토의정서의 준수절차

기후변화협약의 교토의정서에도 준수절차가 도입되었다(제18조). 이러한 절차는 부속서 B에 기재된 선진국과 시장경제이행국이 온실가스배출감축의무(제3조) 등을 준수하고 있는가를 감시·시정하는 제도이다.[7] 한편 오존층보호의정서의 절차와 달리, 비준수가 문제가 되는 개개의 의무에 의하여, 조약기구(준수위원회)의 대응조치가 사전에 특정되어 있으므로, 이하에서는 조약기구의 구성, 절차발동의 주체 및 동위원회에 의한 의무준수확보의 두 가지 방법에 관하여 개관한다.

(1) 조약기구의 구성 및 준수절차 발동의 주체

준수절차는 개인자격으로 선출된 각 10명의 위원으로 이루어진 촉

6) 기술이전 의무(제10조 A)의 불이행을 포함할 수 있는가에 관하여는 의무의 존부를 둘러싸고 의견의 대립이 있다. 臼杵, 전게주(4), 80면.

7) 2001년 기후변화협약 제7차 당사국총회에 의해 채택되었고, 2005년에 교토의정서의 준수절차는 발효되었다. 이 절차에 관하여 臼杵知史, "京都議定書の遵守手続ー遵守確保の方法を中心に,"「同志社法学」59巻 4号 (2007년), 1-16면.

진부(facilitative branch) 및 강제부(enforcement branch)로부터 구성된 준수위원회(Compliance Committee)에 의하여 이행된다. 각부의 위원은 UN의 다섯 지역그룹으로부터 각 1명, 도서국연합으로부터 1명, 부속서 I의 체약국으로부터 2명, 비부속서 I 체약국으로부터 2명이 선출된다.

준수절차의 발동경로는 전문가검토팀의 보고서에 나타나 있는 바와 같이 사무국을 통하여 의무준수위원회에 부탁된 경우, 준수가 문제된 체약국이 스스로 이행문제를 동 위원회에 부탁하는 경우(자기신고), 다른 어느 체약국이 이행문제를 준수위원회에 위임하는 경우의 3가지가 있다. 이들 신청은 촉진부 및 강제부에 사전에 배당된 업무사항에 따라 해당부에서 심사한다.

(2) 평화적 준수확보 방법

기후변화체재의 준수확보를 위한 평화적 방법으로서, 다음의 4가지를 생각해 볼 수 있다. 그 중의 하나가 상기 촉진부에 의한 준수의 지원이다.[8)]

(a) 선진국에 의한 감축의무의 공동이행(3가지 유연성 메커니즘)[9)]

(b) 재정 및 기술 원조[10)]

(c) 보고 및 심사[11)]

(d) 촉진부에 의한 준수의 원조

준수위원회의 촉진부는 의정서의 이행시 체약국에 '조언 및 편의'를 제공하는 기관이다. 촉진부가 취급하는 문제는 사전에 특정되어 있다. 즉 '강제부의 임무의 범위 외에 있는 이행에 관한 문제'로서, 개도국에 관하여 악영향을 최소한으로 하는 선진체약국의 이행문제(의정서 제3조

---

8) 臼杵, 전게주(7), 2-6면.

9) 기후변화협약 제4조 2항 (a)~(e)가 인정한 감축의무의 공동이행 및 이를 발전시킨 의정서에 의한 공동이행(제4조), 배출삭감단위의 거래(제6조). 청정개발제도(제12조) 및 배출권 거래(제17조)이다.

10) 의정서 제10조, 제11조, 제12조 8항.

11) 의정서 제7조, 제8조.

14항), 교토메커니즘의 이용에 관한 정보제공의 문제(준수절차 제Ⅳ절 4, 5항)이다. 이들 문제에 관하여 촉진부가 결정할 수 있는 것은 조언, 재정 기술상의 원조 촉진, 관계국에 대한 권고이다(제XIV절). 이러한 비강제적인 대응은 오존층보호의정서의 경우와 달리 촉진부라고 하는 비정치기관의 전권사항이다.

(3) 강제적 준수확보 방법

교토의정서의 준수를 집행하는 것은 준수위원회의 강제부이다. 그 결정사항[준수절차 제Ⅴ절 제4항 (a)~(c)]은 전문가검토팀과 관계당사국과의 사이에서 의견이 다른 경우의 연도별 목록에 관한 의견조정[의정서 제7조 1항, 제5조 2항, 준수절차 제Ⅴ절 제5항 (a)] 외에,

(a) 부속서 I 국가의 수량화된 감축의무

(b) 배출량 추계에 대한 국내제도의 설계와 배출에 관한 정보제공 의무

(c) 교토메커니즘의 적격성 요건에 관한 심사가 있다.

이 중에 (a)의 의무위반에 관하여는 초과 배출량의 1.3배가 제2약속기간의 할당량에서 삭감된다(30% penalty). 그리고 준수행동계획의 작성, 이행에 관한 진척상황보고서의 제출과 배출권거래의 정지가 명하여질 수 있다[준수절차 제XV절 제5항 (a)]. (a)의 결정에 대하여 적정절차(due procedure)가 지켜지지 않았다고 확신하는 체약국은 당사국총회에 상소(appeal)할 수 있다. 당사국총회는 그 상소를 검토하여 강제부의 결정을 각하하고, 상소사항을 되돌려 보내는 것이 가능하다(동 제XI절 제1~3항).

(b)의 의무위반에 관하여는 위반원인 분석, 준수를 위한 이행조치 등을 포함하는 계획서 및 이행의 진척상황보고서의 제출이 요구된다(동 제XV절 제1~3항). (c)의 요건을 위반하는 경우에는 교토메커니즘을 이용할 수 없게 된다(동 제XV절 제4항).

오존층보호의정서에서의 절차와 마찬가지로, 모든 비준수에 준수

촉진형 조치(조언, 원조)가 취해지는 것은 아니고 선진체약국의 중요한 의무(온실가스 억제 · 감축) 위반에 대하여는 법집행형의 제재조치가 부과된다.

또한 강제부에 의한 위반의 인정(제3조 1항의 위반에 한정)이 적정절차에 위반하는 경우에는 관계체약국은 당사국총회에 상소하는 것이 가능하다. 이에 대해 당사국총회가 위반을 인정하는 경우에는(3/4의 다수결) 그 사안은 강제부로 되돌려 보낸다.

오존층보호의정서와 달리 교토의정서는 수치에 기초한 삭감의무의 이행에 관하여 시장경제 메커니즘을 이용하는 유연한 구조를 갖고 있다. 감축의무의 위반 · 불이행에 대한 절차는 오존층보호의정서의 비준수절차와 유사하지만, 그 제도는 한층 더 복잡하다.

5. 준수절차의 의의

준수문제에 관한 유연한 대응은 무엇을 의미하는 것일까? 비준수절차는 다음의 2가지 점에서 의의를 갖는다.

첫째, 지구환경손해를 방지하는 의무는 (준)보편적인 성질을 가지는 것으로 제재적인 조치 자체에만 의존하여서는 그 목적을 유효하게 달성할 수 없다. 그러한 엄격한 대응은 지구환경리스크에 대처하기 위한 국제협력을 해칠 우려가 있다. 결국 모든 국가의 참여가 바람직한 지구환경보호조약에서는 중대한 조약위반을 이유로 조약을 종료 또는 운용정지를 하는 것은 바람직하지 않다. 더욱이 조약의 위반 · 불이행을 이유로 바로 위반국을 조약제도로부터 추방하는 것은 대책이 될 수 없다.

둘째, 의정서의 비준수에 의해 직접적으로 피해를 입은 체약국을 찾아내는 일은 어렵다. 따라서 특정의 체약국이 그 비준수(위반)를 현행의 국제재판제도에서 시정하게 하는 일은 원고적격의 문제로 인해 불가능하다. 그러므로 비준수가 문제가 되는 (준)보편적 의미의 위반에 대해서는 준수를 강제하는 엄격한 법집행보다도 오히려 조약기구내에서 준수를 자발적으로 촉진시키는, 즉 이행의 확보를 우선시키는 접근법이 채택되었다고 할 것이다. 다시 말해, 체약국 상호간의 감시제도를 설치하여 비준수가 있다면 체약국 전체가 그에 대하여 토의하고, 원조 중심의 대응조치를 권고하는 것으로 비준수국에 그 준수를 촉구하는 방법이다.[12)]

12) 나아가, 상기의 두 가지 준수절차에 공통적인 문제로 조약법 및 국제재판 등의 전통적 분쟁해결절차에 관하여 논의가 있지만, 여기에서는 지면관계상 생략한다. 臼杵, 전게주(7) 11-12면 ; 高村ゆかり・亀山庚子 編 ,「京都議定書の国際裁判」(信山社, 2004년) 221-22면 ; 西村智朗 ,"地球環境条約における遵守手続の方向性 ー気候変動条約制度ち素材として,"「国際法外交雑誌」101호 2권 (2002년), 101-124면; 柴田明穂, "環境条約不遵守節次の帰結と条約法,"「国際法外交雑誌」107권 3호 (2008년), 1-21면.

〈오존층 보호의정서 비준수절차 개요도〉

(오존층파괴물질에 관한 몬트리올 의정서의 부속서 Ⅳ: 1992년 결정, 1998년 개정)

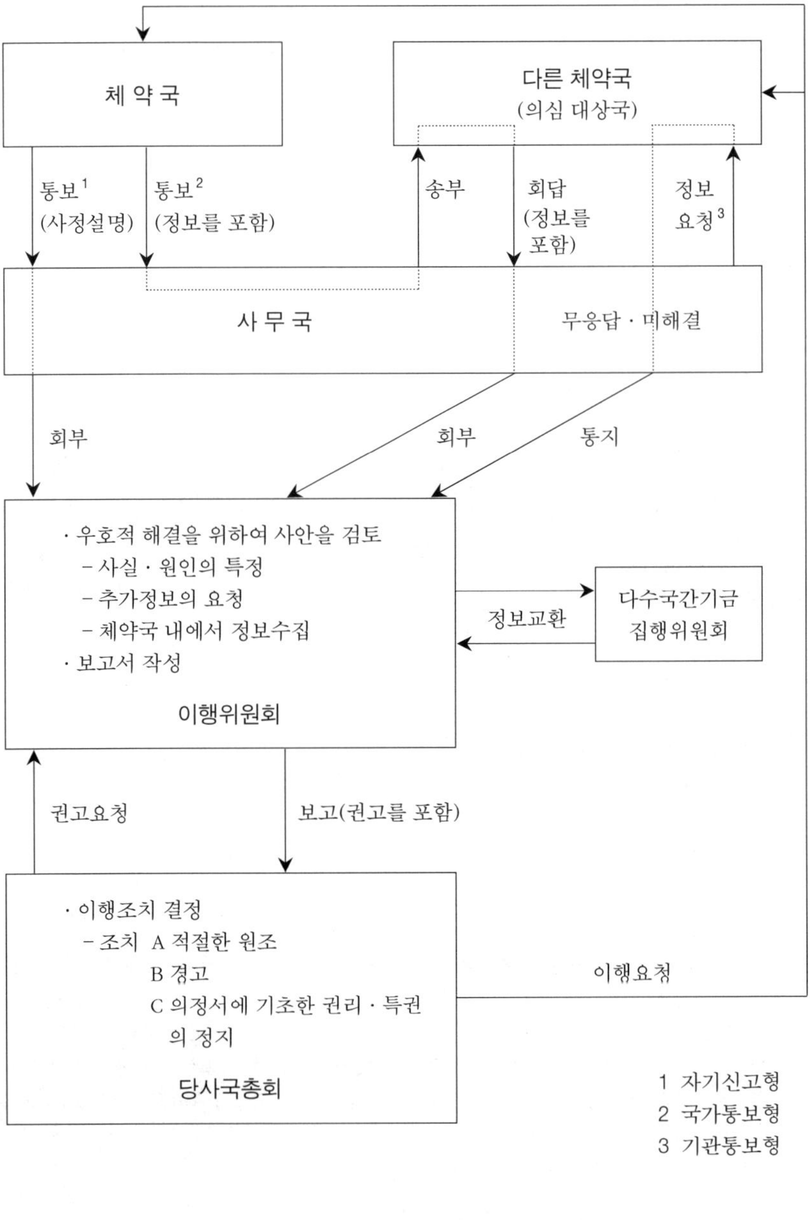

제 3 부

환경과 경제

제10장

다국적 기업에 대한 국가의 관리

1. 다국적 기업과 환경문제

(1) 다국적 기업의 특징

1) 다국적 기업의 개념

기업의 국제적인 사업전개와 함께 등장한 이른바 다국적 기업의 문제들이 오래 전부터 주목을 받아왔다. 복수국가에 사업활동의 거점을 두고 세계시장을 목표로 하는 이윤을 추구하는 다국적 기업은 진출한 수입국(주로 개도국)의 경제발전을 촉진하는 효용을 인정받고 있는 한편, 여러 가지 폐해를 가져온다는 지적을 받아 왔다. 예를 들어, 조세회피지(tax haven)를 이용하여 이전가격을 조작하여 조세를 회피하거나, 그 거대한 영향력을 행사하여 수입국의 경제정책을 좌우하거나, 내정에 간섭하는 등의 문제이다.[1] 다국적 기업(Multinational Enterprises, MNEs)이라는 용어가 일반적으로 사용되기 시작한 것은 기업들이 경제적으로나 정치적으로 거대한 영향력을 행사하게 된 1960년대 이후이다. 세계기업, 지구기업, 국경을 초월한 기업과 같은 용어가 사용되기도 하며, 현재 UN에서는 '초국적 기업'(Transnational Corporations, TNCs)이라는 표

1) 曾野和明, 「多国籍企業問題入門」(青林書院, 1978年), 3-12면; 龍田節, "多国籍企業", 芦部信喜외 編, 「岩波講座基本法学7—企業」(岩波書店, 1983年), 365-373면.

현이 정착되고 있지만, 이 장에서는 일본어로 확립되어 있는 다국적 기업이라는 표현을 사용한다.[2)]

다국적 기업의 개념이 어떻게 정의되고 있는지에 대해서는, 다양한 형태로 이루어지는 국제적인 기업활동을 어떠한 관점에서 접근하느냐에 따라 자연히 달라질 수 있다. 지금도 여전히 다국적 기업에 대한 통일적인 또는 보편적인 정의가 있는 것은 아니며, 정의 그 자체가 하나의 커다란 문제이기도 하다.[3)] 이 장에서는 엄밀한 정의는 접어두고, UN의 다국적 기업위원회가 작성한 다국적 기업행동강령에서는 다음과 같이 정의하고 있으므로 이를 참고하고자 한다. 즉 다국적 기업이란, "법형식이나 활동분야를 불문하고, 복수국가에 존재하는 구성체(entities)로 이루어진 기업체로서, 의사결정중추에 의한 일관된 정책 및 공통의 전략을 가능하게 하는 의사결정시스템으로 운영되며, 구성체는 소유 등에 의해 밀접하게 결속되어 있기 때문에, 구성체가 다른 구성체의 활동에 대하여 중요한 영향력을 행사할 수 있으며 특히 지식, 자산 및 책임을 다른 구성체와 공유할 수 있는 것"[4)]을 말한다.

2) 다국적 기업의 일체성과 '회사의 베일'

상기의 정의에서도 엿볼 수 있듯이 다국적 기업은 그 특징을 단순화하자면 의사결정중추(모회사)의 통일적 · 집권적인 의사에 따라 국경을 초월하여 소재하는 거점(자회사 등)을 통하여 국제적인 사업활동을 전개하는 기업체라고 할 수 있을 것이다. 무역에 의한 사업전개를 넘어 국외에 사업 그 자체의 거점을 가지게 된 기업형태이기도 하며, 통상 거

---

2) 다국적 기업을 나타내는 용어에 대해서는 宮崎繁樹, "多国籍企業の法構造," 宮崎繁樹 編, 「多国籍企業の法的研究(入江啓四郎先生追悼)」(成文堂, 1980年), 3-5, 14-18면 참조.

3) 福全博 編, 「多国籍企業の行動指針」(時事通信社, 1976年), 8-10면.

4) Reproduced in: S. Murase, "Perspectives from International Economic Law on Transnational Environmental Issues," *Recueil des Cours*, tome 253, 1995, pp.373-374; T. Scovazzi, "Industrial Accidents and the Veil of Transnational Corporations," in F. Francioni & T. Scovazzi (eds.), *International Responsibility for Environmental Harm*, Graham & Trotman, 1991, p.396.

대한 규모로 지극히 경영효율이 높은 조직이라고 할 수 있다. 경영학적 · 경제학적 관점에서 보면 다국적 기업에서는 모회사와 그 해외거점인 자회사 간에 밀접한 관계와 통일적인 의사가 존재하여 그 일체성이 인정된다.[5)]

한편, 법률적으로 자회사는 통상 그 활동하는 국가의 국내법에 근거하여 모회사와는 별개의 독립된 법인격을 갖는 기업으로 설립된다. 즉 다국적 기업의 각 구성체 상호간에는 회사법인격독립의 원칙에 따라 '회사의 베일(corporate veil)'이 존재하기 때문에, 모회사는 원칙적으로 자회사에 관한 책임을 지지 않는다. 그러므로 모회사와의 실질적인 일체성을 전제로 하는 법률구성이나 법적 규제를 하는 것은 용이하지 않다. 자회사의 활동에 대해서 모회사의 책임이 인정되기 위해서는 이 베일을 벗기는 것, 즉 법인격의 부인(lifting or piercing the corporate veil)이 필요하다.[6)] 오늘날 국제환경문제의 하나로서 다국적 기업에 의한 환경손해가 주목받고 있는데, 그러한 문제에도 이러한 다국적 기업의 특유한 문제가 포함된다.

(2) 다국적 기업에 기인하는 환경문제

1) 환경손해와 사후구제

다국적 기업의 활동과 관련된 국제환경문제로서 지금까지 주목되어 온 것은 기업의 해외진출과 함께 이루어지고 있는 이른바 '공해수출'의 문제이다. 즉 선진국들의 국내환경규제의 강화와 함께 선진국의 기업이 환경규제가 보다 느슨한 개발도상국에 공해발생형 부문을 이전하여 현지에 공해를 발생시키는 사태이다. 예를 들어 진출국 현지에서 비참한 환경사고를 발생시키기도 한다. 후술하는 바와 같이, 가령 1984년에 인도 보팔(Bhopal)의 화학공장에서 발생한 가스폭발사고(보팔 사고)

5) S. Murase, *supra* note 4, p.374; 小寺彰, "多国籍企業の行動指針," 総合研究開発機構 編, 「多国籍企業の法と政策」(三省堂, 1986年), 292-294면.

6) Scovazzi, *supra* note 4, p.396.

는 몇만 명에 이르는 수많은 사상자를 낸 비참한 결과가 발생한 사건으로 유명한데, 사고를 발생시킨 인도법인 유니온 카바이트 인디아사(UCI)는 미국법인 유니온 카바이트사(UCC)가 그 주식의 과반수를 보유한 자회사였다. 또한 1976년에 이탈리아의 세베소(Seveso)에서 발생한 가스폭발사고(세베소 사고)로, 넓은 지역이 다이옥신으로 오염되는 사건이 발생하였는데, 이 사고를 일으킨 것도 역시 전형적인 다국적 기업으로 스위스 법인이 직·간접적으로 소유한 이탈리아 법인이었다. 일본에서도 특히 동남아시아 각지에 진출해 있는 일본계 기업의 현지 자회사가 이러한 '공해수출'로 비난을 받는 예가 있다. 예를 들어 요카이치시(四日市) 공해소송의 중심적인 기업의 하나인 미츠비시카세이(三菱化成)의 출자로 말레이시아에 설립된 현지합병회사 ARE(Asian Rare Earth)사가 그 조업시에 주변 주민들에게 방사능피해를 입혔다는 것 등이 문제되었다.7)

원래부터 다국적 기업에 기인한 환경손해의 발생은 이러한 좁은 의미에서의 공해수출에 그치지 않는다. 다국적 기업이 고도의 환경리스크를 내포한 채로 세계를 무대로 하여 사업활동을 전개하는 이상, 단순히 직접적 진출국(투자수입국 현지)에 그치지 않고 여러 장소에서 환경손해를 일으킬 가능성이 있다. 예를 들어, 1978년에 라이베리아 선적의 편의치적선인 대형 유조선 아모코카디스호(Amococardis)가 프랑스 영해 내에서 좌초하여 대규모 유류오염을 발생시킨 사건(아모코카디스호 유류오염 사건)에서는 동 선박의 명목상 소유자인 회사(ATC)는 물론 실제로 운항을 담당하고 있었던 회사(AIOC) 모두 미국의 거대기업 스탠다드 오일사가 100% 출자한 자회사였다. 이렇듯 현실적으로 발생하는 환경손해 중에는 실제로 다국적 기업의 활동에 의한 것이 적지 않다.

실제로 발생한 이러한 구체적인 환경손해에 대해서는 사후구제로서의 배상책임이 문제된다. 국제적으로는 우선 자회사가 일으킨 환경손

---

7) 小島延夫, "公害輸出―その実態と問題点,"「法学セミナー」 422号 (1990年), 48-51면.

해에 대해서, 다국적 기업의 실질적인 일체성에 기초하여 충분한 배상능력을 가지는 모회사에 민사배상책임을 추궁할 수 있을 것인가가 문제된다. 국경을 넘어 모회사에 민사책임을 추궁하기 위해서는 회사법인격의 독립성을 시작으로 극복해야 할 여러 가지 법적 장애가 존재하지만, 중요한 각국의 국내법원에서의 선례는 피해자 구제에 유리하게 법리를 발전시켜가고 있다. 나아가 모회사 국적국의 국가로서의 관리책임에 기초한 사후구제의무를 인정할 수 있을 것인가가 문제될 수 있다. 전통적인 영토주권원칙이나 국가책임법리에 관한 국제법에 비추어 보면, 국가책임성립의 충분한 근거를 도출해 내는 것은 매우 어려운 일이지만, 이를 긍정적으로 파악하기 위한 소재가 되도록 하는 국제법의 발전도 엿볼 수 있다.

2) 환경리스크와 그 규제

오늘날에는 실제로 발생한 환경손해에 대한 사후구제로서의 책임추궁 문제뿐만 아니라, 손해를 방지하기 위한 국제적 규제의 필요성이 강조되고 있다. 자회사가 활동하는 국가의 국내법상의 규제에만 문제를 맡기는 것만으로는 환경손해의 방지나 규제에 있어 결코 충분하다고는 할 수 없다. 국가에 따라서는 환경안전기준에 관한 국내법이 부적절하거나 불충분하여 효과적인 환경규제가 이루어지지 않는 경우가 있기 때문이다. 공해수출은 바로 이러한 상황 안에서 이루어져 온 현상이라고 할 수 있다. 그리고 다국적 기업의 모회사의 국적국이 자국의 국내법을 역외적용하는 것으로 다국적 기업 전체에 대하여 환경규제를 미칠 수 있을 것인가, 나아가서는 그렇게 하는 것이 의무라고까지 볼 수 있는지[8]에 대한 것이 문제가 된다. 특히 오존층의 파괴나 지구온난화라는 지구적 규모의 환경파괴가 심각한 문제로 인식되면서 사후구제보다 오히려 사전예방에 초점이 놓이게 되었고, 이에 따라 사전적인 규제가 필

8) F. Francioni, "Extraterritorial Application of Environmental Law", in K. M. Meessen (ed.), *Extraterritorial Jurisdiction in Theory and Practice*, Kluwer Law International, 1996, pp.131-133.

요하게 되면서 국제적으로 설정된 환경기준의 준수를 확보해야 할 요청이 강해졌다. 화학공장의 폭발과 같이 일단 사고가 발생하면 중대한 환경손해를 수반하지만 발생의 개연성이 낮은 종류의 환경리스크뿐만 아니라, 프레온 가스에 의한 오존층 파괴처럼 작은 요인이 누적되어 지구환경의 파괴를 가져오는 종류의 환경리스크에 대해서도 국제적으로 규제를 하는 것이 긴급한 과제의 하나가 되었다. 이러한 이유로 막강한 경제력과 동시에 여러 가지 환경리스크를 내재하고 있는 다국적 기업의 활동은 국내법의 역외적용의 대상으로서 점차 도마 위에 오르고 있다. 그러나 여기에서도 역시 영토주권원칙을 기본으로 하는 전통적인 국제법과의 충돌문제가 발생하고 있다.

2. 다국적 기업의 사후배상책임

(1) 다국적 기업 모회사의 민사책임의 추궁

다국적 기업의 자회사가 환경손해를 발생시킨 경우, 피해자 구제의 입장에서 보면 다국적 기업의 일체성을 이유로 배상능력이 높은 그 모회사의 민사책임을 추궁하는 것을 우선 생각해 볼 수 있다. 민사배상책임을 둘러싼 문제는 국경을 초월한 국제사법적 요소를 포함하고 있지만, 이는 사법상의 관계에 그치며, 원칙적으로 국제법이 규제하는 문제라고는 할 수 없다. 그러나 보팔 가스폭발사고나 아모코카디스호의 유류사고와 같은 모회사의 민사책임에 관한 중요한 섭외사건의 선례에서는 국제법상의 국가관리책임을 고려하면서도 관련성을 가지는 사고방식을 채택함과 동시에, 사법상의 사후구제를 수행하는 과정에서 국가가 피해자 측의 당사자로서 등장하는 현상도 나타났다. 그러한 의미에서도 국가관리책임 문제에 들어가기 전에 앞서 서술한 사례에 있어서의 민사책임 추궁[9]의 문제를 법인격 부인의 법리를 중심으로 살펴보는 것이 적

9) Murase, *supra* note 4, pp.375-384; 村瀬信也, “国際環境法における国家と管理責任,”「国際法外交雑誌」93巻 3・4合併号, 133-141면.

당할 것이다.

1) **보팔사건**[10)]

인도의 보팔사고에 관해서는 미국법인인 모회사 UCC에 대한 민사소송이 미국의 국내재판소에 제소되었지만 이 소송에서 인도정부는 1985년에 제정된 보팔 가스누출재해법이라는 인도국내법에 기초하여 동 정부가 모든 희생자를 대리하는 배타적 자격을 가지고 있으며, 유일한 원고적격을 가진다고 주장하였다. 연방지방법원 및 순회항소법원은 UCC가 인도의 재판관할권에 복종해야 한다는 것을 조건으로 하여 불편한 법정의 법리(forum non convenience: 영미 판례법상 인정되고 있는 법리로서, 재판관할권의 존재가 긍정되는 경우라도, 사건의 심리에 있어서 보다 적절한 다른 국가의 재판소가 존재하는 때에는 재판소의 재량에 의하여 재판관할권의 행사를 자제하는 것)에 따라 소를 각하하였다(각각 1986, 1987년). 이어서 인도정부는 인도의 국내법원에 제소하였으나 소송계속 중에 동 정부와 UCC 간에 일괄해결을 위한 재판 외 화해가 성립하였고 이것이 인도의 최고재판소에서도 승인되었다(1989년).

이 사건에서는 모회사의 본국인 미국의 재판관할권은 행사되지 않았지만, 미국의 재판소가 제시한 조건에 따라 피해국 인도에 대한 모회사 UCC의 배상책임이 추궁되게 되었다. UCC는 인도법인 UCI의 과반수의 주식(50.9%)을 보유한 정도였고, 반드시 경영상의 전면적인 지배관계가 존재하고 있었다고는 할 수 없었음에도 불구하고, 결과적으로 회사의 베일이 실질적으로 벗겨져 모회사의 배상책임이 추궁됨으로써 실제로 모회사가 보상금을 지불한 사례로 볼 수 있을 것이다.

---

10) Scovazzi, *supra* note 4, pp.403-413; Tim Covell, "The Bhopal Disaster Litigation: It's Not Over Yet," *Notrh Carolina Journal of International Law and Commercial Regulation*, vol.16, 1991, pp.279-307; 新美育文, "インド・ボパールのガス漏出事故と被害者救済", 「ジュリスト」 936号 (1989年), 84-97면; 村瀬信也, "ボパール事件," 日本エネルギー法研究所国際環境班「国際環境法の重要項目」(日本エネルギー法研究所, 1995年), 193-200면.

2) 아모코카디스호 사건[11)]

프랑스를 포함한 피해자 측은 배상책임한도액을 낮게 설정하고 있는 유류오염손해민사책임조약(1969년)의 적용을 회피하기 위하여 동 조약에서 관할법원으로 지정하고 있는 피해국인 프랑스의 법원이 아니라 동 조약의 당사국이 아닌 미국의 연방법원에 모회사인 스탠다드 오일사를 상대로 제소하였다. 일리노이 연방법원은 1984년의 판결에서 그 재판관할권을 수락하고 모회사의 배상책임을 인정하였고, 나아가 1988년 판결에서는 지불되어야 할 손해배상액을 결정하였다. 1984년 판결에서는 스탠다드 오일사가 자회사인 AIOC 및 ATC에 대하여 사업활동의 도구에 지나지 않는 형식으로 지배해 왔다는 것과, 동시에 아모코카디스호 자체에 대해서도 여러 가지로 관여하고 있어 사고 당시의 구체적 상황에서도 계속적인 연결관계가 존재했었다는 것 등에 입각하여 이 사건의 사고에 의한 손해에 대하여 모회사로서의 스탠다드 오일의 배상책임을 긍정하였다.

이 사건에서는 모회사인 스탠다드 오일사와 자회사인 AIOC 및 ATC 간에는 모두 100% 출자라는 자본상의 일체성뿐 아니라 사업활동에서 경영상의 실질적인 지배관계가 존재하였다. 이러한 전제에서 법인격부인의 법리가 적용되어 다국적 기업의 회사의 베일을 벗기고 모회사의 책임이 인정된 주목할 만한 선례라고 할 수 있을 것이다.

이상과 같이 다국적 기업의 모회사를 상대로 하는 국내민사소송에서는 경우에 따라 경영상의 실질적인 지배관계 또는 자본상의 지배관계라는 다국적 기업의 일체성에 근거하여 회사의 베일을 벗기고 모회사에게 기업책임을 추궁할 수 있는 길이 열린다. 그러나 회사법인격독립의 원칙과 그 부인 법리의 적용여부, 국내재판소의 국제적 재판관할권, 국제사법상의 규칙, 불법행위법의 내용 등은 기본적으로 각국의 국내법과 국내재판소에 맡겨진 문제이고, 또한 다국적 기업의 형태는 다양하여

---

11) Scovazzi, *supra* note 4, p.413-421; 古川照美, "アモコ・キャディス号事件," 전게서 「国際環境法の重要項目」, 183-191면.

모회사를 피고로 제소하는 것이 항상 허용되는 것도 아니기 때문에 일괄적으로 모회사의 책임이 인정되는 것이 아니라는 것에 주의하여야 할 것이다.

(2) 모회사 본국에 대한 배상책임귀속의 계기

1) 국제사법적 국내쟁송에서 피해국의 관여

전술한 바와 같이 피해자와 다국적 기업이라는 사인 상호간의 민사배상책임의 문제를 넘어 모회사 본국의 국가책임에 대한 국제법상 인정여부가 문제된다. 전술한 세베소, 보팔, 아모코카디스호 등의 사건에서는 모두 피해국이 모회사의 국적국을 상대로 정식 국제소송을 제기하지는 않았다.[12] 다만, 이들 피해국정부는 각각의 사건의 국내법원에서 민사책임을 추궁하는 과정에서 여러 가지 형태로 피해자측 당사자로서 관여하였다. 예를 들어 보팔사건에서는 인도정부가 미국 국내법원에서 모든 희생자를 대리하는 '후견인으로서의 국가'(*parens patriae*)로서 유일하고 배타적인 원고적격을 주장하였다. 또한 아모코카디스 사건에서는 프랑스가 다른 단체와 함께 미국의 국내법원에 소를 제기하여 그 원고적격이 인정되었다. 이들은 피해자측의 국가가 당사자로서 관여한 것이며, 따라서 절대로 가해기업의 국적국의 책임문제로 직결되는 현상은 아니다. 등장한 것은 역방향의 국가이다. 즉 원래는 가해국이 피고로서 소송에 참여해야 할 상황이 실제로는 피해국이 원고로서 소송에 참여함으로써, 원고와 피고의 모습이 사인 대 국가가 아니라 국가 대 사인으로 나타난 것이다. 그러나 분쟁에 대하여 이러한 국가의 관여에 대해서는 분쟁의 성질을 단순히 사법상의 문제에서 국가 간의 국제법상의 문제로 전환시키는 계기가 된다고 지적되고 있다.[13]

2) 기업의 배상책임과 국가의 배상책임의 교착

고도로 위험한 활동에 대해서는 개별분야마다 활동에서 발생되는

---

12) Scovazzi, *supra* note 4, p.423.

13) 村瀨, 전게주(9), 138면.

제3자에 대한 손해에 관하여 무과실책임원칙을 도입하는 조약이 형성되어 있지만, 그 중에는 유류오염손해나 항공기 손해와 같이 국가는 배상책임에 관여하지 않는다는 민사책임형도 있고, 원자력손해처럼 원인행위자인 기업의 배상책임의 잔여부분을 국가가 부담하는 혼합책임형이나 우주손해와 같이 활동주체가 사기업인 경우에도 국가에 배상책임을 집중시키는 국가전속책임형도 있다.[14] 이들 위험책임주의에 근거한 조약관행은 다국적 기업의 활동이 위험하면 할수록, 이에 대한 국가의 관여와 이에 대응하는 국가의 책임이 기대됨을 나타내고 있다. 1978년 이래로 UN국제법위원회에서는 '국제법에 의해서 금지되어 있지 않은 활동에서 발생한 유해결과에 관한 국제배상책임'이라는 제목으로 개별조약을 떠나 일반적으로 국제위법행위책임과는 다른 국가의 무과실배상책임을 도입하기 위하여 법전화를 시도하여 왔는데, 그 과정에서 국가가 배상책임이 있는 자국의 '관리'하의 활동에 다국적 기업의 활동이 포함되는 것인가가 문제되기도 하였다.[15] 이렇듯 학설상으로는 국가는 자국의 영역관할 하에 기원을 둔 활동이 그 관할을 넘어 타국법익을 침해하는 '효과'를 준 경우에 책임을 지거나, 자국의 '관리'하에 있는 사인의 활동에 대하여 배상책임을 진다. 특히 보팔사건과 같은 경우에는 다국적 기업 국적국의 배상책임을 인정하려는 견해가 주장되었다. 이하에서는 국가책임의 법리에 비추어 다국적 기업에 의한 환경손해의 문제를 검토한다.

3. 다국적 기업에 대한 국가의 관리책임

(1) 전통적 국가책임에 있어서의 영역성의 원칙

전통적인 국가책임법은 영역주권의 원칙을 전제로 하여 이와 조화

14) 더 구체적인 내용에 대해서는 山本草二, 「国際法における危険責任主義」(有斐閣, 1982年) 참조.

15) 村瀬, 전게주(9), 147-148면.

되는 형태로 발전해 왔다. 국가책임에 관한 국제관습법은 주로 자국영역 내의 외국인에 대한 대우의무위반의 문제를 중심으로 발전해 왔다. 이는 국가가 자국영역에 대한 배타적·포괄적 권능을 가지는 반면, 국가는 그 영역 내의 외국인을 보호해야 할 의무를 진다는 기본개념에 입각한 것이었다. 사인에 의한 가해행위를 계기로 하여 국가책임이 성립하는 경우도 마찬가지로, 영역주권을 전제로 하여 자국영역 내에서의 자국민을 포함한 사인의 활동이 타국법익을 해하지 않도록 상당한 주의의무가 부과된다고 할 수 있다. 다시 말하자면, 자국영역 밖에서 자국민·자국법인을 포함한 사인·사기업의 활동에 대해서는 원칙적으로 책임을 지지 않는다. 이렇게 전통적 국제법은 영역적 지배와 사인의 활동에서 발생하는 국가책임간에 '대칭성(symmetry)'을 유지해 왔다고 할 수 있다.[16] 국가책임은 영역적 관리에 대응하여 인정되어 왔다고 말할 수 있을 것이며, *Trail Smelter* 사건판정을 비롯한 국제판례를 통해서 확립된 '영역사용의 관리책임'의 원칙도 이러한 문맥 안에서 이해할 수 있다.

이러한 국제법의 영역성의 원칙을 전제로 하여 기업은 이윤의 추구와 경영합리화를 시도해왔다. 그 결과가 다국적 기업이라는 형태라고 할 수 있다. 이렇게 다국적 기업은 전술한 전통적 국제법에서의 영역적 관리와 국가책임과의 '대칭성'을 이른바 '파괴'하는 힘을 가지고 있다[17]. 즉 자회사는 모회사의 통일적인 의사하에 이와 실질적인 관계를 유지하고 있음에도 불구하고 법률적으로는 모회사로부터 분리되었다고 보기 때문에, 그 활동에 관한 국가책임과 이에 대응하는 영역적 관리를 모회사 국적국에는 인정하기가 어렵다. 그러나 법은 사회의 변화와 함께 변화할 수 있는 것이며, 국제법도 그 예외는 아니다.

---

16) F. Francioni, "Exporting Environmental Hazard through Multinational Enterprises: Can the State of Origin be Held Responsible?" in F. Francioni & T. Scovazzi (eds.), *International Responsibility for Environmental Harm*, Graham & Trotman, 1991, p.283.

17) *Ibid.*

(2) 다국적 기업의 국적과 *Barcelona Traction* 사건

다국적 기업의 '국적국'은 국제법상 어떠한 기준에 의하여 결정되는 것인지가 문제된다. 어느 국가가 다국적 기업에 대해서 속인적 관할권을 가지는가의 문제에 관한 국제사법재판소의 사건으로서, 외국(스페인)의 국제사법위반행위로 손해를 입은 법인과 그 주주의 외교적 보호에 관한 1970년 *Barcelona Traction* 사건 판결이 있다. 본건에서 재판소는 외교적 보호권을 행사할 수 있는 법인의 국적국의 기준으로 설립준거법국을 채택하여, 경영을 지배하는 다수주주의 국적국(벨기에)에 의한 외교적 보호권의 행사를 원칙적으로 인정하지 않았다. 판결은 회사법인격 독립성의 원칙에 의거하여 1955년 *Nottebohm* 사건 판결에서 동 재판소가 자연인에 대해 채택한 실효적 국적, 즉 진정한 결합(genuine connection)의 관념을 다국적 기업에는 부정한 것이다.[18] 이 판결에 대해서는 찬반양론이 있지만 기업의 경영지배를 기준에 포함시키는 미국의 국가실행과 일괄해결협정방식에 의한 해결에 대해 판결에서는 고려하지 않고 있다는 비판이 있다.[19] 또한 무엇보다 이 사건은 국제청구를 제기할 자격을 가지는 피해국의 특정이 문제가 된 사건이며, '관리'에 책임을 갖는 국가의 귀속문제를 직접 다룬 것은 아니다. 그러나 판결은 '제3자를 보호하는 경우'에는 예외적으로 회사의 법인격이 부인될 수 있다는 것을 인정하고 있다. 따라서 다국적 기업에 관한 책임을 국가에 귀속시키는 기준으로서 선례적 가치를 이 사건 판결에서 도출할 수는 없을 것이다.

(3) 인간환경선언원칙과 국가'관리'의 개념

인간환경선언 원칙 21은 "자국의 관할권(jurisdiction) 내 또는 관리(control)하의 활동이 타국의 환경과 국가의 관할권의 범위를 벗어난 지

---

18) *ICJ Reports* 1970, pp.36-42.

19) Richard B. Lillich & Burns H. Weston, *International Claims: Their Settlement by Lump Sum Agreements, Part I: Commentary*, University Press of Virginia, 1975, pp.257-263.

역의 환경에 손해를 입히지 않을 것을 확보할 책임을 진다"고 정하고 있어, 이러한 환경손해방지를 위해서 확보해야 할 국가의 일반적 의무가 현재는 국제관습법의 내용을 이룬다고 여기고 있다(본서 제Ⅱ부 제7장 참조). 여기에서 '자국의 관할권 내 또는 관리하'란, 종래 '관할권'이 국가가 속지적으로 관할하는 영역적인 관할권을 의미하는 것에 반해, '관리' 쪽은 그 영역 외의 어디에서 이루어지는 활동인가를 불문하며 자국민이나 자국의 선박, 항공기 등 국가의 속인적 관할권에 따르는 것을 대상으로 하는 개념이라고 여겨져 왔다. 무엇보다 이 '관리'라는 개념이 어느 범위까지 미치는지 명확하지는 않다. 한편, 국적을 매개로 하는 속인적 관할권에 한정하는 견해도 있지만 다른 한편으로는 보다 넓게 '사실상의 지배'를 대상으로 하여 자국민 또는 자국회사가 실질적으로 지배하는 외국자회사 등도 포함된다고 하는 견해도 있어 두 견해가 서로 대립하고 있다. 후자의 견해는 '관할권'을 법적 개념, '관리'를 사실상의 개념을 포함하는 것으로 이해하고 있다. 그중에는 개념상의 구분을 철저히 하여 법적 개념에 속하는 것은 자국민이나 자국선박과 같이 국적을 매개로 하는 속인적 관할권을 포함하여, '관할권' 개념으로 이해하는 견해도 있다.[20]

(4) 책임귀속기준으로서의 '실효적 관리'

현재는 '관리'개념을 사실상의 개념으로 받아들이는 견해가 지지되고 있다. 엄격한 영역성의 원칙에 기초한 접근법은 국제사법재판소의 권고적 의견(1971년의 나미비아 사건)의 선례를 보아도, 이미 정당화할 수 없다고도 주장되고 있다. 이 사건에서 재판소는 남아프리카공화국이 나미비아지역에 대한 법적 권원이 없다는 사실은 이 지역에서 현실적인 권력행사를 한 것에 대한 책임을 면제하는 것이 아니라 "국가의 책임의 기초가 되는 것은 영역에 대한 물리적인 지배(physical control)이며, 주

20) 山本草二, 전게주(14), 23-24면; 村瀬, 전게주(9), 151-152면; Francioni, *supra* note 16, pp.289-291.

권 또는 권원의 정당성이 아니다"[21]라고 하였다. 또한 일반조약 중에는 이러한 실효적 관리로 이해되는 기준을 채택하고 있는 것도 있다. 예를 들면, UN해양법협약은 심해저의 개발활동이 조약규정에 따라 이루어질 것을 확보할 책임을 당사국에 부과하고 있는데, 이 활동에는 '당사국의 국민에 의해서 실효적으로 지배되고 있는 자연인 또는 법인'에 의한 것이 포함되고 있다(동 협약 제139조).

이러한 '물리적인 지배' 또는 '실효적 관리(effective control)'라는 사실상의 개념이 국가에의 책임귀속의 근거가 될 수 있다면, 다국적 기업의 자회사의 활동에 대해서도 모회사의 국적국의 책임을 긍정할 수 있을 것이다. 모회사 국적국은 자국의 모회사에 대한 속지적 또는 속인적 관할권을 통해서 자회사에 대한 실효적 관리를 미칠 수 있는 것이며, 그러한 '의사'와 '능력'을 국가는 가지고 있기 때문이다.[22] 따라서 예를 들어 원자력산업, 유전공학, 화학산업이라는 고도로 위험한 산업분야에서 자회사에 의한 환경손해의 발생이 모회사로부터 자회사에 이전한 위험한 물질 및 기술의 이전과 직접적인 인과관계를 가지는 경우에는 모회사 국적국에 그 책임을 귀속시키는 것을 강제해 나가도록 하는 것이 가능할 것이다.

국가의 국제위법행위에 기초한 국가책임이 성립하기 위해서는 어떤 유해행위가 국가에 귀속하기만 하는 것으로는 불충분하며, 그것이 국제법상의 의무에 위반하는 것이어야 할 필요가 있다(본서 제Ⅱ부 제7장 참조). 오늘날 국제관습법의 일부를 형성하는 것으로 인정되는 인간환경선언 원칙 21도 국가의 일반적인 의무를 부과하고 있는 것에 불과하며, 국가책임성립의 구체적 조건을 정하고 있는 것은 아니다. '실효적 관리'를 근거로 하는 다국적 기업 모회사 국적국의 국가책임이 인정되기 위해서는, 이러한 분야에서의 구체적인 실체법적 규범(제1차 규범)의 발전을 기다려야 할 것이다. 또한 유해물질의 수출일반에 대해서 손해

---

21) *ICJ Reports* 1971, p.42.

22) Francioni, *supra* note 16, p.284.

발생 후의 사후구제로서 국가책임을 과도하게 강조하는 것에 대해서는 협력관계보다는 대립을 조장하여 손해를 미리 방지하는 관점에서는 크게 효과적이지 않으므로 원칙적으로 손해를 방지해야 할 기업 자체에만 책임이 부과되어야 한다는 비판이 계속되어 왔다[23]는 것에도 주의를 기울여야 할 것이다.

4. 국가의 관리와 국내법의 역외적용

(1) '실효적 관리'에 의한 역외적용과 영역주권

국내법의 역외적용이 인정되기 위해서는 일반적으로 국가와 규율대상 간에 무언가의 연관이 존재하는 것이 필요하지만, 국제법상 허용되는 연관의 기준(일정한 중대범죄에 인정되는 적극적 속인주의나 국가의 기본질서를 해하는 범죄에만 허용되는 보호주의 등)에 기초한 경우를 제외하면 국제법의 규제내용은 반드시 명확한 것은 아니다.[24] 미국이 이른바 효과이론(객관적 속인주의를 한층 확장하여 영역 외의 행위의 '효과'가 자국영역 내에 미치는 것을 근거로 하여 자국 국내법을 역외적용하는 입장)에 기초하여 반독점법을 역외적용한 경우에서 보듯이, 국내법(국가관할권)의 역외적용은 때때로 타국의 국가관할권과의 경합이 발생하고, 국제분쟁을 야기한다.[25] 전통적인 국제법에서 영역성의 원칙하에서는 상술한 바와 같은 '실효적 관리'를 근거로 하는 국내법의 역외적용은 국제공역과 같이 타국의 속지적 관할권과의 충돌이 발생되지 않는 경우(예를 들어 전술한 심해저활동)와는 별개로, 한층 타국의 영역주권과 충돌하여 국내관할사항에 대한 위법적인 간섭이 될 가능성이 높을 것이다. 특히 반독점법

23) Craig D. Galli, "Hazardous Exports to the Third World: The Need to Abolish the Double Standard," *Columbia Journal of Environmental Law*, vol.12, 1987, pp.82-84.

24) 杉原高嶺 외, 「現代国際法講義(第4版)」(有斐閣, 2007年), 82-89면(高田映 집필).

25) 中川淳司, "国際企業活動に対する国家管轄権の競合と調整," 村瀬信也・奥脇直也 編集代表, 「国家管轄権」(勁草書房, 1998年), 369-392면.

이나 수출관리법이라는 경제법 분야에서 그러하다고 할 수 있다.[26] 예를 들어, 시베리아 파이프라인 사건(1982년)[27]에서 미국은 유럽국가들의 '미국국민이 실효적으로 지배하는 법인' 또는 '미국이 지배적인 이익을 갖는 법인'에 대해서 동 국가의 수출관리법을 역외적용하였는데, 국제법상 허용되지 않는 주권침해행위로 비난을 받았고 국가간 분쟁으로 발전하였다. 이렇게 '실효적 관리'를 근거로 다국적 기업 자회사에 대해서 자국 국내법을 역외적용하는 것은 일반적으로는 국제적 대항력을 인정할 수 있다고 하기는 어렵다.

(2) 환경법의 역외적용에 대한 요청

환경법의 역외적용에 대해서는 각별한 고려가 필요하다고 주장된다. 반독점법이나 수출관리법이라는 경제법 분야에서 역외적용의 목적은 주로 자국의 경제 또는 안전보장이라는 국가이익을 보호하는 것이며 한 국가만의 국익과 일방적 결정에 기초한 것임에 반해, 환경의 보호는 보편적인 가치를 가지며 역외적용대상국가 또는 국민의 이익이라고도 할 수 있다.[28] 이러한 현황을 선진국들과 비교하면 개도국에서는 환경규제가 불충분한 경우가 많아 이른바, 공해수출은 이러한 환경규제의 국제적인 격차를 용인하기 어려운 형태로 이용하고 있다고 할 수 있다. 이렇게 특히 국제적인 환경기준이 발전되지 않았거나 불명확한 경우에 유효한 방지 및 규제의 수단으로서 보다 엄격한 환경기준을 가지는 국가가 그 '의사'와 '능력'에 의해서 자국 국내법을 역외적용하는 것이 정당화된다고 한다. 또한 지구환경보호를 위해서 불가결한 원칙으로서 강조되고 있는 '예방원칙'의 관점에서, 이 원칙을 실시하기 위한 유효한 환경

---

26) 수출관리법에 대한 내용은 中谷和弘, "輸出管理法令の域外適用と国際法", 杉原 외, 上同, 393-419면 참조.

27) 小原喜雄, "東西貿易をめぐる先進国間の経済摩擦," 「国際法外交雜誌」 84巻 3号(1985年), 1-50면; 村瀬信也 외, 「現代国際法の指標」(有斐閣, 1994年), 73-75면(奥脇直也 執筆).

28) Francioni, *supra* note 16, p.288; 村瀬, 전게주(9), 155면.

규제수단으로서 관련 역외적용을 적극적으로 활용하는 것도 생각해볼 수 있다.[29] 무엇보다 선진국에 의한 국내환경법의 역외적용에 대해서도, 국내산업을 보호하기 위한 경우에는 이에 적극적이지만, 그렇지 않은 경우에는 소극적이며 또한 역외적용의 행사주체가 되는 경우와 행사대상이 되는 경우에서는 행사기준이 다르다는 '이중기준(double standard)'에 의거하고 있는 실태가 지적되기도 한다. 또한 책임있는 국가간 협력관계를 기초로 하여 이러한 이중기준을 제거하고 일관된 기준에 기초한 적용이 이루어져 가야 할 필요가 있다.[30]

이러한 요청이 인정된다면, 고도로 위험한 산업분야에서 타국에 소재하는 자회사에 대하여 자국의 환경규제의 입법관할권을 미칠 수 있게 된다. 또한 위에서 검토한 국가책임귀속기준으로서의 '실효적 관리'가 긍정되는 경우라면 자국의 환경기준을 자국 다국적 기업의 자회사에 대해서 적용하는 것이 '자국의 관할권 내 또는 관리하의 활동이…환경에 손해를 미치지 않을 것을 확보하는 책임'(인간환경선언 원칙 21)을 다하기 위해서 필요한 사항이라기보다 오히려 의무로서 이해될 수 있을 것이다.[31] 이렇게 국제적 기업활동에 대한 하나의 유효한 환경규제방법으로서, 예를 들어 모회사로부터 이전되는 위험에 대해서 그 정보개시 및 투명성(transparency)을 확보하기 위한 절차적인 규칙이나 안전기준을 정한 실체법상의 규칙을 역외적용하는 것이 가능해진다. 그러나 한편으로는 다음에서 살펴보는 바와 같은 역외적용의 제약에도 충분한 고려를 하여야 한다. 또한 집행관할권에 대해서는 타국에서 이를 행사하는 것은 일반적으로 주권침해를 구성하기 때문에 역외에서는 자국에 소재하는 모회사에 대한 조치를 통해서 간접적으로 영향을 미칠 수밖에 없을 것이다.

---

29) 奥脇直也, "企業の国際的事業展開と地球環境保護," 「日本国際経済法学会年報」 4号 (1995年), 89면.

30) Francioni, *supra* note 16, p.132.

31) 村瀬, 전게주(9), 156면 참조.

(3) 국제환경법에서 국내법역외적용의 제약

국내법의 역외적용은 기본적으로 영역국과의 관할권의 경합이라는 문제를 내포하고 있고, 아울러 국제환경법, 특히 지구환경의 보호에 관한 여러 원칙에서도 그러한 난점 내지 한계가 존재한다. 1992년 리우선언에 비추어 보면, 하나는 '지속가능한 개발'의 원칙(원칙 4)과의 양립성의 문제이다. 이 기본원칙은 환경과 개발을 조화시킨 개념이며, 국가의 개발에 대한 권리를 부정하는 것이 아니다. 선진국의 환경규제를 역외적용하는 것은 타국, 즉 개도국의 개발에 대한 권리를 침해할 가능성이 있다는 점에서 이 일반적 원칙과의 정합성의 문제가 발생할 것이다. 또 하나는 '공통의 그러나 차별화된 책임'의 원칙(원칙 7)이다. 이는 개도국의 특별한 사정이 고려되는 것을 의미한다. 마찬가지로 지구환경의 보호에 관한 최근의 일반조약에서 원칙으로서 '자국의 능력에 상응한' 조치를 다하여야 할 의무를 부과하는 것에 그친다. 이는 오존층보호에 관한 비엔나협약 제2조, 오존층보호에 관한 몬트리올의정서 제5조에서 찾아볼 수 있다. 선진국이 자국의 국내기준을 국제적인 표준으로서 개도국에 적용하는 것은 이 원칙과 양립하기 힘든 측면이 있다. 이렇게 환경에 관한 국내법을 다국적 기업의 자회사에 대해서 역외적용하는 것이 인정된다고 하여도, 이는 일반적으로 수용되는 보편적인 또는 지역적인 국제기준이 존재하는 경우에 한정된다고 생각된다. 일반적으로 수용되는 국제기준이 명확하지 않는 경우에는 예방원칙 등을 근거로 역외적용하는 것은 그 국제적 대항력이 다투어지는 사태를 초래할 것이라고 예상된다.[32)]

---

32) 奧脇, 전게주(29), 85-90면.

| 참고문헌 |

村瀬信也, "国際環境法における国家と管理責任,"「国際法外交雑誌」93巻 3・4合併号(1994年).

日本エネルギー法研究所国際環境班, "国際環境法の重要項目,"(日本エネルギー法研究所, 1995年).

小寺彰,"多国籍企業の行動指針," 総合研究開発機講 編,「多国籍企業の法と政策」(三省堂, 1986年).

奥脇直也, "企業の国際的事業展開と地球環境保護,"「日本国際経済法学会年報」4号(1995年).

C. D. Galli, "Hazardous Exports to the Third World: The Need to Abolish the Double Standard," *Columbia Journal of Environmental Law*, vol.12 (1987).

W. C. Burns, "The Report of the Secretary General on Transnational Corporations and Industrial Process Safety: A Critical Appraisal," *Georgetown International Environmental Law Review*, vol.3 (1990).

F. Francioni, "Exporting Environmental Hazard through Multinational Enterprises: Can the State of Origin be Held Responsible?" in F. Francioni & T. Scovazzi (ed.), *International Responsibility for Environmental Harm* (1991).

T. Scovazzi, "Industrial Accidents and the Veil of Transnational Corporations," *ibid.*

R. Fowler, "International Environmental Standards for Transnational Corporations," *Environmental Law*, vol.25 (1995).

S. Murase, "Perspectives from International Economic Law on Transnational Environmental Issues," *Recueil des Cours*, tome 253 (1995).

K. M. Meessen (ed.), *Extraterritorial Jurisdiction in Theory and Practice* (1996).

제11장

환경보호와 WTO

1. 서 론

제2차 세계대전 직후에 성립된 GATT(관세 및 무역에 관한 일반협정)는 무역자유화와 환경보호의 관계에 대하여 명확하게 규정하지 않았다. 단지, 최혜국대우원칙(제1조), 내국민대우원칙(제3조), 수량제한의 일반적 금지(제11조) 등에 관한 일반적 예외를 규정한 제20조가 (b)호에서 '인간 · 동물 또는 식물의 생명이나 건강을 보호하기 위해 필요한 조치'를, (g)호에서는 '유한천연자원의 보존을 위한 조치'를 예외적으로 규정하고 있을 뿐이다. 국가가 환경보호를 위해 취하는 무역제한조치의 GATT적합성은 GATT의 설립 당시에는 예상되지 않았던 문제였다. 그러나 그 후, 선진국에서 공해(公害)문제가 심각해지고 지구환경문제가 세계적인 관심이 되면서 GATT체약국은 환경보호정책을 강화하고 그 과정에서 여러 무역제한조치를 취하게 되었다. 그 결과, 체약국이 환경보호를 위해 취한 무역제한조치의 GATT적합성에 관한 분쟁에 GATT의 분쟁해결절차를 적용한 사례가 나왔다. 특히 미국이 해양포유동물보호법에 근거하여 공해(公海)상 다수의 돌고래를 남획하는 방식으로 포획한 참치의 수입을 금지한 조치의 GATT적합성이 쟁점이 된 *Tuna-Dolphin* 사건에서, 1991년에 미국의 조치를 GATT위반이라고 인정한 패널보고서[1)]가 나온 것은 무역자유화와 환경보호의 관계에 관한 GATT

의 규율 방식에 대한 논의를 이끌어 내었다.

GATT를 승계하여 1995년에 설립된 WTO(세계무역기구)는 그 설립협정의 전문에 환경보호와 지속가능한 개발을 목적의 하나로 삼고, 무역자유화와 환경보호의 조화를 배려하는 태도를 보였다. 그러나 그 의도가 WTO협정에 충분히 반영되어 있다고는 말할 수 없다. WTO협정의 근간이 된 1994년 GATT는 종래의 GATT를 그대로 승계하였다.[2] 제20조의 예외규정에는 어떠한 수정도 가하지 않았다. 그러나 환경보호를 위한 무역제한조치의 WTO협정 적합성이 쟁점이 된 사건에서, WTO의 분쟁해결패널이나 항소기구는 GATT의 분쟁해결절차에서 형성된 판례의 법리를 검토하고, GATT규정의 문언과 문맥에 충실하고 정밀한 해석을 하면서, 현행 규정의 범위 안에서 무역자유화와 환경보호를 조화시키려는 법리를 발전시켜 오고 있다.

이 장에서는 WTO의 분쟁해결절차에서 환경보호를 위한 무역제한조치의 WTO협정 적합성이 쟁점이 된 사례를 주로 다루고 분석하여 이 문제에 관한 WTO협정의 규율 내용을 밝히고자 한다.

한마디로 환경보호를 위한 무역제한조치라고 하여도 그 목적이나 내용은 다양하다. 이하에서는, 무역제한조치를 자국영역 내의 환경보호를 위한 조치와 자국영역 이외의 환경보호를 위한 조치로 분류하고, 나아가 각각 조치의 내용이나 근거에 대한 유형별 구체화를 통하여 WTO협정상 적합성을 분석한다. 그리고 무역제한조치가 다수국간 환경조약에 근거하여 취하여진 경우에, 그것이 WTO협정상 어떻게 평가되는지를 검토한다. 끝으로 무역과 환경에 관한 광범위한 문제를 검토하기 위해 1994년 4월의 마라케시 각료회의에서 설립된 무역과 환경에 관한 위원회의 활동에 대하여 간단히 소개한다.

---

1) *United States – Restrictions on Imports of Tuna*, Report of the Panel, GATT Doc. DS21/R, circulated 3 September 1991 (미채택), 30 *I.L.M.* 1594(1991).

2) 이하에서는 '1994년 GATT'도 'GATT'라는 명칭을 사용한다.

2. 자국영역 내의 환경보호를 위한 무역제한조치와 WTO

환경보호를 위한 무역제한조치에서 가장 일반적인 것은 자국영역 내의 환경보호를 목적으로 삼는 것이다. 이러한 종류의 무역제한조치는 그 내용에 따라 내국세 · 내국법령 · 규제를 수입품에 적용하는 경우(이른바 국내조치)와 수출입을 직접 규제하는 경우로 나누어 각각에 대해 다른 WTO협정의 규정이 적용된다.

(1) 국내조치를 수입품에 적용한 경우

이는 환경보호를 목적으로 내국세나 내국법령 · 규제를 만들어서 국산품과 수입품에 동등하게 적용하는 경우를 가리킨다. 자동차의 배기가스규제, 식품의 안전 · 위생기준, 음료용기에 재활용 가능한 소재를 사용하도록 의무화하는 규제 등 환경보호를 목적으로 한 많은 국내조치가 여기에 해당한다. 이러한 종류의 조치에 대해서는 GATT 제3조가 적용된다.

GATT 제3조는 이러한 종류의 조치에 대해서 내국민대우를 요구한다. 즉, 동종 국산품(like domestic products)과 차별하지 않는 한, 이러한 종류의 조치는 GATT 제3조에 위반되지 않는다. 이러한 규정을 해석 · 적용할 때 문제가 되는 것은 '동종상품(like products)'의 의의, 다시 말하면 상품의 동종성 판단기준이다. 동종성의 판단기준으로서 과거의 패널보고서나 항소기구보고서에서는 상품의 물리적 특성 · 최종용도 및 소비자의 기호 등 객관적 요소로 판단하는 접근방식, 또는 상품의 물리적 특성 등의 객관적 요소뿐만 아니라 문제되는 국내조치의 목적과 효과가 '국내생산품에 보호를 부여하는 것'에 있는지 여부도 함께 판단하는 접근방식(목적효과접근법) 등이 사용되어 왔다. 그러나 어떠한 접근방식를 취한다고 하여도 상품 그 자체의 특성이나 용도 등에 주목하여 동종성을 판단하는 점은 공통된다. 이에 대해 환경보호 목적의 국내조치에 관하여 동종성이 특히 문제가 되는 것은 상품 그 자체가 아니라, 상품의 제조공정(process and production methods, PPMs)의 환경영향을 고려한 차별의 허용성이라는 문제이다.

과거의 패널보고서나 항소기구보고서는 이 점에 대하여 부정적인 판단을 내려왔다. 이 점에 관한 최초의 선례는 GATT시절의 벨기에 가족수당사건 패널보고서이다. 이 사건에서는 벨기에의 가족수당기금법과 유사한 가족수당제도를 실시하는 나라에서 수입된 상품에 대해 부과금을 면제하는 벨기에의 법령이 GATT 제1조의 최혜국대우원칙에 위반되는지 여부가 쟁점이 되었다. 패널보고서는 최혜국대우원칙의 적용에 있어서 어느 체약국의 가족수당제도가 벨기에법의 요건에 합치되는지는 무관하다고 하였으며, 벨기에가 부과금을 부과할 때 수입품 그 자체와 관계없는 요인을 고려하였다는 이유로 GATT 제1조 위반을 인정하였다.[3] 그 후, 환경보호목적 국내조치의 GATT 제3조 적합성을 검토한 패널보고서는 이 판단을 그대로 따랐다. 예를 들어, 앞서 언급한 1991년의 *Tuna-Dolphin* 사건과 사실관계가 같은 EC가 미국을 상대로 제기한 *Tuna-Dolphin II* 사건의 패널보고서는 참치의 상품적 성질에 영향을 미치지 않는 어획방법을 기준으로 동종의 참치제품을 차별적으로 취급하는 것은 GATT 제3조하에서 허용되지 않는다고 하였다.[4] WTO에서도 이 원칙이 계속해서 지지되고 있다. *US-Gasoline* 사건에서 패널보고서는 가솔린 자체의 물리적 특성 등에 따라서가 아니라, 가솔린 생산자의 성격이나 생산자가 보유하는 데이터의 성격에 따라 적용되는 기준이 다른 것은 GATT 제3조에 위반한다는 판단을 내렸고,[5] 이 점은 항소기구에서도 논란이 없었다.

---

3) *Belgian Family Allowances*, Report of the Panel, 7 November 1952, *BISD 1S*, 1953, p.60, para.3.

4) *United States – Restrictions on Imports of Tuna*, Report of the Panel, GATT Doc. DS29/R circulated 16 June 1994, (미채택), http://www.wto.org/gatt_docs/English/SULPDF/91790155.pdf, paras.5.8-5.9.

5) *United States – Standards for Reformulated and Conventional Gasoline*, Report of the Panel, 29 January 1996, WT/DS2/R, para.6.10.

이에 대해서는 제조공정의 환경영향을 중시하는 환경보호의 입장에서 강한 비판이 있다. 그리고 제조공정의 환경영향을 고려하는 국내조치에 의한 차별적 취급은 동종상품 간의 차별이라고 보지 않아야 한다는 제안이 있었다.[6] 그러나 이 제안을 인정하는 경우, 어느 한 체약국의 국내법이 다른 체약국의 환경법 · 환경기준의 타당성 여부에 대해서 일방적으로 판단하는 문제가 생긴다. 또한 남용의 위험을 피하기 어렵다는 이유로 국제통상법학자의 대부분은 이 제안을 지지하지 않는다.[7]

또한 우루과이라운드에서 작성된 무역상 기술장벽협정(TBT협정)과 위생검역조치협정(SPS협정)은 상품의 제조공정의 환경영향을 고려한 국내조치를 일정 수준 용인하는 취지의 규정을 마련하였다. TBT협정의 제2조 2항은 체약국에 의한 강제규격의 작성 · 적용에 대해 "정당한 목적이 달성되지 않음으로 인해 발생할 수 있는 위험을 고려한 후, 정당한 목적의 달성을 위해 필요한 것 이상으로 무역제한적이면 안 된다"는 원칙을 세웠다. 그리고 '정당한 목적'의 하나로 '환경의 보전'을 들어, 여기서 말하는 '위험'을 평가할 때 '관련된 생산공정기술'을 관련사항으로 고려할 것을 체약국에 요구하였다. 더불어 SPS협정 제5조 2항은 위생검역조치의 전제가 되는 위험평가 및 적절한 보호수준의 결정에 관하여, '관련된 생산공정 및 생산방법'을 고려할 것을 체약국에 요구하였다. 이들은 상품 그 자체의 환경영향을 좌우하는 제조공정을 고려할 것을 요구한 것이라고도 볼 수 있지만, 규정의 문언상으로는 상품 그 자체의 특성이나 용도에 영향을 미치지 않는 제조공정의 환경영향을 고려하여 강제규격을 작성 · 적용할 수 있는 여지는 배제하지 않았다. 지금까지 이 규정에 관한 분쟁은 WTO의 분쟁해결절차에 부탁된 바는 없지만 앞으로

---

6) W. J. Snape, Ⅲ, & N. B. Lefknowitz, "Searching for GATT's Environmental Miranda: Are 'Process Standards' Getting 'Due Process'?", *Cornell International Law Journal*, vol.27, 1996, pp.788-792 참조.

7) John H. Jackson, "World Trade Rules and Environmental Policies: Congruence or Conflict?", *Washington and Lee Law Review*, vol.49, 1992, pp.1243-1244 참조.

문제가 될 가능성은 있다.

(2) 수출입을 직접적으로 규제하는 경우

예를 들면, 유해물질의 수출입금지조치나 멸종 · 고갈이 우려되는 천연자원의 수출입규제 등이 있다. 규제가 관세 또는 기타 부과금의 형태를 취하는 경우에는 GATT 제1조의 최혜국대우원칙이나 제2조의 관세양허의무를 충족할 것이 요구된다. 또한, 규제가 수량제한의 형태를 취하는 경우에는 목적이나 이유의 여하를 불문하고 수량제한을 원칙적으로 금지하고 있는 GATT 제11조나 수량제한의 비차별적용을 의무화한 GATT 제13조가 적용된다. 어떠한 경우에도 환경보호를 이유로 하는 차별적 취급이나 수량제한은 허용되지 않고, 이러한 규정에 위반되는 것으로 본다.

(3) GATT 제20조에 의한 정당화의 가능성

GATT 제1조, 제2조, 제3조나 제11조, 제13조에 위반되는 조치라고 해도 제20조의 일반적 예외로서 정당화될 가능성이 있다. 환경관련 무역제한조치에 관한 GATT 제20조의 해석은 GATT에서 WTO에 이르는 분쟁해결사례를 통해서 무역자유화를 중시하는 관점으로부터 환경보호와 무역자유화와의 균형을 지향하는 관점으로 발전해 왔다. 이하에서는 환경관련 무역제한조치의 GATT 제20조로 인한 정당화 가능성과 관련하여 문제가 될 수 있는 해석 · 적용상의 포인트에 주목하여 해석의 변화과정을 보도록 한다.

환경관련 무역제한조치의 제20조 적합성을 판단할 때, 우선 당해조치가 환경관련 조치로서 제20조 (b)호나 (g)호에서 규정하는 예외에 해당되는지 여부가 검토된다. 그리고 어떠한 예외에 해당된다고 인정될 경우, 당해 조치 적용방식이 제20조 두문이 규정하는 요건을 충족하는지 여부가 검토된다(2단계 접근법). WTO 분쟁해결사례를 통해서 이와 같은 2단계 검토절차가 확립되었다.

1) 제20조 (b)호 – '필요성'

제20조(b)호는 "인간, 동물 또는 식물의 생명이나 건강을 보호하기 위해 필요한 조치"를 허용한다. 이 규정에 의해 이루어지는 조치의 허용성을 판단하는 경우에 가장 문제가 되는 것은 '필요성'의 의미이다. GATT시대에 패널보고서는 이를 GATT적합적인, 혹은 GATT위반의 정도가 비교적 적은 다른 가능한 조치(less trade restrictive alternative measure)가 존재하지 않는 것이라고 해석해 왔다. 이와 관련한 사례는 제20조 (d)호의 '필요성'에 관한 미국 1930년 관세법 제337조 사건의 GATT 패널보고서[8]이다. 이 패널보고서의 판단은 제20조 (b)호가 적용된 그 후의 GATT 패널보고서에서도 그대로 따랐다. 예를 들어, *Thailand-Cigarettes* 사건[9]이나 *Tuna-Dolphin* 사건[10]의 패널보고서는 모두 위의 패널보고서를 인용하여 동일한 기준에 근거하여 '필요성'의 유무를 판단하였다.

'필요성'의 의미에 대한 이러한 해석에 관하여 몇 가지 비판이 있었다. 첫째, GATT와 합치하는 혹은 GATT위반의 정도가 비교적 적은 다른 가능한 조치가 관념적으로는 거의 항상 존재하기 때문에 이 요건을 만족시키는 것은 사실상 극히 어렵고, 환경보호를 위한 무역제한조치에 대하여 너무 엄격하다고 보았다.[11] 둘째, 제20조 (b)호의 규정은 당해 조치가 '필요'하다는 것을 요구하는 것에 불과하며 위의 해석은 제20조 (b)호의 문언으로부터 당연히 도출되는 결론이 아니라는 것이다. 셋째, (b)호의 '필요성'에 대한 이러한 엄격한 해석과 후술할 (g)호의 '관련성'에 대한 완화된 해석을 대비해 보면, '인간, 동물 또는 식물의 생명이나

---

8) *United States – Section 337 of the Tariff Act of 1930*, Report of the Panel, 7 November 1989, *BISD*, *36S*/345, para.5.26.

9) *Thailand – Restriction on Importation of and Internal Taxes on Cigarettes*, Report of the Panel, 7 November 1990, *BISD, 37S*/200, para.74.

10) *Supra* note 1, para.5.27.

11) D. C. Esty, *Greening the GATT: Trade, Environment, and the Future*, Institute for International Economics, 1994, p.48.

건강의 보호'를 위한 무역제한조치보다도 '유한천연자원의 보존'을 위한 무역제한조치가 더욱 널리 허용된다는 불합리한 결과가 야기된다. 한편, 국제통상법학자들은 이러한 종류의 조치가 남용되는 것을 방지하기 위해 (b)호의 예외의 허용성은 엄격하게 해석될 필요가 있다는 이유로 이 해석을 지지하기도 하였다.[12)]

WTO가 설립된 이래로 필요성에 관한 기준의 해석은 보다 유연해졌다. 제20조 (b)호와 같이 '필요성'을 요건으로 삼은 제20조 (d)호의 '필요성'에 대해 판단한 한국 쇠고기사건 항소기구보고서는 이 기준의 해석방침으로서 이하의 2단계 절차를 보였다. 즉, 우선 대상조치가 목표로 하는 가치 · 이익의 상대적 중요성, 당해 조치의 무역제한의 정도, 당해 조치의 목적달성에 대한 공헌도에 대한 형량을 하여 필요성 여부를 판단하였다. 즉, 중요성이 클수록, 무역제한의 정도가 낮을수록, 목적달성에 대한 공헌도가 높을수록, 당해 조치의 '필요성'이 인정받기 쉽다. 당해 조치와 견주어볼 때 WTO협정 합치여부 또는 무역제한의 정도가 보다 낮은 합리적으로 이용가능한(reasonably available) 대체수단이 존재하는지 여부도 검토하였다.[13)] 그 후 EC의 석면수입금지조치의 제20조 (b)호 적합성이 쟁점이 된 사건의 항소기구보고서는 한국 쇠고기사건 상소기구보고서를 인용하여 (b)호의 '필요성'의 판단시 동일한 기준을 적용하였다. 그리고 석면수입금지조치가 대처하려고 하는 위험의 중대성과 현실성을 인정함과 동시에 당해조치를 도입한 프랑스가 인간의 건강보호의 수준을 결정할 권능을 가지는 것을 확인한 후, 신청국인 캐나다가 주장한 사용규제(controlled use)라는 대체수단은 인간의 생명 또는 건강의 보호라는 정책목적달성을 위해서는 효과적이지 않다고 하여 이 대체수단을 받아들이지 않고 EC의 석면수입금지조치의 필요성을 인정

---

12) 예를 들어, Jackson, *supra* note 7, p.1227 참조.

13) *Korea – Measures Affecting Imports of Fresh, Chilled and Frozen Beef*, Report of the Appellate Body, 11 December 2000, WT/DS161/AB/R, WT/DS169/AB/R, paras.161-166.

하였다.[14]

다양한 요소를 형량하여 '필요성'의 유무를 판단한다는 이러한 방침은 그 후의 분쟁해결사례에서도 유지되고 있다.[15]

2) 제20조 (g)호 – **'관련성'**

제20조 (g)호는 '유한천연자원의 보존과 관련된(relating to) 조치'를 국내생산 혹은 소비에 대한 제한과 관련하여 실시하는 경우에 예외로 허용한다. GATT의 패널보고서는 이것을 자원보존을 '주된 목적으로 하는(primarily aimed at)' 조치로 해석해왔다. 캐나다의 미가공 청어 및 연어의 수출제한조치에 관한 GATT의 패널보고서가 그 사례이다. 패널보고서는 '관련성'이 '필요성'보다는 넓은 범위의 예외를 허용한다고 하는 한편, (g)호가 규정된 취지가 유한천연자원 보존정책의 실시를 방해하지 않기 위함이었다는 이유로, 당해 조치가 유한천연자원의 보존을 '주된 목적으로 하는' 것이라고 결론을 내렸다.[16] 후의 GATT 패널보고서도 이 해석을 그대로 따랐다.[17] 이 해석에 따르면 해당 조치는 유한천연자원보존을 위해 '필요한' 조치가 아니어도 좋다. 해당 조치의 목적이 여러 가지가 있을 수 있다는 것은 상관이 없지만, 주된 목적이 자원보존이어야 한다. 예를 들어, 무역정책상의 목적이 주목적이고 자원보존이 부차적인 목적일 경우는 허용되지 않는다.

US-Gasoline 사건의 항소기구보고서는 대상조치가 자원보전을 '주된 목적으로'하는지 여부는 대상조치와 그 목적 사이에 실질적 관련성(substantial relationship)의 여부에 따라 판단하여야 한다고 하며 조치와

---

14) *European Communities – Measures Affecting Asbestos and Asbestos-Containing Products*, Report of the Appellate Body, 12 March 2001, WT/DS135/AB/R, paras.164-175.

15) 예를 들어, *Brazil – Measures Affecting Imports of Retreaded Tyres*, Report of the Appellate Body, 3 December 2007, WT/DS332/AB/R, paras. 141-143 참조.

16) *Canada – Measures Affecting Exports of Unprocessed Herring and Salmon*, Report of the Panel, 22 March 1988, *BISD, 35S*/98, para.4.6.

17) 예를 들어, *Tuna-Dolphin* 사건 패널보고서, *supra* note 1, para.5.31. 참조.

목적과의 '관련성'을 보다 유연하게 해석하였다. 그리고 문제가 된 조치(기준증명규제)와 청정한 대기의 보전 및 목적과의 실질적 관련성을 인정하고 해당 조치의 (g)호 적합성을 인정하였다.[18] 이러한 해석은 후에 *Shrimp-Turtle* 사건의 항소기구보고서에서도 지지되고 있다.[19]

3) 제20조 두문 – 자의적 혹은 부당한 차별, 위장된 무역제한의 금지

GATT 시절에는 환경관련 무역제한조치에 대해서 제20조 적합성이 쟁점이 될 경우, 앞에서 본 (b)호나 (g)호와의 적합성만이 문제되었고 두문의 규정이 적용된 적은 거의 없었다. *US-Gasoline* 사건의 WTO의 항소기구보고서가 이 규정에 관하여 처음으로 명확한 의미를 부여하였다. 그에 따르면, 쟁점이 된 조치의 제20조 적합성의 판단에서 우선 해당조치가 제20조 각 호의 예외 중 어느 하나에 해당한다는 것을 인정하고, 그 후 해당 조치의 적용방식의 적절성 여부를 제20조 두문에 따라서 판단한다. 그러한 의미에서 제20조 두문은 제20조 각 호가 가리키는 예외의 남용에 대한 제재이다. 두문의 요건을 충족하고 있는지 여부의 입증책임은 제20조의 예외를 원용하는 측이 부담하며, 또 이 입증책임은 제20조 각 호의 예외의 입증책임보다도 엄격하다. 두문은 자의적인 차별, 부당한 차별, 또는 위장된 무역제한을 금지하고 있지만, 이들은 서로 관련되어 있다. 미국은 외국산 가솔린에 대한 차별을 동반하지 않는 조치를 취할 수도 있었다. 미국이 이러한 조치를 취하지 않은 이유로서 든 점(행정상의 제약)은 설득력이 없다. 또한, 미국은 조치 결정시 외국의 업자가 부담하는 비용을 고려하지 않았다. 따라서 미국에 의한 규제는 부당한 차별이며, 위장된 무역제한에 해당한다.[20]

이 항소기구보고서의 판단에는 약간의 의문이 있다. 첫째, 두문의

---

18) *United States – Standards for Reformulated and Conventional Gasoline*, Report of the Appellate Body, 29 April 1996, WT/DS2/AB/R, pp.16-19.

19) *United States – Import Prohibition of Certain Shrimp and Shrimp Products*, Report of the Appellate Body, 12 October 1998, WT/DS58/AB/R, paras.136-42.

20) *Supra* note 18, pp.22-29.

요건충족의 입증책임이 제20조 각 호의 예외의 입증책임보다도 무겁다는 판단의 근거가 밝혀지지 않았다. 둘째, 항소기구보고서는 자의적인 차별, 부당한 차별과 위장된 무역제한이 서로 관련되고 있다며 이들을 명확하게 구별하지 않았으나, 문언해석상 의문스러운 점이 있다. 셋째, 항소기구보고서는 미국이 차별적이지 않은 다른 조치를 취할 수 있었다고 지적하며, 미국이 이러한 조치를 취하지 않았던 이유의 합리성을 검토하고 이를 부정하였다. 그러나 어떠한 차별적인 조치가 취해진 경우, 차별적이지 않은 조치를 취할 가능성은 관념적으로 거의 예외 없이 존재한다. 따라서 이러한 이유로, 조치가 차별적인 경우에는 그것이 허용될 가능성은 극히 드물다. 두문에 이러한 엄격한 기준을 적용하면 제20조 각 호의 예외가 그 허용성에 대해서 문언상 구별하는 것['필요성'-(a),(b),(d), '관련성'-(c),(e),(g), '불가결성'-(j)]이 실제적으로 무의미해진다.

그 후 이러한 해석은 변경되었다. *Shrimp-Turtle* 사건 항소기구보고서는 두문의 목적이 제20조 각 호의 예외를 원용하는 회원국의 권리와 다른 회원국이 WTO협정 아래에서 향유하는 권리의 균형을 도모하는 것에 있다고 설명하며, 두문의 세 가지 요건을 개별적으로 검토해야 한다는 방침을 채택하였다. 다만, 항소기구보고서는 미국의 조치가 자의적인 차별, 부당한 차별이라고 인정하고, 위장된 무역제한 여부의 판단을 할 필요도 없이 해당 조치는 두문에 위반된다고 결론을 지었다.[21] 이에 반해, 이 사건에서 권고의 이행상황을 심리한 분쟁해결양해(DSU) 제21.5조 패널보고서는 미국이 바다거북이 보호를 위한 국제협정 체결교섭에 성실하게 임한 것을 입증하면, 실제로 협정을 체결하지 않아도 부당한 차별이 되지 않는다며 두문의 요건 충족을 위한 조건을 실질적으로는 완화시켰다. 그리고 미국은 교섭을 성실하게 행하여 권고를 이행하였다고 인정하였다.[22] 이러한 인정은 항소기구보고서에서도 지지

21) *Supra* note 19, paras.161-186.

22) *United States – Import Prohibition of Certain Shrimp and Shrimp Products*, Recourse to Article 21.5 of the DSU by Malaysia, Report of the Panel, 15 June

받았다.[23)]

석면사건의 패널보고서도 두문의 세 가지 요건을 개별적으로 검토한다는 방침을 그대로 따랐고, 대상이 된 석면수입금지조치가 두문에 적합하다는 것을 인정하였다.[24)]

제20조 두문의 해석을 둘러싼 WTO의 분쟁해결사례의 축적을 통해서, 환경보호를 목적으로 한 무역제한조치의 적용이 WTO 하에서 정당화되기 위하여 체약국이 유의해야 할 점이 명확해졌다. 첫째, 조치는 유연하고 투명하며 절차의 공정성이 확보되어 있어야 한다(자의적인 차별). 둘째, 원칙적으로 관계국간의 교섭을 통한 다국간의 조치가 우선되지만, 교섭에 성실하게 임한 것을 증명하면 실제로 국제협정을 체결하지 않아도 된다(부당한 차별). 셋째, 동종의 조건하에 있는 국가 사이에서 차별적인 것이어서는 안 된다(부당한 차별). 넷째, 조치는 사전에 공표되고 관계국에 통보되어야 하며, 보호주의적인 의도를 감추고 있어서는 안 된다(위장된 무역제한).

3. 자국영역 외의 환경보호를 위한 무역제한조치와 WTO

제20조 (b), (g)호의 예외는 체약국 영역 외의 환경보호를 목적으로 하는 무역제한조치에도 적용되는 것인가?

GATT 시대의 *Tuna-Dolphin* 사건에서 문제가 된 조치는 이 문제의 전형적인 사례이다. 이 사건은 동부열대태평양해역의 공해(公海)상 어획과정에서 돌고래의 포획이 불가피한 어획방법으로 잡은 참치의 수입

2001, WT/DS58/RW, paras.5.62-5.78.

23) 앞의 항소기구보고서, 22 October 2001, WT/DS58/AB/RW, paras.129-134.

24) *European Communities – Measures Affecting Asbestos and Asbestos-Containing Products*, Report of the Panel, 18 September 2000, WT/DS135/R, paras.8.233-8.239. 또한 요청국인 캐나다는 항소기구절차에서 패널보고서의 이러한 부분에 관한 판단을 쟁점으로 하지 않았으므로, 항소기구보고서는 이 점에 대하여 검토하지 않았다.

을 금지한 미국의 조치가 문제가 되었다. 이 점에 대해, 패널보고서는 제20조 (b)호의 기초가 된 국제무역기구(ITO)헌장 제32조 기초과정의 분석에 근거하여, 동호의 보호대상은 체약국의 영역관할권 내의 인간 및 동식물에 한한다고 설명하였다.[25] 또한 수입국이 유효한 보존책을 세울 수 있는 것은 자국영역 내의 유한천연자원에 한한다는 이유로, (g)호에 대해서도 그 적용 대상을 수입국영역 내의 유한천연자원에 한정하였다.[26] 이에 반해, *Tuna-Dolphin II* 사건 패널보고서는 (g)호로 인한 예외로 허용되는 유한천연자원의 범위를 수입국영역 내에 한정할 정당한 이유는 없다고 하였다.[27] 또한, 제20조 (b)호에 대해서도 (b)호의 문언은 대상을 체약국 영역 내의 인간 및 동식물에 한정하지 않고 있다. 일반국제법상 국가는 대인관할권에 의거하여 자국영역 외의 사람 및 동식물에 관한 자국민의 활동을 규율하는 권한을 가지고 있다고 하여, 그 보호대상은 영역 내의 사람 및 동식물에 한정되지 않는다고 하였다.[28]

제20조 (b), (g)호의 보호대상의 지리적 범위를 둘러싸고 대립한 이들 패널보고서들 중에서는 *Tuna-Dolphin II* 사건 패널보고서의 해석이 설득력이 있다고 본다. 제20조 (b), (g)호는 보호대상의 지리적 범위에 대하여 아무것도 규정하지 않았다. 또한, ITO헌장 제32조의 기안과정의 경위가 보호대상의 지리적 범위에 대하여 결정적인 근거를 제공하는 것은 아니다.[29] 유한천연자원의 보존을 위한 무역제한조치의 제20조(g)호 적합성이 쟁점이 된 과거의 사례에서도 당해 자원의 소재지가 무역제한조치를 실시하는 국가의 영역 내인지 아닌지는 특별히 문제되지 않

---

25) *Supra* note 1, para.5.26.

26) *Ibid.*, para.5.31.

27) *Supra* note 4, para.5.20.

28) *Ibid.*, para.5.17. 다만, 이 패널보고서는 대상이 된 참치금수조치는 돌고래의 보존을 주된 목적으로 하는 조치가 아니라는 이유로 이 조치의 제20조 (g)호로 인한 예외로서의 허용성을 부정하였다. *ibid.*, para.5.27 참조.

29) 平覚 'メキシコ・米国間のイルカ・マグロ紛争に関する1991年GATT小委員会報告', 商大論集, 45巻3号 (1993年), 389면.

았다. 참치나 연어처럼 광범위한 해역을 회유 · 이동하는 어종의 보존에 대해, 그 지리적 범위를 규제국의 영역이나 배타적 경제수역에 한정하는 것에는 합리적인 근거가 없다. 또한, *Tuna-Dolphin II* 사건 패널보고서에서는 일반국제법상의 대인관할권에 근거하여, 국가가 자국영역 외의 자국민이나 자국어선의 활동을 규제하는 것은 가능하다고 하였다. 따라서 제20조 (b), (g)호에 의해 허용되는 무역제한조치 보호대상의 지리적 범위는 규제국의 영역 내에 한정되지 않는다고 하는 *Tuna-Dolphin II* 사건 패널보고서의 해석이 타당하다. 또한, *Shrimp-Turtle* 사건 항소기구보고서는 조치의 보호대상인 바다거북이가 상당한 회유성을 지니며 미국영역 내에도 출현하기 때문에, 미국과 바다거북이의 사이에는 충분한 관련성(sufficient nexus)이 있다고 하며, 제20조 (g)호의 보호대상의 지리적 범위에 관한 판단을 회피하였다.[30]

4. 다자간 환경조약(MEA)에 근거한 무역제한조치와 WTO

(1) 다자간 환경조약에 근거한 무역제한조치의 WTO협정 적합성

지구환경문제에 대한 관심의 고조를 반영하여, 다자간 조약에 근거하여 무역제한조치를 실시하는 것을 체약국에 의무지우는 예가 증가하고 있다. 오존층을 파괴하는 물질에 관한 몬트리올의정서[31]에 근거한 의정서 비체약국에게 오존층파괴물질의 수출금지, 멸종의 위기에 있는 야생동식물 종의 국제거래에 관한 협약(워싱턴협약)[32]에 근거한 특정종의 동식물 수출입금지, 유해폐기물에 관한 바젤협약[33]에 근거한 유해폐기물의 수출입의 규제 등 그 예는 셀 수 없이 많다. 이 중에는 상품 그 자체가 아니라 그 제조공정의 환경영향에 주목하여 무역제한 조치를 하

30) *Supra* note 19, para.133.
31) 본서 제2장 참조.
32) 1973년 3월 3일 작성, 1975년 7월 1일 발효.
33) 본서 제4장 참조.

고, 조약에의 가입여부라는 대상국의 속성에 따라 차별적으로 무역제한 조치를 하는 등 WTO협정 적합성에 의문이 있다.[34] 이러한 조약규정과 WTO협정과의 충돌은 어떻게 해결하여야 하는가?

체결시기가 다른 조약간 내용상의 충돌관계가 생긴 경우의 해결에 대하여, 일반국제법의 원칙을 선언한 「조약법에 관한 비엔나협약」 제30조에 따르면 무역제한조치의 당사국(실시국과 대상국) 쌍방이 당해 환경조약과 WTO의 체약국인 경우에는 후법우선의 원칙이 타당하다. 따라서 당해 환경조약이 1995년 이전에 발효한 조약이면, 후법인 WTO협정의 규정이 우선된다.[35] 이에 반해 무역제한조치의 상대국이 WTO의 체약국이지만 당해 환경조약의 당사국이 아닌 경우에는 당해 환경조약의 체결시기와 상관없이 양 당사국이 모두 구속되는 조약, 즉 WTO규정이 적용된다.[36] 이 점은 조약법에 관한 비엔나협약 제31조 3항 (c)에 의해서도 입증할 수 있다. 동항은 조약 해석시에 문맥과 함께 '당사국간의 관계에 적용되는 국제법의 관련규칙'이 고려된다고 규정한다. 즉, 환경조약에 근거하여 WTO회원국이 당해 환경조약의 비체약국인 WTO회원국에 무역제한조치를 하는 경우, 당해 조치의 WTO협정 적합성을 판단할 때 당해 환경조약은 '당사국간의 관계에서 적용되는 국제법의 관련규정'이 아니라는 이유로 참조되지 않는 것이다. 따라서 이러한 사례에서 분쟁을 WTO의 분쟁해결절차에 부탁할 경우, 당해 무역제한조치에 대해서는 당해 환경조약에 근거한다는 항변은 인정되지 않고, WTO협정(제1조, 제3조, 제11조 등)에 위반된다는 판단이 내려질 가능성이 크다.

WTO의 분쟁해결절차에서 이러한 종류의 조치의 WTO협정 적합성이 쟁점이 된 예는 최근까지 없었다. 그러나 EC가 생물다양성협약 카르

---

34) 무역제한조치를 포함하는 다자간 환경조약의 리스트에 대해서는 WTO Committee on Trade and Environment, Matrix on Trade Measures Pursuant to MEAs, Note by the Secretariat, Revision, WT/CTE/W/160/Rev.1, 14 June 2001 참조.

35) 조약법에 관한 비엔나협약 제30조 3항, 4항 (a).

36) 조약법에 관한 비엔나협약 제30조 4항 (b).

타헤나의정서[37] 제10조 6항[38]에 근거하여 실시한 유전자조작 상품의 수입제한에 대해 2003년 5월에 미국, 캐나다, 아르헨티나가 SPS협정(제2조, 제5조, 제7조 등), 1994년 GATT(제1조, 제3조, 제10조, 제11조), TBT협정(제2조, 제5조) 등의 위반을 이유로 협의를 요청하여 동년 8월에 패널이 설치되었다. EC는 카르타헤나의정서의 당사국이지만 미국, 캐나다, 아르헨티나는 동 의정서를 비준하지 않았다. 앞에서 살펴본 조약법에 관한 비엔나협약의 원칙에 따르면, 이 사건에서는 카르타헤나의정서의 적용은 인정되지 않고, WTO의 규율이 적용되게 된다. 실제로 2006년 9월에 제출된 패널보고서는 카르타헤나의정서의 참작을 요구하는 EC의 주장을 배척하고 EC 이외의 국가가 동 의정서를 비준하지 않은 것을 이유로 동 의정서의 참작을 부정하였다.[39]

한편, WTO협정보다도 환경조약의 규정이 우선되는 사례로 이하의 두 경우를 들 수 있다. 첫째, WTO협정이 발효한 1995년 이후에 체결된 환경조약에서 무역제한조치가 채택되어 WTO회원국이기도 한 당해 환경조약의 당사국간에 적용될 경우와[40] 둘째, 체결시기를 막론하고 환경조약에 근거한 무역제한조치가 WTO의 비회원국인 당해 환경조약의 당사국에 대하여 적용되는 경우이다. 다만, 첫번째의 경우에는 당해 환경조약의 당사자 간에 환경조약에 의거한 무역제한조치가 취해져도, 그 조치에 대한 WTO협정 적합성을 둘러싸고 분쟁해결절차가 이용될 가능성은 실제로는 극히 드물 것이다. 또한, 두번째의 경우는 조치의 대상국

37) 본서 제6장 참조.

38) 제10조 6항은 유전자조작상품의 악영향에 관한 과학적 정보 · 지식이 충분하지 않아도, 수입국이 그러한 악영향을 피하기 위해서 적당한 경우에 당해 상품의 수입을 제한 · 금지하는 것을 인정한다.

39) *EC – Approval and Marketing of Biotech Products,* Report of the Panel, adopted 21 November 2006, WT/DS291,292,293/R, para.7.75.

40) 조약법에 관한 비엔나협약 제30조 4항 (a)에 따르면, 시간적으로 앞뒤가 바뀐 두 가지 조약의 쌍방 당사국인 국가 사이에서는 후법우선의 원칙이 타당하기 때문에 WTO협정과 후의 다자간환경조약이 충돌하는 경우에는 후자의 규정이 적용된다.

은 처음부터 WTO의 비회원국이므로 당해 조치의 WTO협정 적합성이 WTO의 분쟁해결절차에서 검토될 것이라고 생각되지는 않는다.

(2) GATT 제20조에 의한 정당화 가능성

다자간 환경조약에 근거한 무역제한조치가 WTO협정에 적합하지 않다고 판단되는 경우, 이러한 조치는 GATT 제20조에 의하여 정당화되는가? 다시 말해 이러한 조치가 다자간 환경조약에 근거한다는 항변은 환경보호를 위한 무역제한조치의 GATT 제20조 적합성에 관한 일반적인 원칙(제2장 참조)의 수정을 초래하는가?

우선, 대상조치가 다자간 환경조약에 근거한 경우에 제20조 (b)호에서 정당화될지 여부에 대해서는 일방적인 국내조치나 무역제한의 경우와 같이 다양한 요소를 형량하여 '필요성'의 유무가 개별 사례마다 판단되지만, 다자간 환경조약이 목표로 하는 환경보호의 목적달성에 대한 당해 조치의 공헌도, 합리적으로 이용가능한 대체수단의 존재 여부 등의 요건을 충족시키는 것은 쉽지 않고, 정당화를 위한 장애물은 상당히 많을 것이다.[41]

다음으로 다자간 환경조약에 근거하여 자원보전조치가 취해지는 경우에 제20조 (g)호로 인해 정당화될 가능성에 대하여 살펴보도록 한다. 이 점에서는 *US-Gasoline* 사건 항소기구보고서 이래로 제20조 (g)호에서 말하는 유한천연자원 보존과의 '관련성' 요건에 대해서는 대상이 된 조치와 자원보전목적과의 실질적인 관련 유무에 근거하여 판단하여야 한다는 해석이 확립되어 있다. 이 해석은 '관련성'에 관한 종래의 해석(유한천연자원의 보전을 첫째의 목적으로 하는 것) 및 제20조 (b)호와 비교해 볼 때 다자간 환경조약에 근거한 자원보전조치의 제20조 (g)호 적합성을 인정하는 것을 용이하게 하였다. 우선 이 해석은 비당사국의 조

---

41) 川瀬剛志, "WTO体制下における自由貿易と地球環境保護の法的調整ーガソリンケース後のGATTと多国間環境協定(MEA)," 「日本国際経済法学会年報」 6号 (1997年), 183-187면.

약가입촉진 등 종래의 '주된 목적으로 한다'는 해석에서는 부정되었을 간접적인 무역제한의 이용[42]에 구제의 길을 열어주었다. 또한, 제20조 (b)호의 경우처럼 대체수단의 부존재도 요구하지 않는다. 따라서 이 해석에 따르면, 예를 들어 몬트리올의정서의 차별적인 무역제한은 유한천연자원으로서의 오존층보호에 일정 정도 기여하는 것인 이상, 오존층보호와의 사이에 '실질적 관련성'이 존재하며 오존층보호에 관련된 조치라고 평가할 수 있다. 당해국은 당해 조치를 국내의 생산 혹은 소비에 관한 제한과 관련시켜 실시함으로써 제20조 (g)호에 의해 정당화할 수 있을 것이다.[43]

끝으로 대상조치가 다자간 환경조약에 근거하는 경우, 해당 조치의 적용이 제20조 두문의 요건을 충족하는지 여부는 개별사례마다 판단할 필요가 있다. *Shrimp-Turtle* 사건 제21.5조 패널보고서가 미국이 바다거북이 보호를 위한 국제협정을 체결하는 교섭을 성실하게 행한 것을 입증하면 실제로 협정을 체결하지 않아도 부당한 차별이 되지 않는다고 하면서, '부당한 차별'의 판단시 관계국간의 교섭을 통한 다자간의 틀을 존중한다는 판단을 내렸다는 것은 다자간 환경조약에 근거한 조치의 제20조 두문과의 적합성에 유리하게 작용할 것이다. 그러나 앞에서 보았듯 제20조 두문의 요건을 충족하기 위해서는 그 외에 자의적인 차별이나 위장된 무역제한을 하지 않는 등의 요건 모두의 충족이 요구된다. 따라서 다자간 조약에 근거한 대상조치라고 하더라도 제20조 두문의 요건을 충족시키는 것은 결코 쉽지 않다.[44]

WTO 하에서 환경보호를 위한 무역제한조치의 WTO협정 적합성에 관해서는 분쟁해결사례에서 완화된 WTO협정의 문언해석을 통하여 무역자유화와 환경보호를 조화시키는 법리를 발전시켜 왔다. 그 결과

---

42) 오존층을 파괴하는 물질에 관한 몬트리올의정서 제4조 1항(비체약국으로부터의 규제물질의 수입금지), 2항(비체약국에게 규제물질의 수출금지).

43) 川瀬, 전게주(41), 190-193면.

44) 川瀬, 전게주(41), 193-195면.

GATT의 시대에 비하면 환경보호를 위한 무역제한조치의 WTO협정 적합성이 인정될 여지는 확대되었다. 그러나 다자간 환경조약에 근거한 무역제한조치라도 WTO협정을 위반하였다고 판단되고, 게다가 그것이 제20조의 예외로서 정당화되지 않을 가능성은 여전히 남아 있다. 이에 대해서는 WTO협정의 개정을 포함하여 어떠한 적극적인 조정조치를 검토할 필요가 있는 것은 아닌가? 따라서 다음 절에서는 WTO 아래에서 설치된 무역과 환경위원회를 주목하여, 이 문제에 관한 이 위원회의 활동을 소개한다.

5. 무역과 환경위원회의 활동

WTO의 설립을 결정한 1994년 4월의 마라케시 각료회의는 '무역과 환경에 관한 결정'을 채택하여, 이 문제를 포괄적으로 검토하는 무역과 환경위원회(Committee on Trade and Environment)를 설립하였다.[45] 이 결정에 따르면 위원회의 임무는 (i) 무역조치와 환경조치의 관계를 명확히하는 것, (ii) 지속가능한 개발을 위한 두 조치의 조정 이외의 목적을 위해 WTO협정의 수정필요 여부를 권고하는 것 등 두 가지이다. 그리고 구체적인 검토과제로 (i) 다자간 환경협정에 근거하는 것을 포함한 환경목적의 무역제한조치와 WTO협정과의 관계, (ii) 무역에 관련한 환경조치와 WTO협정과의 관계, (iii) 환경세 · 부과금 및 상품에 관한 환경목적의 요구와 WTO협정과의 관계, (iv) 환경목적 무역관련조치의 투명성에 관한 WTO협정의 규정, (v) WTO의 분쟁해결절차와 다자간 환경협정 분쟁해결절차의 관계, (vi) 환경관련조치의 시장 접근성의 영향 등 여섯 가지를 들 수 있다.

그 후 무역과 환경 위원회는 이러한 사항에 관한 활발한 검토를 진행하였다. 위원회에서의 검토를 참고하여 2001년 11월의 도하각료회의

---

45) GATT Marrakesh Ministerial Meeting, Decision on Trade and Environment, 15 April 1994, at http://www.wto.org/english/docs_e/legal_e/56-dtenv.pdf.

는 다음 세 가지를 도하개발아젠다의 교섭과제로 하였다: (i) WTO협정과 다자간 환경협정에 근거한 무역상의 의무와의 관계, (ii) 다자간 환경협정 사무국과 WTO사무국 간의 정기적인 정보교환의 절차, (iii) 환경관련 상품 및 서비스의 관세 이외 장벽의 삭감 · 철폐.[46)]

교섭과제의 필두가 된 것은 앞서 살펴본 다자간 환경협정에 근거한 무역제한조치의 WTO협정 적합성에 관한 여러 문제의 검토이다. 다만, 도하각료선언은 이 문제영역 안에서 교섭에서의 검토대상을 다자간 환경협정의 당사국인 WTO회원국 상호간 WTO협정 관련 규정의 적용문제에 한정하고 있다. 그리고 다자간 환경협정의 당사국이 아닌 WTO회원국이 WTO협정상 보유하는 권리를 침해하는 것이 아니라고 설명하면서, 후자에 대해서는 종래대로 WTO협정의 규정이 적용되는 것을 확인하고 있다.[47)]

다만, 2012년 7월 현재, 이 주제에 관한 교섭은 각국에서 여러 제안이 나오고 있는 단계에 머물러 있고 제안에 근거하여 조문안을 작성하였으나, 마지막 단계에는 이르지 않았다.[48)]

6. 결 론

환경보호에 대한 국제적인 관심이 고조되는 한편, 국제환경법의 정비는 뒤쳐지고 있으며, 각국이 그 국내법을 통하여 환경보호를 실현한다는 방식이 지금도 많이 이용되고 있다. 그리고 무역제한은 환경보호라는 목적을 달성하기 위해 유효하고 필요한 수단으로써 종종 사용되고 있다. 그러나 이러한 무역제한은 때로는 보호주의의 위장으로 사용되는

46) WTO Doha Ministerial Meeting, Ministerial Declaration, 14 November 2001, para.31, at http://www.wto.org/english/thewto_e/minist_e/min01_e/mindecl_e.htm.

47) *Ibid.*, para.31 (i).

48) WTO Committee on Trade and Environment in Special Session, Report by the Chairman, Ambassador Manual A. K. Teehankee to the Trade Negotiation Committee, TN/TE/18, 18 July 2008, para.10.

경우가 있으며 남용될 위험도 크다. GATT시대의 분쟁해결사례에서는 이러한 환경보호를 위한 무역제한조치에 대해서 엄격한 규율이 적용되어 왔다. 그러나 WTO가 출범한 이래로 환경보호를 위한 무역제한 조치의 WTO협정 적합성을 심사한 패널보고서나 항소기구보고서는 GATT 제20조의 (b)호, (g)호나 두문 해석을 통해 이러한 종류의 무역제한조치가 허용될 여지를 보다 널리 인정하게 되었다. WTO협정의 해석을 통해 무역자유화와 환경보호라는 가치의 균형을 유지하려는 노력의 결과로 주목된다. 한편, WTO의 규율과 국제환경법의 규율, 특히 지구환경보호에 관한 다자간 조약규정과의 사이에서 충돌이 생길 가능성은 여전히 해소되지 않고 있다.

WTO협정을 채택한 1994년 4월 마라케시 각료회의에서 설립된 무역과 환경 위원회는 다자간 환경조약에 근거한 무역제한조치와 WTO협정과의 관계를 당초부터 검토과제로 삼아 도하개발아젠다에서 계속해서 교섭을 진행하고 있다. 교섭이 잘 성사된다면 이 문제에 대해 WTO 협정의 개정까지 포함하는 방안이 논의될 가능성이 있으나, 현재 교섭의 최종결과에 대해서는 명확한 전망이 나오지 않고 있다. 그러므로 앞으로 교섭의 진전에 계속하여 주목할 필요가 있다.

| 참고문헌 |

平覚 "メキシコ・米国間のイルカ・マグロ紛争に関する1991年GATT小委員会報告", 「商大論集」, 45 巻3号 (1993年), 365-395면.

川瀬剛志, "WTO体制下における自由貿易と地球環境保護の法的調整－ガソリンケース後のGATTと多国間環境協定(MEA)," 「日本国際経済法学会年報」 6号 (1997年), 173-207면.

J. H. Jackson, "World Trade Rules and Environmental Policies: Congruence or Conflict?" *Washington and Lee Law Review*, vol.49, 1992, pp.1227-1278.

T.J. Schoenbaum, "Free International Trade and Protection of the Environment: Irreconcilable Conflict?" *American Journal of International Law*, vol.86, 1992, pp.700-727.

D. C. Esty, *Greening the GATT: Trade, Environment, and the Future*, Institute for International Economics, 1994.

W. J. Snape, III, & N. B. Lefknowitz, "Searching for GATT's Environmental Miranda: Are 'Process Standards' Getting 'Due Process'?" *Cornell International Law Journal*, vol.27, 1994, pp.777-815.

T. J. Schoenbaum, "International Trade and Protection of the Environment: The Continuing Search for Reconciliation," *American Journal of International Law*, vol.91, 1997, pp.268-313.

C. Chinkin, "International Environmental Law in Evolution," in T. Jewell & J. Steele (eds.), *Law in Environmental Decision-Making: National, European and International Perspectives*, Clarendon Press, 1998, pp.229-265.

J. P. Trachtman, "The Domain of WTO Dispute Resolution," *Harvard International Law Journal*, vol.40, 1999, pp.333-377.

WTO Commission on Trade and the Environment(CTE), *Compliance and Dispute Settlement Provisions in the WTO and in Multilateral Environmental Agreements, Note by the WTO and UNEP Secretariats*, 6 June 2001, WT/CTE/W/191.

WTO, *Trade and Enviromnet at the WTO*, WTO, 2004.

제 4 부

환경과 우주 · 남극

제12장

우주 환경보호

1. 우주쓰레기 문제 – '우주잔류물' 현황

1957년 10월 4일 최초로 인공위성 발사가 성공한 이래로 50년이 흘렀다. 반세기 동안의 우주개발 성과에 따라 방송·통신, 위치정보, 기상정보, 지구관측을 위한 화상정보 등 우주기술 응용의 성과를 누리지 않는 국가나 지역이 거의 없을 정도로 우주의 활용은 인류와 매우 밀접해졌다. 우주공간에 '우주물체'를 쏘아 올려 이용하거나 이를 보조하는 지상업무를 우주활동이라 정의한다면, 우주활동이 번창하면서 보다 많은 우주물체가 지구주위 궤도를 돌거나 또는 그 이외의 비행경로를 따라 이동하게 될 것이다.

그럼에도 불구하고 위성발사 수 자체는 장기적으로 감소 추세에 있다. 위성의 수명이 늘어나고 한 번에 2기 이상의 위성을 탑재하여 발사하는 대형로켓이 일반적인 형태가 되었고, 위성 1기가 다수의 임무를 수행하는 경우가 증가하였기 때문이다. 또한, 현 시대가 미·소 냉전시대와 같이 두 강대국이 서로를 감시하는 긴박한 시기가 아니란 점도 위성 수 감소에 한몫을 하고 있다. 그러한 추세는 독자적으로 우주활동을 하는 것이 어렵다는 점도 있고, 자국영역 내에서 발사할 수 있는 능력을 가지고 있는 국가가 현재도 8개국에 지나지 않는다는 현실 또한 관련되어 있다고 할 수 있다.[1)]

현재 로켓발사는 연평균 60회씩 이루어지고 있으며, 약 85기의 위성이 새롭게 지구주변 궤도에 배치되고 있다. 그러나 우주공간에 놓이는 것은 위성이나 우주기지의 모듈뿐만이 아니다. 위성발사시 떨어져 나오는 로켓 상단 동체부분, 노즐 커버, 위성의 연결구, 위성렌즈 보호용 캡은 물론이고 여러 개의 위성을 동시 발사할 경우 위성이 궤도상에 오르는 동안 덮개 등의 관련부품들이 우주공간에 쓰레기로 배출된다. 고체연료 로켓에서 나오는 그을음이나 태양복사에 의해 벗겨진 로켓 및 위성의 페인트 조각도 우주공간에서는 쓰레기가 된다. 수명이 다한 위성도 마찬가지다. 우주쓰레기는 로켓단이나 위성의 우발적 폭발로 생성되는 파편 잔해와 위성, 로켓단이 서로 충돌함으로써 기하급수적으로 늘기도 한다. 냉전시기 미국 · 소련에 의한 위성파괴(ASAT)실험처럼 인위적으로 쓰레기를 만들어내는 경우도 있다. 이처럼 우주쓰레기 문제는 1980년대 후반부터 우주 환경문제로 인식이 되어, 우주쓰레기는 통칭 '우주잔류물(space debris)'로 불리게 되었다.

미 국방성이 운영하는 우주정찰네트워크(SSN)는 고도 1,800~2,000㎞(정도까지)의 지구저궤도(LEO)를 도는 직경 10㎝ 이상 우주물체의 3차원적 위치와 이동방향 및 속도를 거의 정확히 파악하고 있고, 이 중 추적 가능한 개별 물체를 목록화하여(이를 '카탈로그화'라 한다) 우주과학계에 공표하고 있다. SSN에 따르면, 우주 물체의 수는 2005년 말에는 9,428개, 2006년 말에는 9,948개, 2008년 1월 1일에는 1만 2,456개, 2009년 1월 1일에는 1만 2,743개, 2010년 1월 6일에는 1만 5,090개로 해마다 점점 증가하고 있다. 이 중 6~7%만이 제 기능을 발휘하는 우주물체이고, 이를 제외한 나머지는 우주를 떠도는 우주잔류물, 즉 우주쓰레기이다.[2] 2007년부터 2008년에 걸친 우주물체 증가율은 사상 최대로 이는

1) 8개국은 러시아, 미국, 프랑스, 일본, 중국, 인도, 이스라엘, 인도이다(발사 성공 순서).

2) Spacesecurity@org가 매년 발표하는 Space Security 시리즈의 정보, UN 우주공간 평화이용위원회(COPUOS)의 과학기술소위원회에 제출된 정보, 미 항공우주국

2007년 1월 12일(현지시간) 고도 864㎞의 태양동기궤도상에 있는 자국 기상위성을 중거리탄도미사일로 요격한 중국의 ASAT 실험에 의한 결과이다. SSN은 2008년 2월 1일 동 실험에서 발생한 우주잔류물 2,317개를 목록화하였다.[3)]

SSN에서는 탐지불가능한 우주잔류물의 수는 직경 1~10㎝ 정도 크기가 약 30만 개, 그보다 더 작은 크기 수십억 개가 지구저궤도(LEO)에 밀집되어 있다고 한다. 그 중 1㎝ 미만의 미세한 잔류물은 우주물체를 강인화하는 것으로 대응이 가능하다. 또한 카탈로그화된 10㎝ 이상의 우주물체는 SSN의 정보에 근거하여 지상관제로 위성궤도를 변경하면 충돌을 피할 수 있다. 문제는 탐지·대처가 불가능한 1~10㎝크기의 작은 물체들이 지구저궤도에서 초속 7.8㎞ 이상의 속도로 돌고 있기 때문에 거대한 파괴력을 지닌다는 점이다.

우주공간은 거대하므로 일견 지구주위에 30만 개 이상의 위험한 우주잔류물이 있다고 해도 그리 큰 문제가 되지 않는다고 생각하기 쉽다. 그러나 우리가 이용하는 궤도가 한정되어 있기 때문에 우주잔류물과의 충돌위험은 그렇게 적지 않다. 예컨대 방송·통신에 적합한 3만 5,800㎞ 상공의 정지궤도(GEO)는 우주물체로 혼잡하여 궤도 위치확보에 어려움이 있는데 이러한 점은 이전부터 지적되어 왔다. 또한 정찰이나 유인우주기지에는 지상 400㎞까지의 궤도가 적합하고, 지구관측, 위치측정, 조기경계·경보, 기상 등에는 600~1,000㎞ 부근의 태양동기궤도가 적합하듯이, 어느 국가도 사용을 원하는 궤도는 매우 한정된다. 그 때문에 1990년대 들어서 위성과 우주잔류물 간 충돌이 점차 증가하였고 때로는 위성기능에 크게 손상을 입힌 경우도 있었다. 미 항공우주국(NASA)은 최근 몇 년간 SSN의 통보에 따라, 우주왕복선이나 국제우주정

(NASA)이 공표하는 Orbital Debris Quarterly News에 게재된 정보 등에 의거한 숫자이다.

3) Spacesecurity@org. (ed.), *Space Security 2008*, Project Ploughshares, 2008, p.29.

거장의 우주잔류물과의 충돌을 피하기 위해 1~2년마다 1번씩 이들 우주물체의 궤도를 변경하였으나,[4] 2009년에는 이와 같은 행동을 한 해 3번이나 취하였다.[5] 이는 우주잔류물 수의 증가를 보여주는 일례라고 할 수 있다.

2. 우주잔류물 절감을 위한 국제문서

(1) UN우주조약에 따른 규제

UN우주공간평화이용위원회(COPUOS)에서 작성한 「우주물체에 의해 야기된 손해에 대한 국제책임에 관한 협약」(손해책임협약)[6] 제1조 (d)항 및 「외기권에 발사된 물체의 등록에 대한 협약」(등록협약)[7] 제1조 (b)항에서는, "'우주물체'에는 우주물체의 구성부분 및 우주발사체와 그 부품을 포함한다"라고 정의하고 있어 일반적으로 우주잔류물도 우주물체에 포함되는 것으로 보고 있다. 무엇보다 이러한 조약이 채택된 당시에는 잔류물 문제에 대한 인식이 부족하였기 때문에, 극히 불분명한 미세쓰레기가 야기하는 손해에 대한 '발사국'의 피해자구제 또는 예방책은 특별히 명시되어 있지 않다. UN우주조약을 통해 직접 대응 가능한 범위는 '발사국'의 식별이 가능한 우주물체가 초래하는 손해에 대한 사후조치이다. 이하, 우주잔류물의 예방과 손해배상에 적용 가능한 우주조약의 규정을 개관한다.

1) 방지조치

순수과학실험 및 군사실험과 같은 실험에 의한 인위적인 우주잔류물 발생을 방지하는 의무는 「달과 기타 천체를 포함한 외기권을 탐사하

---

4) NASA의 변호사가 공표한 정보에 의함. Steven Mirmina, "Reducing the Proliferation of Orbital Debris: Alternative to a Legally Binding Instrument," *AJIL*, vol.99, 2005, p.652.

5) NASA, *Orbital Debris Quarterly News*, vol.14, no.1, 2010, p.2.

6) 1972년 서명개방, 동년 발효. 2012년 3월 현재 당사국은 88개국.

7) 1975년 서명개방, 1976년 발효. 2012년 3월 현재 당사국은 55개국.

고 이용하는 국가의 활동에 적용되는 제원칙에 관한 조약」(우주조약)[8] 에 규정되어 있다고 볼 수 있다.

모든 국가가 자유로이 우주공간을 탐사 · 이용할 권리(제1조) 또는 '조약의 다른 모든 당사국에 해당하는 이익을 적절히 고려하여' 우주개발을 행할 의무(제9조 1문), 자국 · 자국민의 개발 및 실험이 타국의 우주공간 탐사 · 이용에 '잠재적인 피해를 줄 우려가 있을 시' 사전에 협의할 의무(제9조 3문) 등이 우주잔류물 방지를 위해 일정한 행동을 취할 의무에 포함된다고 할 수 있다. 그러나 이는 어느 국가의 관할에도 속하지 않는 우주공간에 있어 타국의 자유로운 활동을 방해하지 않도록 하는 일반적 의무선언에 지나지 않는다. 이에 요구되는 구체적인 행동준칙이나 의무수준은 매우 불명확하다. 게다가 명백한 위반이 있더라도 조약에 벌칙규정이나 분쟁해결조항이 없기 때문에 UN우주조약에 의한 방지의무는 그 실효성에 있어 한계가 있다.

2) 사후조치

사후조치에 관해서는 우주조약 제7조 및 그 세칙에 대하여 규정하는 손해책임조약 및 「우주비행사의 구조, 우주비행사의 귀환 및 외기권에 발사된 물체의 회수에 관한 협정」(구조회수협정)[9] 이 적용된다. 가장 유명한 사례는 1978년 1월 24일, 소련의 원자력추진 해양정찰위성 Cosmos 954호가 캐나다 북부에 추락하여 방사능을 띤 파편이 대량으로 뿌려진 사건이다. 직접적인 인적 · 물적 피해는 없었으나, 캐나다 정부는 향후 발생할지도 모를 방사능 오염피해를 예방할 조치로써 파편의 수색 · 회수뿐만 아니라 추락지역의 청정화 작업을 그 해 10월 15일까지 실시하여, 총 1,400만 달러를 지출하였다. 캐나다는 이 중 예방조치 부분을 제외하고 수색 · 회수비용을 포함한 손해배상금 약 600만 달러를 소련에 청구하였지만, 소련은 손해책임조약에 근거한 배상지불의 전제인 물리적 손해가 발생하지 않았다는 것을 이유로[10] 배상책임을 질 수

8) 1967년 서명개방, 동년 발효. 2012년 3월 현재 당사국은 101개국.

9) 1968년 서명개방, 동년 발효. 2012년 3월 현재 당사국은 91개국.

없다고 주장하였다. 그 후 1981년 양국이 체결한 의정서에 의해 소련이 300만 달러의 보상금을 지급하는 것으로 이 사건은 완전히 종결되었다.[11]

한편, 구조회수협정에서는 우주잔류물(동 협정에서는 '우주물체 또는 그 구성성분'으로 규정)이 추락한 체약국은 발사국(동 협정에서는 '발사기관'으로 규정)의 요청을 바탕으로 우주잔류물을 반환하고 회수비용은 발사국이 부담하는 것으로 규정하고 있으나(제5조 2, 3, 5항), 소련은 우주잔류물의 소유권을 포기하고 반환을 요청하지 않았다.[12] 동 협정에는 이러한 경우 회수비용을 발사국에 지불하게 할 수 있는 규정이 없다. 그 외에도 구조회수협정에서는 우주잔류물의 추락정보를 제공할 의무가 발사국뿐만 아니라 우주잔류물이 추락한 국가에 있는 것이나(제5조 1항), 우주잔류물의 회수를 발사국이 요청할 경우 추락한 우주잔류물이 '위험 또는 해를 끼치는 것'(제5조 4항)일 경우 발사국이 우주잔류물의 제거 · 회수를 위해 우주잔류물 소재국을 방문 · 활동하는 것이 허용된다고 해석되는 등(제5조 2~4항) 발사국 측에 유리하게 되어 있다.

문제는 우주물체의 추락에 따른 지상손해에 관하여 피해국을 구제하는 조치의 설정이다. 이러한 구조회수협정의 문제점을 시정하기 위해 작성된 것이 손해책임조약이다. 그러나 이 조약은 지표면이나 비행 중의 항공기가 받은 손해의 경우 발사국이 무과실책임을 지고(제2조), 우주공간에서의 충돌에 따른 손해는 발사국의 과실책임이 적용된다(제3조)고 규정한다. 따라서 발사국을 특정지을 수 없는 매우 미세한 우주잔류물이 사고원인이 될 경우에는 사후조치로써 기능할 수 없다는 문제점이 있다.

UN우주조약은 우주잔류물 발생 가능성이 있는 한 도저히 예방과

10) 손해책임조약 제1조 (a) 참조.

11) *International Legal Materials,* vol.18, 1979, pp.899-930. 太寿堂鼎等 編,「セミナー国際法」(東信堂, 1992年), 75-78면.

12) *ILM, ibid.*, pp.916, 922.

적절한 사후조치에 관하여 실효적인 규정을 갖추었다고는 말할 수 없다.

(2) 연성법(Soft Law)에 의한 규제

1) IADC 우주잔류물 절감 가이드라인

미국은 유인우주프로그램을 운영하는 우주선진국으로서 우주잔류물 절감이 매우 긴박한 과제임을 깨달았다. 그러나 자국만이 절감책을 취할 경우 우주활동비용이 상승하고 특히 사기업의 경쟁력이 저하되므로, 각국에 호소하여 1993년 우주잔류물의 정보교환 및 공통된 절감책 채택을 실시하는 국제포럼인 '국제 우주잔류물 조정위원회(IADC)'를 설치하였다. 2012년 7월 현재 IADC 회원국은 미국, 영국, 프랑스, 독일, 이탈리아, 러시아, 우크라이나, 일본, 중국, 인도, 캐나다의 우주기구 및 유럽우주기구(ESA)이다.

IADC는 2002년 우주잔류물 절감 가이드라인을 컨센서스 방식으로 채택하고 우주개발에 참가하는 기관은 가이드라인을 따라 설계·제조, 발사, 운용단계(궤도파쇄방지책, 의도적 폭발 방지 등), 운용종료 후의 우주잔류물 처리방법을 따르도록 하였다. 운용종료 후의 처리는 LEO 위성의 경우 의도적으로 대기권 내로 재돌입시켜 불태우는 '디오비트'(deorbit) 방식을 취하고 GEO상 위성은 이동연료가 남아있을 때 지상통제로 위성을 사용빈도가 적은 궤도(묘지궤도)로 이동시키는 방식인 '리오비트'(reorbit)를 이용함으로써 충돌가능성을 줄일 수 있다. 이후 2004년에는 동 가이드라인의 보완문서가 채택되고 2007년에는 새로운 과학적 견해의 확립에 따라 가이드라인을 개정함으로써 리오비트의 조건 등이 변경되었다.[13)]

GEO 위성의 경우, 이미 1993년 국제전기통신연합(ITU) 무선통신부

---

13) IADC, IADC Space Debris Mitigation Guidelines, IADC-02-01 (15 Oct. 2002); IADC WG4, Support Document to the IADC Space Debris Mitigation Guidelines (AI.20.3), (4 Oct. 2004); IADC, IADC-08-01 (8 Feb. 2008), pp.17-21, 결정은 2007년 9월.

문(ITU-R)이 위성기능이 종료된 위성을 약 300㎞ 가량 GEO에서 떨어진 궤도로 이동시킬 것을 요청한 바 있고, 2004년 ITU는 이후 기술상의 진전을 반영한 IADC 가이드라인의 규칙 5.3.1을 채택하여 이러한 위성을 (235+1000×Cr×A/m)[14]㎞ 떨어진 궤도에 재배치할 것을 권고하였다.

2) 우주선진국의 국내이행조치

IADC 가이드라인은 법적 구속력이 없는 권고적 성격의 문서라 할 수 있지만 그 내용을 반영한 국내법이나 우주기관의 가이드라인이 국내에서 이행되고 있으므로 실효성이 있다고 볼 수 있다. 가이드라인이 채택되기 전 미국 NASA가 전 세계에서 가장 먼저 안전표준을 작성하였고 (NSS 1740.14), 이듬해인 1996년에는 일본의 우주개발사업단[NASDA, '2003년 10월 이후 '우주항공연구개발기구'(JAXA)]이 NASA 표준과 유사한 안전표준을 채택하였다(NASDA-STD-18).[15] 유럽은 1999년 프랑스 우주기구 CNES가 CNES 표준을 작성하였고, 이후 2004년에는 영국 · 독일 · 프랑스 · 이탈리아의 우주기구 및 ESA가 CNES 표준에 근거한 '우주잔류물절감 행동규범'(*ESA Space Debris Mitigation Handbook*)을 채택하였다.

국내우주법이 제정된 국가의 우주잔류물 절감책은 국내법에 규정되어 있다. 그러나 법률에는 우주잔류물 제거라는 일반적 의무만이 명시되어 있고 IADC 가이드라인의 요건을 만족하는 상세한 기술표준은 발사 · 위성운용 허가규칙에 규정되어 있다. 예컨대 1984년 미국상업우주발사법(Commercial Space Launch Amendments Act)[16]에 기초한 1999년

---

14) 235㎞는 GEO 보호지역 200㎞에 달 · 태양과 중력의 섭동효과에 의한 최대고도 변화량(35㎞)을 더한 수치이며, Cr은 태양복사압 계수로 통상 1~2 사이이다. A/m은 건조질량에 대한 유효면적을 나타낸다.

15) NASDA-STD-18은 JAXA 성립 후, JAXA프로그램 관리문서(JMR) 번호에 근거한 JMR-0003A가 됨.

16) 현행법은 유인비행허가규칙을 포함한 2004년 개정법(Commercial Space Launch Amendments Act of 2004)이다. 우주잔류물 절감책은 동법의 '공중위생 및 안전, 재산의 안전, 미국국가안전보장 및 외교정책상의 이익을 보호하기 위해 필요한 추가요건(an additional requirement necessary to protect the public health and safety, safety of property, national security interests, foreign policy interests of

운송면허규칙에는 연방항공청(FAA)이 발사단계의 잔류추진제 제거방법이나 운용 중 과도한 배터리 충전을 막는 구체적 조치를 취할 것을 요구하고 있다(14CFR417.129). 1992년 미국 지상원격탐사정책법은 위성기능이 정지하였을 경우 대통령이 허가하는 방법으로 위성을 처리할 것을 면허부여조건으로 기재하고 있으며[제5622조 (b)항 (4)], 국가해양대기청(NOAA)이나 연방통신위원회(FCC)의 면허규칙에 IADC 가이드라인을 따르는 구체적 조치가 규정되어 있다.[17)]

1986년의 영국우주활동법(British Space Activities Act)은 우주활동의 면허부여조건으로써 위성운용을 종료할 시 면허요건에 따라 당해 위성처리를 시행하고, 그 사실을 가급적 빠르게 국무총리에게 통보할 것을 요구하고 있으며[제5조 (2)항 (e), (g)], 구체적인 조치는 면허부여규칙과 규정에 따른다. 우크라이나법, 호주법, 벨기에법, 캐나다법, 네덜란드법, 프랑스법이 이와 같은 방식을 채택하고 있다.

3) UN우주잔류물 가이드라인

COPUOS의 과학기술소위원회는 2001년 IADC에 UN회원국이 자주적으로 실시해야 할 우주잔류물 절감 가이드라인의 초안을 부탁하였다. 국제사회가 실효적으로 우주잔류물절감에 임하기 위해서는 가능한 한 많은 우주개발국과 기업이 동일한 기준을 지키고 새로운 과학적 견해와 기술을 합치시킨 가장 최신의 절감책을 수시로 도입하는 것이 중요하다. 조약의 형식은 문서채택과 발효에 많은 시간을 요하기 때문에 이러한 목적을 달성하기에는 부적합하다고 판단하여 연성법(Soft Law)에 의한 규제가 선택되었다.

특히, 법률소위원회에서 69개국의 컨센서스를 얻어 조약작성을 할

---

the United States)'[제70105조 (b)항 (2) (B)]에 해당하는 허가규칙에 포함된다.

17) 동법에 따라 제정된 지상원격탐사상업화법(Land Remote Sensing Commercialization Act of 1984)도 4242조 (b)항 (3)에서 동일한 규정을 둔다. 구체적 조치는 면허부여규칙[15 CFR 960.11 (12)에서 규정하는 재배치 계획 및 수속승인취득의무]에 따른다.

경우 개발도상국이 우주선진국에만 책임을 물어 우주개발비를 상승시키는 우주잔류물 절감책을 취해야 한다고 주장할 수 있다. 또 발사국이 불분명한 우주잔류물로 인한 손해로부터 피해국을 구제하기 위해 선진국이 자금을 출자하는 기금설립제도가 제안될 가능성 등이 충분히 예상되었기 때문에 관련쟁점의 정치화를 막기 위해서라도 과학기술소위원회에서 기술적인 표준권고를 해야만 했던 것이다.

2004년에 IADC가 제출한 초안은 러시아 · 인도 등의 요구에 바탕을 두고 이후 약간의 수정을 거쳐 2007년 2월 과학기술소위원회, 6월에 본위원회에서 각각 컨센서스에 따라 채택되었다. 같은 해 12월 UN총회 결의인 '우주의 평화적 이용을 위한 국제협력'(International Cooperation in the Peaceful Uses of Outer Space)에 의해 승인되어 정식으로 'UN 우주잔류물 절감 가이드라인'이 되었다. 이는 운용단계에서 종료 후 위성재배치에 이르기까지의 7개의 가이드라인으로 구성되지만 내용이 간결하고 추상적이기 때문에 구체적인 운용시에는 IADC 가이드라인을 참조하여 적용할 필요가 있다.[18] 따라서 UN가이드라인의 주된 의의는 11개 우주기구에 한정되어 있던 자주적 내용을 UN회원국 전체로 확대한 점에 있다고 할 것이다.

과학기술소위원회에서는 현재 각국의 우주잔류물 절감 실행에 관하여 지속적으로 보고하고 있으며, 법률소위원회는 2008년 회기에서 2009년 이후 회계년도 의제(다음 회기의 의제 지속여부를 매회 결정하는 종류의 의제)로서 우주잔류물 절감조치에 관한 국내 메커니즘을 통한 정보교환을 신규 의제로 선정할 것을 결정하였다.[19] 법률소위원회가 우주잔

18) (i) 운용시 우주잔류물의 방출 제한, (ii) 운용시 파쇄가능성 최소화, (iii) 궤도상 충돌의 개연성 제한, (iv) 의도적 파괴 · 유해활동 회피, (v) 운용 종료시 잔존연료를 이용한 파쇄가능성 최소화, (vi) 운용종료 후 LEO상의 우주잔류물 절감책, (vii) 운용종료 후 GEO상의 우주잔류물 절감책, 이상 7개 가이드라인으로 구성되어 있다. GAOR, 62cd. See., Supplement no.20(A/62/20) (2007), Annex 4;A/RES/62/217 (10 Jan. 2008).

19) A/AC. 105/917 (18 Apr. 2008), p.4.

류물을 의제로 정한 것은 이때가 처음이다. 두 소위원회에서 이행상황을 자주적으로 보고하는 제도가 상호감시기능을 가지게 된다면, UN 가이드라인의 실효성을 높일 수 있을 것이다.

3. 원자력 추진체 사용원칙의 재고

전술한 1978년 소련의 방사성 우주잔류물이 캐나다 북부에 추락한 사건(*Cosmos* 954호 사건)을 계기로 우주공간 및 지표면 환경을 보호하기 위해 다음해부터 COPUOS 법률소위원회에서는 원자력 추진체(NPS)의 이용에 대한 규제가 논의되었다. 그 결과, 1992년 '우주공간의 원자력 추진체 이용에 관한 원칙'(Principles Relevant to the Use of Nuclear Power Sources in Outer Space)이 컨센서스를 통해 총회결의로 채택되어, 안전기준에 유의하면서 행성탐사 등을 위한 원자력이용을 시행할 것을 권고하였다.

이 원칙은 우주공간의 방사성물질의 양과 그에 수반하는 위험을 최소화하기 위하여 NPS 이용은 합리적 이유가 있는 경우로 제한하는 것을 원칙으로 한다. 이에 따라 NPS가 탑재된 우주물체를 발사하는 국가는 당해 물체의 설계, 제조, 이용에 있어 공공안전을 위한 국제방사선방호위원회(ICRP)에 의해 권고된 적절한 방사선방호목표와 방사능방호지침을 준수하여야 한다[원칙 3.1 (a)-(c)]. 소련이 이용한 높은 위험도의 원자로는 고체농축우라늄 235만을 원료로 쓸 것을 원칙으로 하여, 행성간 임무와 충분히 고궤도라 여겨지는 장소에서만 사용이 허가된다(원칙 3.2). 한편, 미국이 이용하는 비교적 안전한 방사성동위원소 발전기는 행성간 임무는 물론 지구중력권을 벗어나는 우주공간에서의 기타임무에도 이용할 수 있다고 하여 사용가능구역과 임무의 내용에 차이를 두었다(원칙 3.3). NPS 탑재 우주물체가 지구상에 방사성물질을 재돌입시킬 위험이 있는 기능상의 오류를 일으킬 경우, 발사국은 이 원칙에 규정된 정보를 관계국에 제공할 의무를 지는(원칙 5) 것과 동시에 타국의 협의요청에 신속히 대응할 것이 요구된다(원칙 6). 이러한 점은 *Cosmos* 954호 사건에서 교훈[본장 2(1)2) 참조]을 얻어 우주조약 제9조와 구조회수협정 제5조를 뛰어넘는 그 이상의 의무를 NPS의 발사국에 부담시키는 것으로 평가할 수 있다. 우주상황 감시능력을 가진 모든 국가는 영향을 받을 위험이 있는 국가가 예방조치를 취할 수 있도록 국제협력의 관점에서 UN사무총장과 관계국에 대기권 재돌입에 관한 정보를 제공하여야 한다(원칙 7. 1). 또, 재돌입 후에는 영향을 받은 국가가 요청시 필요한 원조를 제공하여야 한다고 규정하여(동 2), *Cosmos* 954호 사건에 대하여 미국이 완수한 역할에 정당성을 부여하였다.

기술발전에 따라 신속히 사용제한규칙을 변경하고 동 원칙 채택 2년 이내에 COPUOS에서 원칙개정문제의 가능성을 도모할 것이 규정되었다(원칙 11). 이러한 이유로 법률소위원회에서는 NPS를 단위년도 의제('우주공간의 NPS 사용에 관한 원칙의 재검토 및 개정 가능성')로 남겨두고 있으나, 과학기술소위원회에서도 '우주공간에서의 NPS 이용'의 기술적 측면을 토의하고 있는 것으로 보아 과학기술소위원회에서 결론이 난 후 법률소위원회에서 대처방법을 정한다는 합의가 있어 당분간 개정작업이 이루어질 전망은 없다.

후술하는 바와 같이 우주개발국은 최근 달, 화성 등의 행성탐사에 힘을 기울이고 있으나, 우주탐사를 위해서는 막대한 전력이 필요하기 때문에 NPS에 의지하여야 한다는 것이 각국의 이해이다. 그 결과 2006년 이래 과학기술소위원회에서는 국제원자력기구(IAEA)와 공동으로 객관적 기술심사에 의거한 NPS의 안전 가이드라인 작성을 개시하여 2009년 IAEA/과학기술소위원회 전문가그룹이 '우주공간의 NPS 사용을 위한 안전범위(Revised Draft Safety Framework for Nuclear Power Source Applications in Outer Space)'를 채택하였다.

NPS 규제에는 우주잔류물과 비슷한 측면이 있어 법적 구속력을 가지는 조약은 물론 법률소위원회를 거쳐 UN총회에서 채택하는 정치적 권고조차 우주의 남북문제에 근거한 정치적 대립을 재연시킬 가능성이 있다고 보고 있다. 따라서 미국을 비롯한 NPS 사용국이 이를 따르는 것을 기피하고 있다. 우주기구의 자주적 이용을 위해 과학기술소위원회의 전문가그룹이 작성한 기술적 가이드라인을 참조문서로 보는 것이 바람직하다는 것이 NPS 사용국의 공통된 견해라고 한다면, 가까운 미래에 법률소위원회에서 1992년 원칙의 개정에 대한 논의가 이루어질 가능성이 있다고 보기는 어렵다.

4. 달의 환경보호

광의의 우주공간뿐만 아니라, 인류가 우주에 진출할 때의 전진기지가 되는 달의 환경보호도 현재 중요한 과제이다. 2004년 1월 공표된 미국의 새로운 우주탐사비전(Vision for Space Exploration) 이래, '제2차 달 진출 러시'라고 불릴 정도로 세계의 달 탐사열기는 높아지고 있다. 2007년에는 일본과 중국, 2008년에는 인도가 무인 달 탐사기를 발사하였다. 1960년대 말 아폴로 계획 때와는 달리 '제2차 달 진출 러시'에는 달 탐사에 참가하는 국가수가 증가하고 있으며, 미국, 중국, 인도, 러시아는 유인활동을 목표로 하고 있다. 이 중 미국과 러시아는 달을 중계점으로 화성 유인탐사까지 실시할 것을 목표로 하고 있다.[20)]

이러한 배경으로 달의 유인시설 건설과 자원개발, 달 관광업 등이 달 환경에 가져올 영향이 염려되고 있다. 달의 물리적인 성질을 과학적으로 탐사함에 따라 지구의 태초와 생명진화과정을 알 수 있다고 여겨지므로, 인류에 있어 중요한 지적 자산인 달의 환경보전을 위한 법적 제도 형성은 매우 중요한 과제라고 할 수 있다. 특히 중국은 달의 유인활동 목적의 하나로서 헬륨3(핵융합에 이용)이나 티탄을 채굴하여 에너지 부족을 해소할 수 있다고 하고 있으며, 달 기지를 운영하는 과정에서 각

20) 2010년 2월 1일에 발표된 2011년 회계년도의 예산교서에 따라 미국의 유인 달 탐사는 중지되었으나, 2030년대 후반을 목표로 하는 화성 유인착륙 계획은 유지된다.

국도 달 북극에서 발견된 얼음을 두고 수자원경쟁이 일어날 가능성도 있다. 그러나 현 상황에서는 우주잔류물의 예방조치와 같이 달의 개발 활동에는 타국의 탐사 · 이용의 자유를 침해하지 않고 활동하는 일반적 규범(우주조약 제1조 및 제9조 등)만이 존재할 뿐이다.

달의 환경보호에 관하여 「달과 기타 천체에서의 국가의 활동에 적용되는 협정」(달 협정)[21]에서 회원국은 자국의 달 탐사 · 이용이 달의 환경 악화를 가져오는지 환경외물질의 반입이 오염을 발생시키는지 등을 불문하고, 달에 이미 존재하는 환경균형이 파괴되는 것을 방지하기 위한 조치를 취할 의무를 가진다(제7조 1항). 원자력 이용에 관해서도 달에 방사성물질을 배치할 계획이 있는 회원국은 UN사무총장에게 배치하는 취지와 목적을 사전에 통보하여야 한다(제7조 2항). 또한 타 회원국의 권리를 침해하지 않는 범위 내에서 자국이 특별한 과학적 관심을 가지는 달의 일정 구역에 대하여 '국제적 과학보존구역'으로 지정할 것을 고려해 UN의 권한을 지닌 기구와 협의한 다음, 다른 회원국 및 UN사무총장에게 보고하여야 한다(제7조 3항).

달 협정상 '달'은 지구 외 태양계의 모든 천체 및 달을 도는 궤도 또는 달에 도달하거나 달을 도는 기타 비행경로를 포함하는 광범위한 개념이다(제1조 1, 2항). 그러나 모든 우주선진국이 회원국인 다른 4개 UN 우주조약과 달리, 달 협정 회원국은 2012년 3월 현재 13개국에 머물러 있는데 그 중 우주선진국은 1개국도 포함되어 있지 않다.[22] 이는 달 협정이 '달' 및 그 천연자원을 '인류의 공동유산'으로 규정하여 자유경쟁에 기초한 개발을 금지하고 있기 때문이다. 향후 개발이 가능할 때를 대비하여, 달 협정은 선행투자국의 협력과 함께 개발도상국의 이익과 필요성에 중점을 두고 제정한 국제제도를 바탕으로 개발을 계획하고 있다(제11조).

21) 1979년 서명 · 개방, 1984년 발효.

22) 우주선진국 중 프랑스, 인도는 서명하였으나 비준하지 않은 상태이다.

5. 결 론

우주의 최대 환경문제는 우주잔류물이며, 2007년 UN가이드라인에 근거하여 우주개발을 행하는 국가는 우주잔류물의 예방, 제거와 관련하여 국제적으로 표준화된 의무를 다할 것을 권고받게 되었다. 우주잔류물 이외로는 우주환경과 함께 우주물체의 낙하시 지상에 많은 영향을 미칠 우려가 있는 NPS의 위험이 주목을 받고 있다. 이 문제에 관하여 국제사회가 내놓은 해답은 NPS는 향후 더욱더 증가할 우주탐사에 필수불가결한 것이므로 NPS 이용 자체를 금지하는 것이 아니라, 안전한 활용을 위한 이용원칙과 안전틀과 같은 범위 등과 관련된 국제표준을 채택하는 것이다.

또한 장기적으로 가장 우려되는 문제 중 하나는 지구의 위성인 달의 탐사・이용에 따르는 달의 환경문제이다. 달의 탐사・개발이 가능한 국가를 구속하는 우주조약규정에서는 달의 환경파괴 예방은 불가능하므로 우주잔류물 및 NPS의 경우와 같이 행동범위의 수준을 설정하는 문서가 필요하다고 판단된다.

제13장

환경보호에 관한 남극조약의정서

1. 성립배경

남극대륙은 1960년대 초부터 「남극조약」의 규정을 통해 영유권을 동결하고 군사이용을 금지하여 과학관측의 장으로서 이용되어 왔다. 1959년에 체결된 남극조약은 남극의 평화적 이용(제1조) 및 과학적 탐사의 자유와 국제협력 지속을 보장한다(제2조). 이러한 조약내용은 과학적 이익 나아가서는 전 인류의 진보에 공헌한다고 볼 수 있다.

동 조약은 남극에서의 핵폭발이나 방사성폐기물의 처분을 금지하는 제5조를 통해 남극을 지구상의 첫 국제비핵지대로 지정하였다는 것에 의의를 갖는다. 그러나 환경보호에 대해 직접 명시하고 있는 규정은 없다. 핵폭발 및 방사성폐기물의 처분금지규정은 환경보호에 간접적인 효과를 가지나, 그렇다고 해서 군사이용을 금지하는 규정으로 남극의 완전한 환경보호가 이루어지는 것은 아니다.

남극조약 회원국은 협의당사국과 비협의당사국으로 분류된다. 협의당사국은 영유권을 주장한 7개국을 포함한 12개이 원회원국과 남극활동에 과학적 실적이 있는 그 외 협의당사국으로 구성된다. 비회원국 또는 비협의당사국(일부 회원국)의 대다수는 경제적 · 기술적인 이유로 남극에 연구시설을 유지할 수 없는 개발도상국이다. 현재 협의당사국은 27개국, 비협의당사국은 18개국이다.

조약운영에 실질적인 권한을 지닌 협의당사국회의는 남극관련 공통의 이해관계 외에도 생물자원 보호에 관한 조치를 심의하여 회원국에 권고할 수 있다[제9조 1항 (f)]. 따라서 협의당사국회의는 국제지구물리관측년(International Geophysical Year: IGY)에 설립된 남극과학연구위원회(Scientific Committee on Antartic Research: SCAR)의 조언에 근거하여, 1960년대 이후 환경과 관련한 지속적인 권고를 해왔다. 이러한 권고사례로는 남극의 환경오염방지를 위한 활동계획수립과 지속적인 과학 모니터링 요구, 환경영향평가, 폐기물 처분금지, 해양오염에 관한 권고 등이 있다.

1970년대부터 1980년대에 걸쳐 '자원개발과 이용'이 남극환경에 악영향을 끼칠 우려가 확산되면서, 자원개발과 환경보호라는 두 개의 요건을 충족하는 관련협약들이 작성되었다. 1972년에 서명되어 1978년에 발효된 「남극물개보존협약」(Convention for the Conservation of Antarctic Seals), 1980년에 작성되어 1982년에 발효된 「남극해양생물자원보존협약」(Convention on the Conservation of Antarctic Marine Living Resources) 및 1988년에 채택되어 아직 발효되지 않은 「남극광물자원활동의 규제에 관한 협약」(Convention on the Regulation of Antarctic Mineral Resources Activities) 등이 남극과 관련된 주요협약이다. 이러한 관련 협약들은 합리적인 자원개발과 이용이 실시될 경우 남극 생태계 보호가 가능하다는 판단하에 체결되었다.

그러나 광물자원에 대해서는 1980년대 말 환경파괴 발생을 계기로 협의당사국이 채택한 광물협약을 재검토하게 되었다. 1982부터 1985년까지 프랑스의 기지 활주로 건설로 동물생식지가 파괴되는 사건이 있었고, 그 후 1989년에 선박 좌초로 인한 첫 기름유출사고인 아르헨티나 해군유조선 Bahia Paraiso호 사고 등 이미 광물협약 교섭 단계에서부터 몇몇 사고가 발생하여 광물자원활동금지를 촉구하는 국제여론이 확산되었다. 이에 따라 1989년 이후 UN총회는 남극을 '자연보존구역 또는 세계공원(a natural reserve or a world park)'으로 지정하고 모든 인류를 위해 남극의 환경과 생태계는 보호되어야 한다고 주창하였다. 이를 호주와 프랑스가 공동선언을 통해 지지함으로써 광물협약은 명확하게 할 수밖에 없도록 되어 발효가 어려워졌는데, 즉 광물협약 발효에는 호주 · 프랑스를 포함한 모든 청구국(claimant)의 비준이 필요하였기 때문이었다. 인도, 벨기에, 이탈리아, 구소련, 스페인, 뉴질랜드가 양국을 지지하였고, 미국과 영국은 1991년 초 채광활동의 일시적 중단을 승인하기에 이르렀고 일본은 1991년 4월 광물자원개발 금지를 지지할 것을 표명하였다. 그 결과 1998년 발효된 남극환경을 포괄적으로 보호하는 내용을 담은 「환경보호에 관한 남극조약의정서」(이하 의정서)가 채택되었다.[1)]

2. 의정서의 규제내용

(1) 남극조약과의 관계 및 의정서의 적용범위

1991년 작성된 의정서에 따르면, 남극은 '평화 · 과학에 공헌하는 자연보호구역(a natural reserve devoted to peace and science)'으로 정의되며, 남극환경과 생태계의 포괄적 보호는 인류전체의 이익에 비례한다(전문, 제2조, 제4조). 첫째, '평화와 과학'을 언급한 것에서 알 수 있듯이, 의정서는 1959년 남극조약에 기초한 남극질서의 정치적 안정이 뒷받침되지 않고서는 제대로 기능할 수 없다. 의정서 전문에서도 남극조약시스템을 더욱 강화하여 남극에서의 모든 활동이 남극조약의 목적 및 원

1) 환경보호를 위한 남극조약시스템 형성과 전개는 제1기(평화와 과학의 시대, 1960년대), 제2기(자원의 시대, 1970~80년대) 및 제3기(생태계보호와 신시대, 1990년대 이후)로 구분하는 것이 유용하다. 본장은 이 중 제3기에 중점을 두었다. 상세한 내용은 臼杵知史, "環境保護に関する 南極条約システムの変容,"「北大法学論集」 49巻 4号(1998年), 1-44면 참조. 아울러 선구적 업적은 아래와 같다. 山本草二, "南極資源開発の国際組織化とその限界," 大沼保昭 編, 「国際法, 国際聯合と日本」(弘文堂, 1987年). 筒井若水, "「鉱物資源協約」 からみる南極," 「国際問題」 353号(1989年). 林司宣, "南極条約体制の課題とその将来," 「国際問題」 353号(1989年). 이후 연구로는 池島大策, 「南極条約体制と国際法」(慶応義塾大学出版会, 2000年)이 있다.

칙과 일치할 것을 최우선으로 정하고 있는 것이다. 둘째, 의정서는 1959년 이후의 남극조약시스템의 환경보호 범위를 확대하고 개선하는 것이다. 즉, 의정서 회원국은 '남극해양생물자원보존협약의 보존에 관한 원칙을 재확인'하고 동시에 남극환경과 생태계 보호를 위해 남극을 '특별보존지역'으로 지정한다(전문).[2]

의정서의 적용범위는 '빙붕(거대 얼음덩어리)을 포함한 남위 60° 이남지역'으로, 이는 의정서에 선행하는 모든 남극관련조약 및 권고에도 동일하게 적용되며 자동적으로 변경되지 않는다(제4조). 의정서 적용범위(제1조)에서 제외된 지역(해역)을 대상으로 하는 조약은 현재에도 여전히 유효하다.[3]

(2) 의정서의 특징과 회원국의 일반적 의무

의정서는 다음의 3가지 점에서 종래의 규제와 차이가 있다. 첫째, '광범위성'으로 의정서는 공사를 불문하고 남극의 모든 활동을 규율한다. 광물자원활동, 지구환경연구를 포함한 과학조사와 관광사업 활동이 그 주된 대상이다. 단, 얼음채취는 제외된다. 둘째, '포괄성'으로 의정서는 현행 관련조약과 달리 오로지 남극의 환경과 생태계 보호에만 중점을 둔다. 1988년의 광물협약은 광물자원개발이라는 특정 활동과 환경·생태계 보호의 양립을 조건으로 해당 활동을 규제하나 의정서는 후자에 우선적인 가치를 부여하여 모든 형태의 인간활동을 규율한다. 셋째, '엄격성'으로 의정서는 그 어떤 현행 관련조약보다도 환경보호에 엄격하다. 상기 환경우위 원칙에 따라 과학조사를 제외한 광물자원활동은 원칙적으로 금지된다(제7조).[4]

---

2) 1970년대 이후 남극의 '세계공원' 구상에 대하여는 臼杵, 전게서, 24-26면 참조.

3) 미발효된 남극광물자원활동규제에 관한 협약(1988년)에 관해서는 후술하기로 한다.

4) K. S. N. Blay, "New Trends in the Protection of the Antarctic Environment: The 1991 Madrid Protocol," 86 *AJIL*, 1992, pp.385-386.

광물자원활동을 제외한 모든 활동은 제3조의 '환경원칙'에 따라 규제된다. 즉, 회원국은 환경에 미치는 영향을 최소화하도록 사전에 행동을 계획 및 실시하여야 한다. 이러한 이유로 의정서 및 그 부속서는 사전에 고려해야 할 환경상의 가치를 특정하는 한편, 회피해야 할 악영향 사례 또한 열거한다. 이러한 환경요인은 기후, 대기, 수질, 종자 등의 악영향으로부터 남극환경과 생태계 및 천연적 · 미적 가치, 과학연구활동의 장으로서의 가치를 포함한 자연 그대로의 가치를 보호하는 것이다. 특히 과학조사 및 기지활동과 관련한 군사요원과 비품사용, 관광사업 및 탐사활동이 계획단계를 포함해 이러한 원칙을 고려하지 않는 활동을 하는 경우, 활동을 수정, 중단, 또는 철회하여야 한다. 아울러 회원국은 예측가능한 환경적 영향을 검증하고, 예측 불가능한 영향을 파악하기 위해 모든 관련 활동을 '정기적 · 효과적으로' 모니터하여야 한다(이상 제3조).

그 외 일반적인 의무로써 통보, 긴급사태 시의 대응, 협력, 협의의 의무가 있다(제6조, 제13~17조). 회원국은 의정서 준수를 위한 입법 · 행정 · 집행조치 및 위반활동에 대한 방지조치 등을 상호간에 통보하여야 한다. 연차보고서 및 사찰보고서는 관계국 내지 조약기관에 송부된다. 환경상 긴급사태가 발생하였을 경우 회원국은 다른 모든 회원국에 신속히 그러한 사실을 통보하여야 한다. 회원국은 또한 사고에 대처하기 위한 계획을 입안하고, 실제 사태 발생시 신속하고 효과적으로 대응하여야 한다. 이외에도 회원국은 남극활동의 계획 및 실시에 협력할 의무를 진다. 이러한 남극활동에는 환경보호에 대한 과학연구와 환경영향평가가 포함된다. 특정지역에 환경적 악영향이 누적되는 것을 막기 위하여 향후 기지 · 기타시설의 설치장소 선정에 관해서 회원국은 다른 회원국과 협의하여야 한다.

(3) 환경보호위원회

환경보호위원회(Committee for Environment Protection: CEP)는 협의

당사국회의와는 별개로 의정서 및 부속서 시행에 관여하는 유일한 기구이다. 의정서 회원국은 동시에 이 신설기구의 회원국이 된다. 의정서 비회원국으로서 남극조약의 회원국인 모든 국가는 옵서버 자격을 갖는다. 의정서 준수에 대한 감시는 CEP의 임무이지만 CEP는 보조 및 자문기관으로서 협의당사국회의의 검토를 위해, 의정서 및 부속서의 운용 및 실시와 관련하여 회원국에 조언 및 권고한다(제11 · 12조). 이러한 CEP의 한정된 기능에 대한 비판도 있다. 예를 들어 후술하는 환경영향평가시의 CEP 역할은 최종단계에서의 권고에 한정되지만, 의정서의 양립성 확보를 위하여 환경영향평가의 내용과 활동에 대한 강력한 권한이 필요하다는 것이다(부속서 I 참조). 보호지역의 제안과 동 지역의 관리계획 작성에 대해서도 동일한 비판이 있다(부속서 V 참조). 그러나 의정서는 CEP에 그러한 역할과 권한을 인정하지 않고 있다.

(4) 의정서와 1988년 광물자원활동규제협약(미발효)과의 관계

의정서상의 광물자원활동금지조항(제7조)은 다음 2가지 방법에 따라 수정 또는 개정이 가능하다. 하나는 모든 협의당사국의 합의를 얻은 경우이고, 다른 하나는 의정서 발효 50년 경과 후 몇몇 협의당사국의 요청만으로도 검토회의 소집이 가능하다는 점을 근거로 이 회의에서 의정서 수정 및 개정을 채택하는 것이다. 그러나 이 채택에는 다음과 같은 조건이 따른다. (a) 수정 및 개정은 협의당사국의 4분의 3을 포함한 회원국의 과반수로 채택되어야 한다. (b) 특히 제7조와 관련된 제안에는 법적 구속력이 있는 '광물자원활동의 인정 여부와 인정할 경우의 조건' 결정을 위한 합의수단을 포함한 광물자원활동 법제도가 포함되어야 한다. (c) 이렇게 채택된 수정 또는 개정안은 의정서 채택시의 모든 협의당사국을 포함한 협의당사국의 4분의 3의 비준으로 발효된다(제25조). 이와 같이 광물자원활동 금지를 해제하기 위해서는 엄격한 조건이 부수된다.

3. 부속서에 의한 규율

의정서와 불가분의 관계로 5개의 부속서가 채택되었다. 이에 따라 과학연구와 기지 건립이라는 전통적인 남극활동뿐만 아니라, 다양한 비정부활동에 대해서도 구체적이고 상세하게 규율되고 있다. 또한, 관광사업활동(tourism)에 대해서는 장기간 논의를 거쳐 2005년에 관련 부속서 VI이 채택되었다.[5)]

(1) 환경영향평가(부속서 I)

회원국의 모든 연구개발활동은 신규 또는 현행활동의 변경여부를 불문하고, 이 부속서 I 에서 정하는 환경영향평가(EIA) 및 모니터링 절차에 따른다(의정서 제8조). 이 절차에서는 예상되는 환경영향을 3단계로 분류한다.

(a) 회원국이 '적절한' 국내절차에 따라, 계획한 활동으로 향후 발생할 수 있는 환경영향을 '경미 또는 일시적 미만'이라고 판단할 경우 즉시 활동을 실시할 수 있다.

(b) 이를 웃도는 영향이 예상될 경우 제안활동과 이에 따른 대책, 누적영향을 포함한 예상되는 영향을 기술한 초기환경영향평가서(IEE)를 작성하여야 한다. 이후 영향이 '경미 또는 일시적'으로 판명되면, 환경영향평가와 검증실시를 조건으로 당해 활동을 실시할 수 있다(제2조).

(c) IEE 혹은 기타 방법에 의한 영향이 '경미 또는 일시적 이상'으로 판명될 경우 회원국은 예상변화 · 영향의 예측에 사용한 수단과 자료를 게시하고 예상되는 영향의 성질, 범위, 기간과 빈도, 간

---

5) '환경보호에 관한 남극조약의정서의 부속서 VI'('환경상의 긴급사태로 발생하는 책임(liability)에 관한 부속서'). 부속서의 개요와 조문에 대하여는 臼杵知史, "南極環境の緊急事態から生じる賠償責任,"「同志司法学」60巻 2号(2008年), 1-12면 참조.

접적이고 2차적인 영향을 기술한 한층 상세한 포괄적 환경영향 평가서(CEE)를 작성하여야 한다.

이 CEE 초안은 모든 회원국과 위원회에 송부되어 위원회의 조언에 근거한 협의당사국회의의 '검토(consideration)'가 이루어질 때까지, 당해 활동을 실시하는 회원국(활동계획국)의 '최종결정(final decision)'은 허락되지 않는다(제3조 5항). 또한 CEE 절차 완료 후에 활동을 실시하는 회원국은 환경지표를 철저히 관찰할 의무가 있다(제5조 1항). 이 경우 협의당사국회의가 활동의 수정을 포함한 활동 실시여부를 최종 결정할 수 있는지는 부속서의 조문에도 명확히 명시되어 있지 않다. 즉, 부속서 I 제4조는 결정하는 주체 및 결정의 최종성에 대한 명시가 없기 때문이다. 그러므로 활동실시에 대한 최종결정권은 협의당사국회의로 송부되지 않는다는 해석이 유력하다.[6] 이에 따르면 환경영향이 경미하거나 일시적인 영향을 웃도는 활동에 대해 협의당사국회의는 거부권을 갖지 않는다. 다만, 부속서의 해석과는 별개로 협의당사국회의는 조약시스템의 의무위반에 대해 특정조치를 취할 권한을 갖는다[의정서 제10조 1항(b)의 조치와 남극조약 제9조 4항의 전체회의일치].

협의당사국회의에 최종결정권이 있다고 가정하더라도 이러한 환경영향평가 절차의 결함은 첫째, '경미 또는 일시적인' 영향인지의 여부 판단이 활동개시를 원하는 회원국의 국내절차에 좌우된다는 점이다. 마찬가지로 CEE에 관해서는 위원회와 협의당사국회의가 검토 및 결정하지만, 그 전단계인 회원국의 판단에 따른 IEE 자체에서도 활동을 실시할 수 있다. 둘째, CEE에 관해서는 초안송부 의무와 당사국의 의견 및 위원회의 조언과 같은 공적인 논평이 인정되지만, IEE에 관해서는 당사국은 다른 당사국과 위원회에 IEE 리스트의 송부를 요구할 수 있는 것에 불

6) K.S.N. Blay, *supra* note 4, p.392. 그 외, 臼杵, 전게주(1), 42면(각주 69).

과하다.

(2) 남극동식물종의 보존(부속서 Ⅱ)

이 부속서는 동식물에 대한 접근을 규제하고, 허가제도에 따라 남극원산지 동식물의 포획과 유해한 간섭을 금지한다. 회원국의 허가증 발급은 과학적 연구와 박물관 등의 시설에 표본을 제공하는 경우, 또는 과학 활동과 설비건설 · 운영에 있어 꼭 필요한 상황 등에만 인정된다(부속서 Ⅱ, 제3조). 남극에 고유하지 않은 동식물을 남극에 반입하는 행위는 허가가 없는 한 금지된다(제4조). 이외에 정보교환 및 통보의무가 있다. 회원국은 남극에서 매년 포획 · 채취되는 남극원산지 포유류, 조류 또는 식물의 연간 포획량과 채취량, 각종 개체수와 관련된 정보를 교환하고, 환경보호위원회와 다른 회원국에게 통보하여야 한다(제6조).

(3) 폐기물 처분 및 관리(부속서 Ⅲ)

이 부속서에 따라 체약국은 실행가능한 한 남극환경에의 영향을 최소화하도록 남극에서의 폐기물 처리를 줄이고, 폐기물을 제거해야 할 일반적 의무가 있다. 이 부속서는 인명의 안전, 선박과 항공기 등의 고가시설 및 기자재의 안전이나 환경보호와 관련된 긴급상황에는 적용되지 않는다(부속서 Ⅲ, 제12조 1항). 해양의 자정능력을 고려하였다고 하나, 이 부속서의 결함은 오염수와 생활오수를 직접 해양에 투기하는 것을 허락한다는 점이다(이상 제1조 2항, 제5조 1항). 또한 실체적 의무와는 별개로 폐기물에 관한 '정보제공과 기록'의 규정이 있다. 회원국은 남극의 활동캠프와 고정기지 또는 선박에서의 폐기물에 대해 삭감, 저장, 처리를 포함한 연차관리계획을 수립하고 명시하여야 한다. 회원국은 또한 과거 폐기물이 처분된 활동지역의 목록을 준비하여야 한다(이상 제8조 2, 3항).

(4) 해양오염의 방지(부속서 Ⅳ)

부속서 Ⅳ는 선박으로 인한 남극의 해양환경오염을 규제한다. 회원국은 자국선박의 배출에 대한 규제조치를 취할 의무가 있다. 가장 강력한 조치로서 어류에서 나온 폐기물, 기름, 유해액체 물질을 제외한 플라스틱류, 그 밖의 모든 물질의 해양투기처분은 절대적으로 금지된다. 특히, 석유운반 시에는 바다유출에 대비한 긴급대책 수립과 이에 대한 협력이 요구된다(이상 부속서 Ⅳ, 제5조 1, 2항, 제12조 1, 2항). 그 외의 배출이나 처분에 대한 규제는 약한 편이다. 예컨대 합리적인 예방조치가 있을 경우 선박이나 설비손상으로 인한 기름 또는 유성혼합물의 해양배출이 허용된다. 유해액체물질의 배출은 원칙적으로 불가하나 해양환경에 유해한 물질을 대량 또는 고농도로 배출한 경우로 한정하여 금지한다. 식량폐기물은 분쇄나 압착장치로 처리하여 육지 또는 빙붕에서 12해리 이상 떨어진 지점에서 처분하는 것은 허락된다. 이러한 규정은 선박과 승무원의 안전 및 해양 인명구조 시의 긴급상황에는 적용되지 않는다(이상 제3조 2항, 제4조, 제5조 3항, 제7조).

이 부속서의 실효성을 침해하는 것이 바로 주권면제이다. 모든 정부소속 선박은 이 부속서의 적용을 받지 않는다. 따라서 회원국은 보유한 선박이 이 부속서에 저촉되지 않는 범위 내에서 적절한 행동조치를 취하도록 권고하는 것에 지나지 않는다(제11조 1항). 남극의 운송작업은 대부분 선박에 의해 이루어지는 만큼 이 규정은 위 해양오염방지규정의 적용범위를 상당히 제한하게 된다.[7]

---

7) *Ibid.*, p.393; S. van Bennekom, "A New Regime to Protect the Antarctic Environment," 5 *Leiden Journal of International Law,* 1992, p.43. 대부분이 정부가 실행하는 비상업적 성격의 과학활동에 대하여 주권면제 포기가 바람직하다는 견해도 있다. L. Pineschi, "The Madrid Protocol on the Protection of the Antarctic Environment and Its Effectiveness," *International Law for Antarctica,* 2nd ed., by F. Francioni and T. Scovazzi, 1996, pp.275-276.

(5) 보호구역의 보호 및 관리(부속서 V)

부속서 V에서는 2개의 특별보호구역을 설정한다. 첫째, 회원국이 지정하는 '남극특별보호구역(ASPA)' 제도에 따라 환경적, 과학적, 역사적, 미적 혹은 원생적인 가치, 실시 중 혹은 계획된 과학조사가 보호된다. ASPA 출입은 허가받은 경우를 제외하고는 금지된다. 둘째, 회원국이 지정하는 남극특별관리구역(ASMA)에서는 활동계획과 조정, 향후분쟁의 방지, 회원국 간의 협력개선, 환경영향의 최소화를 목적으로 한다. ASMA 출입은 허가를 요구하지 않으나 행동강령은 준수하여야 한다(이상 부속서 V, 제3 · 4조).

이러한 2개 장소 설정을 위해서는 관리계획 제출이 요구된다. 특별한 보호와 관리를 필요로 하는 가치, ASPA 접근과 활동의 허가조건, ASMA의 행동강령 등이 상세하게 기술되어야 한다. 환경보호위원회는 관리계획에 대해 협의당사국회의에 조언하고, 동 회의는 컨센서스로 관리계획을 채택한다. 관리계획은 필요에 따라 개정가능하고 5년 주기로 재검토된다. 각 회원국은 ASPA의 관리계획을 따르는 경우에만 자국민의 출입과 활동을 허가할 수 있다. 예컨대, ASPA와 ASMA를 지정하는 회원국은 환경보호위원회와 협의당사국회의의 사전승인을 얻은 관리계획을 바탕으로 해당 구역의 환경보호에 책임을 진다(제5조 1항, 제6조 1 · 3항, 제7조 1항).

4. 의정서의 이행확보

의정서는 연차보고서의 제출, 사찰과 분쟁해결에 대하여 규정한다.[8)]

8) 이행확보에 관한 기타 규정으로서 제13조 1 · 4항이 있다.

(1) 연차보고서

회원국은 의정서 실시조치에 관한 보고서를 모든 회원국과 위원회에 송부할 의무가 있으며, 이는 협의당사국회의에서 심의된 후에 이용 가능하다(제17조).

(2) 조사 절차

협의당사국은 자국민을 조사감시원으로 지명할 수 있다(1959년 남극조약 제7조 3항과 동일). 또한 협의당사국회의는 이 절차에서 새로운 종류의 감시원 지명이 가능하다. 이러한 개별적 또는 집단 감시원에 의한 조사는 협의당사국의 적극적인 의무이기도 하다(제14조 1항). 후자에 대한 상세한 절차규정은 없으나, 이를 실현하여 환경분야에 국제감시제도를 도입할 필요가 있다. 사찰 후에는 사찰보고서를 작성하여야 한다. 보고서는 의정서 위반혐의가 있는 회원국에 대하여 이에 대한 의견을 개진할 기회를 주기 위하여 송부된 후, 협의당사국회의에서의 검토를 위하여 모든 협의국과 환경보호위원회에 배포되고 최종공표된다(제14조 1항). 이 보고서는 의정서 준수에 관한 정보원으로서 중요한 역할을 한다.

(3) 의정서에 근거한 분쟁해결

의정서는 두 종류의 분쟁해결절차를 명시하고 있다. 첫째, 의정서의 해석 또는 적용에 관한 분쟁이 있는 경우에 어느 쪽 당사국의 요청으로 당사국은 평화적 해결을 위한 협의를 할 의무가 있다는 것이다(제18조). 두 번째 의무적 절차는 첫 번째의 협의절차를 거친 후 일방 당사국의 요청으로 발동되며, 특정한 분쟁(광물자원활동의 금지, 환경영향평가, 긴급사태대처, 의정서의 이행, 부속서 해석과 적용)에 대하여 적용된다(제19 · 20조). 각 회원국은 의정서 비준 시 두 번째 절차에 따른 분쟁해결을 위해 의정서가 설치한 중재판정부 혹은 국제사법재판소(ICJ) 중 어느 쪽이든 수락할 뜻을 선언하거나 양쪽 모두에 수락선언을 할 수 있다. 선언을 하지 않는 회원국은 중재판정부에 권한을 넘긴 것으로 간주되어 분쟁당사국이 동일한 재판소를 수락했을 경우 분쟁이 부탁되고 그 외 경우에는 중재판정부에 부탁된다(제19조). 이러한 분쟁의 의무적 해결은 국제적인 사찰제도와 동시에 의정서 준수를 강화하는 가치 있는 수단이 될 수 있다. 특히 의정서가 예정한 중재판정에 따른 해결은 국제환경법 분야의 새로운 방식이며 향후 그 활용이 기대되고 있다.[9)]

5. 의정서의 의의

1991년의 남극조약의정서는 남극의 환경과 생태계의 포괄적 보호를 목적으로 하며(제2조), 광물자원활동을 금지하는 것과 동시에 과학연구계획, 탐사, 기지활동, 관광사업활동 등 인간의 모든 활동을 규율하는 일반적인 틀을 제공한다. 전술한 바와 같이, 모든 인간활동의 계획 및 실시단계에서 환경영향평가를 요구하고(부속서 I), 모든 회원국은 남극의 환경적 가치(생물학적, 역사적, 미적가치 등)를 고려해야 한다(제3조). 아울러 회원국은 진행 중인 활동에서 발생하는 영향뿐만 아니라, 예측할 수 없는 영향을 파악하기 위해 정기적, 실효적으로 모니터링할 의무가 있다.

협의당사국회의가 활동실시를 허가하는 최종결정권을 가지고 있는지에 대한 여부는 해석상 불명확하지만, 동 회의는 의정서의 일반적인 환경원칙(제3조)에 양립하지 않는 개개의 활동에 대하여 활동의 취소 또는 수정을 포함하는 준수를 위한 특정 조치를 취할 수 있도록 한다(제10조). 또한 제3조에서의 환경적 가치와 악영향의 해석 및 적용에 대해서는 부속서의 수정과 추가(제9조)로 구체화할 수 있다. 실제로 환경영향평가를 제외한 현행 부속서에는 동식물의 포획과 반입, 폐기물 처분, 해양오염과 같은 금지사항이 규정되어 있으며, 회원국은 이에 대해 관리

---

9) 의무적 분쟁해결절차는 1988년 광물자원협약을 모델로 하고 있으며, 국제환경협약상 가장 엄격한 분쟁해결절차로 여겨진다. S. van Bennekom, *supra* note 7, p.43.

계획을 제시하고 조약(의정서)기구로부터 계획내용을 검토받아야 한다(폐기물 처분, 지역보호). 또한 집단적·정기적인 사찰제도를 도입하고 사찰보고서와 의무적인 분쟁해결절차를 활용하여, 구체적인 사건에서 일반원칙의 명확화를 기대할 수 있다.

이미 언급하였듯이 각 부속서에는 결함이 있다. 의정서에 관해서도 환경보호위원회의 권한범위와 비회원국에 대한 집행가능성 등 여러 한계가 지적되고 있다.[10)] 그러나 남극의 인간활동 전반에 대하여, 그것이 초래할 환경영향을 방지하고 관리한다는 의정서의 시도는 인간과 자연환경 및 생태계의 공생 내지 조화를 실현하려는 획기적인 접근법이다. 1991년 의정서는 해양생물자원은 별개로 남극조약시스템에서의 자원주의(resourcism)로부터 지구보호주의(Earth-patriotism)로의 전환을 도모하는 것으로 생각할 수 있다.[11)] 남극조약시스템은 현재 정치적·경제적 가치 이외에 환경적 가치를 적극적으로 도입할 단계에 들어왔다고 볼 수 있다.[12)] 남극환경과 생태계의 보호가 인류전체의 이익이라는 일반적 확신은 적지만, 남극이 지구환경문제 해결의 장이라는 사실은 의심할 여지가 없다.[13)] 이 의미에 대해, 특히 지구환경에 관한 과학활동이 향후 의정서의 포괄적 규제의 틀내에서 실제로 어떻게 전개될 것인지 그 실행이 주목된다.

마지막으로, 남극환경보호규제에 이러한 '전환'을 가져온 중요한 하나의 계기는 기존의 환경규제가 불완전하다는 NGO의 적극적인 로비활

---

10) 臼杵, 전게주(1), 43면(각주 77).

11) D. Vidas, "The Antarctic Treaty System in the International Community: an Overview," *Governing the Antarctic* (ed. by O. S. Stokke and D. Vidas) 1996, pp.53-54.

12) L. M. Elliott, *International Environmental Politics: Protecting the Antarctic,* 1994, pp.196, 205.

13) J. Vogler, *The Global Commons: A Regime Analysis,* 1995, pp.78-79; D. H. Overholt, "Environmental Protection in the Antarctic: Past, Present, and Future," *Canadian Yb. IL,* 1990, p.228. 그 외 UNCED, Agenda 21, para.17.104, UN총회 UN사무총장보고서(UNGA/51/390, 20 September 1996) 참조.

동(광물개발활동 반대와 세계공원 구상운동)이었다.[14] 환경 NGO는 남극환경의 중요성에 대한 국제여론을 환기하고 정치적으로는 소수 협의당사국과 개발도상국의 동참을 이끌어냈으며 남극조약시스템을 생태계보호라는 새로운 시대로 이끄는 것에 주요한 역할을 완수하였다.[15]

14) L. M. Elliot, *supra* note 12, p.208; D.H. Overholt, *ibid.*, p.227.

15) L. M. Elliot, *ibid.*, p.209; C. Redgwell, "Environmental Protection in the Antarctica: The 1991 Protocol," 43 *ICLQ*, 1994, pp.599-604. 본서에서는 의정서 작성에 이르기까지의 국가행위자(협의당사국, 개발도상국)와 비국가행위자(환경NGO, UN총회)의 정치적 상호작용에 대해 언급하지 않았으나, 환경NGO는 국가의 틀을 넘어 제휴하고 1991년 의정서작성을 촉구하는 데 중요한 역할을 담당하였다. D. Vidas, *supra* note 11, pp.52-58; G. Porter, J. W. Brown (信夫隆司 訳), 「地球環境政治(Global Environmental Politics)」(国際書院, 1993年), 284면 참조.

다자간조약 연표

1902 농업에 유용한 조류종의 보호에 관한 협약
Convention for the Protection of Birds Useful to Agriculture

1931 국제포경협약
Convention for the Regulation of Whaling

1933 자연상태의 동식물 보존에 관한 협약
Convention Relative to the Preserving of Fauna and Flora in their Natural State

1940 서반구의 자연보호와 야생동물보존에 관한 협약
Convention on Nature Protection and Wild-life Preservation in the Western Hemisphere

1949 북서대서양어업협약
International Convention for the North-West Atlantic Fisheries

1954 유류에 의한 해수오염 방지를 위한 협약
International Convention for the Prevention of Pollution of the Sea by Oil

1958 공해에 관한 협약
Geneva Convention on the High Seas

1958 공해의 어업 및 생물자원의 보존에 관한 협약
Convention on Fishing and Conservation of the Living Resources of the High Sea

1959 남극조약
Antarctic Treaty

1960 국제원자력기구 규정
Statute of the International Atomic Energy Agency

1960 원자력 분야에 있어서 제3자 배상책임에 관한 협약
Convention on Third-Party Liability in the Field of Nuclear Energy

1960 원자력손해에 있어서 민사책임에 관한 비엔나협약
Vienna Convention on Civil Liability for Nuclear Damage

1963 부분적 핵실험 금지조약
Treaty Banning Nuclear Weapon Tests in the Atmosphere, in Outer Space and Underwater

1963 원자력손해의 민사책임에 관한 협약
Convention on Civil Liability for Nuclear Damage

1966 콘스탄츠 호수로부터의 인수를 규율하는 협정
Agreement Regulating the Withdrawal of Water from Lake Constance

1967 달과 기타 천체를 포함한 외기권의 탐색과 이용에 있어서의 국가활동을 규율하는 규칙에 관한 조약
Treaty on Principles Governing the Activities of States in the Exploration and Use of Outer Space

1967 우주비행사의 구조, 우주비행사의 귀환 및 외기권에 발사된 물체의 회수에 관한 협정
Agreement on the Rescue of Astronauts, the Return of Astronauts and the Return of Objects Launched into Outer Space

1967 핵확산금지조약
Treaty on the Non-Proliferation of Nuclear Weapons

1968 자연 및 천연자원의 보존에 관한 아프리카 협약
African Convention of Nature and Natural Resources

1969 유류오염손해에 대한 민사책임에 관한 국제협약
International Convention on Civil Liability for Oil Pollution Damage

1969 유류오염사고에 대한 공해상의 조치에 관한 국제협약
International Convention Relating to Intervention on the High Seas in Cases of Oil Pollution Casualties

1971 유류오염손해보상을 위한 국제기금의 설치에 관한 협약
Convention on the Establishment of an International Fund for Compensation for Oil Pollution Damage

1971 핵무기 및 기타 대량파괴무기의 해저, 해상 및 그 하층토에 있어서의 설치금지에 관한 조약(해저비핵화조약)
Treaty on the Prohibition of the Emplacement of Nuclear Weapons and Other Weapons of Mass Destruction on the Seabed and the Ocean Floor and in the Subsoil Thereof

1971 폐기물 및 그 밖의 물질의 투기에 의한 해양오염방지에 관한 협약
Convention on the Prevention of Marine Pollution by Dumping of Wastes and Other Matter

1972 세계문화 및 자연유산보호협약
UNESCO Convention Concerning the Protection of World Cultural and Natural Heritage

1972 남극의 바다표범보호에 관한 협약
Convention for the Conservation of Antarctic Seals

1972 우주물체에 의하여 발생한 손해에 대한 국제책임에 관한 협약

Convention on International Liability for Damage Caused by Objects Launched into Outer Space

1973 멸종위기에 처한 야생동·식물의 국제거래에 관한 협약
Convention on International Trade in Endangered Species of Wild Fauna and Flora

1973 선박으로부터의 오염방지를 위한 국제협약
International Convention for the Prevention of Pollution from Ships, 1973

1973 유류오염사고에 대한 공해상의 조치에 관한 의정서
Protocol relating to Intervention of the High Seas in Cases of Pollution by Substances Other than Oil

1974 환경보호에 관한 덴마크, 핀란드, 노르웨이 및 스웨덴 간 협약
Convention on the Protection of the Environment between Denmark, Finland, Norway and Sweden

1974 외기권에 발사된 물체의 등록에 관한 협약
Convention on the Registration of Objects Launched into Outer Space

1974 육상오염원으로부터의 해양오염방지를 위한 협약
Convention for the Prevention of Marine Pollution from Land-Based Sources

1976 라인강 염화오염방지협약
Bonn Convention for the Protection of the Rhine from Pollution by Chlorides (as amended by an exchange of letters in 1983)

1978 1973년 선박으로부터의 오염방지를 위한 국제협약에 관한 1978년 의정서
Protocol of 1978 relating to the International Convention for the Prevention of Pollution from Ships, 1973, as amended (MARPOL PROT 1978)

1979 장거리 월경 대기오염협약
Convention on Long-Range Transboundary Air Pollution

1979 달과 기타 천제에 있어서 국가활동을 규율하는 협정
Agreement Governing the Activities of States on the Moon and Other Celestial Bodies

1979 유럽 야생동식물 및 자연서식지의 보전에 관한 베른협약
Berne Convention of the Conservation of European Wildlife and Natural Habitats

1980 남극해양생물자원보존에 관한 협약
Convention on the Conservation of Antarctic Marine Living Resources

1980 육상기인오염원으로부터의 지중해보호를 위한 의정서
Protocol for the Protection of the Mediterranean Sea against Pollution from Land-Based Sources(1996년 개정)

1981 긴급사태에서 오염대처를 위한 협력에 관한 Abidjan의정서
Protocol (to the Regional Convention for the Cooperation in the Protection and Development of the Marine and Coastal Environment of the West and Central African Region) concerning Cooperation in Combating Pollution in Cases of Emergency

1982 UN해양법협약
United Nations Convention on the Law of the Sea

1983 육상기인오염원으로부터 남동태평양 보호를 위한 의정서
Protocol (to the Agreement on the Protection of the Marine Environment and the Coastal Area of the South-East Pacific) for the Protection of the South-East Pacific against Pollution from Land-Based Sources

1985 ASEAN 자연보전협정
ASEAN Agreement on the Conservation of Nature and Natural Resources

1985 오존층보호를 위한 비엔나협약
Vienna Convention for the Protection of the Ozone Layer

1985 1979년 ECE 장거리 월경 대기오염방지협약 및 관련 의정서
Protocol to the 1979 Convention on Long-Range Transboundary Air Pollution on the Reduction of Sulphur Emissions for Their Transboundary Fluxes by at least 30 per cent

1986 해양투기로 인한 태평양지역의 오염방지 의정서
Protocol (to the Convention for the Protection and Development of Natural Resources and Environment of the South Pacific Region) for the Prevention of Pollution of the South Pacific Region by Dumping

1986 남태평양지역의 천연자원 및 환경보호를 위한 협약
Convention for the Protection of Natural Resources and Environment of the South Pacific Region

1986 원자력사고의 조기통보에 관한 협약
Convention on Early Notification of a Nuclear Accident

1986 원자력사고 및 방사선긴급사태시 지원에 관한 협약
Convention on Assistance in the Case of a Nuclear Accident or Radiological Emergency

1987 오존층파괴물질에 관한 몬트리올의정서
Montreal Protocol on Substances that Deplete the Ozone Layer

1988 남극광물활동 규제에 관한 협약
Convention on the Regulation of Antarctic Mineral Resources Activities

1988 ECE 장거리월경대기오염협약의 1985년 유황산화물에 관한 의정서
Protocol to the 1979 Convention on Long-Range Transboundary Air Pollution Concerning the Control of Emission of Nitrogen Oxides or Their Transboundary Fluxe

1988 원자력손해의 민사책임에 관한 1963년 비엔나협약 및 1960년 파리협약의 적용에 관한 공동의정서
Joint Protocol Relating to the Application of the 1963 Vienna Convention and the 1960 Paris Convention on Civil Liability for Nuclear Damage

1988 대륙붕의 개발과 이용으로부터 발생하는 해양오염에 관한 쿠웨이트 의정서
Protocol (to the Kuwait Regional convention for Cooperation on the Protection of the Marine Environment from Pollution) Concerning Marine Pollution Resulting from Exploration and Exploitation of the Continental Shelf

1989 유해폐기물의 국가간 이동 및 그 처리의 통제에 관한 바젤협약
Basel Convention on the Control of Transboundary Movements of Hazardous Wastes and their Disposal

1990 유류오염 대응 · 대비 및 협력에 관한 국제협약
International Convention on Oil Pollution Preparedness, Response and Cooperation

1991 ECE 월경환경영향평가 협약
Convention on Environmental Impact Assessment in a Transboundary Context

1991 남극조약환경의정서
Protocol on Environmental Protection to the Antarctic Treaty

1991 모든 형태의 유해폐기물의 아프리카로의 수입 및 아프리카에서 생산되는 유해폐기물의 국경을 넘는 이동에 관한 바마코협약
Bamako Convention on the Ban of the Import into Africa and the Control of Transboundary Movement and Management of Hazardous Wastes within Africa

1992 UN기후변화기본협약
United Nations Framework Convention on Climate Change

1992 생물다양성에 관한 협약
Convention on Biological Diversity

1992 발틱해 해양환경보호에 관한 협약

Convention on the Protection of the Marine Environment of the Baltic Sea Area

1992 오염으로부터 흑해의 보호를 위한 협약
Convention on the Protection of the Black Sea Against Pollution

1992 월경수로 및 국제호수의 보호 및 이용에 관한 협약
Convention on the Protection and Use of Transboundary Watercourses and International Lakes

1992 ECE 산업사고의 월경적 영향에 관한 협약
Convention on the Transboundary Effects of Industrial Accidents

1992 북동대서양의 해양환경보호를 위한 협약
Convention for the Protection of the Marine Environment of the North-East Atlantic (The 1972 Oslo Convention for the Prevention of Marine Pollution by Dumpling from Ships and Aircraft and the 1974 Paris Convention on the Prevention of Marine Pollution from Land-Based Sources, revised and Combined into OSPAR Convention)

1993 환경에 대한 위험한 활동으로부터 발생하는 손해에 관한 민사책임협약
Convention on Civil Liability for Damage Resulting from Activities Dangerous to the Environment

1993 북미환경협력협정
North American Agreement on Environment Cooperation

1994 세계무역기구설립을 위한 마라케시협정
Marrakesh Agreement Establishing the World Trade Organization

1994 원자력안전에 관한 협약
Convention on Nuclear Safety

1995 무역에 관한 기술적 장벽에 관한 협정
Agreement on Technical Barriers to Trade

1995 경계왕래 어류자원 및 고도회유성 어족자원의 보존과 관리에 관한 1982년 12월 10일 UN해양법협약 규정의 이행을 위한 협정 (공해어족 보호협약)
Agreement for the Implementation of the Provisions of the United Nations Convention on the Law of the Sea of 10 December 1982 Relating to the Conservation and Management of Straddling Fish Stocks and Highly Migratory Fish Stocks

1996 폐기물 및 그 밖의 물질의 투기에 의한 해양오염방지에 관한 협약을 위한 의정서
Protocol to the Convention on the Prevention of Marine Pollution by Dumping of Wastes and Other Matter

1997 원자력손해에 있어서 민사책임에 관한 비엔나협약의 개정을 위한 의정서
Protocol to Amend the Vienna Convention on Civil Liability for Nuclear Damage

1997 원자력손해배상에 관한 보충배상협약
Convention on Supplementary Compensation for Nuclear Damage

1997 사용 후 핵연료 및 방사성 폐기물 관리의 안전에 관한 공동협약
Joint Convention on the Safety of Spent Fuel Management and on the Safety of Radioactive Waste Management

1997 UN기후변화기본협약에 관한 교토의정서
Kyoto Protocol to the United Nations Framework Convention on Climate Change

1997 국제수로의 비항행적 이용법에 관한 협약
Convention on the Law of the Non-navigational Uses of International Watercourses

1998 환경문제에 관한 정보의 접근, 결정과정에 대한 공공참여 및 사법구제에 관한 협약
Convention on Access to Information, Public Participation in Decision-making and Access to Justice in Environment Matters

1999 유해폐기물의 월경이동과 그 처리로부터 발생하는 손해에 대한 배상책임 및 보상에 관한 바젤의정서
Basel Protocol on Liability and Compensation for Damage Resulting from Transboundary Movements of Hazardous Wastes and their Disposal

2000 바이오안전성에 대한 카르타헤나의정서
Cartagena Protocol on Biosafety to the Convention on Biological Diversity

2000 유류오염사고대책협력 의정서
Protocol on Preparedness, Response and Coordination to Pollution Incidents by Hazardous and Noxious Substances

2001 환경 · 천연자원분쟁에 관한 PCA중재규칙
PCA's Optional Rules for Arbitration of Disputes Relating to the Environment and/or Natural Resources

2001 잔류성유기오염물질에 관한 스톡홀름협약
Stockholm Convention on Persistent Organic Pollutants(POPs)

2002 위생 및 검역조치의 적용에 관한 협정
Agreement on the Application of Sanitary and Phytosanitary Measures (SPS Agreement)

2003 전략적 환경평가에 관한 의정서
Protocol on Strategic Environmental Assessment

2004 파리협약 및 브뤼셀협약의 개정을 위한 의정서
Protocol to Amend the Paris Convention on the Third Party Liability in the Field of Nuclear Energy of 29th July 1960 (2004 Protocol to Amend the Paris Convention and the Brussels Supplementary Convention)

2005 환경보호에 관한 남극조약의정서의 부속서 VI
Annex VI to the Protocol on Environmental Protection on the Antarctic Treaty (Liability Arising from Environment Emergencies)

찾아보기

ㄱ

| ㄴ |

| ㄷ |

| ㄹ |

| ㅁ |

| ㅂ |

| ㅅ |

|ㅇ|

| ㅈ |

| ㅊ |

| ㅋ |

ㅌ

ㅍ

ㅎ

|편저자|

西井 正弘 (오사카여학원대학 교수)
臼杵 知史 (메이지학원대학 교수)

|집필자|

竹内 真理 (오카야마대학 준교수)
高村 ゆかり (류코쿠대학 교수)
加藤 信行 (홋카이이학원대학 교수)
道垣内 正人 (와세다대학 교수)
児矢野 マリ (홋카이도대학 교수)
中川 淳司 (도쿄대학 교수)
青木 節子 (게이오기주쿠대학 교수)

|번역자|

박덕영 (연세대학교 법학전문대학원 교수)
오미영 (동국대학교 법학과 교수)

환경문제와 국제법

2013년 6월 10일 초판 인쇄
2013년 6월 20일 초판 발행

편저자 西井 正弘 · 臼杵 知史
역 자 박덕영 · 오미영
발행인 이 방 원
발행처 세창출판사
서울 서대문구 경기대로 88 (냉천빌딩 4층)
전화 723-8660 팩스 720-4579
e - mail: sc1992@empal.com
http://www.sechangpub.co.kr
신고번호 제300-1990-63호

정가 30,000 원

ISBN 978-89-8411-413-5 93360

이 도서의 국립중앙도서관 출판시도서목록(CIP)은 서지정보유통지원시스템 홈페이지(http://seoji.nl.go.kr)와 국가자료공동목록시스템(http://www.nl.go.kr/kolisnet)에서 이용하실 수 있습니다.(CIP제어번호: CIP2013009403)